Treasures for Scholars Worldwide

清末社会调查资料丛编·初编

习惯卷 2

「十四五」时期国家重点出版物出版专项规划项目
国家社科基金重大项目「清末民国社会调查数据库建设」项目中期成果
（项目编号：15&ZDB041）

总主编：黄兴涛 夏明方

本卷主编、点校：邱志红

广西师范大学出版社
·桂林·

山东调查局公牍暨法制科调查问题总目

调查民情风俗条目（遵批更定）

凡例

一、此系本局第一股第一类之调查，为将来订立民法基础关系最为重要，事期征实，语必求详。

一、此类调查事项限文到三个月内一律申报到局，毋得延滞。

一、调查事项分为八纲，共列细目六十有六，统宜逐类详查，以觇人民程度。

一、百里之外，风尚不同。所列条目如为习俗所无者，尽可从阙。有特别关于法律为此次调查条目未及开列，亦可按照事类增入，以期完备。

一、调查报告务求条理分明，均用文言，不得羼杂鄙俗之语。

一、开列事项均须采访明确，见闻符合，不可臆造敷衍，作为模糊影响之谈。

一、此类调查，有宜体察习尚、切实论述者，有须征考事实、择要记载者，区以界画，毋得含混。

一、如有言辞不能明晰，宜附以器物图式、各种数目表格，以求精善。

一、本境域内凡有前代巨儒之著述，当时名宿之议论，与此类调查事项有关涉者，均宜采择，按类附入。

一、此为第一期调查，尚多挂漏，下届体察情形，必期益臻完密。

条目

甲　民智通塞

　　一、士民就学之年龄

　　　　就本境之习惯上约计在何年岁,以其多数言之。

　　二、有无研究旧学者

　　　　如汉学、宋学以及词章、书画、音律等皆是。

　　三、收藏图书金石之家

　　　　所藏在数百种以上者,开列藏者姓氏及所藏各种名目。新学之书籍、图表、仪器,亦在此例。

　　四、出洋游学

　　　　始自何年？所往何国？人数若干？所学系何种学科？

　　五、在省城及京师各学堂肄业者

　　　　始自何年？入何学堂？人数若干？

　　六、妇女讲学者多寡

　　　　在女子学堂肄业,或游学外洋,或能讲求本国经史文字。

　　七、方术技能

　　　　如医卜、堪舆、谈天及各种制造美术,试分举其著述成绩。

　　八、崇奉异教

　　　　如释、尼、道、回、天主、耶稣各教及在理会、无为教等人数多寡,利害若何？

乙　人民生计

　　九、农民盖藏

　　　　耕获屯积之法若何？

　　十、手艺及机器制造之工

　　　　以何项为最精？何项为最多？行销若何？

十一、妇女蚕织及他种营作

　　蚕桑纺织获利若干？有无编草缏与染色织巾新巧手工等类？

十二、佣力工作

　　佃工力役佣价几何？其有远至他省外国者均为何种佣作？

十三、商贾懋迁

　　远贾至于何地？作何营业？资本若干？本境之商贩运何种货物？销场若何？获利多寡？

十四、沿河之营业

　　如黄河、小清河一带均营何种生业？

十五、沿海之营业

　　沿海一带所营何种生业？以上两条均宜分类详述。

十六、多盗之俗

　　指其入盗之由，与难歼绝之故。

十七、借贷及偿还之法

　　是否均立契约？利息轻重能否划一？期限若何？有无担保之人？

十八、游手乞丐

　　此种人数多寡，述其失业之由。

十九、罢癃残废孤独

　　舍振恤外，此等人有无自养之术？

丙　婚姻习尚

二十、婚姻男女之年龄

　　向以年龄几何为适当嫁娶之时？述其习俗最通行者。

二十一、婚姻契约

　　如婚书、庚帖、礼柬等类，均详列其状式。

二十二、聘礼重财帛

贫富不同,是否均用财帛?多寡之数若何?

二十三、赘婿养媳

此种习俗是否由于有子女者不能教养,抑或歆于财帛?其嫁娶之礼若何?

二十四、再醮再娶

与初婚之礼是否相同?年岁能否拣择相当?

二十五、早婚之俗

男子最早在何年岁?所娶之妇较男子年龄长幼?

二十六、多妻之俗

或求广嗣续,或缘于逸乐,或由于财力,宜分别征其事类。

二十七、离异休弃

相怨求绝者为离异,一方厌恶者为休弃,有无此种习俗?其离婚之契状若何?

丁　丧葬习尚

二十八、丧仪厚薄

如僭饰帷輴以为炫耀,或棺衾不具实伤仁孝者,各就其俗所沿习者言之。

二十九、居丧婚嫁

此或为主持家计或牵于俗说最为爽法之举,民间有无行之者?

三十、短丧

除降服外,三年通丧有无不遵行者?

三十一、居丧过哀

如疾毁身殉之类。

三十二、丧葬招僧道讽经

此种习俗是否贫富通行?

三十三、已葬复迁

有无关于习俗屡徙茔兆者?

三十四、悬棺不葬

　　此种习俗是否迷惑风水之说,抑有别故?

戊　家族性质

　　三十五、节孝友爱

　　　　此宜分别事类,征其一二事实言之。

　　三十六、数世同居

　　　　此最为敦厚之俗,宜详查其家法。

　　三十七、父子异居

　　三十八、兄弟析产

　以上两条理由复杂,宜详征其情事。

　　三十九、宗祠族谱

　　　　凡世家巨族,宜详征其世系及宗祠祭田规则。

　　四十、弃婴之俗

　　　　因不具或怪胎,溺弃外有无别种恶习?

　　四十一、鬻质子女

　　　　鬻质于人所执何业? 契约若何?

己　社会性质

　　四十二、慈善事业

　　　　如以财力相扶助者,有无此种美俗?

　　四十三、练习武技

　　　　如拳棒、枪法、射法之类。

　　四十四、械斗之俗

　　　　如寻仇侮弱等类皆是。

　　四十五、自杀

　　　　此种事类,每岁查有若干人? 其轻生之由何在?

四十六、健讼

　　是否民性刁狡，或为人架唆，试析分其弊害言之。

四十七、射猎之俗

　　岁晚农间有无此种习俗？每出约若干人？其射猎之具若何？

四十八、游戏宴乐

　　如踏青、秋千、山行、舟戏、斗力、醵饮、串艺、演剧之类，试分述其状况。

四十九、樗博之俗

　　种类若干？有无失业废时倾荡家产者？

庚　迷信宜忌

五十、不在祀典之祭祀

　　指述所祀鬼神之名称及迷信之状态。

五十一、崇巫祝信符咒

　　此种习俗，流弊滋多，宜详晰述其情事。

五十二、喜立盟誓

　　盟约誓言有无条理，交游之间能否信用，抑或藉售欺诈？

五十三、茹素持斋

　　此种迷信，是否皆属年老男妇？其旨趣若何？

五十四、疾病服食神药

　　此于人生命极有关系，习俗是否通行？

五十五、婚丧之宜忌

　　选时日、信卜筮及各种奇异之礼文，宜各分析叙述。

五十六、节序之宜忌

　　如镜听、乞巧、辟邪符、延年缕之类，及种种怪诞习尚，均宜详志。

五十七、方向之宜忌

　　构造、迁徙及行各种仪节，有无此等避忌。

五十八、忌禽语忌人言

如乌啼鹊鸣及言鬼言梦之类。

辛　居处服食

五十九、屋宇形式及建筑之物料

就本境之土宜习尚及贫富之等级，分别言之。

六十、居处污洁

修整扫除是否合于卫生之法？

六十一、衣食习尚

分别男女服用，其质料尺度若何？有无奇邪不衷者？

六十二、饮食品类

调查之法与五十六条同。

六十三、医方药品

本境有无明医良药？向来疗治之法若何？

六十四、吸嗜鸦片

现已奉有功令，宜详确调查已戒、未戒者各有若干人？有无私售吗啡妨害生命者？

六十五、嗜酒之俗

酒之种类若干？有无以酒戕生废业者？

六十六、缠足之俗

近来能否实行放足？其沿习未改者尚有几何？

本局拟定调查绅士办事习惯条目详文

为详请事。窃查职局法制科第一股遵照馆章应行调查民情风俗及民事习惯，业经编定条目，详请宪台批准转饬调查在案。所有地方绅士办事一项，兹由该科科长率同股员分别事类，详细拟定条目。查本省地方风气初开，绅士所办之事关系公益者，均尚未能一律兴举，仅就各府州县现在情形已经设有之各项会社厂所及旧有之善堂义举，调查其经费章程管理方法，借以觇地方自治之能力，即可定施行宪政之时期。谨拟为八类三十九项八十一目缮具清册，详请宪台鉴核批示祗遵，再行印刷成册，申请转饬调查所有遵章拟定调查地方绅士办事条目缘由，理合详请宪台核定。为此备由具详，伏乞照详施行。

抚宪袁批（八月初八日奉到）

据详，拟送调查绅士办事条目，藉觇地方自治之能力，事关要政，应准照行。仰即刷印成册，详候通饬各属一体详查，分别报告。此缴。册存。

调查地方绅士办事条目

第一　属于备荒救贫之事，分为四项：

　甲　常平仓　凡以谷物贮藏于凶歉之年，贱价以粜于人，至价平时仍籴入以充其数者属之。

　乙　储备仓　或曰义仓，指属于一州县者而言，每年一定之时期内以所贮之谷物借贷于人，至收获后加若干利息以还之者。

　丙　社仓　属于一乡一村者，其办法与义仓同。

　丁　赈谷　此纯以救济贫民为目的，不必取偿于人，其性质与前三项迥异。

以上四项所应调查者：

　一、成立缘起；

　二、贮蓄谷物若干？

　三、经理人之氏名职业；

　四、救济之区域及人数；

　五、历年办理情形；

　六、每年或每月利息若干？

七、各项之总数及每项之分数。

第二　属于兴学育材之事，分为七项：

　　甲　宾兴

　　乙　学田

　　丙　义塾

以上三项所应调查者：

　　一、现时办理之情形

　　二、经理人之氏名职业

　　三、将来之计画

　　丁　私立学堂　附蒙养院

　　戊　教育会

　　己　劝学所

　　庚　宣讲所

以上四项所应调查者：

　　一、经费之筹集；

　　二、内部之组织；

　　三、现时之状况及规则；

　　四、将来之计画。

第三　属于保持公安之事，分为三项：

　　甲　修筑城寨

　　乙　防御盗贼

以上二项所应调查者：

　　一、历年办理之情形；

　　二、经费之筹集及支用；

　　三、临时之组织及方法。

丙　团会及规约　此项于将来地方自治组织议事会有极重要之关系,不得不详细调查之。

一、规约之大概;

二、规约施行之效力;

三、团会之组织及其权限;

四、团会所管辖之区城;

五、团会每年开会之时期及其提议之事项;

六、团民对于规约之关系,并其遵行之状况;

七、团民每年提出于团会之事件,并其意见如何;

八、团会之财产由团民公派,或由团会自行筹集,并现时积蓄之多寡;

九、团会决议之件是否由团会执行?

十、团会与地方官之关系如何?

第四　属于乐善好施之事,分为五项:

甲　全节堂

乙　育婴堂

以上二项所应调查者:

一、成立缘起;

二、经理人之氏名职业;

三、经费之多寡;

四、在堂者及出堂者人数;

五、办事章程及管理规则;

六、在堂者每人每日发给之数;

七、在堂者有无服劳之事?

八、在堂者出堂后之计画;

九、历年办理情形并人数之比较;

十、有无各种工艺制造货品以补助堂中之经费？

 丙 戒烟会

 丁 天足会

以上二项所应调查者：

 一、成立缘起；

 二、经理人之氏名职业；

 三、办事章程及规则；

 四、方药之施予或售卖；

 五、办理之情形及在会人数之多寡。

 戊 养老恤孤及其他之慈善事业

  此项调查之法，当视各地之情形分别查考，如施医药、散棉衣、置义田及施棺埋骨之事，均分别参入。

第五 属于祀神祈福之事，分为五项：

 甲 赛神

 乙 建醮

 丙 演戏

 丁 集会 此专就特别事项或临事发起者而言。

 戊 通常之祀典

以上四〔五〕项所应调查者：

 一、成立缘起；

 二、办事之处所；

 三、经理人之职务权限；

 四、经费之筹集及支用；

 五、每年举行之时期及次数；

 六、每次费用若干；

七、人数之多寡；

八、资产若干。专就已成产业者而言。

九、历年办理情形。

第六　属于农田水利之事，分为七项：

　　甲　河川

　　乙　沟渠

　　丙　塘坝

　　丁　湖沼

　　戊　堤堰

以上五项所应调查者：

　　一、位置及面积；

　　二、灌溉之区域；

　　三、修筑及开凿之办法；

　　四、岁修之费用；

　　五、出产之多寡；

　　六、经理人之氏名职业；

　　七、筹款之方法；

　　八、历年办理情形。

　　己　农事研究会

　　庚　蚕桑研究会

以上二项所应调查者：

　　一、成立年月；

　　二、组织及办法；

　　三、会员之多寡；

　　四、职员之选任；

五、开会之时期及次数；

六、经费之多寡；

七、产出品之种类；

八、研究之方法。

第七　属于交通便利之事，分为四项：

　　甲　道路

　　乙　河流

　　丙　桥梁

　　丁　义渡

以上四项所应调查者：

　　一、位置及区域；

　　二、经费之筹集及支用；

　　三、岁修之费用；

　　四、经理人之氏名职业；

　　五、修造及疏凿之方法；

　　六、历年办理情形。

第八　属于通商惠工之事，分为四项：

　　甲　商会

　　乙　各行公所

　　丙　劝业所

　　丁　劝工厂

以上四项所应调查者：

　　一、成立缘起；

　　二、组织及办法

　　三、职员之选任；

四、经费之筹集及支用；

五、会议之时期及次数；

六、制出品之种类；

七、办事章程及管理规则；

八、历年办理情形。

本局拟定调查民事习惯条目详文

为详请事。案奉宪政编查馆《奏定章程》第十二条内载，编制事项应由本省督抚札饬府厅州县就近派员调查等因，所有职局法制科第一股应行调查之民情风俗业经拟定条目，详奉批准在案。现查民事一项，在法律中最为繁难，界划稍一混淆，则秩序无从保守。东西各国厘订民法，其条目至纤且悉，自亲族戚友之关系，以及钱债土地日常动作之微，无一不揭载于篇，以为裁判官判事之标准。中国向无民法专书，凡关于民事各项，裁判官往往意为轻重，流弊滋多。馆章饬调查民事各种习惯，盖为编订民法采用习惯之根据，其用意至为美善。惟中国数千年来积习相沿，欲一一考求，非旦夕所能为力，此次拟定条目，暂依外国民法部分，择其于中国有重要关系者，分为五部：曰财产部，曰物权部，曰债权部，曰担保部，曰亲族部。日本以亲族、相续分而为二，今以相续并入亲族部内。五部之目共五十有四，所用名词多依日本法学之旧称，而附以解释，以免率改语源，转滋疑误。谨另册缮呈钧核，俟奉批准后即当刷印成册。申请札饬各府州县实地调查，陆续详报，以备随时编订。所有拟定调查民事条目缘由，理合具文详请宪台鉴核批示祗遵，实为公便。为此备由具详，伏乞照详施行。

抚宪袁批（六月十六日奉到）

据详，所拟调查民事条目，采新补旧，秩理井然，足为编订民法之据，仰即刊印成册，详候饬发各府州县实力调查，陆续详报，以凭汇办，勿迟。此缴。册存。

调查民事习惯条目

财产权部

(甲)调查占有之习惯

(一)善意占有之习惯如何？

(释)善意占有者，不知为他人之物而占有之。例如逃失之家畜及他种动物，经逃失后饲养主不来追寻者得行使动物上之权利是也。

(二)恶意占有之习惯如何？

(释)恶意占有者，明知为他人之物而占有之。例如明知为盗品及某人遗失物而故意购买及拾取是也，其对于失主索取及返还占有物用何种方法？

(乙)调查共有之习惯

(释)共有者，数人共有一财产权之谓也。

(一)遗产相续共有之习惯如何？

(释)遗产相续，即为父者逝去，遗产归其子承继也。设有数子，则未分割之先，其遗产即为数子所共有。

(二)共同组合共有之习惯如何？

(释)组合者，即数人共同为一种事业，其财产自为组合员所共有也。

(三)共同契约共有之习惯如何？

(释)数人共卖一物或共买一物，所结之契约即为共同契约，如共有土地，约定各耕其半；共有马匹，约定各乘一日，是也。

以上共有之物，调查其利益如何均分、财产如何处分管理。

(四)共有费用负担之习惯如何？

(释)共有者，既享共有之权利，即应尽共有之义务。如共有家屋之修缮费，共有土地之租税公课等，各共有者如何分担是也。

(五)共有分割之习惯如何？

（释）共有之物，原可以分割，但如狭小之家屋、土地不利分割者，又如动产、公债等分割难于平允者，用何法分割是也。

物权部

（甲）调查所有权之习惯

（释）所有权，即自己所有之物可以任意处分者也。

（一）邻地之使用权习惯如何？

（释）所有权对于近邻之地，除山川江河自然之界限外，余皆人为之界限，既划疆而居，则相互之关系及争端不能不从此而生，故调查所有权必先及邻地权。邻地使用权者，即土地之所有者于其疆界近傍筑造建物及修缮得请求邻地之使用是也。

（二）邻地之通行权习惯如何？

（释）通行者借他人之地以为通行之路，如袋地之类是也。

（三）邻地之水权习惯如何？

（释）即使用流水之权也。如灌溉禾稼、疏通水道、修筑堤防、变更水路及其幅员，所有者对于邻地有何等习惯？

（四）邻地之疆界权习惯如何？

（释）即调查疆界之间设标志、围障及修缮改筑共有之墙壁等是也。

（五）关于竹木之权习惯如何？

（释）即调查邻地所有之竹木等若逾疆界如何处分法。

（六）关于建物之权习惯如何？

（释）即邻地建造房舍等物，用何方法使不妨碍他人所有也。

（七）观望权习惯如何？

（释）即开设窗牖及望远台等，此亦与邻地有关，恐窥见邻人室家之好也。

（八）关于有害工事之权习惯如何？

（释）即埋水榴或穿沟渠泄污水，最易妨邻地者也。

（乙）调查所有权之取得

　　（一）先占之习惯如何？

　　　　（释）即无主之物最先占有者也。例如天空之鸟、山林之兽、河海之鱼介，皆为无主物，谁渔猎获取之，即谁为先占也。

　　（二）遗失物拾得之习惯如何？

　　　　（释）遗失物与无主物异。无主物无所有者，遗失物非无所有者，惟不甚分明耳。

　　（三）埋藏物发见之习惯如何？

　　　　（释）即埋没于土地之物而不知所有者也。如开泉凿井而发见五金之属，发见后如何处分其物是也。

（丙）调查地上权之习惯如何？

　　（释）如借人土地建造家屋或种植竹木，即有使用其土地之权利也。

（丁）调查租地权之习惯如何？

　　（释）即租人之土地以供其耕作畜牧也。地上权之目的在以所有之工作物及竹木使用他人之土地。租地权之目的在以耕作及畜牧使用他人之土地，即佃户与地主之关系也。

（戊）调查地役权之习惯如何？

　　（释）即以他人之土地供自己土地之利益。如汲水于他人之井，以供自己土地之用。又如洼下之地积水不泄，于耕作上及卫生上诸多不便，必择地沟通之而后土地乃有用是也。

（己）调查主物、从物之习惯如何？

　　（释）与主物不能分离而附从主物者，谓之从物。如赁屋则附以木器，买帽则附以帽盒，其木器、帽盒即从物也。各地之从物习惯不同。

债权部

（甲）契约习惯之调查

　　（释）契约即合同、借帖之类。契约于民事上有重大关系。调查契约之成立、效力、解除、变更、格式各习惯,以下各条皆准此。

(一)赠与之契约习惯如何?

(二)买卖之契约习惯如何?

(三)交换之契约习惯如何?

　　(释)以金钱为报酬者,谓之买卖。金钱以外之物,谓之交换,如以己之田宅换他人之田宅是也。

(四)消费货借之契约习惯如何?

　　(释)消费贷借者,例如金钱及米盐之类可以随时消费,消费后不必以原物相偿,约定将来以种类品等量数相当之物偿还是也。消费借贷有两种区别:一、金钱与物之区别;二、有利息与无利息之区别。

(五)使用借贷之契约习惯如何?

　　(释)如借书于人,约定阅后相还,并不出报酬。又如借土地于人,约定收益后相还,并不出地租等类。

(六)赁贷借之契约习惯如何?

　　(释)如以土地借人耕作,每年纳赁金若干;以家屋借人居住,每月纳赁金若干之类。有土地、家屋者,谓之赁贷人;借人土地、家屋者,谓之赁借人。

(七)雇佣之契约习惯如何?

　　(释)如医士、乳母,凡用劳力以得报酬之类皆是。

(八)请负之契约习惯如何?

　　(释)请负即承办之意。例如建筑一室,一切令工匠承办,待其室成后而与以报酬金是也。如包工等类是。

(九)委任之契约习惯如何?

　　(释)例如托友卖物而友应认之是也。又如托友管理其财产,皆委任之类也。

(十)寄托之契约习惯如何?

　　(释)例如友人欲以书或以衣物寄存我处,而我一面承诺,一面取受其书物是也。

（十一）组合之契约习惯如何？

　　（释）二人以上出资本而营共同事业所结之契约，谓之组合契约，即合同是也。

（乙）多数债权之调查

　（一）数人共为债权者，其习惯法如何？

　（二）数人共为债务者，其习惯法如何？

（丙）债务履行之调查

　（一）履行之时期习惯如何？

　　（释）如到期催告而不履行债务，应受迟滞之责否？

　（二）履行之场所习惯如何？

　　（释）例如当事者一在上海，一在东京，还债时究以何者为履行之地？

　（三）履行之费用习惯如何？

　　（释）如汇兑邮寄之费及运送增加之费，归何人负担是也。

（丁）利息轻重之调查

担保权部

　（释）担保者，所以坚债权者之信用，对于人或对于物而取以为质也。

（甲）调查对人担保习惯如何？

　　（释）对人担保，谓债借时立有保证人，以为之担保也。

（乙）调查对物担保习惯如何，其种类如左：

　　（释）对物担保，谓指物借债也。

　（一）调查留置权习惯如何？

　　（释）例如运送货物者，届时不付运费，则留其货物而不与是也。

　（二）调查质权习惯如何？

　　（释）如甲借乙债，约定以衣物为质，是为质权。

　（三）调查抵当权习惯如何？

　　（释）抵当权者，如借债于人，而指定不动产或船舶等以为担保。如借债者届期不能偿还,则债权者得处分此不动产也。抵当权与质权有别,质权必占有负主之物,抵当权不得占有也,以抵当权多为土地房舍不动产也。

亲族部

(一)调查户主家族之习惯如何?

(二)调查婚姻之习惯如何?

(释)如婚姻年龄之类及婚礼之类。

(三)调查结婚方式之习惯如何?

(释)如媒合交换婚帖、庚帖之类,及婚帖等如何格式是也。

(四)调查离婚之习惯如何?

(五)调查入赘之习惯如何?

(六)调查童养媳之习惯如何?

(七)调查养子之习惯如何?

(八)调查关于后见人之习惯如何?

(释)后见人者,谓未成丁者及身体上、精神上有痼疾,不能自理其财产者,其父母亡后,使亲族管理其财产或为之监督是也。

(九)调查财产相续之习惯如何?

(释)财产相续,即承继家产之谓也。

(十)调查宗法相续之习惯如何?

(释)如承祧、兼祧之类。

本局拟定调查商事习惯条目详文

为详请事。案查职局法制科第一股遵章拟订应行调查各项条目,迭经详请宪台批定在案,所有商事习惯亦应亟拟调查。查商事实民事中之一种,各国先有民法而后有商法,原则既定,则凡商事与民事相同者,概可一律适用,必有特别情形,然后于商法著之。故编制分明,条理一贯,中国虽有新出商律数种,逐类单行,未成法典,且因未定民法之故,原则亦无所取材,文法虽存,实以习惯为重。今兹调查事体颇巨,谨就大端所在,参以外国商法,依据中国近颁商律,编为六纲十三款二百四十条,关于商事各种字约单票章程簿据三十六种,缮具清册,详请宪台鉴核,俟奉批示,再行刷印成册。申请转饬调查所有遵章拟定商事习惯条目缘由,理合详请宪台核定。为此备由具详,伏乞照详施行。

抚宪袁批(九月初八日奉到)

据详已悉。细阅所拟调查商事习惯条目,依据中国商律,参以外国商法,宏纲细目,思虑周详,殊堪嘉许,应速刊印成册,详候分饬查报,以凭汇办,仰即遵照。此缴。册存。

调查商事习惯条目

第一纲　商业　款七

　第一款　商业之主体(即商人)　调查问题三

　　(一)男子未成丁及有废疾者,是否能为商人?

　　(二)已嫁之妇及未嫁之女,能否自为商人,或代夫、代父营商?

　　(三)资主自行营业(即谚所谓"连东带掌")与请人经理营业,经理人(即谚所谓"掌柜")或为一人,或为数人,其责任如何区分?

　第二款　商业主体之变更　调查问题三

　　(一)以商号赠与他人,或出倒他人,其店铺什器商品等及各种债权债务之事,价格如何计算?簿记如何交代?财产如何移转?(日本法律:动产须交割,不动产须登记。)

　　(二)商号既已赠与或出倒他人,能否在同一区域内仍为同一之营业?

　　(三)仅以字号出倒与并货底出倒者,其计算价值之法如何区别?

　第三款　商业使用人(即伙友、徒弟之类)　调查问题十四

　　(一)选用经理人(代主人营商业而有全部代理权者,日本谓之支配人)是否由资主

委任,抑系雇佣性质？其权限与责任有无一定？

(二)经理人处置伙友,是否回明资主,抑径由自主？

(三)经理人经营商业,系用自己之名,抑系代表资主仍用资主之名？

(四)任用经理人,资主得随时退约更换否？

(五)资主如提成本或退货解约,经理人能否制止？

(六)商号亏累,经理人对于资主负何等责任？

(七)商号伙友,其职务分若干类？以何类为最重要？

(八)伙友(有代理权之一部者,如跑外、账房之类,日本谓之番头手代)选任出于何人？其由徒弟递升者需何条件？权限与责任若何？

(九)伙友于劳金之外,是否均得红利？徒弟亦有此利益否？其分配之法如何？

(十)伙友能否自营与本号同类之商业,或代他人兼营与本号同类之商业？

(十一)伙友违犯号规,其处罚之法如何？

(十二)任用伙友、徒弟,是否均用保结？

(十三)伙友、徒弟归省之例,通常以若干年为限？

(十四)教授徒弟,除实地练习外,有无他种讲习之法？学习约以若干年为满期？

第四款　商业之分类　调查问题十二

(一)商人各种营业通常分若干类？

(二)必须经官许可之商业,共若干种？

(三)各行各帮有无联结团体？如公会、公所之类,其组织之法如何办理？有无成效？

(四)各行商号如有倒闭、危险、词讼等事,同行有无救助维持之法？

(五)牙行、经纪、跑合之类,所谓为商业之媒介者,其种类共有若干？人数有无制限？

(六)开设牙行、充当经纪,除请领部帖一切费用外,有无缴纳他种规费之例？

(七)牙行、经纪抽收费用,是否均于物价中扣取？其计算之法如何？

(八)运送业及囤积业(代人囤积货物),其种类共分若干？各业之规则如何？

(九)代人运送货物,如届期不付运费,有留置其货物之权否？运送逾期而物价跌落,运送人负赔偿之责否？

(十)为人存寄货物，其关于保存行为及天灾事变意外损失之时，处理之方法如何？

(十一)小卖人于他人铺户外及公地开设摊店(如鱼菜市之类)，其占有地如何分布？有无抽收租金之例？

(十二)开设摊店及担荷贩卖者，有无同业组合订立规约者？

第五款　商号及商标　调查问题三

(一)已有专用权之商号，设有同一营业在同一区域内袭用其名号，专用者能否禁止？

(二)商号能否自由让与他人或变更、废止，其让与、变更、废止有何等习惯？

(三)商标(即制造品及贩卖品所用之图书文字也)之选用权及专用权有何习惯？

第六款　商业账簿　调查问题四

(一)商人贸易所用之簿籍，如流水账、分项清账、财产目录及贷借对数表等，其种类共分若干？

(二)商人所有一切账册及关于贸易往来之书类，以留存若干年为度？

(三)账册书类如有意外毁失情事，其对于债权债务之施行，及对外公布，用何种方法？

(四)商人遇有索债倒闭，有无虚伪藏匿及故意毁灭簿籍之恶习？

第七款　商业登记　调查问题三

(一)商人为某种营业或变更废止某商号，是否报告于行政官厅，请其登记(如公司注册呈报商部，或开设某种商号，使州县官存案是也)？

(二)商人呈请登记，其办法如何(如呈报商部之事项，可在左近商会或各业公所呈明转报是也)？有无规费？

(三)商人有公布事项用何方法？是否登录于官报及新闻纸？

第二纲　公司　款五

第一款　公司种类　调查问题一

(一)公司种类共分若干？是否与现定商律相合？

第二款　合资公司(资主全部负无限责任者,日本谓之合名会社)　调查问题二十四

(一)创设合资公司,其合同规约如何作成及公布?

(二)资主之出资共有几种?除金钱外,得以他种动产、不动产及债权、劳务、信用为出资否?

(三)资主对于公司权利若何?如代表公司检查公司材〔财〕产及营业状况,各资主有此权利与否?

(四)资主对于公司义务若何?非有他资主之承诺,能否为属于公司营业部类之商行为?

(五)资主能否退约,其退约之原因有几?

(六)利益之分配如何?公司未填补其损失,能否为利益之分配?如有为此虚伪分配时,公司外之债权者能否使之返还?

(五)〔(七)〕经理公司之员系记载合同,即以创办之人为经理人,抑由集资者公同选举?

(八)数人经理公司业务如意见不一致,是否由经理人过半数决议?

(九)关于经理人之选任、解任,是否由总社员同意始能实行,抑系由过半数决议即可?

(十)经理人管理公司财产负何等责任?其执行业务有无报酬及赔偿损失各利益?

(十一)如为自己利便起见,经理人能否自由辞职,无正当之理由能否使经理人解职?

(十二)经理人代表公司全部,如有不法行为,公司负赔偿之责否?

(十三)公司财产不能偿还债务时,各资主是否一律负连带责任?

(十四)公司之名誉员及退出资本之资主,其对于公司之债权、债务如何处分?

(十五)公司如变更合同及规章,是否须得集资者全数同意?

(十六)公司能否自由合并,或存续一公司合并其他之公司于一公司,或合并数个之公司另设立一新公司,其合并是否须得全数之同意?

(十七)公司合并,其办法登记及其效力有如何之规定?

(十八)因目的事业之成功,或不能成功,或定款期间之满了,公司能否自由解散?其解散加何办法?

(十九)公司解散,其财产如何清算?

(二十)清算人就职是否由公司中人员公举,抑系由公司外明悉商况之公正人选任?

(二十一)清算人对于公司现行事务如何了结?对于债权之催索、债务之偿还、残余财产之分配如何办法?

(二十二)清算人所为之清算事务,是否须得各资主之承认,方为任务终了?

(二十三)清算人有不正行为,利害关系人得请求改选清算人否?

(二十四)因破产解散之公司,其清算办理方法与自由解散之公司有无异同?

第三款　合资有限公司　调查问题照上

按中国现颁商律,分合资公司、合资有限公司。合资公司与日本之合名会社相近,而与日本之合资会社性质不同。以日本之合资会社,一部为有限者,一部为无限者,而中国商律分合资公司、合资有限公司,乃一全部无限者,一全部有限者。

第四款　股份公司　调查问题九

(一)集股、入股办法如何?

(二)关于股东权利、责任规定如何?

(三)董事选任及权限规定如何?

(四)董事会议之规章如何?

(五)众股东会议之规章如何?

(六)公司查账人之选任及职务如何?

(七)结算账目及报告之规则如何?

(八)更改公司章程之事序如何?

(九)公司停闭,其处理之方法如何?

以上各条,何者有合商律,何者不合商律,应逐一调查复答,即以大清商律为依据,不另列条目。

第五款　股份有限公司　调查问题照上

按股份公司,与日本之株式会社相近,乃专以有限责任社员组成者,而我商律分为股份公司、股份有限公司,似股份公司为无限责任者。股份无限公司与合资公司不同,合资公司虽亦无限,其集资无定额,而股份公司乃分割资本为若干股份也。

以上四种公司,其组织虽有不同,然亦可按以上各问调查,不另立条目。

第三纲　商行为　款三

第一款　买卖　调查问题十五

(一)商人与非商人间交易,其买卖价格有无异同?

(二)代人买卖货物,如不表示为本人,其行为对于本人生效力否?

(三)代人买卖货物后,所有债权债务系直接交涉,抑仍间接交涉?

(四)买卖货物,除现钱交付外,其清账有无定期(如三节结账之类)?

(五)交付物价,其钱市以定货时为准,抑以取货时为准?

(六)买卖货物有无他项费用?其费用系由卖主任之,或买主任之?

(七)通常买卖任用保证人及中人方法如何?其报酬有无一定?

(八)买主已买定而届期未交付其物,若遇水火盗贼事变,其损失归何人负担?

(九)物、价已交割或交割而未付清,买主如不合意,可向卖主退换否?其退换如何办法?

(十)如届期不能付价或付价未清,可向买主索取利息及退约与否?

(十一)已交付货物而与定货原单物品不符,或有缺损疵累时,用何法处置?

(十二)卖主如有故意交付疵累之物,买主不即时检查至事后乃始发见,得请求退物或减价及损害赔偿否?

(十三)交付货物而与定价原单量数短少,或量数超过时,其处理之法如何?

(十四)退换货物,其期限有无一定(如隔日不准退换之类)?

(十五)已定买某物而买主拒不肯受或不能受时,卖主于不易毁损之物是否再为催告?于易毁损之物是否改售他主?

第二款　贷借　调查问题十三

（一）商人贷借，其利率最高或最低之数若何？

（二）贷借期限通常以若干年月为期满？最长有至若干年者？

（三）同业贷借，其利率较低减于他人否？

（四）钱债逾期未付，有无利上起利之事？年久未清，有无减轻利息或停止之例？

（五）还债应于债权发生地行之，抑于债权者现时住所行之？

　　按：债权者即借债与人之人。

（六）贷借有确定期限，届期而不偿还，债务者受迟滞之责否？

　　按：债务者即理应还债之人。

（七）无确定期限之贷借，债权者请求偿还而不偿还，债务者受迟滞之责否？

（八）数人共负一人之债，其连带责任是否一律？其偿还方法若何？

（九）届期不能偿债，债权者对于占有物及担保物可否取为己有？

（十）抵押之物，业主得随时取赎或转押于他人否？

（十一）届期不能偿债，保证人负偿还之责否？

（十二）借贷有无至若干年不还即归消灭之例？

（十三）因商事行为而生之债权、债务，是否与贷借关系相同？

第三款　契约

第一条　契约总义　调查问题六

（一）契约之成立必得两方之同意，设对谈之顷未及承诺，以后能复通知承诺否？

（二）订约者之一方于申告时限日候覆，设彼方居所远隔，于限内未发承诺之通知，其申告仍有效否？

（三）隔地申告未定覆信期间者，设彼方于相当期间内不发承诺之通知，其申告仍有效否？

（四）先经发函承诺，后又反覆，设两信同时达到，以何者为有效？

（五）彼此预约买卖，尚未交价，设有一人中途违约，其处理之方法如何？

（六）买卖先付有预约金者,设有反覆,预约金作何处理?

第二条　立折互算契约　调查问题一

（一）立折互算契约,其折据形式、计算期限及清理尾数种种习惯如何?（立折互算,即彼此交易不取现价,俟年终或三节清算抵杀以后找兑余数者也）

第三条　暗名合伙契约　调查问题一

（一）暗名合伙,其出资义务、营业义务如何?利益之分配方法如何?合伙之终了如何?契约之废止如何?（暗名合伙,即商人以他人之资本为营业而分配其所得之利益,其出资而不出名者,谓之暗名组合员）

第四条　说合契约　调查问题一

（一）说合契约,其义务权限与权利组织若何?

第五条　运送契约　调查问题二

（一）海上运送与陆地运送有无异同?

（二）运送人之责任及权利若何规定?

第六条　存寄契约　调查问题一

（一）存寄货物,其责任与报酬种种规定若何?（存寄契约,商事与民事不同）

第七条　保险契约　调查问题一

（一）保险契约,其效力及解除种种规定若何?

第四纲　证票　调查问题五

（一）关于商事信用之票据,如汇票、期票、支条等,其种类共分若干?其各类之性质若何?

（二）记载姓名之证券,可辗转让与于他人否?其让与方法如何?

（三）记载姓名之证券,是否须本人亲取,抑但签押即可取用?

（四）期票及定期存款尚未到期,得补认利息先期取用否?其利率有无一定?

（五）各种票据如有遗失,有无救济之法?其方法若何?

第五纲　海商　调查问题二

（一）沿海及内地居民有无以海上为业者？其习惯如何？

（二）海上与洋商贸易与内国商人贸易法是否一致？其方法如何？

第六纲　破产　调查问题二

（一）办理破产，有无特别习惯不与现定商律相合者？

（二）经理破产之公正人（如清算人之类）是否由公会议决，抑由各账主共同选任？其各种习惯如何？

调查商事习惯各种字约单票章程簿据目录

（一）各种商号合同及议单

（二）各种商号公司章程

（三）商会章程

（四）各种牙行章程

（五）各种帮规

（六）各种商业会馆公所章程

（七）各种同业公议

（八）招股章程

（九）公司股分票

（十）牙行局收票

（十一）牙行部帖

（十二）雇用伙友合同及保人甘结

（十三）开业告白

（十四）各种仿单

（十五）买卖往来函牍

（十六）各种商号总结报告书式

（十七）各种批票交单及发单

（十八）各种取货单票

（十九）各种货价收单

（二十）买卖结账清单

（二十一）付价知单

（二十二）各种庄票现票期票

（二十三）商用银钱纸币

（二十四）遗失票折声明告白及失单

（二十五）各种船契及船单

（二十六）夫行领状及认状

（二十七）厘税报单

（二十八）三联单切结

（二十九）各种厘单税单及免照

（三十）海关厘局护照

（三十一）轮船客票及载货单

（三十二）各种保险单

（三十三）各种栈单提单

（三十四）商标注册呈稿

（三十五）商标执照

（三十六）各种商用账簿

本局拟定调查诉讼习惯条目详文

为详请事。窃查职局法制科第一股遵照馆章应行调查民情风俗及地方绅士办事、民事各习惯，业经拟定条目，详请宪台批准，转饬各府厅州县调查在案。至诉讼一项，其目的在使人民得权利义务之平，即为保国家秩序公安之地。各国分诉讼法为民事诉讼、刑事诉讼,以东西诸国法律皆分类编定,民事与刑事分而为二,故诉讼亦分为民诉、刑诉,中国合各项法律为一编,无所谓刑事、民事,似难强分民诉与刑诉。近日修律大臣虽亦编纂民刑诉讼各法,论者谓其与现在民情风俗多所扞格,一时骤难实行,然调查各地习惯,使法律与国民程度相适,亦编纂法律者所必需之材料也。近日刑律则务求改良,裁判则将成独立,将来民刑诉讼必有仿效各国成例区为二事者,故此次编订调查诉讼条目,谨就外国诉讼法部分区为民诉、刑诉,以为诉讼改良之预备。民诉大纲分为十四条,刑诉大纲分为七条,诉讼各种文件程式十四种,先行调查其大要,此外尚有宜详细调查者,再行随时续订条目,谨缮具清册,详请宪台鉴核,俟批示后遵即刷印成册。申请转饬调查所有遵章拟定调查诉讼习惯条目缘由,理合详请宪台核定。为此备由具详,伏乞照详施行。

抚宪袁批(九月初一日奉到)

据详,近日刑律改良,将来民刑诉讼必彷各国成例,区为二事,此次调查条目就外国诉讼法部分区为民诉、刑诉,以为诉讼改良预备,所见甚是,应准照办,仰即刷印成册,详候分饬司道暨各府州县一体遵照,逐类调查,分别报告,以凭汇办。此缴。册存。

调查民事诉讼习惯条目

(甲)诉讼费用之习惯如何?

  (一)关于诉讼之公费,如堂费、状纸费、差役书吏等费,其种类有几? 各规费为数几何?

  (二)关于诉讼者自身所需之费,如旅费及因诉讼消耗时间、荒废职业等费,其种类若干? 为数有几?

  (三)关于两造以外之人所需之费,如干证人、鉴定人、邻右人之旅费,及因案牵连报酬之费,其种类有几? 为数几何?

  (四)以上各费系两造平均负担,抑系归败诉者独自负担? 如两造互有胜败,其费用如何分担?

(乙)诉讼手续之习惯如何?

　　(释)手续,即办理一事自始至终之次序也,如递状、堂讯辨论、开始调查证据及判决种种之习惯是。

(丙)两造和息之习惯如何?

(丁)候讯取保之习惯如何?

(戊)送达文书及传两造人证等习惯如何?

(己)诉讼时期之习惯如何? 自起诉传讯以至诉讼终了,经若干时日?

(庚)未成年者(按:未成年制度,中国向无一定规则。兹所谓未成年者,即幼时倚赖父母为生活而无独立营生之资格者)及有夫之妇诉讼之习惯如何? 系自己为诉讼行为,抑系抱告人代为诉讼行为? 又,官绅及一切有身分之人,凡遇诉讼,往往自不到堂,而遣抱告对质,其抱告人资格权限若何?

(辛)共同诉讼之习惯如何? 系一人代表独赴公廷,抑系全数人同赴公廷?

　　(释)共同诉讼,即多数原告或多数被告之诉讼也。

(壬)诉讼判决后,执行方法之习惯如何?

　　(释)如罚款押追,及饬庄长、首事、地保、差役督同交割过付其财产之类是。

(癸)上控之习惯如何?

调查刑事诉讼习惯条目

(甲)提起刑事诉讼之习惯如何?

　　(释)如命盗案件之告诉告发或由地保,或由差役,或由邻右,或由苦主呈请验勘之类。

(乙)召唤、拘引、拘留被告之习惯如何?

　　(释)召唤者,传被告之人使到案也;受召唤而拒抗则发拘引状,即缉捕也;拘留,即监押类也。

(丙)搜查证据之习惯如何?

　　(释)如检验衣物,搜查凶器,传讯证人、鉴定人之类。

(丁)差押物件之习惯如何?

 (释)加封锁赃物之类。

(戊)刑事审理之手续习惯如何?

 (释)即审理前、审理后及审理时所用办法及次第,如初详、定拟、审问、发配之类。

(己)刑事之控诉及上告之习惯,又,翻供之原因及其处分如何?

 (释)如控州、控府、控道、控司及院控、京控之类。不服第一审之裁判,谓之控诉;不服第二审以上之裁判,谓之上告。

(庚)刑事裁判之执行习惯如何?

 (释)如监禁、军流、行刑及入习艺所之类。

(辛)笞杖罚金是否实行?

(壬)差役费用出于何项? 如捕盗赏格及出外追传旅费之出于公项,或由捐廉,或该差自赔?

调查诉讼习惯各种文件程式目录

 (一)调处及和息字据

 (二)悔呈

 (三)正状及副状式

 (四)各种签票式

 (五)供词

 (六)堂判

 (七)各种甘结

 (八)保状

 (九)命盗案通报详册式

 (十)命案获犯通报详册式

 (十一)命案招解册式

 (十一)驳签式

(十三) 外结盗案及各种案件禀详各式

(十四) 开参详册式

本局拟定调查盐务沿习利弊条目详文

为详请事。案查宪政编查馆奏定各省调查局章程法制科第三股掌调查本省行政上之沿习及其利弊等因,职局自应遵章试办,惟行政范围极广,端绪纷繁,势难同时并举,宜先从一二端入手,以次推行。查盐务一项,上关国课,下济民食,于政治中极为重要。东省于嘉庆十三年重修《盐法志》后,迄今百稔,变更已多,同治三年虽经增刻《备考》①一书,所录条例亦断自道光八年为止,亟宜详细调查,以资考证,《志》载各类如律令、场灶、转运、赋课之属,以及奏疏、官职、营建、图识,莫不编列秩然,条理周密。此次拟定条目,即以原志为依据,共分四纲,附目四十六条,另册缮呈钧核,俟奉批后再行刷印成册。申请转饬运司暨各州县各场所逐类调查,限期三个月,一律具报,以备采择编订。所有遵章调查盐务缘由,理合详请宪台鉴核批示祗遵,实为公便。为此备由具详,伏乞照详施行。

抚宪袁批(五月二十六日奉到)

据详已悉。所拟调查盐务条目尚属周妥,应准如详办理,仰即遵照。此缴。册存。

调查盐务条目

一 行政

(甲)律令

一、盐法本律

凡法律十三条、条例二十条,《志》载以后,有无新添?现在新修刑律增减若何?

---

① 即王定柱纂《山东盐法续增备考》。

二、各部则例

凡吏部盐课则例十二条、销引则例八条、失察私盐并议叙则例十八条、户部则例十六条，《志》载以后，有无增减？

三、盐法例案

凡例案十五条，《志》载以后，有无新添？

四、奏疏

《志》载以后，凡有关于东省盐务者择要录送。

五、章程

山东盐务内部之组织及人员任用法，近时沿习如何？

(乙)职官

一、官司

山东旧志场官原有十九场，今存其八，分司原有二缺，今存其一。裁官以后，海滩之涨落靡常，灶池之多寡难定，场界于何稽查？灶户有无偷漏？曾否添设局所，分派委员？

二、巡盐员弁

《志》载巡盐员弁凡五镇，现在有无增损？每镇马步官兵若干名？

(丙)巡缉

一、保甲

旧立保甲之法，有灶长，有锅头，有滩头，各场俱有定额。现在办法如何？有无变更？

二、巡役

州县现设巡役

昌潍帮巡

盐河巡役

场坨巡役

巡役四种定额若干？有无增减？

二　场灶

（甲）场务

一、滩池

二、草荡

三、锅面

《志》载以上三类，详明地界坐落，或系原额，或系新垦，或系自首，考核最清。现在各类增减之数若何？有无新垦？有无自首？

四、煎晒

东海取盐，向有成法，今昔相较，取盐之数有无增减，煎晒之方有无更改？

五、坨垣

旧时永利、永阜、涛雒、官台、王家冈五场，官立商立均有坨垣确数，现在有无新增？其余各场有无添设？

（乙）丁地

一、编审

二、丈量

三、图册

旧例有编审丈量之法，现在丁地之数较昔如何？有无图册？

三　转运

（甲）网商

一、引商

二、票商

引商、票商共分几纲？引商若干名？票商若干名？其间认退接充有无冒名顶替？

（乙）引票

一、引目

盐引各州县卫应领若干？岁领若干？查明按季具报。

二、引额

三、票额

　　商运

　　民运

引额、票额定数若干？近日各州县卫盐店月报数有无增减？

四、融销滞销

各州县引票，其畅销者，每于额领之外能融销他处，引票而疲困之区，积久停滞，除配售相当之处外，融销最畅者若干处？滞销最甚者若干处？

五、销数比较

近十年应领引票分数是否及格？总销数以某年为最旺？各销场以某处为最盛？

(丙)行盐定界

一、运程

　　盐河

　　支河

二、盐船

　　封船

　　拨船

　　号票

　　限票

盐界为各场行盐之地，盐河运路较昔有无变迁？支河分道近今有无捷径？盐船之封拨、船票之号限，章程若何？

三、改场改路

如引票各属昔春某场，今改春某场，水陆运路昔行何处？今行何处？或半途易辙，或路线全更，孰久孰暂？同异若何？

四、南运北运

何年创办？有无官本归印归委？章程若何？先今销数比较若何？

(丁) 春运

一、配运

各场配盐之数较旧额若何？发盐有无多寡？挨单有无先后？

二、借运运出

借运，如本省借运外省盐斤之类；运出，如从前之东阜公司及邻省来本省借运之类。

三、验掣

掣包有抽仓、抽层之法，胥役有无留难？验放有截印、截扒之分，书吏有无遗漏？新设之局所委员有无责任？

四、盐包

包索

法码

场秤

五、盐价

盐包斤重均有定额，近时有无增损？引地、票地盐价不同，近时有无涨落？包索之数、法码之数、场秤之数，较昔若何？

六、加课加斤

盐包斤重例有定章，嗣以部筹国用增收课税，盐斤亦因之加重，历办成案几次？现行斤重课税以若干为止？

(戊) 私盐

一、私贩

二、土硝

私盐出路有各场灶户私贩，有各境土硝私熬，如何查禁？

四　财计

(甲) 盐课

一、正课

引课

接济引课

商运票课

民运票课

商民余票课

以上引票正课额征之数,以票为衡,其随征解费内并附平饭解费,《志》载后有无增减?

二、灶课

丁银

地银(灶地　草荡　池滩　鱼盐课钞　食盐变价　锅面)

民田灶地

以上灶课,《志》载后有无增减?

三、商课杂款

纸朱银

铜斤河工银

盐斤银

笔帖式解费

都翰公费(附内阁公费)

领票公费

残票解费

平饭解费

养廉

饭食

给兵公费

以上均系商课杂款,《志》载后有无添裁减?

四、盐厘

《志》载无此目,始自何年?收数若干?

(乙)解支各款

一、解款

引票银

接济引票银

商运票银

民运票银

商民余票银

以上引票正课分季报部拨解,解费银随征。

纸朱银

铜斤河工银

盐斤银

都翰公费银

领票公费银

以上五项系商课杂款,有无解费？解款期限是否仍照旧章？

笔帖式解费银

残票解费银

平饭解费银

以上三项非课银,系作起解公费、一切平饭等费之用,故附入解款。

灶地银

草荡银

滩地银

加摊丁银

盐锅银

食盐变价银

鱼盐课钞银

收并直隶灶地银

白盐折色银

以上系灶课,均有解费,分季报部拨解,近今有无增减?每年已完若干?未完若干?历年有无积欠?

民佃银

加摊丁银

加摊地银

盐课银

以上系民佃等课,均有解费,报部拨解,近今有无增减?每年已完若干?未完若干?历年有无积欠?

二、支款

俸工银

自运司以下,各衙门在民佃项下坐支,各场所在各州县衙门坐支。

养廉银

饭食银

给兵公费银

以上三项系外支之用。

笔帖式解费银

残票解费银

以上二项系外支,作解费之用。

(丙)公帑

一、归公

二、充公

《志》载归公凡十条,充公凡三条,今昔有无增减?充公项下每岁动用若干?

三、帑利

《志》载五条,《备考》续增二十条,近年有无拨款发商生息之项?

(丁)稽核

一、奏销

报销

旧例奏销期限，民运票课及灶课等银在每年四月，引课、商运票课等银在每年十一月，现在有无变通？一年之内额支公费完欠、杂支余剩、未给各数如何？有无拖欠未完？有无透动加增？

二、盘查

旧章封印后盘查，开印后咨部，旧管若干？新收若干？开除若干？实在若干？

三、交代

运司照藩司交代之例，运判提举各场所照州县交代之例，赴任、移交、接任、承查期限若何？

本局拟定调查河防沿习利弊条目详文

为详请事。窃职局法制科第三股遵照馆章应行调查行政上沿习利弊各事，业将拟成调查盐务条目，详蒙批准在案。查河防一项，于国计民生尤关重要，山东地势平衍适当，下游难治甚于他省，改道入东以后，溃溢频经，近虽迭庆安澜，思患预防，势虽稍缓，一切兴革事宜，允宜切实考求，以为行政改良之预备。此次拟定调查条目，计分四纲：一、流域；二、方法；三、职务；四、经费，共附细目二十二条，另册缮呈钧核，俟奉批示，再行刷印成册。详请转饬该管局所暨沿河各府州县，按照所开各项逐类调查，以文到之日起，统限三个月，一律送局，择要编辑，以资报告。所有调查河务缘由，理合详请宪台鉴核批示祗遵，实为公便。为此备由具详，伏乞照详施行。

抚宪袁批(六月二十日奉到)

据详，拟定调查河务利弊条目，尚属周妥，惟经费项下应添桩秸、砖、石、苘麻、芦苇等料有无例销价值,抑各按时价采买开报一条,仰即查照、斟酌附入,刊印成册,详候分饬河防总局三游总办及沿河各府州县一体遵照,依限查覆,以凭汇办。此缴。册存。

调查河防沿习利弊条目（遵批加入一条）

(甲)流域

  一、黄河入东缘起；

  一、归东省管辖之时期,及本省与他省分辖之界划；

  一、三游每段起止之区域,经过州县之疆界及里数；

  一、全河形势今昔变迁有无图说？

  一、自黄河入东后至光绪三十三年止,三游决溢次数及堵筑处所；

  一、三游险工各若干处？何处为极险？何处为次险？

  一、尾闾入海屡有变迁,从前经过处所是何名目？现今经过何处？是否通畅？

(乙)方法

  一、平时修守方法及时期；

  一、抢险塞决及疏引之方法；

  一、堤埝埽坝各工之名式,其何种形势应用何种埽坝为适宜？

  一、两岸堤埝工程,何处归官修？何处归民修？

  一、沿河居民迁徙区域及安置之方法；

  一、估工保固向用方式及近来有无变通办法；

  一、购料储料之场所、时期及方法；

  一、遇抢险时往往采用柳枝厢护,有无流弊？

  一、砖石护埽有无流弊？

(丙)职务

  一、三游总会办暨各委员额数、职权、分驻处所及时期；

一、三游各营汛额数、职务及分扎处所；

一、沿河州县对于河务之责任；

一、夫役有无定额及临时募雇之办法；

(丁)经费

一、岁修经费正支、杂支定额有无增减，及特别工程如何支办？

一、桩秸、砖、石、茼麻、芦苇等料有无例销价值，抑各按时价采买开报；

一、光绪三十三年三游用款实数有无节省银两？

本局拟定调查司法行政沿习利弊条目详文

为详请事。窃职局法制科第三股遵照馆章应行调查行政上沿习利弊各事，业于办事章程内声明，先就兵刑河漕盐榷诸要端入手，并将盐务、河务拟具调查条目，先后详蒙批准在案。查刑事一项，就法学论，系属司法范围，与行政性质迥别，其以司法而入于行政者，则指裁判以外一切设备而言，名为司法行政，实不止与刑事独有关系。中国国宪未定，司法与行政权限虽未分明，然时事更新，今兹调查亦不得不严划定界，以求核实。现在所拟纲要，谨以法学所称司法行政为指归，共分法廷〔庭〕、监狱两纲，更依次区为六条三十七目，另册缮呈钧核，俟奉批示，再行印刷成册。申请分发司道及各府州县，按照所开各项条目，将近今沿习利弊逐类调查，统限三个月，一律送覆，其有关系此项书籍，及官绅条陈，亦得随送备考。所有遵章拟具调查司法行政条目缘由，理合详请宪台核定示遵。为此备由具详，伏乞照详施行。

抚宪袁批(七月十九日奉到)

详册均悉。所拟调查司法行政条目，尚属周妥，应准照办，仰即照式刊印，详候分发司道暨各府州县依限调查报告，并饬将关系此项书籍及官绅条陈查明随送备考。此缴。册存。

调查司法行政沿习利弊条目

第一　法廷〔庭〕事项

（甲）机关之组织

一、各审级管辖之范围

审级云者,谓审判之阶级也。例如案经县讯到府控诉,则县为第一级审判,府为第二级审判,以上类推。范围云者,谓应归本级为初审或覆审各事项之规定也。范围有因阶级而异者,如违警归区裁判,重罪归地方裁判是。有因地域而异者,如犯地在甲县,即归甲县管辖;犯地在甲县,被告时逃至乙县,则归两县中首先审判者管辖;或犯罪在两县界内,则两县均得管辖者是。此等有无法令规定,其沿习若何？

一、上审级监督下审级之方法

如下级审判有逾限违法或不得其平者,是否由上级监督？其监督之方法如何？

一、提审委审及发回另审之关系

一、各审级印委之回避事项及惩戒处分

一、各审级印官之责任

一、各审级承审员之资格及权限

一、辅助机关之权限

例如警官帮缉人犯及代查证据,又,分防官吏如何检报之类。

一、检察机关之权限

此指起诉前之检察而言。如地方官侦访奸匪及察看事变之类,外国特设检事局与法廷〔庭〕对立,于刑事上为原告,于民事有代诉之权。

一、房书隶役等之种类及使令之规则

（乙）诉讼之体制

一、讼费之种别

一、诉状及代书之关系

一、传审原被告及拘留之法

一、待遇证人鉴定人之法

  鉴定人谓以专门学识鉴定是非者。例如查勘伤病则用医师,检验物质则需化学是也。

一、传审及判结之期限

一、判结及造报勘转之方式

一、和息之制限

一、在原审级抗辩之制限

一、控诉及越诉之制限

(丙)刑罚之执行

一、生命刑之种类及执行之场所、期限、方法

  按:即死刑。

一、自由刑之种类及执行之场所、期限、方法

  按:自由刑中包括徒流、监禁、押锁、枷号各事。

一、身体刑之种类及执行之场所、方法

  按:身体刑中包括笞杖及伤人官骸各事。

一、财产刑之种类执行之方法、期限及与他刑相抵之规定

  按:即罚锾。

一、名誉刑之种类及执行之期限

  按:如斥革功名及限制身分之类。

第二　监狱事项

(甲)狱政机关

一、典狱官之资格权限

一、其他各项职员之权限

一、狱政监督之层级

（乙）监狱制度

一、种类

是否以罪名轻重及已决、未决为等差？其区别若何？

一、构造

分居、杂居区别如何？房室规模如何？各种事务所设备如何？

一、位置

地近何处？燥泾通僻若何？

一、容积

全狱之容积及狱内各室之容积。

（丙）犯徒待遇

一、食类之给与

一、衣类之给与

一、狱内赏罚规则

一、书信及接见之限制

一、疾病及死亡者之管理

一、习艺教法

一、其他学目教法

本局拟定调查教育行政沿习利弊条目详文

为详请事。窃职局法制科第三股照章调查行政上沿习利弊，业经择要拟就各项调查条目，先后详蒙批准在案。查行政事宜最切民者，惟教与养，养民必赖劝业，教民端在兴学。中国自部颁《奏定学堂章程》，及各省设立提学使司后，学政规条大都详备，然往往存其文而不具其实，发其端而不竟其功，或规模未立，流弊已滋，或萌芽甫形，阻力旋起，非尽法之不良,大抵皆谋事不预之所致也。欲资研究,须赖调查,窃谓此事沿习利弊应分为学务总纲及学校经历二项,总纲以考行政之机宜,经历以考立学之实验,知是二者,则学务得其大凡矣。此次拟定条目,即以此二项为大纲,更依次区为二十一条,条下有应分注者,再以甲乙丙等目别之。谨另册缮呈钧核,俟奉批示,即当印刷成册。申请分发司道及各属,将册内各条沿习利弊分别调查。统限册到三月内造送到局,其书籍条陈有关此项沿习利弊者,亦得附送备考,以征详实。所有拟具调查教育行政沿习利弊条目缘由,理合详请宪台鉴核示遵。为此备由具详,伏乞照详施行。

抚宪袁批(七月二十三日奉到)

详册均悉。所拟调查学务利弊条目尚属详尽,应准照行,仰即照式刷印成册,详候分发司道暨各府州县依限调查报告,并将关系此项书籍条陈附送备查。此缴。册存。

调查教育行政沿习利弊条目

第一　学务总纲(此项多系学司权限内事,但各属除不属于各该管范围者声明免查外,余应一并调查。)

一、兴学政策之次第(部章系确定之法规,政策则随时势而有变动,山东兴学以来,所办事务孰先孰后?孰轻孰重?递嬗若何?)

一、各学级经费之类目及拟筹方法(学级指学务机关之层级,类目谓经费来源之种别。)

(甲)属于省者;(乙)属于府及直隶州者;(丙)属于州县者。

一、各学级教员之取材及养成方法

(甲)高等及实业学堂;(乙)各项中学堂;(丙)两等小学堂。

一、教科书之审定及其预备

一、视学劝学人员之任用资格及各属学区之规定

一、约束外国教员之事

(甲)聘订合同;(乙)平时待遇。

一、稽查外国人所立学堂之事

　　（甲）毕业制限；（乙）通常查核。

一、监察公立私立学堂之事

　　（甲）课程上之监督；（乙）其他之监督。

一、保存古学之事

一、管理游学之事

一、收回官费之事

一、改良私塾之事

　　（甲）必改之条件；（乙）通融之条件。

一、筹办通俗教育之事

　　（甲）宣讲所；（乙）谈话会；（丙）简字教授；（丁）白话书报。

一、各属教育会之现状

　　（甲）组织之法；（乙）主动之人；（丙）进行之事。

一、各属士习之变迁

　　（甲）对于学业者；（乙）对于生计者；（丙）对于政治者。

第二　学校经历（此项应由主管官署将所属各学堂逐一调查，或饬各该学堂自行调查，汇齐造送。）

一、管理方法

　　（甲）规则；（乙）手段。

一、教授方法

　　（甲）材料；（乙）心得。

一、理财方法

　　（甲）筹备；（乙）保存；（丙）动用；（丁）生息。

一、用人方法

　　（甲）资格；（乙）权限。

一、学生成绩

（甲）在学者之班次程度；（乙）已毕业者之人数及其职业。

一、校外感情（此不必定与学科有关，不过联络之法，有工拙而已。兴学伊始，此节最宜注意。）

（甲）学生家属；（乙）乡里旁观。

本局拟定调查警察行政沿习利弊条目详文

为详请事。窃职局法制科第三股遵照馆章应行调查行政上沿习利弊各事，业将拟成调查盐务、河防等条目先后详蒙批准在案。查行政事宜，最富于强制者，莫如警察，不但保护公安，即各项教养行为，凡系干涉人民，亦往往有时借助。东省开办警务多年，规模已具，沿习利弊宜有成事，自应调查清晰，以备改良。此次拟定条目，计分六纲二十三目，另册缮呈钧核，俟奉批示后再行刷印成册。详请分发该管司道暨各府州县，按照所开各项条目，将近今沿习利弊逐类调查，以文到之日起，统限三个月内，一律送局，预备将来编辑报告。所有拟具调查警察行政沿习利弊条目缘由，理合详请宪台鉴核定示遵。为此备由具详，伏乞照详施行。

抚宪袁批（七月二十五日奉到）

据详已悉。警察对于人民有保护之责，最为要政，所拟调查条目清晰完密，可为逐渐改良之据，应准照行，仰即刷印成册，详候分饬巡警道暨各府厅州县依限调查，分别详送，以备编辑报告。此缴。册存。

调查警察行政沿习利弊条目

（甲）机关之组织

一、统辖机关

此专指管辖全省警察之总机关而言。如何组织？如何分课治事？处务之规程若何？何年成立？有无改革？其利弊若何？

一、地方机关

府厅州县之巡警局，及通商口岸直隶于省会之巡警局，皆为地方机关。如何组织？何年成立？有无变更？其利弊如何？

一、辅助机关

佐理警察之城乡绅董，皆为辅助机关。调查方法同前。

(乙)区画之分配

一、都会城厢之区画

省会及府厅州县之城厢内外，与通商口岸贸易繁盛之市场，每局共分几区？区分几段？段分几岗？岗设几人？人分几班？官弁目兵如何分配？何年制定？有无改革？其利弊若何？

一、乡村市镇之区画

各设派出所若干弁目警兵？何年成立？有无改革？其利弊如何？

(丙)执行之事项

一、交通警察

车马之重量容积，铁道邮便电信电话之设置，以及河川道路，警察加以种种之限制，谓之交通警察。有无规则？何年制定？有无改革？其利弊若何？

一、卫生警察

温疫流行传染极速，或清洁污秽，疏通水道，防范于事前；或检验器物，禁阻交通，补救于事后；又如墓葬之稽查，医药之监督。凡以保护康健为宗旨者，皆属于卫生警察之职务。调查方法同前。

一、救灾警察

灾害之种类不一，而水火为最巨，火灾则预防、镇灭两方并营，而水灾则惟有预防之一法。对于此等灾害，则有救灾警察。调查方法同前。

一、营业警察

违背法律之业，可以禁止；妨害公益之业，可以限制。凡对于营业之约束，谓之营业警察。调查方法同前。

一、风纪警察

约束事件皆极微琐，如公娼密卖淫之类是。凡有关于伦常风俗者，谓之风纪警察。调查方法同前。

一、预戒警察

地棍流氓游手无业之人，警察预防未发之危害，发命令以惩戒之，谓之预防警察。调查方法同前。

一、结社集会警察

结合多数人而为永久之团体者为结社，偶集多数人于一定之场所者为集会。二者于国家之关系颇重，不可不受警察之监督。调查方法同前。

一、出版警察

出版有二：一为普通出版，如著作之书是；一为新闻纸之发行，如报章是。二者于社会之影响颇巨，不可不受警察之监督。调查方法同前。

一、军事警察

对于海陆军人之监督，则有军事警察。调查方法同前。

一、司法警察

捕逮罪犯、搜查证据以补司法之不逮者，谓之司法警察。调查方法同前。

一、外人警察

外国人之杂居内地者，无论寄宿赁屋、旅行贸易，警察皆当注意，谓之外人警察。调查方法同前。

一、助行其他政务之警察

国家各项行政皆有藉警察之力以执行之者，凡属于此种之强制，可谓之助政警察。调查方法同前。

以上各条，乃学说上之分类，除卫生警察内之工程队、救灾警察内之消防队、军事警察内之宪兵，均有专设机关外，悉属普通警察之职司。

（丁）员弁之养成

  一、对于官吏者

    有无学堂？其学科及年限若何？何年创办？有无改革？其利弊若何？

  一、对于兵弁者

    调查方法同前。

（戊）官吏之惩劝

  一、惩戒处分

    何年制定？有无改正之处？利弊若何？

  一、奖励章程

    调查方法同前。

（己）经费之类目

  一、收入之款

    由国库支拨者若干项？由地方筹集者若干项？历年有无增损？其利弊若何？

  一、支出之款

    分项调查方法同前。

本局拟定调查实业行政沿习利弊条目详文

为详请事。窃职局法制科第三股前曾遵章拟具调查河防等条目，历经详蒙批准在案。查实业一项，为国家致富之源，而关系于齐氓之生计者尤切。盖天下之物，生于农，成于工，而运销于商。泰东西诸国于农工商诸实业，无不竭力振兴，用能以富庶，争雄于天下。东省开办实业有年，其创制规模、沿习利弊自应切实调查，以为逐渐改良之预备。此次拟定条目计分农、工、商、矿四纲，都凡二十五目，另册缮呈钧核，俟奉批示后再行刷印成册。详请分发该管司道暨各府州县，按照所开各项条目，将近今沿习利弊逐类调查。以文到之日起，统限三个月一律送局，预备将来编辑报告。所有拟具调查实业行政沿习利弊条目缘由,理合详请宪台鉴核批示祇遵。为此备由具详,伏乞照详施行。

抚宪袁批(八月初七日奉到)

详册均悉。所拟调查实业利弊条目,尚属详备,应准照行,仰即刷印成册,详候分饬劝业道暨各府州县依限调查,分别报告毋延。此缴。册存。

调查实业行政沿习利弊条目

第一　农业行政

　一、近时农业政策

　　中国自古为重农之国,维持保护,历代相沿,近来振兴农业,又复特设专官,力求进步。其施行之策,孰先孰后?孰重孰轻?

　　(甲)开垦荒地;(乙)考察土宜;(丙)制造肥料;(丁)改良农具;(戊)奖励农业;(己)补助资本。

　一、农业教育制度

　　改良农业必先振兴农学,或宽其年限,以养专门;或广其范围,以求普及。农业教育制度若何?

　　(甲)监督管理之法;(乙)补助奖励之法。

　一、农业行政机关

　　振兴农业则有农务局,开垦荒地则有垦务总分各局,经营水利则有湖田等局。凡此之类,皆为农业行政之机关,其组织递嬗若何?

　　(甲)组织及权限;(乙)职务之分配;(丙)办事之规则。

　一、研究农业场所

　　此如各府州县之农桑会,及其附设之试验场之类。开通农智以农桑会为最,而于试验场实地试习进步尤速。其组织布置之方法若何?如有新发明之物理,尤宜绘图帖说,详细报告。

一、疏浚水利之法

南省富饶，半由水利，或泄水以弃有余，或引水以补不足，调和适当，收获自丰。东省不乏可兴水利之区，有无疏浚方法？

一、预防旱潦之法

旱潦之事出于天，而预防之权则属于人。日本以营林为预防之一策，办理最有成效。东省有无预防之策？

一、驱除虫害之法

自古迄今，害稼之虫不能尽绝，事前之预防若何？事后之扑灭若何？

一、栽种树株之法

此项原属林业之范围，中国本无森林行政，而于栽树一项，颇为注意，附入此类调查，以免阙漏。

第二　工业行政

一、近时工业政策

商业之盛衰，悉随工业之精窳为转移。中国互市以来，久已力求精进，或改良旧制，或模仿新型，提倡之策，孰缓孰急？

（甲）对于精制品者；（乙）对于粗制品者。

一、工业教育制度

工业教育大概有二：一以讲求工学，一以传习艺术，二者并营，方称完备。近来制度若何？

（甲）监督管理之法；（乙）补助奖励之法。

一、工业行政机关

中国工业行政向无特别机关，近今行政之权转移若何？

（甲）组织及权限；（乙）职务之分配；（丙）办事之规则。

一、建设模范工场

讲求工艺，事事均须实验，私人顾惜资本，往往惮于发明，乐于仿造，自非国家实力提倡树之模范不可。东省工艺等局,性质与此相近,其建设及布置若何?

一、工艺陈列之场所

欲求工业之精进,必先求智识之扩张,而陈列工艺之场所,实为扩张智识之地。东省敷设若何?

一、一切工事之约束

一国工业,全赖国家保护治理,始能各出匠心,急飞猛进。近来于工业之约束,有无完善规制?

第三　商业行政

一、近时商业政策

中国夙取闭关主义,故有国内贸易而无国际贸易。近来交通大盛,贸易之道亦进于前。其奖励、限制,持何政策?

(甲)对于海商者;(乙)对于陆商者。

一、商业教育制度

亦分专门、普通二项调查:

(甲)监督管理之法;(乙)补助奖励之法。

一、商业行政机关

释同工业行政机关。

(甲)组织及权限;(乙)职务之分配;(丙)办事之规则。

一、商业会议制度

商会之设,原以连络商情,保存信用。东省商会业已次第设立,宗旨是否悉合?其组织制度若何?

一、商品陈列之场所

工艺陈列,所以扩张工业之智识;商品陈列,所以窥察商情之变迁。二者形式虽同,作用互异。

一、一切商事之约束

商事繁琐,与民事同。中国既无完全商法,则一切事项之保护治理,不得不用行政处分以代之。东省此项约束状态若何？

第四　矿业行政

一、近时矿业政策

经营矿业既需巨资，且多危险，故非国家提倡不可。近时之政策若何？

（甲）奖励；（乙）补助。

一、矿业对外政策

国家不幸以矿业与外人，当事者自当苦心补救，其制限之法、挽回之术若何？

（甲）对于有条约者；（乙）对于无条约者。

一、矿业教育制度

矿业系专门教育，有无专设学堂？其学科年限若何？

（甲）监督管理之法；（乙）补助奖励之法。

一、矿业行政机关

近来振兴矿业，行政机关业经先后设立，现在如何分合？其组织递嬗若何？

（甲）组织及权限；（乙）职务之分配；（丙）办事之规则。

一、一切矿事之约束

如测探之期限，采掘之免许，以及指定矿区雇用夫役种种事项，有无规则？

以上四纲二十五目，系调查行政上之沿习利弊，除逐条分查外，其变迁因革之陈迹，利害得失之所在，均宜详细考察，逐条填报。

本局拟定调查军务行政沿习利弊条目详文

为详请事。窃职局法制科第三股遵章调查行政上沿习利弊，先后拟订各项条目，详蒙批准在案。查军务为立国之大防，关系尤巨。惟中国自设立陆军部后，各镇新军均归直接管辖，一切军制军备，业有划一章程，其属于各省行政权限内者，不过政务军务相关联之事而已，而防营、绿营、旗营分布各省，则多因地制宜，自为风气，沿习利弊实较陆军为复杂。此次调查条目，不得不分别详略，各定范围。兹拟分陆军、防营、绿营、旗营四纲,统以人事、财产两项为根据,各依事类多少,序定条款。谨另册缮呈钧核,俟奉批示,再行刷印成册。详请分行各镇统协及各局处所转饬逐类调查,订期造送。其有各种书籍及官绅条陈与此项相发明者,并应汇送到局,藉资参考。所有拟定调查军务行政沿习利弊条目缘由,理合呈请宪台鉴核示遵,实为公便。为此备由具详,伏乞照详施行。

抚宪袁批(八月二十七日奉到)

详册均悉。所拟调查军务利弊纲目,井然有条不紊,应准照行。仰即刊印成册,详候咨行副都统、城守尉及各镇统领局所等处分别转饬逐类调查报告,并将关系此项书籍条陈附送调查毋延。此缴。册存。

调查军务行政沿习利弊条目

第一纲　陆军

　　(一)试办征兵之法

　　　　按:本省现时并无征兵制度,惟光绪三十年春间,北洋曾派专员来东举行征兵事件,章程若何应切实调查。

　　　　(甲)应征者之资格

　　　　(乙)区域之分配

　　　　(丙)员绅之遣派

　　　　(丁)乡里之接待

　　(二)待遇军人之法

　　　　(甲)优待事项

　　　　　　如平时粮饷之外,有无安家费及阵亡抚恤金、积劳病故赐恤金及免除地方各种差徭等事?

　　　　(乙)制限事项

　　　　　　如住居、营业、集会、结社等,比较平民有无特别制限?

(三)约束退伍兵之法

 (甲)发饷事宜

 (乙)调操事宜

 (丙)寻常节制

 (丁)特别差遣

(四)调用军队之法

此如地方有警须用兵力,地方官对于军队之报告及使用规定若何?

 (甲)调用之权限

  即何人能有调用权。又,警报至如何程度方可请兵,及应请兵力程度之谓。

 (乙)调用之方法

(五)征发军需之法

此为关于财产之事,如过境车马粮草等地方如何供应?本营长官如何征收?

 (甲)征发之类目

 (乙)征发之方式

 (丙)有偿无偿之规定

 (丁)违法滥征及受征不理之惩戒

第二纲 防营

(一)关于人事者

 (甲)立军缘起

 (乙)编制方法

 (丙)将校资格

  何途出身?有何劳绩教育?

 (丁)兵役资格

  年龄、籍贯、体质、技艺等。

 (戊)治军规则

(己)遣散方法

(二)关于财产者

(甲)营垒之建置

(乙)饷需之规定

(丙)器械之存用

(丁)征发制度

(戊)运输机关

第三纲　绿营

(一)关于人事者

(甲)逐年裁汰之实况

(乙)不能即裁之理由

(丙)现有兵丁将弁之分配及其职务

(丁)各将弁之资格

如年龄、劳绩与何途出身。

(戊)候补将弁之资格及额数

(己)正当职务外之差委

(二)关于财产者

(甲)各营汛官用地

(乙)各衙署所在地

按：旧时绿营自副将至千把各衙署大都地址宽宏，规模阔大，近年来有因局所增加而改移别用者，有因本缺清苦修理烦难而任其倾圮者，署内之树株、木料、火药、兵器等，有无遗失损坏，皆应切实调查。

(丙)额饷之增减

(丁)津贴之有无

第四纲　旗营

(一)关于人事者

(甲)户籍及军籍之规定

(乙)教育之程度

(丙)服兵役者之资格

(丁)就官职者之途径

(戊)自由营业之现情

如湖北荆州、浙江杭州等处驻防兵丁,多有因生计艰难而作各项劳动及商贾者,本省有无此事,应切实调查。

(二)关于财产者

(甲)各衙署所在地

(乙)旗地之区域及管理之法

(丙)额饷之给付

(丁)现议计口授田之法

或出官费,或令认垦,或听自由购买,或用官价征收,此中利害,影响如何?

本局拟定调查交通行政沿习利弊条目详文

为详请事。窃职局法制科第三股遵章应行调查事件,业经分别拟就条目,先后详蒙批准转饬遵查在案。窃维文明进步由于交通,各国蒸汽发明以后,轮舶铁道,水陆兼营,而又辅以电信之敏捷,邮政之便利,提倡振兴,有条不紊,用能国富兵强,争雄海内。中国步武泰西,不遗余力,举凡铁道、轮舶、邮便、电信诸端,莫不次第经营,渐著成效。东省三面滨海,地当南北之冲,交通实最便捷,当此造端伊始,并力兼营之际,所有一切行政事宜,理合切实调查,编辑报告,以为逐渐改良之预备。此次拟具调查条目,计分五纲五十六目,另册缮呈鉴核,俟奉批后再行刷印成册。详请分发该管司道局所暨各府州县,按照条目分别调查,以文到之日起,统限三个月,一律造送过局,以凭编辑报告。所有拟具调查交通行政沿习利弊条目缘由,理合详请宪台鉴核,俯赐批示祗遵。为此备由具详,伏乞照详施行。

抚宪袁批(九月二十二日奉到)

详册均悉。所拟调查交通行政利弊纲目详细周妥,应准照办,仰即刷印成册,详候分饬,依限查报。此缴。册存。

调查交通行政沿习利弊条目

第一　铁道

经营铁道以官办为原则,东省财政困难,并无官办铁道,即商办之京浦铁道、烟潍铁道、台枣运煤铁道,亦皆开始经营,于行政上尚无何等关系,胶济铁道成立有年,而路权又属于外人之手,下开各项,但就现有事实调查,无则从阙。

一、行政总辖之机关

文明进步,以交通为第一前提,而交通之最重要者,莫如铁道。中国铁道行政,业经设立专官,以图交通之发达。东省管理此项行政事务之官厅,其组织及递嬗若何?

一、历年勘定之路线

各地产物,多寡不同;道路险夷,彼此互异,经营铁道必先勘有一定之路线,庶几依次敷设,推行尽善,东省历年勘定之干线若干?支线若干?有无改革增损之处?

一、对于敷设铁道之政策

铁道而概归官办,则财力必有不逮;铁道而概归商办,则轨道必难统一。东省财政困难已达极点,振兴铁道,持何政策?

一、对于挽回路权之计画

自缔结以路权与外人之条约,而外交、财政、交通诸事遂生种种之危险,挽回之术,刻不容缓,近时之计划若何?

一、内国人敷设铁道时之一切办法

经营铁道事极繁重,故于敷设铁道之时不可不有一定之手续,如立案批准测量、呈送购用材料合同之类,东省沿习若何?有无急须改良之处?

一、外国人敷设铁道时之一切办法

国家既以路权与外人,铁道自不能禁止其敷设,惟敷设何处铁道,著手经营之际,行政官厅不可不预定一切手续以谋种种对付之策,东省有无此等特别规则?利弊若何?

一、关于公用征收土地之规则

敷路必须购地,中国风气初开,阻力尚巨,东省购地有无一定规则?利弊若何?

一、关于邮便军事使用之规则

运送邮便物及军事上之一切使用为私设铁道之一般义务,东省规制若何?

一、对于内国人所敷设铁道之监督制限方法

铁路为交通利器,然建筑苟不完善,运输价目、开行时期、分别等第种种权衡一失其宜,均于交通上有绝大障碍,东省关于此等事件有无监督制限之法?沿习利弊若何?

一、对于外国人所敷设铁道之监督制限方法

路权虽属于外人,而铁道既在中国领土以内,自不能不与内国人同受一般之约束,东省监督制限有无特定规则?沿习利弊若何?

以上十条系调查铁道行政之沿习利弊,除逐条分查外,其有关于道路一切行政,如栈道邮亭,以及平治道路种种,凡直接、间接以谋交通之发达者,均应酌度各地情形,编定子目,分别调查。

第二　轮舶

东省三面滨海,水陆配置虽属得宜,而水上之交通机关实尚幼稚,内地间有小轮,而帆船居其多数,外海则除帆船外,亦无官办、商办之轮船公司,航业仍握于外人之手。

下开各条系包含帆船而言。

一、登记检查之规则

铁道为陆路交通之利器，而水上交通之利器则惟轮舶。为行政之便利计，不可不有登记之方法；为航行之安全计，不可不有检查之方法。东省业已设立公司经营航业，对于登记、检查事件，有无一定规则？沿习利弊若何？

一、内河外海之航路

东省千里滨海，小清河、黄河、运河等又复横亘其间，水陆配布，实居最优胜之地位。近来内河航路若何？外海航路若何？有无变迁之处？

一、奖励航业之方法

贸易繁盛之区，航业自无需夫奖励，惟新辟之航路或新设之都市，事属创办，观望者多。为交通之发达计，不可不有补助奖励之法。东省制度若何？

一、疏浚航路之计划

运输虽由于轮舶，而交通必资夫航路。近来内河淤垫，行驶维艰，沿海暗沙涨落无定，是非急为疏浚不可。近时之计划若何？

一、保护航行安全之一切设施

例如航路标识、船灯信号、雾中速力等，皆为航行安全之一切必要设施。东省沿习若何？

一、救护遭难轮舶之一切制度

即东省之救护商船制度，如局所船舶职员夫役奖励罚则等，均宜分别详细调查。

一、关于运载物品之制限

运载可生危险之物品，及禁止运送之物品，东省有无制限规则？

一、关于运送邮件之规则

运送邮便物亦为轮舶之一般义物〔务〕。东省沿习若何？

一、对于内国轮舶制裁之方法

违反规则，必有一定之制裁，庶规则始有遵守之效力。东省有无制裁方法？

一、对于外国轮舶行驶之制限

　　交通虽属自由，而外国轮舶行驶内地，不可不严为制限。东省沿习若何？

以上十条系调查轮舶行政之沿习利弊，除逐条分查外，其有关于河川一切行政，如官渡、义渡、桥梁，一切凡直接、间接以谋交通之发达，亦应酌度各地情形，编订子目，分别调查。

第三　邮政

此项调查，当以开办邮政局之年为始期，现在为终期。其以前商办之信局，概勿羼入。

一、局所之组织及分配

　　中国开办邮政，成效最著，东省共设总分局各若干？局设员司若干？如何分课治事？全省之区划若何？

一、员司之资格及任免

　　邮政事极烦重，办事员司允宜慎重遴选，近来应否备具一定资格？任免之规则若何？

一、历年通行之邮路

　　当分水路、陆路两项调查。

一、推广邮政之计划

　　邮政之发达与邮路之通行为正比例。东省屡次扩张，府县业经普及，近来推广之计划若何？

一、员司办事之规则

　　员司办事必有一定规则，何年制定？有无改正之处？沿习利弊若何？

一、员司惩劝之制度

　　一为惩戒处分，一为奖励章程，沿习利弊若何？

一、征收邮费之规则

　　何年制定？变更几次？现在实行之规则若何？有无尚须改正之处？

一、赔偿损失之规则

　　损失信件,必有一定赔偿制度,方足以昭信实。调查方法同前。

一、汇兑款项之章程

　　邮政必须兼营汇兑事业,始称完备。何年开始经营?现行制度若何?

一、历年办理之成绩

　　此项应将历年办理情形,依年月之顺序,分别详细调查。

第四　电信电话

电信电话开办最早,关系最巨,下开各条,均宜详细调查:

一、局所之组织及分配

　　东省向分官电、商电两项,各设总分局若干?如何组织?如何分配?沿习利弊若何?

一、员司之资格及任免

　　调查方法与邮政第二目同。

一、历年敷设之线路

　　亦分水陆二项调查。

一、将来推广之计划

　　交通日繁,电信、电话亦必渐次扩张,方足以辅助文明之进步。近来推广之计划若何?

一、员司办事之规则

　　调查方法与邮政第五目同。

一、员司惩劝之制度

　　调查方法与邮政第六目同。

一、发行文件之顺序

　　文件有缓急轻重之不同,发行不可不有一定之顺序。有无现行制度?沿习利弊若何?

一、送达文件之时限

电信之利在敏捷，送达文件，必不能任意迟延。现在有无一定时限？沿习利弊若何？

一、征收电费之规则

调查方法与邮政第七目同。

一、稽核电费之方法

此项专指官电而言。稽核之法若何？

一、关于发行文件之禁令

国家为保持社会之公安，对于发行文件不妨加以制限，中国关于此等禁令尤多。东省有无现行规制？沿习利弊若何？

一、关于保守杆线之规则

电杆电线关系重要，必不能任人损坏。东省人民对于此等电杆电线有无保守之义务？规则若何？

一、对于官办电线之管理维持制度

国家经营电线，一以谋交通之敏捷，一以谋财政之发达，管理维持不可无一定制度。东省沿习若何？

一、对于商办电线之监督制限方法

国家财政困难，不能独占电线事业，而以商办补官力之不逮，于政事上、军事上已有种种不便利之处，对于征收电费、发行文件、保守秘密种种，自不能不有监督制限之法。东省沿习利弊若何？

一、对待外人所设电线之一切办法

外人既握东省之路权，则附于铁道之电线亦不能禁其建设，惟究与普通之电线不同，除关于铁道之使用外，不得为其他之递信行为。近时对待之策若何？

一、接连外国水陆电线之一切办法

此项应将所结契约及订立之一切规则分别详细调查。

第五　驿站

中国一切文件均由驿站递送，事归官办，稽核较易。近来屡议裁减，亦以事关重要未能竟废，所有一切行政事宜，亟应切实调查。

一、制定官吏

全省驿站归按察司总辖，各州县驿站归知州、知县管理，各驿有无另设专官（如驿丞之类）书吏若干？其组织及权限若何？

一、额设夫役

额设白夫若干？马夫若干？有无别项夫役？职司何事？

一、额设马匹

额设马匹若干？凡关于马匹之采购、喂养、更换、倒毙事件，皆应分别详查。

一、通行站道

凡水陆站道之里数、方向、险夷，皆应绘图帖说，详细填报。

一、收发文件

驿站以递送文件为职司，凡关于文件之收发，如回照号簿等必有一定方式。东省沿习若何？

一、递送文件

寻常文件日行若干里？紧急文件日行若干里？有无一定时限？何等文件应用马匹递送？何等文件应用夫役递送？东省沿习若何？

一、递送逾限之处分

递送交件，苟逾一定限期，有无处分方法？东省规则若何？

一、遗失文件之罚则

文件关系重要，遗失、损坏有无一定罚则？

一、一切管理约束方法

管理全驿事务，约束一切夫役，有无一定规则？东省沿习若何？

一、一切监督稽核制度

驿站事极繁琐,监督稽核刻不容缓。东省制度若何?

以上五纲五十六目,系调查行政上之沿习利弊,所有变迁因革之陈迹,利害得失之所在,均宜详细考察,逐条填载。

本局拟定调查外务行政沿习利弊条目详文

为详请事。窃职局法制科第三股遵章调查行政上沿习利弊,所有先后拟订各条目,均经详蒙批定在案。查外务行政,关于一国之主权,于政治最为重要。以中国情形考之,其应归各省调查者,较他国范围尤广。盖各国主权独立,对于外国人民概以本国法律治之,视为内治之事,而不视为外交之事,而外交事务又专属最高机关办理,内则有外务大臣之指挥,外则有公使领事之分任,不必移之地方,而其事已决,故行政之中属于外交者尚少,其以分治机关而兼办外务行政者,更为事实所稀。而在中国则以领事裁判权尚未收回之故,寻常案件辄入交涉,加以领土广漠,租界环生,国交之起,又不尽与政府为直接之关系,是则今日各省之外务行政有不得不日趋繁重者,亦其势然也。伏思行政之义,不外乎以机关办理事务,而其根据之所在,必以法令规约为宗,知是三者,则沿习利弊逐类可稽,即为治之方,亦将于是得所借镜。今兹调查,窃本斯义,拟为三纲十五款三十八条,另册缮呈钧核,俟奉批后再依式刊印成册。详请颁发各该管衙署局所按照所开各节逐类调查,限期送覆。所有遵章拟订调查外务行政沿习利弊条目缘由,理合呈请宪台鉴核示遵。为此备由具详,伏乞照详施行。

抚宪袁批(十月十二日奉到)

详册均悉。所拟调查外务行政利弊条目,扼要不繁,应准照办,仰即刷印成册,详候分饬,遵照依限查覆。此缴。册存。

调查外务行政沿习利弊条目

第一纲　行政准据

　　甲　法令

由本国枢部颁行或本省大吏自定之法制章程皆属之。颁行之件虽非专为本省而设,然亦本省行政之所从出,理应悉数调查。

一、属于公法者

　　如规定外国官吏国交上之体制及外国人民对于国家权利若何之类。

二、属于私法者

　　如规定外国人民对于私人权利若何之类。各国通例,凡私人之权利以民法商法记载之,其待外国人较其待本国人微示限制,中国虽无民法,而有其惯例,所以对外人者沿习若何?

　　乙　条约

由国家两方缔结规条签字互守者,是以有关本省为限。

一、属于政治军事者;

二、属于寻常交涉者。

　　可照约章成案,汇览类目分钞。

　　丙　例案

即成案可为将来引证者,是亦以有关本省为限。

一、解释法令条约而加分晰者;

二、适用法令条约而有变通者。

第二纲　行政机关

　　甲　本省抚院

一、对于外务部之权限;

二、对于北洋大臣之权限；

三、监督本省官吏外交之方法。

  乙 洋务局

一、饬定职务；

二、局内组织。

  丙 登莱青胶道

一、应管外交事件之范围；

二、对于外交机关之联属。

  丁 各府州县

一、可以自理之事；

二、请示上官之事。

第三纲 行政事类

  甲 租界

一、租界之区域及租借之历史；

二、租借国于租界内代行之本国政令；

三、租界与租界外所生之交涉。

  乙 海权

一、本省领海所及之地；

二、限制外国航舶之事；

三、保护本国渔业之事。

  丙 外国路矿

一、路线起止、矿界大小及外国占有之历史；

二、因占有路矿而连及之权利；

三、专管该路矿等交涉之机关；

四、限制该路矿等之方法。

丁　外国人民

一、外人财产之限制

　　各国通例，外人在内国不得有不动产，中国则于教堂教会每多宽假之处，其分别之限制若何？

二、外人居住之限制；

三、外人营业之限制；

四、对于通商传教游历人等保护之法；

五、因保护失宜而给与赔偿之程度

　　此为中国最困难之事，其要求及允许之标准亟宜考查。

戊　领事裁判权

即外国人在本国有诉讼之事，仍归该国领事办理者。

一、领事裁判所及之区域；

二、领事裁判立制之梗概。

己　治外法权

即外国人在本国而本国法律无约束者。

一、对于外国人代表者

　　如君主、教皇、公使、领事是。

二、对于外国军舰者

　　军舰在外国口岸，通例许其自由，然舰员登岸后，是否仍有治外法权，各国法令殊不一致。中国对于此事沿习若何？

庚　政务联合

一、与外国约定协办之事

　　协办者，指共同作事，分任义务而言。

二、与外国约定互行之事

　　互行者，指交换作事，对负义务而言。

辛　留在外国之本省人

按：此虽归公使领事保护，本省仍有调查之责。

一、法律上之待遇；

二、事实上之状况。

本局拟定调查财务行政沿习利弊条目详文

为详请事。窃职局法制科第三股遵章应行调查事宜，业经分别拟具各项条目，先后详蒙批定转行在案。查财政一项，为一切政治之基本。古之治国主于量入为出，故理财重在节用；今之治国主于量出为入，故理财重在开源。各国宪政确定凡收入之种类、会计之方式，无不加意研求，而于中央地方之界区之尤晰。中国现当预备立宪之际，政务日趋于开扩，自非由各省将旧有之财政沿习利弊一一调查，不足以为制用之预备。此次拟订条目，除盐务一项业经拟具条目先行调查在案外，谨就东省沿习参酌近今情形，分列田赋、关税、厘税、杂税、捐项、官业、钞币七纲，都凡七十六款，另册缮呈钧核，如蒙批准，再行刷印成册。申请分发各该管司道局所暨各府州县转饬，按照条目，各就该管事件，参考载籍，摘录卷宗，一一详细填载，统限文到后三个月内造送过局，以资编辑。所有拟具调查财务行政沿习利弊条目缘由，理合详请宪台鉴核示遵。为此备由具详，伏乞照详施行。

抚宪袁批（十一月十四日奉到）

详册均悉。所拟调查财务利弊条目，尚属详备，应准照行，仰即刷印成册，详候分饬，遵照依限查覆。此缴。册存。

调查财务行政沿习利弊条目

谨案：各国财政制度，概分国家财政、地方财政两纲，而国家、地方财政之中，又各分收入、支出、会计三项，部署井然，规制最为完备。中国向无国家、地方之分，而又量入为出,并无预算决算制度。支出一项,除例支各款统归部销外,其余外销款项,亦皆随时随地酌予核销,钩稽考核既无专设机关,亦无划一制度。此次拟订调查条目,参酌东省近今事实,专就收入一部分列田赋、关税、厘税、杂税、捐项、盐法、官业、钞币八纲,其有未尽事宜,再当随时参酌,分别详请行查。

第一　田赋

中国财政向以田赋为大宗,沿习最久,制度最繁,下开各条均宜钩稽载籍,摘录卷宗,分类详查,逐条填注。

一、制定科则

《禹贡》厥赋九等,而山林、池沼、场牧、原野未及分析,降及成周,规模灿备,自后屡有变更,得失参半。国朝因地制赋,酌古准今,变通尽善。东省现行科则若何?何年制定?有无改革之处?

一、征取时期

田赋出于地力,征输贵乎及时。东省丁漕两项,向分几期?完纳有无一定时限?沿习利弊若何?

一、输纳场所

或分赴四乡征收,或花户自行投柜,仓廒场厂规制若何?

一、办事吏役

如征书、里书、粮差之类,如何分配治事?有无役食?沿习利弊若何?

一、征输制度

办理征收事件,必有一定次序。如填造征册赤书、分送由单、给予粮串种种,以及设柜开征之类,必有划一制度。东省沿习若何?

一、催比方法

征收既有定限,必不能任意迟延。东省催比之法若何?

一、报解官厅

某款应解某署,某项分解某处,丁漕正耗各项分别报解?

一、报解期限

　　丁漕各项向分几期报解？有无一定期限？

一、征比文簿之方式

　　如征册、赤书、由单、粮串、流水、日报之类，均宜分别抄录成式，汇送备查。

一、改折计算之方法

　　上下两忙改征钱号，漕米又复改征折色，每两折收若干？每石折收若干？东省沿习若何？有无利弊？

一、丁漕沿用之名称

　　如正耗、大粮、行粮、闰耗、蓟米之类，均宜分别胪列，逐加铨〔诠〕释。

一、羡余处分之沿习

　　丁漕既已改折，征解自有羡余。东省对于此等羡余，若何处分？

一、输纳迟滞之处分

　　征收既有定限，输纳迟滞自不可不有处分之法。东省沿习若何？

一、征收违法之制裁

　　丁漕既有定制，征收自应如法，违法滥收，其制裁之法若何？

一、关于缓征之一切办法

　　田赋出于民力，小民力有未逮，自当酌量缓征，以纾民困。东省对于此等事实，有无一定办法？

一、关于普免之一切办法

　　水旱灾歉自当普免丁漕，以示体恤。东省对于此等事件，如勘荒申请示谕种种，有无一定办法？

一、关于逃亡户口之一切办法

　　户口逃亡，则赋课何自而出？行政官吏对于此等事件，不可不有一定办法。东省沿习若何？

一、关于失没地亩之一切办法

地亩失没，则正供必因而缺额。东省对于此等事件若何办理？

一、关于新垦地升科之一切办法

　　开垦荒地必当宽以年期，用资鼓励。东省对于新垦地之升科有何沿习？

一、关于成熟地升科之一切办法

　　地既成熟，自应酌量升科，以昭平允。东省沿习若何？

第二　关税

　　中国大宗收入，田赋而外，首推关税。凡关于关税之一切行政事宜，亟宜切实调查。

一、税关之设置及分配

　　东省三面滨海，而烟台、威海、青岛等又属通商巨埠，共设总分税关若干？如何分配？有无改革增损之处？

一、官吏之组织及权限

　　征税关吏如何组织？权限若何？

一、输出输入之税则

　　一为输出税则，一为输入税则（临清常关则无输出、输入之分），何年制定？有无改革？现在实行之税则若何？

一、检验征收之规则

　　检验货物、征收关税必有一定规制。东省沿习若何？

一、联单文簿之方式

　　凡关于关税所用之一切文件，关单执照、验单联票种种，必有一定方式。东省沿习若何？

一、监督稽核之制度

　　征税事极繁琐，监督匪易，稽核尤难。东省制度若何？

一、漏税处罚之规则

　　漏税必应处罚，东省有无一定规则？何年制定？沿习若何？

一、征税违法之制裁

违法滥征，必当立予制裁，以维税政。东省沿习若何？

一、没收货物之处分

货物既已没收，必有处分之法，或入官，或充赏。东省沿习若何？

一、免税物件之制限

国家对于应行奖励事业，往往发行免税制度，以资鼓舞。东省对于此等免税物件有无一定制限？

一、官吏惩劝之制度

一为惩戒处分，一为奖励章程。沿习利弊若何？

一、历年征收之税额

此项应将历年征收之税额分类列表填送。

一、关于征税比较之一切办法

征税多寡，本难预定，惟对于征税各关，不可不有比较制度，以觇进退。东省沿习若何？

一、关于税银拨解之一切办法

税银如何拨解，此条但就近二三年调查。

一、关于雇用洋员之一切办法

税关洋员如何延订？如职司、任期、薪俸一切，东省沿习若何？

一、关于协定税则之一切办法

凡税率之轻重以两国条约定之者，为协定关税。中国系协定关税，制定变更，均须协议。凡关于协定税则之一切办法，均宜详细胪列，以备参考。此项专指海关而言。

一、关于合办税关之一切契约

胶海一关，系与德国合办，设立之际，其订立之契约若何？

一、关于合办税关之一切权限

如制定税则、任用官吏、发行禁令一切行政之权，是否统归中国所有？

第三　厘税

案:设关以征来往之货者,为关税。东省除海关、常关两税外,复有厘税制度,沿用已久,亦应依次调查。

一、征收厘税之官厅

东省共设总分厘局若干?何年成立?设置何地?其办事员司之组织及权限若何?

一、历年沿用之税率

田赋则有科则,关税则有税则,惩收厘税亦必须有一定之税率。东省历年沿用之税率若何?

一、检验征收之制度

检验货物,征收厘税,东省有无划一之制度?沿习若何?

一、漏税处罚之规则

厘税沿用已久,亦属国家租税之一,漏税自必处罚。东省关于此等处罚之规则若何?

一、官吏惩劝之制度

释与关税第十一目同。

一、历年税额之消长

厘税出于货物,消长本无一定,何年征收最多?何年征收最少?其历年消长之状态若何?

一、关于征税文簿之一切方式

厘税事极繁琐,稽核最难,所用一切文簿、验单、凭照之类,东省有无一定方式?

一、关于征税比较之一切办法

厘税向有比较制度,官吏进退悉准于此。东省对于此等比较事件若何办理?

一、关于委任州县之征税制度

东省沿海厘税往往委任州县征收,其一切制度若何?

一、关于监督稽核之一切办法

释与关税第六目同。

第四　杂税

中国税制极为繁复,除关税、厘税外,尚有种种课税,如矿课、鱼课等,此以课名者也;如契税、牙税、当税等,此以税名者也;如烟捐、酒捐、膏捐等,此以捐名者也。名虽不同,而其性质则实无区别。此次调查,统以杂税二字括之,以期简捷。

一、历年征收之税目

征收杂税,往往因时制宜,向无定制。东省历年征收各税,如牙税、契税、膏捐、酒捐之类,共分几项?其变迁沿革若何?

一、近时沿用之税率

征税必有定率,庶轻重多寡始有一定之标准。东省征收此等杂税,历年沿用之税率若何?

一、征收报解之官厅

某税向归某署征收,某税报解某署,东省沿习若何?

一、征收报解之期限

一为征收期限,一为报解期限,某税向分几期完纳?某税向分几期报解?东省沿习若何?

一、征解逾限之处分

征解既有定限,滞纳滞解必有一定处分。东省沿习若何?

一、漏税处罚之规则

漏税既经察觉,必有处罚规则,以示惩戒。东省沿习若何?

一、凭单文件之方式

完纳税课必当给以凭单,以昭信守,如牙帖、契尾之类,东省有无一定方式,亟应造送一份备考。

一、历年征解之税额

此项应将近十年内征解税额分类列表填送。

一、专设征税官厅之组织

东省征收杂税及各项捐款,除藩司外,业经设立筹款局一所,以专责守,其组织及权限若何?

一、征税官吏惩劝之制度

此项应将历年颁发之详定章程抄送一份备查。

第五 捐项

近来办理新政,往往就地筹款,如学堂捐、巡警捐之类,与各国地方财政制度大略相似,是以另立一项调查。

一、沿用名称

中国地方财政向无专设机关,各州县办理新政,往往因事筹款,名称不一,近来此等捐项共分几种?沿习若何?

一、赋课标准

国家征税均有一定税则、案则,计算此等捐项,其赋课之标准若何?

一、征收制度

征收租税,必有专设机关、一定手续,此等捐项,其征收之制度若何?

一、输纳时期

向于何时输纳?有无一定期限?

一、储存场所

学堂、巡警等捐统归本地支销,征收款项是否径交该处,抑或缴存官署,沿习若何?

一、历年捐额

每年共收捐项若干?应即分别事类列表填送。

第六 盐法

盐法一项,事极繁重,业经另拟条目先行调查在案。此次仍列一纲,以示统属。

第七　官业

凡以官款经营事业而为财政收入之源者，为官业。东省设有官银号、工艺局种种，均属官办事业，其余如路股、矿股及其他实业之类，虽非官府独办之事，概应酌度情形，编定子目，附入此类报告。

一、成立年月

官办事业何年开始经营？有无分局分所？何年推广？

一、设立处所

总分各局所设立何处？

一、资本总额

总分各局所额定资本若干？系由何处提拨？

一、经营事业

经营事业共若干种？其详细情形若何？

一、办事员司

总分各局所共设员司若干？如何分课治事？其组织之制度若何？

一、历年成绩

东省官办事业，其历年之成绩若何？

第八　钞币

东省官钞、商钞二者并行，此项调查系专指官钞而言。

一、创办年月

东省官钞何年开始发行？

一、发行总额

官钞种类不一，如钱钞、银钞之类，历年发行之总额若干？

一、通用区域

东省官钞行用最广，历年通用之区域若何？

一、兑换制度

钞票必须兑换现金,方足以昭信用。东省兑换之制度若何?

一、预备金额

发行钞票必须预备兑换现金,各国均有一定制度。东省预备之金额若干?

一、信用程度

此项应将历年发行钞额、兑换金额比较其升降之大势言之。

［节选自《山东调查局公牍录要初编》,山东调查局编,宣统元年（1909年）铅印本,济南日报馆印行,上海图书馆藏。 本篇标题为编者所加。］

山东河务行政沿习利弊报告书

为详送法制科第三股调查河务行政沿习利弊报告清册事。窃职局法制科第三股遵照馆章应调查各项行政上沿习利弊，业经分拟条目，先后详蒙札发各衙署、局所、学堂限期查报，并由职局随时胾催在案。惟是调查一事，职局限于经费，不能派员实地考求，所发条目，均以主管官吏之报告为标准，而各处往往于沿习则言之不详，于利弊则多所隐讳，求其全体详实甚为难得，至附送书籍条陈者，尤不多见，以故钩稽采择，颇费时日。职局上承部/馆责任，既不敢过任空疏，而环顾各该统计处筹款用人之难，又不敢过事迫促，惟有随到随核，指明范围，虚心商榷，以冀稍得实际。现计该股十一项条目所收报告，均不及半，且多已驳未覆之件，惟河务一项，关系州县较少，各该局署报告，业已到齐，遵即按照原拟条目，议定格式，划分章节，督饬详慎编辑其沿习利弊，或为各处报告之所不详，则参考之于河务成书。自本省奏疏公牍以及私家论述，靡弗竭力搜讨，一面又博访熟悉工事之员，以资互证。大抵旧说之已为陈迹与新说之未经实验者，又复删节不少，虽编帙无多，要皆原本见闻，不尚空论。当创办调查之始，职局旁搜博采，实已不遗余力，兹谨遵章缮具清册二本，呈备转咨宪政编查馆暨宪署存案之用。至此外各案，或尚未到齐，或驳查未覆，是以办理报告不能十分迅速，拟请一并咨明。除仍赶紧分别严催，陆续编辑呈送外，所有职局编辑河务行政沿习利弊一项报告缮具清册，先行详送缘由，理合备文详请宪台鉴核，分别咨存，实为公便。为此备册具详，伏乞照详施行。

山东河务行政沿习利弊报告

第一章　流域

第一节　黄河入东缘起

黄河故道,北流入海,经史所载,历历可稽。自宋熙宁十年河决澶州,分而为二,一入淮,一入济,南北分流,当时名为二股河。迨南渡后,金人塞北流以病宋,河遂南徙齐兖之间,无河患者垂六百载,至我朝咸丰五年河南铜瓦厢决口,河水改道,由直隶东明一带入山东菏泽、濮州境北,趋汇大清河,入济故道,是为今之黄河。(据河防局及上游总办濮州菏泽县报告,参考同知刘鹗《历代黄河变迁图考》)

第二节　归东省管辖之时期及本省与他省分辖之界划

咸丰五年,黄河改道来东,并未专设管辖机关,遇有工程,巡抚随时奏明派员办理。自光绪十年山东巡抚陈士杰始奏设河防局于省城,居中调度,并陆续招募勇夫,派员管带修守,尔后逐渐分划三游工段,派定司道大员专司其事,管河机关于以大备。其与直隶分辖之界划,南岸大堤系自直东交界菏泽县之朱家口入境,北岸金堤系自高堤口入境,惟南潭工段自河南考城县废堤起,至直隶长垣县任庄止。该地虽隶他省,因上下段皆东省辖地,故统归山东防营修守,以期便利。(据河防局及上游总办濮州菏泽县报告)

第三节　河流之区域及里数

山东黄河共经二十一州县,向来测量不密,并无精确可据之图说。光绪三十三年设局测绘全省细图,事体繁赜,尚未告成,且上游入境之处,两岸相距并非直线,计南岸较北岸长数十里,故东境河流长度,历年成案,皆按两岸工段计算,然其方向里数亦究未能尽符,盖由各处计里弓步多不一致之故。今仍暂依旧例计算,全河流域从前约长八百余里,自光绪三十年改道由徒骇河就近入海,计自直东交界起至徒骇河南岸止,河身约长七百四十余里，两岸计算共长一千五百里，除中游南岸自寿张县十里堡起至长清县韩家坝头止一百六十余里，因近山麓不设堤防，暨下游利津县薄庄以下入徒骇处新修民堰向无工程外，其两岸官堤、民堰有工处所共长一千二百二十八里。兹将三游工段起止之区域及经过州县之疆界里数列表如左：

汛段	堤工 岸别	南岸			北岸		
		官堤	民堰	有工处所	官堤	民堰	有工处所
上游		自菏泽县之朱家口入境，东北行十六里至东明县高寨，又东六里至开州马营，又东六十二里至范县马庄，又东四里至郓城水堡集，又北三十里至寿张望春亭，又北东五十里至阳谷雷口，又东北五里再入寿张红庙，又东北八里至东平辛庄，又东北一里再入寿张十里堡，共长一百八十二里。按：自十里堡起东北三里至大王庙交中游界，因近山麓，未设堤防。	自东明县境刘屯起，东北经开州境十二里至濮州党堂，又东北六十里至范县双李庄，又北东七十五里至寿张黄花寺与大堤连接，共长一百四十七里。	官堤、民堰共长一百八十五里。按：大堤自高寨以下、红庙以上离河太远，故今皆守民堰。	自濮州之高堤口入境，北行三十二里至范县陈营，又东北四十里至寿张曹营，又北东六十五里至旧运河口，又东北四里至东阿挂剑台交中游界，共长一百四十一里。	自濮州耿密城入境起，北东经开州境十五里入濮州马刘庄，又东北四十五里至范县廖桥，又东北四十五里至寿张王楼，又北东二十五里至花家交中游界，共长一百三十里。	民堰共长一百二十六里。按：大堤距河太远，堤内村庄稠密，故向守民堰。

续表

汛段\堤工 岸别	南岸			北岸		
	官堤	民堰	有工处所	官堤	民堰	有工处所
中游	中游官堤自长清县玉符河起，东十五里至历城韩道口，又东八十五里至章邱小沙滩，又东四十三里至齐东田家拐子交下游界，共长一百四十三里。按：自寿张大王庙交界起，东十里至大风口入东平州境，又东十八里至东阿阴柳坡，又东北二十八里至平阴外山，又东三十里至肥城石家庄，又东二十五里至长清袁道口，又东北六十五里至玉符河，共长一百七十六里，因近倚山麓，不设堤防。	中游民堰自寿张大王庙起，东至东平州大风口止，计十里；又自长清县玉符河北岸宋家桥起，东十五里至历城韩道口，又东北八十二里至章邱大王庙，又北九里至姜庄接连大堤，计一百六里，两段共长一百一十六里。按：自东平州大风口起，东十八里至东阿阴柳坡，又东北二十八里至平阴外山，又东三十里至肥城石家庄，又东二十五里至长清袁道口，又东北六十五里至玉符河北岸宋家桥，共长一百六十六里，因近倚山麓，未修民堰。	官堤、民堰共长一百三十八里。按：除依山无工处向不修守外，其十里堡至大风口，又自玉符河至姜庄二段向守民堰。	自东阿挂剑台交界起，北七十里至平阴大义屯，又东北二十五里至肥城陶家嘴，又北二十五里至长清王家厅，又北二十八里至齐河张村，又东北五十八里至历城桃园，又东六十五里至济阳马店，又东北六十五里至惠民刘旺庄交下游界，共长三百三十六里。	自寿张花家迤东影塘起，东十五里至阳谷玉皇庙，又东五里至寿张黄庄，又东五里再入阳谷林坝，又东十七里至旧运河口，又北七里至东平邱庄，又北二十里至陶城埠新运河口入东阿境，又东北二十里逾鱼山至南桥十八里，越艾山十里至平阴于家窝，又东二十八里至肥城陶家嘴，又北三十里至长清韩二庄，又北三十九里至齐河张村，又北五十七里至历城桃园，东十里逾鹊山北十里至济阳五当庙，又北东七十二里至桑家渡交下游界，共长三百六十三里。	官堤、民堰共长三百三十八里。按：自齐河王庄以下，大堤残缺甚多，且堤内居民众多，不易迁移，故守民堰。

续表

汛段＼堤工＼岸别	南岸			北岸		
	官堤	民堰	有工处所	官堤	民堰	有工处所
下游	自齐东田家拐子交界起,东四十五里至青城毛家,又东三十八里至滨州北段家,又东四十二里至蒲台马邵王家,东北五十五里至利津三里庄止,共长一百八十里。	一段自青城沙窝杨家起,东北经十五里至滨州北段家,接连大堤。又一段自蒲台老三岔起,东北二十四里至利津打鱼张家,又北东五十二里至薄庄东岸七龙河新堰止,共长七十六里。以上两段共长九十一里。	官堤、民堰共长二百一十九里。按:自老三岔以下大堤皆多年残缺,故改守民堰。	自惠民刘旺庄交界起,东七十五里至滨州李家庄,又东五十五里至利津沟羊朱家,又东三十里至大马家止,共长一百六十里。	自济阳桑家渡迤东交界起,东八十里至滨州老君堂,北东六十八里至利津朱家集,又北七十四里至薄庄西岸新堰止,共长二百二十二里。	民堰共长二百二十二里。按:下游大堤残缺尤甚,故向来均守民堰。
共计	五百五里	四百四里	五百四十二里	六百三十七里	七百十五里	六百八十六里

以上两岸有工处所,南岸计长五百四十二里,北岸计长六百八十六里。至薄庄以下达徒骇河南岸,光绪三十年经山东巡抚周馥奏请筑堤束水,南岸自薄庄东岸七龙河起至大牡蛎滩止,计长二十六里,北岸自西盐窝护庄堤起,至霑化县后马厂止,计长二十三里,连前计算,南岸工段共长五百六十八里,北岸工段共长七百八里,两岸共计现长一千二百七十六里。其霑化之后马厂为黄河入徒骇所经之地,向无险工,境内并无堤堰,故从略焉。(据河防局及三游总办沿河各州县报告)

第四节　全河今昔变迁形势（附图说）

东境昔时河道自明宏治间河决荆隆口，东经曹濮至张秋镇入运河，国朝顺治元年，河水规复故道，由豫之归德过山东曹单入江，南由安东云梯关入海，至咸丰五年河南铜瓦厢决口，又改由菏泽濮州经张秋镇入大清河，北趋入海，全河形势时有变迁，举其大者，厥有二端：

（一）齐东县旧治，当河水曲流之处，自萧家庄决口，四面被水，城墙已多倾圮，迨大寨、胡家岸两次决口，县城正当下游，城墙遂冲塌净尽。光绪十九年经山东巡抚福润奏准，移治于本境九扈镇，离旧城约七十里，即以原有土围，由赈抚局发款修葺，作为城垣，厥后河水由杨家庄直趋正东，旧城遂半沦入河身。

（二）蒲台县辖境，从前水由北行，经县北之小梅家、北镇油坊、贾家等处，光绪二十七八年河道自张肖堂以下改由县城南支河，行经韩家、十里堡、三合庄、道旭、王家院等处，至小高家复分为二股，一由小高家径趋正东，经支河而下，至三义庄，仍入正河；一由小高家转折而北，经菜园正河而下，至三义庄与支河汇流。

此外河流忽南忽北，形势小变亦所时有。盖河身一有淤滩，形势必有一变，要皆在缕堤之内，民居稀少，无关治理，故从略焉。至河防图说，山东官署历年多照旧图摹绘大势，于变迁处未能悉合，拟俟测绘局竣工以后再求精制。兹谨先将河防总局所绘光绪三十三年全图一份，随案绘送。（据河防局及中下游总办齐东县滨州蒲台县报告，参考同知刘鹗《历代黄河变迁图考》）

第五节 自黄河入东后三游决溢及堵合处所

辖境	决溢年分	决溢处所		共计次数
		南岸	北岸	
菏泽县	光绪元年	贾庄		一
郓城县	同治九年	侯家林		一
寿张县	光绪十二年		徐家沙窝	五
	光绪二十二年	高家大庙		
		杨庄		
	光绪二十四年	八孔桥		
		罗楼		
东阿县	光绪二十四年		王家庙	一
齐河县	光绪十年		李家岸	六
			陈家林	
	光绪十一年		赵家庄	
	光绪十二年		赵庄	
	光绪十五年		张村	
	光绪十六年		高家套	
历城县	光绪十年	河套圈		六
		霍家溜		
	光绪十一年	澄沟		
	光绪十二年	河套圈		
	光绪十五年		西纸坊	
	光绪二十四年	杨史道口		
章邱县	光绪十二年	河王庄		四
	光绪十五年	大寨		
	光绪十八年	胡家岸		
	光绪二十八年	陈家窑		

续表

辖境	决溢年分	决溢处所		共计次数
		南岸	北岸	
济阳县	光绪十三年		王家圈	五
	光绪十八年		南关灰坝	
			桑家渡	
	光绪二十一年		高家纸坊	
	光绪二十四年		桑家渡	
齐东县	光绪十年	萧家庄		二
	光绪二十一年	北赵庄		
惠民县	光绪十二年		姚家口	四
	光绪十八年		白茅坟	
	光绪二十七年		五杨家	
	光绪二十八年		刘旺庄	
滨州	光绪二十六年		张肖堂	一
利津县	光绪十年		张家滩	十六
		张家庄		
		宁海庄		
		十六户		
	光绪二十一年		吕家注	
	光绪二十二年	赵家菜园	陈庄	
		西韩家	扈家滩	
	光绪二十八年	冯家庄		
	光绪二十九年	宁海庄		
	光绪三十年		王庄	
			沪家滩	
			姜庄	
			马庄	
			薄庄	

以上历年漫决南岸二十四次,北岸二十八次,在上游地段者七次,中游二十四次,下游二十一次,共计五十二次,均皆随时堵合。惟薄庄口门因近尾闾,水流通畅,反以不堵为利。光绪三十年山东巡抚周馥躬亲履勘情形,奏明请于两岸筑堤束水,无庸堵口,使由徒骇河直达于海,全河近已四庆安澜,皆尾闾通畅之效也。至沿河两岸民堰,凡无官工者,偶有漫溢,均经民间随时堵筑,虽酌行申报,并不列入决溢案内,日久遂无从详考。(据河防局及三游总办各州县报告)

第六节　三游极险次险各工处所

黄流溜势变迁靡常,工程险夷随时转移,难以预测,就光绪三十三四两年三游险工处所计之,南北两岸共有极险一百一十四处,次险六十处,中游工段较长,故险工亦占多数。兹列表如左:

南岸			北岸		
汛段	极险	次险	汛段	极险	次险
菏南营	双合岭、大小高寨、刘屯等三处		金堤营	宋集、马刘庄、李桥、罗庄、廖桥、影塘等六处	东纸坊、西纸坊、挂剑台等三处
郓南营	岳庄、国庄、靳庄、孙楼等四处	杨庄、黑虎庙等二处	阿北营	陶城埠、王家庙、魏山、范家坡、王家坡、井家圈、滑口、于家窝、郭口、张庄、湖溪渡、周家门前、董家圈、史家圈、朱家圈、陶家嘴等十六处	牛屯、殷家等二处

续表

南岸			北岸		
汛段	极险	次险	汛段	极险	次险
长南营	玉符河、北店子、韩道口、杨庄、老徐庄、丁庄、小鲁庄、泺口、葛庄、姬庄、傅庄、霍家溜等十二处	张庄、曹家圈、段家、李家行等四处	肥北营	大马头、韩二庄、枯河、司里庄、阴河、黄陡崖、谯庄、纸营、张村、豆腐窝、水牛赵庄等十一处	官庄、袁庄、程官庄、辛兴店、于庄、孔官庄、娘娘庙、曹营等八处
历南营	河套圈、陈家圈、孟家圈、杨史道口、王家梨行、胡家岸等六处	小滩沙一处	齐北营	袁庄、徐家坊、房庄、五里堡、顾家沟、南潭、王庄、席家道口、李家岸、赵庄、邱家岸、朱家圈等十二处	索庄、刘家庙、丁家庄等三处
齐南营	梯子坝一处	田家庄、禹王口、北赵家等三处	历北营	桃园、大王庙、纸坊、尚庄沟、杨庄等五处	高韩庄、范家堡、柳树店等三处
青南营	毛家、亚家、蝎子湾、刘春家、大道王家等五处	彭家庙、大郭家、梨行董家等三处	济北营	济阳东关、东钩头、高家、葛家店、铁匠庄、龙王庙、鄢家渡等七处	东南关、李上台、高家纸坊、郭家纸坊等四处
蒲南营	道旭、王旺庄等二处	十里堡、吕家窑、三合庄、王家院、西冯家、东冯家等六处	惠北营	刘旺庄、唐家、常家、归仁镇、杨房家、白龙湾等六处	董家、小高家、阎家、潘三庄、刘家口等五处
利南营	圈董家、佛头寺、宁海庄等三处	打鱼张家、林家、罗家、卞家、白家庄、彩庄等六处	滨北营	清河西、清河东、邵家、小崔家、大崔家、张毛家、马张家等七处	薛家、张肖堂等二处
			利北营	菜园、牛王庄、宋家集、宫家、张家滩等五处	宋家滩、傅家窝等二处

续表

南岸			北岸		
汛段	极险	次险	汛段	极险	次险
			津北营	綦家嘴、王庄、董王庄等三处	刘家夹河、扈家滩、东盐窝等三处
共计	三六	二五	共计	七八	三五

以上凡属旧险均于每年春初加意勘厢，以备不虞，如因河势变迁，别生新险，则由工员驰禀总办，赶紧救护，每年由巡抚专案奏报。（据河防局三游总办报告）

第七节　尾闾入海之变迁

黄河改道入东以来，三十余年均由铁门关入海，经过陈家屋子、牡蛎嘴、萧神庙等地，本大清河入海旧路也，后因逐渐淤垫，海口不畅，光绪十五年决于韩家垣。经山东巡抚张曜奏请筑堤束水，因之为入海之路，经过傅家窝、杨家嘴、毛丝坨等处入海。二十二年利津县南北岭子漫口夺溜七八分，又经山东巡抚李秉衡奏请，改为入海去路，即于北岭子口门南北岸添筑遥堤，使水由陈庄、新河两处分流，经过水阜庄、禹庄、杨家河，折向南行，顺二道岭由丝网口入海。三十年薄庄决口，距海甚近，水势通畅，又经山东巡抚周馥奏请，勿庸堵口，于两岸筑堤束水，使由徒骇河直达于海，较从前由铁门关、韩家垣、丝网口三处入海尤为通畅矣。惟河流大势初改道时多半顺利，徒以挟沙入海，骤至宽衍之处，不免力弱沙停，日久则海口成阑，淤垫日高，水流日壅，横决就下，自择归途，固亦必然之理。今虽幸得地利，未可任其自然，况濒海淤荒，近年已逐渐招垦纳租，公家民间胥食其利，更非从前弥望荒滩可以任水择路之比。然则疏浚海口，殆未可目为缓图，疏浚之法，首重海塘石工，次则刷沙机器。光绪二十四年大学士李鸿章《覆奏查办山东河工情形疏》言之最详，泰西各国成效彰著，可以取法，似宜切实行之。（据河防局及下游总办报告，参考童宝善《治河议》、南河总督黎世序《海口建长堤议》、大学士李鸿章《奏议》）

第二章 方法

第一节 平时修守之方法及时期

河防岁分四汛,曰桃汛(自清明日起,历二十日止),曰伏汛(自初伏日起,至立秋日止),曰秋汛(自立秋日起,至霜降日止),曰凌汛(在冬春天气偶和、冰凌溶解之时)。修守之法曰四防(风、雨、昼、夜),曰二守(官守、民守)。凡此时期最宜注意,谈治河者类能言之,不知其尤为重要者,实在于先事绸缪。山东向来办法,于年前冬季即派员购储正杂料物,一面由各游总办周历全堤,查有坐湾顶冲逼近堤身之处,或将旧有埽段拆厢,或加厢,或建筑新堤,其堤身卑薄伤损者,则估工焙修,皆于冬令勘定,次年惊蛰后派员兴工。若堤土年久,或有獾洞鼠穴、水沟浪窝之病,及树根朽烂、冰雪冻裂之处,一遇大汛漫滩,渗漏串水,古人所谓暗险,最为隐患。防患未然,惟有签堤之一法。其法用尖头细铁签,长三尺,上有丁字木柄,如拄杖式,每年于春初惊蛰后,派员督饬勇夫将两坦逐细签试,遇有洞穴,即令勇夫刨挖,寻其根底洞之大小,湾直不一,小而湾曲者,恐勇夫懒惰,仅用浮土壅蔽,尤须细心察看所签洞穴。小则立饬填实,大则报请勘工,估计土方,坚筑行硪。桃汛既过,工程就绪,即将正杂各料择要预为运储,备大汛仓猝之用。节逾小满,水势渐涨,即檄派承分防委员会同营汛分段驻防,霜清裁撤,酌留数员以防凌汛,营勇冬令闲暇,分饬挑取淤土堆积土牛,以备不时之需。凡此种种,皆为平时布置,东省颇能注意。惟据熟悉河工人员之说,向来堤工多不种草,即偶有一二生草之处,亦任民间拔取,以为薪刍,似于草根护堤之益尚未深悉。又,光绪二十四年大学士李鸿章《覆奏查办山东河工情形折》内于堤根栽种柳籐一事,极言其利。籐非东省所产,未能仿栽,而近年各游于种柳一事,则已极力整顿,惟闻防营就近处间有兵勇伐枝为薪,而稍远防营之处,又往往被居民全株窃伐。看守之法,无论责成防营,责成工员,必以实定考成为宜。考种柳之法,始于明,平江伯陈瑄谓其根株足以护堤身,枝条足以供卷埽,清阴足以荫工作。而明之刘天和复有《六柳说》,且拟栽柳于滩,河督靳辅尝称其法以为久,则离堤百丈之内必渐垫高,且根株交结,茂盛蔓延,虽有巨浪,不能越而溃决。又,考日本砂防法,亦以种树为要件,谓可止砂被水冲之患。可见种柳之益,中外相同,不可忽也。(据河防局三游总办肥城县报告,参考河道总督徐端《安澜纪要》、靳辅《治河工程》、直隶道员鲁之裕《急溺琐言》)

以上就平工之处言之,至于救险工程,约有四端:曰埽,曰坝,曰重堤,曰引河。四者之中,重堤最古而费最重,又距河太远,不能利用淤土,必于堤外取之,是修一篑之堤,即少一篑之土,将来抢险转致无土可取,且工作陆地,见水易溃,故奏功甚少。或有建议于重堤大堤之间普修斜堤,于大堤下口近斜堤处开一水门,仿王景放淤之法者,无论重堤见水能否不溃,尚无把握,而水门一开,急流泻入,其势甚险,亦非持重之道也。至引河之用,相传有三:一分流以缓冲,二预浚以迎溜,三挽险以保堤。其效亚于重堤,然非其地上有吸川之形,下有建瓴之势,则虽引之而不能成,非开放之后,有数日不消之盛涨,则虽成而亦旋废,糜费多而收效少,故古人慎言之。此东省防险之法,所以只用埽、坝也。坝之费比重堤、引河为省,而其用则广。以之挑溜,则与引河同;以之护岸,则与重堤同,殆一事而二美具焉。埽能御变于仓猝而费又省。于坝惟有引溜生工之患,(埽多壁立,易激水成溜,埽被溜撼则险工生),又质松不能经久,旧埽不过三年即须拆做新埽,就一时言之,虽足济急,合数年计之,实为耗财。今欲为长久计,无如推广砖石坝工。东省中游,距山较近,频年抛修砖石,各坝现已十庆安澜,明效大著。如虑砖石不给,全河仍有险工,则古人当家坝之法似亦可试行者。按:当家坝于两岸对筑挑坝逼溜,使走中泓,既免冲堤之患,又可借溜力刷深河身。南河徐州用之,一年之中,刷深丈余。河督百龄《治黄治清四条疏》言之綦详。又,河道总督吴璥《覆奏黄河治淤情形疏》谓"刷宽刷深仍赖水力,而非尽人功",包世臣著《说坝》篇亦谓"言治河者,必导溜而激之,激溜在设坝,是之谓以坝治溜,以溜治槽。"槽深而水患自息,可见激水刷深实千古不易之论,而难之者或谓两岸对挑,攻塌可虞,要之可无庸虑,盖包世臣虽属理论上之著作,而百龄、吴璥之疏与黎世序《覆奏碎石坝工情形》之奏及刘成忠《河防刍议》则皆经躬自试验,有利无弊,简牍具在,可覆按也。若能效而作之,河患其有豸乎?(据河防局暨三游总办报告,参考靳辅《治河工程》,百龄、吴璥、黎世序奏议,包世臣《小倦游阁文集》)

右所言者,工程之上方法也,然徒法不能以自行,欲储实效,惟在练习。据熟悉河务者言,大汛情形虽瞬息万变,然变状断无突如其来之理,苟能留心察看,亦可得其原理。又,古法虽不尽合于今,而今法实皆由古法脱胎而出,时习旧闻,犹愈于不学而从事。山东自黄河改道以来,并未设有河防专官,向来各项委员多由候补人员中酌量委派,其中当差较久、熟悉河务者固不乏人,而滥竽充数者究亦不免,其平时防守惟倚民夫,民夫十呼一应,非州县官驱迫,委员无如何也。一有险工,则委员、民夫皆为束手,一切工作还须责之营勇,然营勇多系招募乌合,三汛虽勉能足额,冬令则假退恒多,至来春工急,然后重招以补之。故熟手日少,游手日多,其不能合法,不待智者而决矣。光绪三十二年山东法政学堂编定功课,曾有河防一科,后因所聘教习不甚得力,遂于三十四年春季停讲此课,未免可惜。河防之学,吾国虽无专科,未尝不可先取古人治河之书,及历年奏疏条陈,遴选通才编成讲义,以备官员研究。俟学术发达,经验日多,再求完密。其在工当差各员,即以曾经研究试验有得者为合格,非是不得滥充,以示限制。至各营勇夫,识字者原不多得,惟宜责成各营官弁严滥假滥招之令,用丁恺曾训练之法,于平时做工耳提而面命之,按期以口头问答考试之,又省其所做之工,诘其应变之法,明其功过,恤其勤劳,庶犹可获实用。若因仍旧制,则尽人可为,河工委员层层依赖,终于偾事而止,虽幸免危险,非常计也。(参考靳辅《治河工程》、丁恺曾《治河要语》)

第二节　抢险塞决及疏引

第一款　抢险

抢险向在伏秋大汛之时,东省办法系预察桃汛水势情形,由巡抚酌定抢险经费数目,奏请拨发各游具领,临时或加埽,或抛石,或编柳坝,斟酌情势为之。如水涨溜急,宣泄不及,巨险丛生,或顶冲迎溜,埽坝陡蛰,或埽底淘刷,或溜势绞边,以致堤身坍塌。抢救之法当细勘水势来源,再于著溜处测量水之浅深,如深过原做时丈尺,水溢埽面,先用砖石抛护埽基,复用秸料将埽厢高,总期层土层料追压大土,坚实巩固。或于堤上预修子堰,以防漫溢,如埽坝腐朽,则将旧埽拆去,抢厢新埽,亦可抵御一时。若埽已走失,冲塌堤身，临时相度溜势，分别捆枕挂篓，一面赶紧帮厢后戗，或退后修筑月堤，以备不虞。若堤身有漏，则急以败絮或破袄等物塞之，然后酌量形势，或用外堵（以软草厢做防风埽），或用内堵（于堤外赶筑圈堤，不拘大小高低，但高出外水一二尺，以闭其气，俟水灌圈满，外水不动，然后用土将圈堤填满，水退再将大堤刨开，层层紧筑，以防成口），总之，黄流出险不一，全在查看形势，相机抢护。承分防委员暨营县各员弁考成攸关，向来尚能出力，抢护料物亦均应手，惟是卷埽藏头之法，在南河已无能者，东省从前所做堤段，尤多参差错落，不相连续，埽间之空，不免走水，且料埽入水，削如壁立，不作斜坡，适足以激水势。幸近年研究改良，已有善法。考河道总督黎世序《覆奏碎石坦坡情形疏》谓"碎石坦坡黄水泥浆灌入，坚凝结实，愈资巩固。是以凡有抛石之埽，其本段既无蛰塌之患，即上下附近无石之埽，偶有朽腐塌卸，补厢亦易为力，或免脱胎抢险之虞"。所论甚为确当。山东中游试办最早，上下游次之，其距山较远之处，则代之以砖，虽巨浪掀腾，其来也不过平泼而上，其退也旋即顺势而下，变激为顺，成效已彰，诚减小水力预防险工之一法也。（据三游总办报告，参考河道总督张鹏翮《河防志略》、河道总督吴璥《请办高堰碎石坦坡疏》、知州蒋楷《河上语》）

第二款　塞决

抢险固属紧要，然或水势汹涌，人力难施，则满溢成口，亦事所不免。东省塞决办法，先于口门两边盘筑裹头，以免愈刷愈宽。若口门夺溜，则于口门迤上预筑挑水坝二三道以挑之，或于对岸挑挖引河以分之。如溜势太急，裹头无效，即应于本堤退后数丈挖槽下埽，如搂崖之法，汕刷至彼即住，谓之截头裹。此法南河多用之，东省则未讲求。裹头既成，即可测量口门宽窄，查看水势深浅、夺溜几分以定筑坝办法。先筑坝基，而后依次进占（筑坝每进一段之名）。坝基必以逼近河流为得势，上水坝基尤须加进一步，以防入袖兜溜之虞。做坝有于两边齐做者，有从一边单进者，有正坝、边坝并做者（临水者为正坝，正坝之后加筑之坝为边坝），有单用正坝者，要在相水势大小，口门宽窄，临时酌定。每进占，自晨继夜，层料层土，追压到底，一面赶筑后戗，以期稳实。若加筑边坝者，须于正坝、边坝中间用土填实，俗称土柜，大致二日或三日成一占为常率。盖水势大小不等，故占之宽狭及成占之迟速亦不等也。做占时，用大船横于坝前，曰捆厢船，以备载人工作。以坚木长过于船者贯船之两头，用绳连底捆住，曰龙骨，以备系兜缆绳及底钩等绳。船之两旁用坚重木为拦水板，冬令则改用长桩，排钉成牌，以挡冰凌。其系船方法，先于上水水浅处签钉排桩约二十根，入土丈许，用缆将捆厢船头提住，不使溜势下移，谓之提脑。其下水亦于滩上钉桩三根，将船艄用缆兜住，以防回溜，谓之揪艄。然缆长恐腰垂水中，不能得力，故又用圆船十数只依次顺排为架缆之用，名为拖缆船。若上水无滩不能钉桩者，则提脑缆可即以船为基，名为提脑船，镇以铁锚，则脑提而捆厢船稳矣，是为上位。上位之后即须兜缆，兜缆之数，大抵以船上龙骨分中上水九条，下水七条，中间五条，一端于离坝头三丈后照缆数钉桩，系定一端，从船底兜转，活扣于龙骨之上，视进占之程度逐渐松放，绳如不敷，再行接续，直至将合龙时始行勾回。至束占之绳，则有底钩、揪头之别。底钩一端，离坝头四丈排桩系定，隔一尺系绳一根，其一端亦活扣于龙骨上，每厢占一坯，于两旁各下骑马一路，将底钩勾上几条，以便压土，厥名活溜揪头。每做两坯，即下一条，于两旁埽眉各钉一橛系之，层层揪紧，则埽耳不能外移，方可用大土追压，底坯约厚一尺二寸以上，每坯加厚数寸，约厢至七八坯，俟揪头绳自松，即为占已到底之证，再将底钩缆全数勾回，系于底钩桩退后一丈之桩上（其数与底钩桩同），再丁厢一坯，压面土三尺，而一占功毕。如此两坝齐进，至余三四丈时（过窄则口门溜急，过宽则占大难做）是为龙口，乃做金门占。先于两边占上各捆一大枕，宽与占同，是为龙枕。枕上钉签，曰龙牙，以挂合龙缆。从此边引过彼边，其龙衣即敷于缆上，两岸拴牢，然后遂层铺以土料，渐渐松放。此时成败在于呼吸，以速令闭气为妙，故进占时土路料路最宜多分，以免拥挤，运料及用土亦酌量加价支付现钱，以期踊跃。大抵后戗及土柜之土可用包运之法，进占之土则非跑买不为功也。从前因料贩叵测，尝有于合龙时故将料垛纵火，以为居奇之地者，近来多用防营看守，此弊绝矣。惟金门占将次到底之时，向来勇弁每多争先松放，殊不知两坝不齐，势必一高一低，易生埽眼，此则欲速不达之弊，不可不预防者。至决口不仅一处则塞之，当先小后大，如两口相等，则当先下流而后上流。若论塞决之时期，则河道总督吴璥奏《河复故道须在冬令疏》谓"冬间合龙者，次年必顺；春间合龙者，每致他虞"最为切于事理。盖以冬间合龙,次春办理善后已了,故伏秋无碍;春间合龙,未及蛰实伏汛大至,不可胜防也。东省遇有塞决工程,皆由各游总办暨营委各员随时斟酌情势,设法办理,不掣其肘,虽亦有春间合龙者,皆能赶办善后,尚无于保固期内复决之事。(据三游总办报告,参考河道总督张鹏翮《河防志略》、河道总督靳辅《治河工程》、知州蒋楷《河上语》)

第三款　疏引

黄水挟泥带沙,性最喜曲。曲则溜急而深,沙随水去;直则平衍而溜缓,沙必渐淤,故弯处皆深,直处皆浅。贾让不与河争地之说,日久必致河身全淤,水流平地,古人试之,已多流弊,故疏引之法,总以潘季驯束水攻沙之说,使之顺流为上。山东河面较上游河南为窄,春水势缓,不免停淤,至大汛溜势奔腾,则停淤尚少,故向来未经议及疏浚。然积久停淤,难保不日渐垫高,先事预防,则当家坝之试行似亦未可视为缓图。至开挖引河,以减涨势,虽属古法,行之稍不慎重,糜饷既多,而收效毫无把握,故东省惟塞决时偶一用之。又,险工对岸必有滩嘴,亦有切滩开引,吸溜疏刷,以期化险为夷者,但不常用,亦格外慎重之意也。至河流入海之处,则疏引又为切要之举。说见第一章第七节,兹不赘论。(据三游总办报告,参考南汝光道刘成忠《河防刍议》)

第三节

第一款　堤堰

堤、堰均以土筑成,底宽顶狭,厥形如斧。古训大者曰堤,小者曰堰。向来河工惯例,则称官修官守者曰堤,民修民守者曰堰,以示区别。山东民堰向系民修民守,自官堤残缺,中下两游遂多改守民堰之处(详见本章第四节),故虽仍沿民堰之名,而其实已不尽民守,此堤、堰之大较也。至其名式及用途约有左之数种:

一、大堤　亦曰遥堤,又名重堤,即官堤也。底宽约七丈,顶宽二丈,高一丈。向归官修官守。山东大堤大抵去河太远,故多弃而不守,残废之处甚多。

二、民堰　民间修守之堤也。从前较大堤差小,自弃大堤不守之后,历年经官修守,丈尺已与大堤相同，因其距河甚近，故为现在束水最要之保障。

三、缕堤　亦曰临黄堤，沿河民间所修，以护河滩田庐之小堤也。

四、格堤　亦曰隔堤，即横堤也。外接大堤，内接民埝，以备民埝或有决溢，则河水仅能灌满，格堤之内不致多所淹没也。

五、月堤　亦名越堤，即圈堤也。有险工之处于堤后为半月形之堤，其用意与格堤同。

六、戗堤　亦名后戗。于有险工之处或堤身刷塌处用之。

七、子堰　堤上小堤也。于水势陡涨加高不及时用之。

第二款　埽坝

堤堰皆以御水，然土经溜刷易于坍卸，故有险工之处，必恃埽以护之，此不易之法也。至二者之区别，则无论横护堤根直入河中，凡连续不断者，皆曰坝；而个个排列者，则谓之埽。兹就山东河工之埽、坝分别言之：

第一项　埽

古人做埽，柳七而草三，自雍正二年河南布政使田文镜奏请用秸，至今相沿，未改其做埽之法。有丁厢、顺厢之别。顺厢者，今名捆厢，一面系绳于堤上之桩，一面系绳于船，再于绳上卷做埽个，徐徐松绳到底；丁厢者，先以秸料缚成径二三尺、长五六丈之枕而系以绳，于绳上顺铺秸料与枕平，再上则秸皆直铺，秸根向外，其法较易，山东多用之。兹将其名式及用方分叙如左：

一、头埽　亦名藏头埽。下水时于半水半旱处，挑槽以固埽基，藏头以避水势。

二、尾埽　亦名护尾埽。于埽工之末、卷下斜横埽个，不使回溜迎冲。

以上二埽，用之首尾两段，若以之夹护磨盘大埽，则合而名之曰雁翅埽，其实仍即头尾两埽也。

三、鱼鳞埽　此埽为长方式，有连至数段或数十段者。凡河流弯曲盘折，全河势猛，大兜湾处塌沿是为顶冲，宜用此埽，既可护崖，又可挑溜。盖鱼鳞埽做法向例每段迎下水处恒大，次埽之头藏于头埽之尾，故形如鱼鳞。惟近来工程潦草，往往相接之处参差不齐,致失藏头功用,非古法矣。

四、磨盘埽,即八分圆式之大埽,于溜势坐湾之处用之,以顶冲,其次再做月牙埽(似磨盘而小者)数段,以辅之。

五、搂崖埽　挑槽以下埽也。宽不过数尺,做之易成,贴边溜急不及丁厢时用之。

六、贴边埽　丁厢之窄埽也。宽不过一丈,逐个接连,长至数十百丈不等,取其紧护堤根,于贴边溜缓处用之。

七、护崖埽　亦名护堰埽。用顺厢法傍堤钉五尺桩,薄铺料束,上压厚土,河水逼堤前,有漫滩之处用之。

八、丁头埽　亦名门埽。于挑水坝前左右各做一埽,形如丁字,又相对如门,用以护坝头之被冲,且可抵水横行。

九、扇面埽　形如扇面,用以护挑水坝,或迎水坝之基者。

十、龙尾埽　柳树连根带叶伐之,倒挂水中,十数株为一排,可以抵溜,可以停淤。工程奇险时埽已陡蛰,浪势啮岸,抢做不及,用此可以救急。

第二项　坝

古称断堤曰坝,后人仿之以挑溜,久之其用渐广,至今遂为河工最得力之建筑物焉。其质有土、有灰、有料,要皆不如砖石之易成且稳固也。坝之为用,亦有数种,试分晰言之:

一、挑水坝　形如断堤,插入河心,以杀斜射之势,于顶冲处多用之。在口门之上逼溜使入正河,亦极得用。一坝挑溜不开,则作两道或三道(第二坝必长于第一坝,第三坝又必长于第二坝),总以挑溜外行为度。

二、迎水坝　迎水竖下,抵水横行,于转湾迎溜之处用之。又,大溜之下水深处比大溜稍缓,是为拖溜,亦须建迎水坝,以防溜势移近堤根。

三、顺水坝　如挑水坝而稍顺,使水顺坝斜行,溜势绞边处用之。

四、托坝　大坝之下更作小坝也,坝后有回溜处用之。

以上就山东黄河情形言之,此外名式尚多,非东省所宜用,概不赘述。(据河防局三

游总办报告,参考知州蒋楷《河上语》)

第四节　两岸堤堰工程官修及民修之分划

　　查上游南岸大堤、北岸金堤均归官修官守,其南岸自直隶东明县高寨以下、寿张县红庙以上,北岸自直东交界之耿密城起至寿张县之花家止,因官堤距河太远,堤内城镇村庄胥赖民堰为保障,故虽民自修守,并归上游官为监督,其两岸护庄小民堰则均归民修民守,间有民力未逮者,由官量予津贴。中下游两岸大堤亦均归官修官守,临河各堰均归民修民守,惟南岸自长清县玉符河起至章邱县姜庄止,又南岸自蒲台县老三岔以下,北岸自齐河县王庄以下,或因本无大堤,或因大堤距河较远,年久残废,修费难筹,且堤内居民稠密,迁移不易,故均改守民堰。又,下游利津县薄庄以下,新筑束水民堰,原议官修民守,嗣因堤甫新修,土性尚未坚凝,自光绪三十一年至今均仍暂归官守。要之,沿河大堤,去河皆远,其制即古人重堤之意,年年修培,费多功少,本章第一节已详言之,故不如临河民堰多得束水攻沙之用。历来改守民堰,固由保护堤内民田起见,而于大堤之无用,殆已众见佥同,所以不遽议废者,恐民堰之或有疏虞,留之以备第二重之保障耳。将来当家坝之法果行,民堰既无可虞,虽尽废沿河之大堤,无不可也。(据河防局三游总办报告,参考比国工程师卢法尔条议)

第五节　沿河居民迁徙区域及安置之方法

　　东省黄河两岸上游尚未办过迁民事宜,民间时有因近河塌崖迁居他处者,亦向不禀报,惟中下游从前频年漫溢,沿河被灾居民时由赈抚局派员按口给赈,水涨时暂于堤顶搭盖窝棚居住,水退仍归故居。若村落坍入河内,人无所归,则官为择地,酌给修屋之费。光绪十七年齐东县沿河居民因修大堤隔入河内,经义赈局由大堤以南购地,并发给迁费建房栖止。其他居住大堤以内近河可虞者,光绪二十九年经山东巡抚周馥奏准设立迁民局派员照料，按户酌发津贴，饬令迁徙大堤以外，给地构屋安置，或津贴牛力籽种，听其迁地垦荒，皆随时酌量情形办理。近年河患稍纾，民皆安居如常，光绪三十三年经山东巡抚扬士骧奏明，于裁并局所案内将迁民局归并河防局办理，连年迭庆安澜，三游均无迁民之事。（据河防局报告）

第六节　估修保固之方式及期间

第一款　估修

修培堤堰向以春融冰泮时兴工，于小满前竣工，皆于年前冬令由三游总办派员沿岸勘估，估定后呈请总办覆估，土方既有定数，遂按方数划分段落，俾可同时竣工，以免参差贻误。其工程以高宽丈尺为准，坦坡以大收分为主，或二五收（筑高一尺两坦各收进二尺五寸，如筑堤高一丈，底宽十丈，则顶宽五丈，余仿此），或三收最为相宜。其计方之法，则以筑实之土高长阔各丈为十方之一为一方，合上下两广之数折半，以高乘之，再以长一丈乘之，为每长一丈之数。若系加培之功，则专计新土，除去原堤不计。至筑实之法，每坯以虚土一尺五寸（先备一尺五寸之木一段，名曰纱帽头，照此上土以作准绳，厚者罚之）打成一尺，其法先用木夯坚筑，夯必正，再以石硪平之，硪必密，验收时用大铁签锥试（锥必直入直出），以灌水（水取极清，有用泥水灌者，易于弊混）不漏为度，大抵承办工员不免有冀得盈余之想，而工员所用之夫役，皆从中谋利、善于弊混之人，工员稍不精明，固易受其罔蔽，上司稍为疏懈，亦即受其欺朦，此在办事者之精神，不能以空言禁革也。（据河防局及三游总办报告，参考《土方则例》、河道总督张鹏翮《敬陈治河条例疏》、河道总督黎世序《覆奏河工诸弊疏》、河道总督靳辅《治河工程》）

第二款　保固

保固期间载在《河防条例》，每年加培堤工则以经过伏秋大汛为断，堵筑决口向系保固一年，如于期间内有蛰决情事，罚令原办之员赔修。东省仍照章办理。（据河防局三游总办报告）

第七节　料物之储备

河工各项物料向分正、杂两项,皆按时委员购办,禀经本游总会办亲临或派提调稽查,就近验收,如不合法,责令赔补,验收后登册存储,随时由防营禀报动用。如堵合大工,则分设正杂料厂,登册存储,由掌坝文武员弁开单领用,逐日列报,工竣总核报销。兹将各项料物之用途暨向来购储之时期、场所及方法,分正、杂二款说明于左:

第一款　正料

凡薪之属曰正料,有秸料、苇料、黄料三种,以下分项言之:

第一项　秸料

自雍正二年河南布政使田文镜奏请做埽用秸以来,秫秸一物遂为河工至要之材料,平时护堤之埽、抢险厢搂之资及塞决时之占坝,殆无不以秸料为不易之原质,其出产之广,东省亦几遍地有之。其购买之时期,凡冬防春厢之用,均于年前派员采买,至备防抢险,则于春融后舟运险工,堆垛备用,其有险出非常,则临时派购,或迳拨取青料。要之沿河居民,无不种秫者,俯拾即是,不致有供不应求之虞也。其堆垛之例,每垛以万斤为率,大工用料较急,向以广阔各一丈二尺、高一丈三尺为一垛。防汛用料稍缓,则垛改用尖顶,广阔仍旧,而脊高一丈五尺,檐高一丈二尺,取便雨雪之溜下,以防霉变也。惟是购买验收,咸以丈尺为衡,不能逐一过称,因之虚垛之弊,亦所不免。或架井,或捆枕,手段不一。捆枕者,合数束为一束,有单有双,以枕置四隅,则中间可虚,此其弊在垛外,尚不难一望而知。若架井,则于垛中之秸皆纵横压置,其弊在垛内,则非折视不见。山东上游向章买料归委员,垛料归营弁,营弁恐不足于用,堆垛时多不肯放松,至中下两游则工多勇少,不能兼顾,向系委员自买自垛,垛夫与料贩勾通作弊者有之,委员知情者亦有之。近来验收乃有指垛拆称,查有不足,罚令遂垛赔补者,是诚救弊之良策也。

第二项　苇料

河南大工旧皆用苇,山东虽多用秸,然利霡海滨一带产苇颇多,虽茎节中空,压实则较秸耐久。下游相距较近之处,间亦用之。其质较秸为重,故每垛丈尺以方一丈二尺为率。

第三项　黄料

黄料者,粟草也,沿河民间多产之,用以填塞埽眼,于抢险或塞决时,最为便利,向系临时酌量购买。

第二款　杂料

正料之外,皆为杂料。杂料以桩、绳、砖石为大宗,分言之于左:

第一项　桩签

桩以白杨、榆、杉为上,取其长而直也。杨、榆之产,以上游菏、濮一带为最多,中游次之,下游最少。向来各游均系派员赴上游设厂购买,舟运至工。其长用者为短桩,丈以上者为长桩。长桩惟硬厢用之。五尺以下,曰签子,亦曰橛子。橛子以绊帘子绳(即做埽之底钩绳,密排如帘,故名),若包眉子(做埽每一坯之前眉压料土相和之花土数寸,名曰包眉子),则缚两橛为十字,曰骑马,系于肚桩之上,用以约料。其质桑柳杂木均可,产出亦以上游为多,亦有就沿堤官柳采取者。

第二项　绳缆

绳之种类不一,或以苘,或以麻,或以竹篾,其用不同,购备亦异,兹就东省情形言之:

一、苘绳

苘似麻而长,绹绳入水,性耐伸长,而价较麻为廉,故防汛多用之。其产出之区,在东省以济宁、博兴等处为多。如遇大工,本省产不足用,则派员赴河南之西华、扶沟等处购买,惟行侩舞弊,往往搀和泥土,以压斤重,故必逐捆打净,然后过称装运。其购买之时,大都新料登场后,于八九月间往购,盖运路既远,迟则水凝难运也。到工之后,由收支局称收,雇匠绹打其绳,有九股、五股、三股盘绳诸式。盘绳长二十丈,重百斤。其次递减。极小者长五丈,重十斤。不及者,曰经子。其用途则视水势为变通,不能预定。

二、麻绳

麻质坚韧,力胜于苘,而价亦较昂,故惟大工用之。其产出之区,以泰安为最旺。购买手续略同于苘,绹绳种类亦略同,惟合龙麻缆,须加重一百二十斤。麻批短于苘,故绹工亦较贵。

三、竹缆及苇缆

竹缆亦曰篾缆,乃劈竹为篾而纻者,以其经久不伸,故大工提脑缆宜之,箍腰亦有用者。山东素不产竹,遇大工则派员赴河南清化镇或道口购买。苇缆质坚不伸,与竹略同,下游近海处出产颇多,故下游大工亦以代竹缆之用焉。

第三项 砖石

砖石之功用,于本章第一节、第八节论之,兹但言其储备之方法如左:

一、砖块

河工用砖长一尺五寸,宽半之,厚又半之,重约四十五至六十斤。从前只上游运石不便之处设窑,委员烧造,历年推广,中下游亦增设窑厂,长年砖烧。

二、石块

石块向以方计,每方一丈高一尺为一方,其块大小不一,以堆垛整齐、不得虚架为度。其产处中游上段望口及长团各山,三游委员就厂雇工开凿,随时船运各工备用。

以上均系河工常用料物,至堵合大工,尚有应用蒲包、麻袋、苇席及锤斧、锹穿等铁器,又如夜工之灯烛、量水之志、招料之旗、采买之尺秤,皆属工程补助之资,而非直接修防之物,向系随时酌量情形,由收支或杂料委员核实采买,随案报销,兹不赘述。(据河防局三游总办报告,参考河道总督徐端《安澜纪要》、东河总督林则徐《查阅豫东各厅垛完竣疏》、南汝光道刘成忠《河防刍议》、知州蒋楷《河上语》)

第八节 抢险时厢护之物料

河工当伏秋大汛,巨险猝生,抢护设有疏虞,动致溢决之患,故厢护料物之预备,实有不容轻视者,除堤堰出有漏洞,必须临时审量情势,或用铁锅棉絮等物堵塞不能预定外,其寻常厢护最为得力而为向来所常用者,厥惟柳枝及砖石数种。试就调查所得,分叙如左:

第一款　柳枝

河工抢险，采用柳枝，其原因有二：一因大汛巨险猝生，备防秸料不能应手，不得不采用柳枝，或捆枕围护，或包石挡溜，或钉桩挂柳搂厢，托溜外移，以应仓猝，既易于挂淤，且可保全堤埽不致塌陷。一因经费短绌，购料需款拮据，柳则防营栽植，仓猝采用可省购买之费。此东省河工抢险用柳之宗旨也。然柳之为用，原不限于抢险。考河道总督靳辅《治河方略》云："埽必柳七而草三"。是古人做埽初不用秸也。自雍正二年河南布政使田文镜奏以民柳渐少，始改用秸，而是年云南布政使李卫奏疏，即有"前三十余载河不为患，实河臣靳辅沿河种柳之力"等语。近如比国工程师卢法尔亦言："柳枝厢护胜于用秸。"东省自现任东三省总督锡良督办上游时禀饬三游各营一律栽种后，光绪二十四年大学士李鸿章复申种柳之令，沿堤官柳尚属茂密，若能效六柳之法，栽种日多，将来柳坝复古，既免年年拆做之烦，又省购买秸料之费，诚有百利而无一害也。

第二款　砖石

砖、石两项，尤为河工最适用之物料。凡埽坝无论新旧，经大溜淘刷日久，势成陡立，多有走折蛰陷，而埽底沙多淤少，溜行迅急，尤易淘深。埽前之水，辄至数丈，若全赖秸料，质性松浮，难免动摇。道光元年河道总督黎世序奏请以碎石抛护，斜分入水，铺作坦坡，谓既可偎护埽根，并可纤回溜势。近年东省中游河工改修石坝，抛护埽根，业已十年无患。其上游上段、下游下段距山太远，运石不易，于光绪二十九年经山东巡抚周馥奏请，分设砖窑烧砖抛护，近亦迭庆安澜，皆资砖、石之力，其为有利无弊，殆无容疑。至以二者比较观之，则石又不如砖。河道总督栗毓美之疏奏有云："护堤之法，率用秸料，然埽能压激水势，俯啮堤根，备而不用，又易朽腐，碎石坦坡，较为经久。"然产石之区采运亦难，惟砖则沿河皆可设窑烧造，不误事机。且砖及碎石皆以方计，而石多嵌空，砖则平直，每方石五六千斤，砖重三分之一，一方石价可烧砖三方，而抛砖一方，当石两方之用。其质滞于石，故入水不移，坚于秸料，故久浸不腐。又，人工不能于水中筑坝，砖则能于水中抛坝，即荡成坦坡，亦能缓减急冲，化险为夷。以前人之经验证以山东用砖之成效，信而有征，且取材至近，可免运送之劳，亦较秸、石两项，独占优胜。惟闻河工员弁往往恃其坚牢，漫不经心，亦是一弊。盖砖石叠置，黄水泥浆灌入，彼此相依，用能胶固，设有被水移动之处，根脚空虚，久则仍致塌陷，即如中游北店、下游北镇一带，旧砌石堤尚称稳固，而盐窝石坝，根底已冲刷全虚，即其明证。故治河以砖石为最要，而砖石工程尤以随时查勘为最要也。（据河防局三游总办报告，参考河道总督栗毓美奏疏、南汝光道刘成忠《河防刍议》、知州蒋楷《河上语》）

第三章　职务

第一节　三游总会办暨各委员额数职权分驻处所及时期

东省河工未设厅汛，向系委派文武员弁分段承防，人数既众，工段绵长，不得不分委大员总司其事。光绪十七年经山东巡抚张曜奏请，委派三游总办会办各员著为定章，嗣后各项委员亦陆续酌量增减，分定职权，各司其事。兹将近年河工委用人数、职权、分驻处所及时期列表如左：

官员	额数及资格	职权	分驻处所	驻工时期
总办	三游各一员。从前上游则以兖沂道、中游以济东道兼任，嗣因河工责任綦重，必须常年驻工，三游皆委候补道充之，由河工保举，或熟悉河工者充之。	统辖全游河工事务。	上游寿张县十里堡；中游齐河县南潭；下游惠民县清河镇。	常年驻工
会办	上中游各一员，下游二员，皆委候补道充之。	协同总办办理全游河工事务。	上游菏泽县贾庄；中游历城县泺口；下游上段滨州北镇，下段利津县王庄。	常年驻工

续表

官员	额数及资格	职权	分驻处所	驻工时期
提调	三游各二员,委熟悉河工之候补知府或同知直隶州充之。	督饬营委修守工作。	上游上段贾庄,下段十里堡;中游上段南潭,下段泺口;下游上段清河镇,下段北镇。	常年驻工
正收支	三游各一员,委候补同通州县充之。	专司收支款项,兼支发绳桩等料物。	上游十里堡;中游南潭;下游清河镇。	常年驻工
副收支	三游各一员,委候补州县或佐杂充之。	设立收支分局,就近支发款项及各项料物。	上游贾庄;中游泺口;下游菜园。	常年驻工
文案	三游各二员	办理一切文牍。	上游十里堡;中游南潭;下游清河镇。	常年驻工
采办石料	三游各二员	募雇工匠,开凿山石,雇船装运,以备工需。	三游均在望口山、长团等山设局开采。	常年驻局
管理砖窑	三游各二员	设厂建窑,雇匠烧造,堆存备用。	于险工处所随地建窑烧造。	常年驻厂
购办正/杂料	向无定额	采办正杂各项料物。	沿河一带及出产处所。	历年均自新料登场时派委采买,验收后销差。
承防	每段一员	防守本段工程一切做工抢险等事。	各驻派定工段	节届小满,于承修委员中遴委,霜清撤防销差。
分防	每段三四员不等,按工段之长短险夷酌派。	协同承防委员防守本段工程及一切做工抢险等事。	各驻派定工段	节届小满,于监修委员中遴委,霜清撤防,酌改留冬防差。

续表

官员	额数及资格	职权	分驻处所	驻工时期
冬防	每段一员或二员	防守凌汛,预备避凌桩、挡凌牌等件,以免开凌时挤伤堤堰及埽坝。	各驻派定工段	霜清后于分防委员中遴委,开凌后销差。
督催民夫	每州县一员	于官督民守工段催集民夫防守大汛,并帮同抢险,以补助营勇之不逮。	各驻派定工段	于大汛期内酌委,霜清裁撤。
承修	每段一员	专司加高培厚本段堤工。	各驻派定工段	于春融冰泮时委派,工竣后接派防汛。
监修	每段三四员不等,视工段长短、土方多寡酌派。	帮同承修委员监视土夫工作。	各驻派定工段	于春融冰泮时委派,工竣后接派防汛。
监硪	三游各二三员	补助监修委员监视夯硪,务期坚实。	挨段监视	春融冰泮时委派,工竣后销差。
监垛	向无定额	委员购买正杂料物,运送到工,专司监视堆垛,稽查垛夫偷减虚架等弊。	无一定处所,以险工处居多。	不限定时期,由各游总办临时酌派。
随工	向无定额,均由各游总办察看情形,以职务繁简酌量分派。	遇有险工,承总会办命令,帮同承分防委员相机抢护。	随同总会办驻工	每年桃汛前委派,霜清裁撤。
稽查	向无定额	梭查各营勇夫做工勤惰及两岸大堤水沟(阴雨冲刷斜而长者)、浪窝(或圆或方)、獾洞鼠穴、柳林料垛等事。	梭查各工段	不限定时期,由各游总办酌量委派。

以上均系河工历年应备各员,其向来勘估工程及验收工程料物等事,皆系总会办或提调亲临,不另委员。至堵合大工应用文武掌坝及坝头当差各员弁,则择久当工差、情形熟悉之员委派,其正杂料厂则檄收支办料各员兼任,近年事不恒有,不另列表。(据河防局三游总办报告)

第二节　三游各营汛额数职务及分扎处所

黄河自改道山东以来,未设厅汛,亦无河兵。自光绪十一年山东巡抚陈士杰以旧有精健防勇两营,并添募数营,共成十营,分守黄河两岸,嗣因工多勇少,历经奏明,陆续招募八营,计河定五营,{河成五营,}河平三营,河安三营,成字河防营一营,建字河防营一营,共十八营。当时汛段无定,各营随时抽调,近十余年来,皆按工程繁简,划定里数,各守各段,情形已熟。光绪二十九年冬经山东巡抚周馥奏请,就原营驻扎地段,各就坐落州县改定营名,以清眉目,且使各营顾名思义,各专责成。兹将现在各营汛官弁勇额、防守工段、里数及驻扎处所,列表如左:

营名	官弁勇夫额数				防守工段及里数	驻扎处所
	营官	帮带	哨官	勇夫		
菏南营	一	/	四	二六〇	上游南岸上段大堤,自直东交界菏泽县朱口起,至郓城县玉皇庙止,工长一百二里有奇,兼管直隶境内阎潭堤,工长二十里。	菏泽县双合岭
郓南营	一	/	四	一二〇	上游南岸下段大堤,自玉皇庙起,至寿张县十里堡止,工长八十二里有奇。	寿张县孙楼

续表

营名	官弁勇夫额数				防守工段及里数	驻扎处所
	营官	帮带	哨官	勇夫		
金堤营	一	/	四	一三〇	上游北岸金堤,自直东交界濮州高堤口起,至东阿县挂剑台止,工长一百二十八里有奇。临黄堰,自直东交界耿密城起,至寿张县花家止,工长一百四十八里。	濮州廖桥
长南营	一	一	五	三〇〇	中游南岸堤堰,自长清县宋家桥起,至历城县云庄止,工长七十二里有奇。	长清县小鲁庄
历南营	一	一	五	三〇〇	中游南岸堤堰,自云庄起,至齐东县田庄止,工长六十五里有奇。	历城县胡家岸
阿北营	一	一	五	三〇〇	中游北岸大堤,自挂剑台起,至肥城县陶家嘴止,工长九十一里有奇。	东阿县香山
肥北营	一	一	五	三〇〇	中游北岸堤堰,自陶家嘴起,至齐河县水牛赵庄止,工长七十九里有奇。	长清县官庄
齐北营	一	一	五	三〇〇	中游北岸堤堰,自水牛赵庄起,至齐河县丁家口止,工长四十六里。	齐河县五里堡
历北营	一	一	五	三〇〇	中游北岸大堤,自丁家口起,至济阳县三里庙止,工长六十一里。	历城县邢家渡
济北营	一	一	五	三〇〇	中游北岸堤堰,自三里庙起,至济阳县桑家渡止,工长六十里。	济阳县铁匠庄
齐南营	一	/	/	一二〇	下游南岸大堤,自田家庄起,至齐东县马闸子庄止,工长四十五里有奇。	齐东县梯子坝

续表

营名	官弁勇夫额数				防守工段及里数	驻扎处所
	营官	帮带	哨官	勇夫		
青南营	一	一	五	三〇〇	下游南岸大堤,自马闸子庄起,至滨州小董家止,工长七十八里。	滨州台李庄
蒲南营	一	/	三	一二〇	下游南岸大堤,自小董家起,至蒲台县乔庄斜堤头止,工长三十六里。	蒲台县韩家庄
利南营	一	一	五	三〇〇	下游南岸大堤,自乔庄斜堤头起,至利津县宁海庄止,工长五十九里。	利津县彩庄
惠北营	一	一	五	三〇〇	下游北岸堤堰,自惠民县刘旺庄起,至惠民县白龙湾止,工长四十七里有奇。	惠民县归仁镇
滨北营	一	一	五	三〇〇	下游北岸堤堰,自白龙湾起,至滨州张肖堂止,工长五十六里有奇。	惠民县小崔家
利北营	一	一	五	三〇〇	下游北岸堤堰,自张肖堂起,至利津县豆腐窝止,工长七十二里。	滨州宋家集
津北营	一	一	五	三〇〇	下游北岸堤堰,自豆腐窝起,至利津县薄庄止,工长四十七里。	利津县王庄

以上上游三营、中游七营、下游八营,共设官弁勇夫四千七百六十一员名,防守两岸大堤民堰工程一千三百七十八里有奇,又兼管直隶境内阎潭堤工二十里,统共工程一千三百九十八里有奇。营官、帮带管理全营境内修守事宜,哨官督率队勇,分段工作,春间修理埽坝,整理堤柳,夏秋盛涨会同印委防守,大汛抢护险工,冬令积筑土牛,兼防凌汛,仍责成各游总会办、提调等员认真督率工作,稽查勤惰,并随时抽哨点验。历年三汛期内,尚无空额、扣饷、误工等弊。惟据久充工差人员论及,各营往往于年终工暇之时,故为苛待,使勇夫逃散以冀省饷自肥,及明年需用,势必另行招补,迨至稍为熟练,又届逃散之期,似此轮流更换,老练勇夫,殊不多得,因之督率做工,亦倍形喫力云。(据河防局三游

总办报告,参考河道总督徐端《安澜纪要》)

第三节 沿河州县对于河务之责任

沿河州县从前虽调夫驻堤协防,并无专责,自光绪三十年山东巡抚周馥因河工原设营委不敷分布,每遇盛涨,雇夫购料,呼应不灵,议将沿河两岸之菏泽、郓城、范县、阳谷、寿张、濮州、东平、东阿、平阴、肥城、长清、齐河、历城、章邱、济阳、齐东、青城、蒲台、惠民、滨州、利津、霑化等二十二州县,奏准一律改为兼河之缺,归三游各总办节制,严定章程,申明赏罚,各州县始有管河之责。每年伏秋大汛期内搭盖窝铺,调集民夫,平时每铺二人,水长十人,轮流上堤,并备筐、锹、锣、夯、灯笼各项器具,协同营委各员一体防护,责任既有攸归,实于河务大有裨益。(据河防局三游总办报告)

第四节 临时雇募夫役之办法

山东黄河两岸汛段共长一千四百里,其中有工处所共长一千二百余里,共设勇夫四千六百五十名,均匀摊派,每里不足四名,平时巡查堤防,尚可不致贻误,若至抢险做工,则其势实难敷用。故每届大汛,除营勇及调集沿河各州县民夫驻堤协防不计外,如遇添修石坝及抢护巨险工作繁难时,须雇募短夫以助勇夫之不逮,其工食即仿照营勇饷章,按月给发,霜清裁撤。如此办法,原为节省縻费起见。第临时招募之夫,多半外来游手,不习工事,今年应募,明年或又他往,其中虽有土著,亦多无业之民。作工之时,有饷以糊其口,一旦裁撤,群聚乏食,为匪堪虞。昔河道总督靳辅《河防余论》〔《治河余论》〕曾有招募帮丁之议,拟给以堤内空地,俾耕种其中以自食,而课其岁修,责以帮工,论中列举其利共有八条,今东省黄河两岸滩荒甚多,似宜仿照办理,较为经久之计。(据河防局三游总办报告,参考河道总督靳辅《治河书》)

第五节　河工通信之机关

东省三游河工两岸袤延千数百里，其间险工林立，每届大汛，遇有要工，拨款筹料，调员集夫，刻不容缓。从前文报往来，向由防营拨夫传递，每因迟缓误事。光绪二十四年大学士李鸿章《覆奏查办山东河工情形疏》议仿直隶永定河工办法，沿河设立电线，以期声气相通，防范周密。嗣拳匪事起，未及举办。二十八年山东巡抚周馥始复提议经营架设，是年八月于省城河防总局设立官电局一所，并择沿河险工地段设立分局，计自二十八年八月起，至三十四年二月止，共设南岸曹州、贾庄、巨野、十里堡、泺口、胡家岸、道旭、宁海，北岸东昌府、香山、官庄、齐河、铁匠庄、清河、王庄、盐窝等分局十六处，官线一千四百九十七里，其间盐窝、宁海两处自薄庄改道以后，工程平稳，复经暂撤，以节糜费。三十四年七月又因清河对岸出险，复于南岸大郭家新设分局一处。现在分局十五处，各派电报学生驻局，专司收发电报，遇有险工以及黄河水势涨落，随时报知全河官弁，消息灵通，实为弭患上策。（据河防局官电局报告）

第四章　经费

第一节　河工经费历年增减之数及特别工程支办之法

河工经费共分四种，其额数大致如左：

甲、防汛经费　　每年额定银六十万两

乙、抢险经费　　每年或五万或十万两不等

丙、培堤经费　　每年约需银十五万两

丁、砖石工经费　每年六万五千两至七万五千两不等

以上四种，除防汛经费一项于光绪十七年经山东巡抚福润于《预算光绪十八年黄河防汛经费折》内奏定额数向不增减外，其抢险、培堤、砖石三项用款多寡，全视工程险易，

临时奏请酌拨。盖未来之水势不能测定,故无从预算也。至遇有特别工程(如堵塞决口、添修堤堰之类)则随时测量工程之大小,另行酌量,或由各游总办,或由巡抚专派大员核实估勘,奏拨专款办理。(据河防局报告)

第二节　各项薪饷料物之例销及实支

河工各项薪饷料物之支出,部例皆有一定,而数皆极微,即如每总办一员,除月米外,例准开支盐菜银仅只四两有零,无论近年服用昂贵,万难敷用,即当日定例之时,其生活程度,亦绝不能如是之低,其他员弁可推而知。又如正料之秫秸一项,定例每束银四分二厘,此在当时自系按时价酌定,不知民间成束有大有小,但计束以为标准,已难划一,即产出之地,亦距河远近不同、水陆运脚多寡悬殊,且产有旺歉,用有缓急,皆以一定之例价衡之,势必有所不行。其他各项料物情形,大抵如此。恭读嘉庆十年谕旨:"例价实在不敷者,奏明量予恩施。"仰见睿虑周详,慎重工需,原不欲以一时之例价束缚变态靡常之物价也。然历南河东河以迄于今,该管官吏尚未将不敷情形据实入告者,良以各项年贵一年,加至数倍或数十倍不等,即使陈明亦不能逐项增加,即加亦不能多至数倍、数十倍,无可如何,惟有于工程上宽估实收,通融册报,以求免于部驳而已。此在本省有禀批案卷可稽,所有收支之数,早已改照时价计算,在事各员原难弊混,然对于部章则因定例太严,遂致相沿作伪,殊非政体所宜有。今年钦奉谕旨清理财政,自光绪三十四年起所有关于财政之案,概准实用实销,从此钦遵办理,开销既免为难,稽核亦得确数,即将来提出预算,亦可有凭矣。(据河防局报告,参考河道总督戴均元《请工料照时价实销疏》)

宣统元年六月山东调查局法制科科长候选知府孙松龄核定

　　　　法制科第三股管股员试用知县高裕瑞编辑

附：

三游说明

上游

一、南岸大堤,自菏泽县朱口直东交界起,至寿张县十里堡止,计长一百八十五里,官修官守。

一、北岸金堤,自濮县高堤口直东交界起,至东阿县挂剑台泄水闸中上游交界止,计长一百二十八里八分,官修官守。

一、南岸民埝,自濮县董庄起,至寿张县黄花寺止,计长一百四十五里,官督民守。

一、北岸临黄民埝,自直境耿密城起,至寿张县影塘下残缺止,计长一百四十里,官督民守。

一、北岸小民埝,上段自范县黄营起,至寿张县刘桥止,计长六十六里三分;下段自寿张县梁集起,至东阿县郡庄止,计长二十六里五分,民修民守。

一、上游埽坝石修者一百二十座,秸修者七十三座,土修者十三座,砖修者四十八座,共计二百五十四座。

中游

一、北岸上自东阿县挂剑台起,下至济阳县桑家渡止,堤长三百三十七里六分。

一、南岸上自玉符河起,下至章邱县田家拐子止,堤长一百三十七里九分。

一、北岸临河民埝,上自张堂起,下至官庄止,之于寨止,约长一百一十余里,均系官督民修民守之工。

一、南岸自耿家山口至玉符河一段,山脉绵延,地势隆起,既无工程,故承防营汛均未设置。

一、中游埽坝护沿石修者一千八座,柳修者一百四十四座,秸修者一百八十二座,土修者二十七座,灰修者五座,共计一千三百六十六座。

下游

一、北岸上自惠民县刘旺庄起,下至利津县西盐窝止,堤长二百二十二里七分。

一、南岸上自齐东县田家起,下至利津县宁海庄止,堤长二百二十二里。

一、南岸民埝,自宁海起,至八里庄止,计长二十一里五分,民修民守。

一、北岸自西盐窝起,至张家庄止,计长二十三里三分。共长四十四里四分,系官督民修民守之工。

一、下游埽坝护沿石修者四百八十三座,柳修者三十八座,秸修者六百四十座,土修者三十三座,砖修者二十六座,灰修者一座,共计一千二百二十一座。

谨将遵查卑防上下段内旧日决口合龙处历史缮呈查核

计陈

下游北岸第四营

上段利津县境内

张家滩　光绪十年六月决口,旋经候补知州吴义培督工,黄副将金得掌坝堵合。

小李庄　光绪十年正月决口,经候补道郝植恭督工,黄副将金得掌坝堵合,三月告竣。

扈家滩、马庄、姜庄　前此三庄毗连,同时决口二次:光绪二十三年十一月二十四日决口,经候补道丁达意督办是工,二十四年二月初十日全行合龙;又,光绪三十年正月初四日决口,经道台丁达意督办是工,二月合龙。

下段利津境内

十四户庄　光绪九年五月十八日决口,经山东巡抚陈士杰临工督修,黄副将金得掌坝,于十年二月初二日合龙。

王庄　光绪三十年正月初四日决口,经道台丁达意督办是工,二月合龙。

张家屋子　光绪十八年七月决口,经候补知府仓尔颖旋即督工合龙。

赵家菜园　光绪二十一年七月决口,旋经候补府吴承恩督工合龙。又,二十二年五月十八日决口,经下游督办河工即补道丁达意督工,是年十月合龙。

薄庄　光绪三十年六月二十九日决口不堵,水势趋向霑化县境,汇徙骇河入海,即现行之尾闾。

以上登明。

上段承防徐世鎏、下段承防王兰芳、营长王得坪,谨呈。

（清钞本,国家图书馆藏。）

云南民商事习惯调查报告

云南民商事习惯调查报告书目录

（一）关于债权之习惯

  吐退

  摇赊

  不动产杜契如随交老契不必载明四至

  契约添注

  匿名买业

  卖树不卖山

  绝卖分析田产

  田产卖后加添价值

  买卖田产以交付老契为要件

  杜卖改书义让

  绝卖产业不准加找告赎

  租赁房屋有押头银及月租之别

  保人不还钱

（二）关于物权之习惯

  田地计算方法

屋檐滴水

寄山

水井共有

海草属于公共团体

过河寻业

租地盖屋

借水灌田

先占取得

不动产之先买权

房屋被毁地归原主

过典田必须老主始得取赎

换主不换佃

银到房归

典当意义各别

赎房之限制

典主有先买典物之权

占有取得

(三) 关于人事之习惯

 妾无承受夫分之权

 入赘承嗣无处分入赘家财产之权

 未嫁女送翁姑丧

 金鹿银马

 乘舆判别身分

 走红

 定婚

婚姻预约之解除

童养婿

童养媳

抱养得自由主婚

招赘改从其姓

已入赘者对于本生父母故时不能回家点主

赘婿之赘婿继承遗产以能扶养为要件

养子承嗣

族中有子不得以异姓为嗣

归宗之子不许携回财产

共产养膳

分析遗产

长孙得平分遗产

赘婿得分遗产

分析遗产之方法

(四) 关于商事之习惯

商号上街先生

流水簿之效力

讲盘

现盘期盘

全用半用

虑约

货折

出顶

认票

牙钱

马店

当铺倒号

先交货物后交价

当铺取息定率

担保债务须立保飞

马户债任

汇款自函票到达之日发生效力

关于债权之习惯

吐退（昆明县习惯）

  吐退之名,发生于既卖之产业仍归原业主买回,因其系买回原业,故不书立杜卖文约,但书立吐退文约,家族间买卖产业亦沿用之。一以保持家族之亲谊,一以别于普通之买卖。至于典当他人产业之契据遗失时,原业主备价取赎,亦得由典主书立吐退交与取赎人收执,以证明典当关系由此消灭,纵日后寻获原书契据,应作为无效。右据陈调查员锦章、谢调查员廷泽、马调查员锐、段调查员国祥报告陈品华上告,王义寿、韩泰控诉韩凤书,何俸高控诉徐森林案。

  按：上习惯最为盛行。

摇睒（昆明县习惯）

  摇睒之法由约睒者集若干人按月各出金额若干,轮流使用,有睒首、睒友之别。上睒之时,首睒归睒首使用,余则按期由睒友以骰递摇,获点最多者为得彩。如得彩者不愿领睒,则归点之次多者领受。如摇而未中者欲领睒,则贴中彩者银若干元,即可代位领受,谓之买睒,卖睒者仍退居饱睒（已领受睒银者称空睒,未领受睒银者称饱睒）地位。

右据段调查员国祥报告,见杨兴顺诉庞陈氏案。

按:上习惯风行颇广,其形式略同赌博,然有通财之义,无倾家之害,究与赌博有别。

不动产杜契如随交老契不必载明四至(昆明县习惯)

书立不动产杜契,如交老契,不必将四至书明,即以老契内所载四至为新契四至之根据。惟于新契内注明"四至载原杜契"字样。

右据陈调查员锦章报告,见李华春上告李洪庆案。

按:上习惯若系房屋杜契,仅载明四至,不记载长宽丈尺,往往四邻地基有变更其原状时,则争执立起,酿成讼端。

契约添注(玉溪县习惯)

缔结契约由双方协意后即凭中证书立,如契已书就尚有未尽事宜,亦或另有意思表示,于契尾添注,仍有同等之效力。

右据载〔戴〕调查员仁报告,见任运昌上告任济等一案。

匿名买业(文山县习惯)

买主委托他人向业主议买,买卖成立,契约内仍书受托人姓名,买主居于中证人地位。

右据载〔戴〕调查员仁报告,见周开祥控诉尤晶阳案。

卖树不卖山(昆明县习惯)

买卖树株,双方结订约一纸,约内载明"卖树不卖山"字样,树株砍完,山场退还原主。若山场太宽,树株太多,一时不能砍清,预先约定卖若干年者,并于约内载明"所卖树株砍完之后不准回头再砍"字样。

右据段调查员国祥报告,见蔡占标诉周兴喀哄买树案。

按:此习惯以山自山,树自树,恐将山场相混致生缪辀也。

绝卖分析田产(弥勒县习惯)

弟兄分产后,弟若绝卖分获田产于他人,须兄到场,于卖契内署名画押,作为见卖人,方能发生买卖之效力。兄绝卖分获田产于他人亦同。

右据戴调查员仁报告,见李吉庆上告李德芳案。

按:上习惯足以维持交易上之安全,而杜一切之纷争。

田产卖后加添价值(维西县习惯)

田产活卖契约完成后,该田产时价增高时,卖主得向买主请求为一次或二次之加添,另立加找字据。

右据丁调查员植报告。

按:上习惯不独活卖契约如是,即典契亦恒有之。

买卖田产以交付老契为要件(石屏县习惯)

绝卖田产卖主必交老契于买主,若老契遗失,须于所立卖契内注明,否则日后有老契发现时,双方缔结之买卖契约不发生效力。

右据戴调查员仁报告,见段重林抗告张洪应案。

杜卖改书义让(昆明县习惯)

买卖不动产契约为顾全卖主体面,得避书"杜卖"字样,而以"义让"二字代之。

右据段调查员国祥报告,见杨段氏诉李绸孙案。

绝卖产业不准加找告赎(禄丰县习惯)

买卖不动产于契约内载明"绝卖"字样者,卖主不得再向买主请求加找或告赎。

右据马调查员锐报告,见洗杨氏上告李世珍案。

租赁房屋有押头银及月租之别(昆明县习惯)

租赁房屋分押头银、月租两种,押头于赁房时先行交与,月租按月交付(由房东立折向租户按月收取),倘月租不清,得由押头银项下坐扣。此项押头银即为月租之担保,若租户不蒂欠月租而解除契约时,房东仍应退还押头银,惟不付利息。

右据陈调查员锦章报告,见李华堂因租房涉讼案。

按:上习惯从前计算月租全年作十一个月,闰月减租,近来则按月计算矣。

保人不还钱(昆明县习惯)

债权关系成立,担保债务人虽于借券内署名盖章,然遇主债务人不履行债务时,不负代偿还之责。

右据戴调查员仁报告,见于件三等因保证债务涉讼案。

按:上习惯殊,与保证法理不合。

关于物权之习惯

田地计算方法(昆明县习惯)

民间田亩多以工计算,其称一工,即指一人一日耕种田地之面积而言。

右据陈调查员锦章报告。

按:此习惯因时日有长短,人力有强弱,计算田地难得适当之标准。

屋檐滴水(昆明县习惯)

地主起盖房屋,于疆界间无距离滴水若干尺之限制,往往为省工省地起见,得紧接邻舍之墙起盖。

右据段调查员国祥报告,见李开元与何自太因侵占滴水涉讼案。

按:上习惯容易酿成讼端。

寄山(会泽县习惯)

甲乙两地相毗连,如乙地起盖房屋,得将木柱靠甲地之墙破磉安入。

右据陈调查员锦章报告,见会泽县知事呈文。

水井共有(石屏县习惯)

甲乙房地毗连之水井即属甲乙共有物,若有一方欲将房屋所有权移转于他人,其水井亦只限于所有一部分,不能将水井全部出卖而损害他方权利。

右据戴调查员仁报告,见刘奎光因房屋纠葛上告案。

海草属于公共团体(黎县习惯)

海中所产水草,无论何人有欲采取者,须向公共团体认纳年租。

右据戴调查员仁报告,见罗凤生上告顾照熙案。

按：上习惯因海为公共团体所有权，故将收益之权利属于公有，而作公益之用。此海非公海，亦非领海，乃属滇池之一部分，俗呼为海者。

过河寻业（华坪县习惯）

滨河田地被水冲塌，至水落后，如河之对面有新淤出之地被冲，田主得于新淤出地内开垦成熟，招佃耕种，永为己业。

右据戴调查员仁报告，见胡光溶与胡光彩因经界涉讼案。

租地盖房（昆明县习惯）

使用他人土地建筑房屋订立租约，议定年限大概不外左列二种：

（一）使用人年给地租，经过若干年即由土地所有者收买，建盖房屋。

（二）使用人不给地租，经过若干年即将建盖房屋连同地基交还土地所有者。

右据李调查员奠勋、丁调查员植、段调查员国祥报告，见吕马氏因租地涉讼案，王席臣与单绍才因租地涉讼案。

借水灌田（寻甸县习惯）

上满下流为滇省一般习惯，寻甸县属此村向彼村义借水利灌溉田亩，谓之借水。其分放日期按照节令为标准。

右据李调查员奠勋报告，见马永年因水利涉讼案。

先占取得（箇旧县习惯）

开采矿质于无管有权之山地，因而取得该地所有权，若将开采之窝路租与他人开采，并有索租金之权利。

右据戴调查员仁报告，见王正兴与杜家禄因采塽涉讼案。

按：此习惯与现颁矿业条例冲突。

不动产之先买权（宜良县习惯）

出卖不动产先尽亲族，亲族中无人承受，始能谋及异姓。

右据陈调查员锦章报告，见宜良县知事呈复杨际远因房地涉讼案。

房屋被毁地归原主（保山县习惯）

房屋由业主典于他人，如遇房屋被毁，无论被毁之原因若何，该被毁房屋之地基仍归原业主管业，其先设定之质权即因而消灭。

右据戴调查员仁报告，见杨森林等因地基涉讼上告李德本案。

过典田必须老主始得取赎（昆明县习惯）

一田转典数主，其取赎权仅属于老主（即原主），中间过典之人，既经出典，不得再行取赎，惟老主不必限定出典之本人，但能证明系老主继承人，即得取赎。

右据柏调查员良辰报告，见李华上告普德案。

换主不换佃（石屏县、黎县习惯）

土地所有人招佃开垦成田，佃户永远耕种，业主不得主张加租或撤佃，即土地所有人将开成田产移转于他人，若无其他特别情形，业主但有收租之利益，而无撤佃之权力。

右据戴调查员仁报告，见张金生上告杨苏氏案，苗绍文等控杨京兆案。

银到房归（昆明县习惯）

出典房屋，其取赎未定年限者，如出典之人备银取赎，典主不能掯勒。

右据段调查员国详报告，见张耀廷诉杨丁氏案。

典当意义各别（昆明县习惯）

典当不动产，典与当亦有分别。典须移转管理权，移转之后，粮赋均归典主上纳，并得由典主更易佃户；若当则仅将其不动产作一种借贷关系之担保品，管理权仍操于原业主，赋税亦由原业主上纳。不过此项不动产之所有权受有限制，将来不能偿还借贷物时，当主得请求变卖低〔抵〕偿其债务。

右据段调查员国祥报告，见熊有云诉许杨义借不偿案。

赎房之限制（昆明县习惯）

出典房屋，如出典之人自行取赎，得不拘契内所定年限，惟赎来转典与他人者，则非期满（如契内所定以三年为限）不能取赎。

右据段调查员国祥报告，见马玉顺诉贺建堂蓄意占吞案。

典主有先买典物之权(昆明县习惯)

业主欲将出典之标的物变卖时,典主对于该标的物有先买之权。

右据陈调查员锦章报告,见李有福上告李郭氏案。

占有取得(文山县习惯)

占有他人田地供应军粮夫徭数年,即可取得该田地所有权。

右据戴调查员仁报告,见李正茂等上告张世泰等案。

关于人事之习惯

妾无承受夫分之权(滇省一般习惯)

夫之遗产,其妾只能酌提一二以资养赡,惟其妇有管理一切所有财产之权。

右据马调查员锐报告。

入赘承嗣无处分入赘家财产之权(元谋县习惯)

入赘承嗣,对于入赘家之财产仅有管理权,无处分权。

右据李调查员奠勋报告,见仲德衍因家产涉讼案。

未嫁女送翁姑丧(昆明县习惯)

女子许嫁后尚未过门成婚,遇夫家父或母死亡,须亲赴夫家着孝服,送丧后,仍归母家。

右据柏调查员良辰报告,见蓝绍先控诉金玉美案。

按:上习惯不惟重翁姓名分,并足以证明婚姻预约成立。

金鹿银马(昆明县习惯)

续弦聘礼用金鹿银马载诸礼柬,表示系续娶正妻之意。

右据谢调查员廷泽报告,见陈邦彦控诉尹洪恕案。

乘舆判别身分(富民县习惯)

娶妻用红轿,取〔娶〕妾用青轿,于仪文上表示妻妾之身分。

右据李调查员奠勋报告,见高苏氏因离婚涉讼案。

走红（昭通县习惯）

　　缔结婚姻由谋说合，男家特请乡中有声望者二人，至女家声称令媛今与某之子为配，某等特来致贺，而婚姻即成就，俗称此二人为走红人。

　　右据丁调查员植报告。

定婚（昆明县习惯）

　　定婚之始，经冰人说合，即由女家将女八字用红柬书明送至男家，然后由男家定期纳聘（俗称过礼），馈给首饰等物，女家同日亦回答礼物，另用红柬填写男女年庚，为定婚之凭证。

　　右据马调查员锐报告，见倪庆控诉杨聂氏案。

婚姻预约之解除

　　婚姻预约成立后，有一方不愿意，赔他方银若干并退还接受财礼外，得解除预约。

　　右据戴调查员仁报告，见彭世汉与彭王氏因婚姻涉讼案。

童养婿（昆明县习惯）

　　童养婿缘于无子之家，但有幼女，遂抱养他人未成年之子为婿，逮抚养成年，即照结婚礼式与所生之女婚配。

　　右据戴调查员仁报告，见杨洪控诉苏和案。

童养媳（昆明县习惯）

　　抱养童女以为子媳，贫寒之家多有之。抚养成年，择吉成婚，女家与男家仍不失姻亲关系。

　　右据段调查员国祥报告，见李芹诉邱蔡氏案。

抱养女得自由主婚（昆明县习惯）

　　抱养他人之女抚养成人，婚嫁事宜悉由养亲主持，该女本生亲属，不得干涉。

　　右据段调查员国祥报告，见张万金诉李金氏案。

招赘改从其姓（滇省一般习惯）

　　招赘之事，此间甚多，原因复杂。有因年老无子招婿配女为嗣者，有因夫死子幼招夫抚育子女者,故入赘后即须改从入赘家之姓。

右据陈调查员锦章、戴调查员仁报告。

已入赘者对于本生父母故时不能回家点主(禄丰县习惯)

入赘者对于入赘之家有承受遗产之权,对于本生父母一切维承关系即由此脱离,故本生父母亡故时,不能回家点主,分析遗产。

右据马调查员锐报告,见王正德控诉王有章案。

赘婿之赘婿继承遗产以能扶养为要件(宜良县习惯)

赘婿之女复招外人为婿,其婿(即女婿)必以每年劳力所得之资供养女之父母生活,始能继承遗产。

右据戴调查员仁报告,见杨福德因争遗产上告杨培枝案。

养子承嗣(昆明县习惯)

养子须从养父之姓,养父亡故时,必刺血点主,始有承受养父遗产之权。

右据陈调查员锦章报告,见王永兴控诉王同兴案。

族中有子不得以异姓为嗣(昆明县习惯)

无嗣人死亡,若族中无可继之人,得以异姓之人为嗣。惟本宗有人仍应择立,不得以异姓乱宗。

右据柏调查员良辰报告,见赵李氏控诉周王氏案。

归宗之子不许携回财产(昆明县习惯)

养子所生之子,除应以长子为受养家继承人外,次子仍归还本宗,此归宗之子对于财产不许携回。惟不愿归宗者,得分受财产。

右据马调查员锐报告,见杨思诚上告江海案。

共产养膳(玉溪县习惯)

田产提作养膳费者,在被膳养者未死亡以前,共有人不得擅自分析。

右据戴调查员仁报告,见冯国珩因争产涉讼案。

分析遗产（昆明县习惯）

　　父之遗产以子数平均分析，无嫡重庶轻之分别。

　　右据马调查员锐报告，见卢之礼控诉卢邓氏案。

长孙得平分遗产（昆明县习惯）

　　分析遗产除按子数均分外，长孙亦有平均分受权利。

　　右据戴调查员仁报告，见何庆因遗产涉讼控诉万裕清案。

赘婿得分遗产（昆明县习惯）

　　入赘后入赘之家如在同姓中另立有继承人，赘婿对于遗产仍有分析之权利。

　　右据段调查员国祥报告，见徐清诉王正方案。

分析遗产之方法（昆明县习惯）

　　分析遗产应书立合同分单，每支各执一纸，其分配以抽签或遗嘱行之。

　　右据马调查员锐报告，见王宝诉王绅恃强霸占案。

关于商事之习惯

商号上街先生（昆明县习惯）

　　商号较大者，以号务纷繁专设上街先生一人，所负任务不专司账目收束，并往来各号刺探行市，遇有机可乘，得自由买卖，惟须归而报告掌柜，请其追认。

　　右据段调查员国祥报告，见云兴隆与刘蕴山涉讼案。

流水簿之效力（昆明县习惯）

　　商业上之帐簿，逐日登记者，曰流水簿（即日记帐）；其誊清分记者，曰底簿（俗称坐簿）；若底簿与流水簿数目有出入时，应以流水簿为凭。

　　右据丁调查员鸣琚报告，见高竹亭与马德明涉讼案。

讲盘（昆明县习惯）

　　大货庄出售多数货物，商家独力难以承受，遂邀集各商号向其分买，然货物价额不一，须先交涉，买卖始能成立，于是由各商公请一人向卖主交涉，谓之讲盘。

右据杜调查员之垚报告。

现盘期盘（昆明县习惯）

铺商与行店相交易，分左列二种：（一）现盘　现银交易，每银一两，行店以一分五息银算给铺商，名曰回扣。（二）期盘　定期交银，如过定期，铺商每月以一分五息银算给行店，至营业年终，铺商尚不能清偿，行店即将息银滚入母金，名为利上加利。

右据戴调查员仁报告，见胡耀卿上告吕宝丰案。

全用半用（昆明县习惯）

猪牙行为媒介商人间买卖行为，凡猪贩之货到行，由行主先行垫银使用，一俟卖讫，行主即于卖得价银内扣回，得抽至百分之三，谓之全用。若贩货不入行，由猪贩自行售卖，行主得于卖得价银内抽百分之一五，谓之半用。

右据马调查员锐报告，见孙正华诉猪牙行案。

虑约（昆明县习惯）

商人分伙出具虑约，其内容系将合伙之财产及债权、债务等项载在该约内，归并何人负责以后，应即照约履行，不得翻悔。而退伙者亦即自结约之日起脱离合伙营业之关系。

右据段调查员国祥报告，见蒋柱臣诉刘焕然案。

货折（昆明县习惯）

商号货物往来，除登载流水簿、坐簿外，由发货者另出具手折，将所交货物按件书明，加盖图章，俾收货者按点收，以为彼此间之证凭。

右据陈调查员锦章报告，见杨俊卿因债务涉讼案。

出顶（昆明县习惯）

商号歇业，该号中关于营业所用之家俱什物，概以相当价值出顶与在该号继续营之人。

右据马调查员锐报告，见周运新诉周之冕案。

认票(昆明县习惯)

买货不必直接交付价银,得售货人之同意委托他人代为支付,亦可解除自己交付之责任,被委托人对于售货人应提出认票一纸,加盖名章,嗣后即照该认票有支付之义务。

右据段调查员国祥报告,见傅春三与谢树森涉讼案。

牙钱(昆明县习惯)

米商设行营业,到行售卖者,每斗(计重一百二十斤)得抽银一角,以为媒介之报酬,谓之曰牙钱。

右据段调查员国祥报告,见邓楚臣诉朵应华案。

马店(昆明县习惯)

开设马店,只须顶获店房呈请行政官厅批准即可开始营业,不必限定有若干之基本金。

右据戴调查员仁报告,见彭陶氏诉戴昆案。

当铺倒号(昆明县习惯)

当铺倒号,信用全失,无力营救,报经商会,请集各债权人将铺中财产合并清算,按照所欠之数分配各债权人。

右据段调查员国祥报告,见胡增贵与高裕元当破产涉讼案。

先交货物后交价(昆明县习惯)

滇垣行商交易,得先将货物取去售卖,定期交付价银。

右据段调查员国祥报告,见刘文奎诉袁登云案。

按:上习惯贩卖者利于速售货物,可得再度之采买;承买者利于缓给价金,可扩充自己之营业。然到期不交款,易涉讼端。

当铺取息定率(昆明县习惯)

滇垣当铺向分三等:甲等当铺,每银一两按月一分五厘收息;乙等当铺,每银一两按月二分收息;丙等当铺,每银一两按月三分收息。

右据谢调查员廷泽报告,见陈益斋控诉何文卿案。

担保债务须立保飞（昆明县习惯）

凡商人向他商人赊取货物，当未给价，请人担保，应由担保人出具保飞，交售货人收执。

右据谢调查员廷泽报告，见曹雨农控诉潘继武案。

马户责任（昆明县习惯）

马户装运货物，如有损失，不拘货物贵贱，应负赔偿责任。

右据马调查员锐报告，见田璞山诉舒相臣案。

汇款自函票到达之日发生效力（昆明县习惯）

汇款分函汇、票汇二种，均自函票到达之日发生权利义务之关系。若到达后交付人延不交款，致汇款人受损失时，应负赔偿之责。

右据戴调查员仁报告，见张幼槎上告罗海舟案。

（台湾"中央研究院"近代史研究所郭廷以图书馆藏，日本京都大学人文科学研究所图书馆藏。封面题"辛亥年重阳滇署抄缮底本付印"。该稿另有一本题为《云南昆明民商事习惯调查》，内容同，但缺页。）

代理大理府云龙州知州造呈调查民事习惯问题答案

大理府云龙州知州调查民事习惯答案

第一编　总则

第一章　与人及团体有关系之习惯

（一）僧尼得置买产业。

（二）僧尼财产归其徒承受。

（三）未经父母允许，未成年者径自与人交涉事件时不生效力。盖未成年者无能力，若不得血族一等尊属许可而自由交涉，其交涉即可取消。

（四）未成年者之财产，有法定代理人则归法定代理人办理，无法定代理人则归亲族人办理。

（五）未成年者达二十岁时可为成年。

（六）妻若于夫之财产外得许一种或数种营业时，则有独立人同一之能力，所得财产得自由处分，不必经其夫之许可。

（七）疯癫之人无意思能力，其生计及财产不须本人办理，于四亲等内之亲族中选后见人代本人办理。

（八）聋者、盲者、哑者皆为准禁治产，其生计及财产，皆须保佐人办理。

（九）浪费者于财产之结果不能计算任意行为，欲管束其财产，宜附以后见人，以限定其能力,使之不得恣意浪费。

（十）区别住所及居所,其制度有二:一为永久住居为生活之中心点,谓之住所。若一时滞在地不能久住,谓之居所;一为有国籍及审判籍者为住所,若以赁金之办济为作事之场所者,为居所。

（十一）外出之人久失踪迹,人无父母妻子,其家产得由其亲族或戚族代为管理。

（十二）管理久失踪迹人之家产者,有保护其财产之权限,不动产则保管之,动产中之易于朽败、不能保存者,则变卖之。

（十三）失踪迹后经过七年即作为死亡。

（十四）失踪迹后计其人之年龄当已死亡,又无父母妻子,其家产得由其亲族或戚族处置。

（十五）家产处置后,若失踪人复归,得向处置人索偿原家产之值,但已消费之财产,不必令其偿还。

（十六）失踪迹人有定而未娶之妇,其妇未成年须经过十年,其妇已成年须经过五年,始得别嫁。

（十七）因临战阵与行船遭难及他之灾变而生死不明者,经过三年即作为死亡。

（十八）以公益为目的之团体,其名目则有公立学校、公设社团、养疾院、育婴堂等名称;其组织则有起发人、赞成员,官厅许可财产定款,载之书面各行为;其管理则有理事任免之规定,理事必由社员总会议举任免,或任期已满或任期中有不正当行为,由社员总会议决。

（十九）以营利为目的之团体,其名目如合名会社、株式会社、农业会社、矿业会社是也;其组织如多数株生〔式〕社员,得农商工部之许可,或有财产之寄附,或从商事会社之条件而设立是也;其管理如特别之规定,普通之规定,无变更之规定,有变更之规定是也。

第二章　与物有关系之习惯

（一）所谓不动产者,不仅以土地、房屋为限,如林木、矿场、铁路、水碾等类,凡附着于土地者,皆可谓不动产。

（二）土地与房屋固有主物、从物之别。如土地出卖,则建筑于此土地上之房屋亦应归买主所有,是谓以土地为主物,房屋为从物。如房屋出卖,则建筑此房屋之土地亦统归买主,是谓以房屋为主物,土地为从物。然亦有无主从之区别者,如土地系甲所有,房屋系乙所有,甲卖土地,房屋不能归买者所有;乙卖房屋,土地不能归买主所有,此土地与房屋两者均得为主物之习惯。又如山地出卖,则已开于此山上之矿穴不归买主所有,矿穴出卖,则此矿穴以外之山地不归买主所有,此山地与矿穴两者均得为主物之习惯。

第三章　与代理有关系之习惯

（一）未成年者,其处理事务皆由父母为之代理。

（二）少孤而无父母者,其处理事务系由族戚为之代理。

（三）癫狂盲哑之人如无父母,其处理事务由代理人为之代理。

（四）代理人之权限亦有限制,只准为保存行为,不准为变卖行为。

（五）未成年者达于成年时,其代理人之代理权从而消灭。

（六）未成年者及癫狂盲哑人并未商允代理人,径自与人交涉事件时,代理人得出而撤销之。

（七）代理人如因事烦不能一一亲任,或因故不能任事,得另觅人代理。

第二编　物权

第一章　所有权关系

（一）盖筑房屋修理墙壁时,不得使用邻地、走入邻宅。

（二）四面均被他人之土地环绕,欲道至大道得通过邻地,然须通过费用。

（三）因低地沮塞致使高地之水不能畅行下流,高地所有者得疏通此沮塞,低地所有者不须疏通费用。

（四）邻地蓄水之陂塘，其堤防有渗漏崩溃之虞，得商请其预为修筑，修筑费用邻地所有者须三分之二。

（五）盖筑房屋时为防檐水注滴邻地，许于墙根外留出三尺隙地。

（六）水流两岸，一岸属于己，对岸属于人，如变更水路及幅员时，须两面妥商。

（七）水流两岸均属一人，于变更水路及幅员时，其水流之下口应仍复原水路。

（八）欲将余水向下排泄，高地所有者应商诸底地所有者始行排泄，排泄时有须留心不害底地所有者之义务。

（九）欲引甲地之水至乙地，中间须经过他人土地时，应商诸土地所有者始行引水径过。

（十）土地、山林、房屋四至界限，系以契据、界标为凭。

（十一）年久两造契据遗失、界标湮没，其疆界以邻地契约为据。

（十二）设立界标之费用，两造分担。

（十三）房屋两所，分属于甲、乙二人，中有空地，甲欲设立屏障以别界限，而乙不愿意时，甲不得设立，只得设立竹篱木栅等物。

（十四）共有墙壁，相邻之一人不得自由增高改筑。

（十五）邻地竹木之枝横过疆界时，应商请竹木所有者剪伐。

（十六）邻地竹木之根抽过疆界时，得自由剔锄。

（十七）凿井、设厕，应距离疆界线三尺。

（十八）穿池浚沟，应距离疆界线四尺。

（十九）附海岸而涨出新地者，此地归沿岸地主所有。

（二十）附江岸、河岸、溪岸而涨出新地者，此地应归沿岸地主所有。若因对岸被冲滩而此岸涨出新地者，此新涨地作为共有地。

第二章　共有权关系

（一）数人共有一物，其共有之一人欲使用此物必商诸共有者。

(二)共有者之一人不经他共有者同意,不得变更共有物。

(三)共有物之管理,由众公举或轮流管理。

(四)共有物归一人管理时,其费用公共分担。

(五)共有者之一人死亡而无承继人时,其所应得之一部分分配于各共有者。

(六)共有者之一人得随时分割其应得共有物之一部分,如他共有者不愿分割时,则以共有物抵押于人。

(七)以共有物抵押于人时,得由共有者之一人取赎。

第三章 地上权关系

(一)使用他人土地以盖筑房屋或培植竹木者,有左揭各项之情形:

 (一)地租每年交付一次,亦有统行先交者。

 (二)订有一定年限者,至长以十二年为限,至年限既满地主不允展续时,将土地退还地主。

 (三)未计有一定年限者,地主欲取还土地,如未经过五年,房屋增时价买收,竹木照时价买收;经过五年后,房屋、竹木均照时价买收。使用土地者欲退还土地时,无论年限远近,房屋、竹木地主均照时价买收。

 (四)年限满而退还土地时,须仍复土地之原状。

 (五)退还土地时,土地上之房屋或竹木地主愿照时价买收,使用土地者不得拒绝。

第四章 抵押权关系

(一)凡借人之财,以物为质者为抵押,抵押物有过手管理、不过手管理之别。以动产为抵押时,均须过手管理;以不动产为抵押时,有无须过手管理者,亦有须过手管理者。

(二)质、当、典、押,其名目既异,其规则亦异。

（三）抵押物有限制，如军装、爆发物、动物、植物等，不得抵押。

（四）抵押以票据为凭。

（五）以票据为凭者，若票据遗失时，业主得向押主报告失票，俟期限满时取赎。

（六）若不用票据者，凭保证人为据。

（七）押主不得将抵押之物品使用或借给于人。

（八）修理与保管抵押物之费用由押主任之。

（九）押主不得以抵押物转抵押于他人，如转抵押于他人，则因转抵押之故而抵押物被毁损时，押主向于业主应负责任。

（十）抵押物有毁损灭失时，押主折价偿还，其价以抵押时之率为准。

（十一）因天灾时变致抵押物有灭失毁损时，押主得免赔偿之责任。

（十二）抵押物本利还清始得取偿，专将本钱还清不可取赎。

（十三）抵押年期至长以年半为度。

（十四）期限将满时物主得将利息付清，请再展期。

（十五）业主至期限无力取赎，有左揭二项之办理：

  （一）抵押物即归押主所有。

  （二）满期限后押主不通知业主即行变卖，其卖价不敷抵价，或卖价扣除抵价及利息尚有余时，业主均不得与闻。

（十六）抵押利息每年至少分半，至多三分，平准二分。

（十七）不动产抵押，以契据为凭。

（十八）过手保管之不动产抵押，即以该产所得之利息充利息。

（十九）过手保管之不动产抵押，其不动产每年应交纳之丁粮捐税由业主完纳，如由押主完纳，必须契据内订明。

（二十）抵押取赎年限有最长至十年者。

（二十一）过手保管之不动产抵押，其抵押物之修理及保管费用，经过五年后，全归押主任之；未经过五年，全归业主任之。

（二十二）过手保管之不动产抵押，于抵押期限中业主将其业出卖时，必偿还押主抵价。

（二十三）不过手保管之不动产抵押，其利息每年分半，或一分，至业主到期不交利息，押主得向业主索取。

（二十四）以一不动产抵押于数人，则押主与押主间之权利，有先后之区别。

（二十五）不过手保管之不动产抵押，若业主将不动产出卖于他人时，押主得向买主索还抵价。

（二十六）业主变卖其抵押物摊还债务时，押主较他借主有尽先摊还之权利。

（二十七）买得不过手管理、有抵押之不动产者，得代业主备价，向押主取赎抵押。

第五章　物权之消灭

（一）各国法律，凡权利者，经过若干年后不行使权利，则其权利归于消灭。吾国关于物之权利亦有此习惯。如所有权过三十年不行使，地上权过二十年不行使，债权过十年不行使，抵押权过年半不行使，其权利均归消灭。

第三编　债权

第一章　契约

（一）订立契约时必以证书为据，证书外更须有保证人。

（二）未成年之人与人订约时，须由其家长父母出名。

（三）为人妻者及奴婢与人订一切契约，均须家长及夫出名代订。

（四）托人代订契约时，关于左揭各项情形：

　　（一）代理人与人订约不能自行出名，须用本人名。

　　（二）代理人有代理权限，如本人令为百元之交易，代理人不得为千元之交易。

　　（三）代理人所订契约若出其权限之外，本人可不承认，代理人对于彼造应照所订契约自负履行之责,若彼造更有损害时,系善意者,本人必须赔偿,否则本人不赔偿。

(四)代理人受托后得转托他人代订契约,所托之人苟办理不善,本人因之受损,代理人并其所托之人对本人应负赔偿之责,如所托之人系本人所指名者,代理人不负赔偿之责。

(五)契约若定有期限,在期限未满以前,债主不得索偿。

(六)契约若未定期限,债主不拘何时亦得索偿。

(七)履行契约若未约定在何地,债主得至债户家索偿,债户亦可送还债主家。若另定一地,必至其地履行之。

(八)债户逾限尚不履行契约,债主因以受损,债主得使债户赔偿。

(九)契约约定为某事而债户不为时,债主得以债户之钱倩〔请〕人代为,以副原约。

(十)契约约定不准为某事而债户竟为时,债主得以债中之钱倩〔请〕人除其所为,以副原约。

(十一)债户依限履行契约,债主若不领受,债户得以该物托人保管,以免其责。

(十二)债户依限履行契约,债主若不领受,债户因以受损,债户得使债主赔偿。

(十三)交付银钱时或用银圆或用外国货币,有一定之办法。

(十四)契约约明有利,其利率若干未经明定,则依本地习惯,每月每一两银加一分三厘或一分五厘照算,方得免责。

(十五)债户若逾限不付利息,债主因以受损,债主亦得使债户赔价。

(十六)债户若逾限不付利息,债主得以所欠利息作为元本重征利息,重征其所欠利息应积至百圆以上,所误期限应迟至一年,债主方得如此办理。

(十七)一契约债主数人、债户亦有数人时,其各债主、各债户之权利义务平等均分。

(十八)债主数人同一债权,债户所负债务仅一物不能分偿各债主时,则债主中一人不得代各债主而对债户索偿,须会同各债主方得索偿;债户若以其物交还一债主时,对他债主不能免其责,须约齐各债主当面交还,方后免责。

（十九）债户数人同负一债，各债户与债主约明连带负责，则债主或对债户中一人索偿全部之债，或同时对各债户索偿全部之债，又或顺次对各债户索偿全部之债，均得听其自由。

（二十）前条债户中一人若有特别事故，其所应负之债额归于消灭时，则他债户按其所消灭之数得以援免。

（二十一）前条债户中一人若清偿债务，则对他债户按其所应偿之偿额，得以索偿。

（二十二）契约若有保证之人，关于左揭各项情形：

（一）保证人之资格能力有家产之限制。

（二）保证人对债主负赔偿之责任。

（三）保证人在保证债务外，对于利息违约罚款并赔偿损害之事等，不负保证之责。

（四）保证人所负之责较重于本契约所定者。

（五）债户若尚有资力吝不还债，债主不与交涉、直向保证人索偿时，保证人对债主应以代向债户索偿抵制。

（六）债主至期不即索偿，至债户擅自消费，资力有缺，其后不能清偿时，与保证人责任不相涉。

（七）保证人若有数人，其保证之责任分担之。

（八）保证人代债户偿债后，对债户有索偿之权利。

（二十三）债主、债户间若各有欠债，可互相抵销。两债务期限若有不同，或依契约所定，其债务各不相同不能抵销，则各偿各债，不得援抵销之例办理。

（二十四）前后有二契约，以后契约废弃前契约时，前契约归于消灭。前契约如有保证人或以物件作担保，后契约得以援用。

（二十五）各国法律，债主若经过若干年不对债户索债，其债权有归销灭、不能再行索偿之例，吾国亦有此惯例。债权不行使而消灭，普通以十年为限，然因各债务不相同，其年限亦有异，如医师、稳婆等治术之债权，技师、请负人等工事之债权，均以三年不行使而消灭,承发吏、司书生等职务之债权,卸卖商人、小商卖人及制造人职事之各债权,均以二年不行使而消灭。

(二十六)左揭各契约之情形:

 (一)赠与契约

  甲 以物与人虽已约明而未立有书据,与者得自及悔将该约撤销。

  乙 以物与人,其物若有瑕疵或欠缺,与者得换给以完足之物。

  丙 约定每月或每年与物若干,而未订明以若干年月为限,其契约以不与物时为完毕之期。

 (二)买卖契约

  甲 彼此约定买卖一物,物、价均未交割,中途有一人违约不买或不卖时,其处理以另买另卖为断。

  乙 约定买卖并付有定钱,中途有一人违约时,系买主违约,定钱归卖主;系卖主违约,定钱还买主。

  丙 买卖时应有一切用费由买主任之。

  丁 买卖用费照实费计算,无特定标准。

  戊 买卖经过一定期限如未付价或付价未清,卖主可向买主索加利息。

  己 买卖已成交后,买主如不合意无退换之事。

  庚 买卖已成交后,如买主因设物有缺损差异与原约不得时,照原约退换。

  辛 退换货物,无一定期限。

  壬 故将左揭各物出卖,买主不知致买卖无效时,卖主对于买主有负退价议处之责任:

   (一)抵押租借之物

   (二)官有或公有之物

   (三)寄存或遗失之物

   (四)盗窃之物

癸　定买之份如卖主已先抵押于人,应由卖主取赎。

子　定卖之物卖主再以卖人时,其对于前后买主应将该物取回,仍卖与前买主。

丑　买卖已成,定约买主或卖主一人死亡,其承继人得撤销其约。

寅　已定买之物因天灾事变致有毁损灭失时,归买主任之。

卯　买卖时卖主如预约买回,其价值照时价加一成。

辰　预定买回期限最长以十年为限。

巳　预约买回之物,买主不得于期未到时转卖于他人,如转卖后原买主于期到时,不得向后买主买回。

午　买回之物,其未买回以前所有修理、保管一切用费应算入买价中。

(三)借贷契约

(一)消费借贷

　　甲　消费借贷之预约若未交清,适过借主或贷主破产时,其契约效力即归消灭。

　　乙　消费借贷之约若订有利息,则贷主所贷与之物苟有瑕疵,应换给以完全之物。

　　丙　不定期之消费借贷,贷主得随时向借主索偿。

　　丁　定期之消费借贷在期限中,借主破产,贷主得即向之索偿。

(二)使用借贷

　　甲　使用借贷契约若定明使用之法,而借主不照约使用时,贷主得将该约即行解除,有损害时,更得向索赔偿。

　　乙　借主若欲以所借之物转借他人,必经贷主之允许,苟不经允许擅行转借时,贷主得令原借主取回交还。

　　丙　所借之物如有灭失毁损,借主得以同样之物或折价偿还,其计算以现时之率为准。

丁　所借之物其必须修理、保管、培养一切用费由借主任之。

戊　由借贷物所生之果实,原约未定归何人所有,贷主得向借主索还其果实之一部。

己　不定期之使用借贷,贷主得随时向借主索偿。

(三)租赁

第一　不动产租赁

甲　租主所约保证金,以对价一分之十为准。

乙　住宅对价,其交纳期限有按月、按季二种,无先期交纳者,如逾限不交,宅主不得向租主索加利息。

丙　租宅期限中遇房价腾贵,宅主可向租主索加对价。

丁　租佃田土耕种者,其认小作料之法,如收获十成,业主取六成,佃户得四成。

戊　田主认小作料,仅于秋收时交约一次,无分季交纳者。

己　田土认小作料,多以谷物等交纳,如以金钱折算,皆照时价,无预定之率。

庚　荒年歉收,佃户可向田主请求免或缓纳。小作料,其缓纳期限分三年补纳,补纳时无加认利息之事。

辛　租佃空地修造房屋或为牧畜种植之用者,其对价无一定计算,随人面议。

壬　租佃山林专为采取柴木果物用者,其对价以出产多寡计算,亦有以所出之物纳对价者。

癸　租佃田宅、山林,其预定期限有最长至八年者,无不定期限、约定永归一人承对价者。

子　定期租佃期限中物主将对价物出卖,租主不得仍继续承租满期。

丑　租佃之物遇有必须修理之时,其用费概由物主担任。

寅　租主将对价物加工以求坚美,其用费可向物主索偿。

卯　租主或物主若欲解租,在解租前须互相先期通知,其通知期限必前两月。

辰　租主自行添置之物,解租时得概行撤去,物主如愿接受,其价值按物价计算。

巳　田方播种或田稼将熟,田主不得遽解租以田改佃他人。

午　租主破产,物主即得解除原约。

未　租主若经物主允许以物转租他人,转租主对物主无相关系。

第二　动产租赁

甲　赁用之物,其修理、保管、培养一切用费由物主自任,亦有由赁用之人分任者。

乙　赁用之物如因天灾事变毁损灭失时,赁用之人得免赔偿之责。

丙　赁用之物如有毁损灭失时,赁用人得以同样之物,或折价偿还,其价以物值若干为准。

丁　因赁用物所生果实概归物主,亦有归赁用之人者。

戊　不定期赁用之物,物主可随时向赁用人索还。

(四)雇佣契约

甲　佣人有缴纳保证金之事,如厘局专送课银人、信局专送银信人、旅店专管付物人,均先缴纳保证金。雇主解佣时,或佣人解佣时,雇主将保证金凭保证人交还佣人。

乙　雇佣期限有最长至五年者,无定终身为佣之约者。

丙　给付佣金有定期者,雇主如过期不给,佣人可向雇主索加利息。

丁　有期限之雇佣,在期限内因物价腾贵,可求雇主增给佣金。

戊　雇主不经佣人承诺,得使佣人为他人熙劳;佣人不经雇主承诺,不得使他人自代。

己　雇佣于期限内雇主无故解佣,须别给佣金;佣人无故解佣,必须缴还佣金。

庚　有期限之雇佣,在期限内雇主若遇破产,佣人得自行解佣。

辛　佣人因服劳致疾或死亡而解佣时,雇主对于佣人或其家族无给养之事。

(五)承揽契约

甲　承揽人于事工未完时死亡,其承揽之责须由其承继人继续负之。

乙　承揽事工逾限尚未完成,出揽人得另觅人承办。

丙　因物价腾贵或事变发生,致原约承揽用费不足而事工不能完成时,承揽人得向出揽人索加用费。

丁　承揽工作中途遇天灾事变致前工尽弃,承揽人得向出揽人索取赔偿。

戊　承揽工作,其定保固年限有最长至二十年者。

己　承揽工作由出揽人自出材料,示以一定办法,而其材料恶劣、定法不良,致于保固年限中工作毁损时,承揽人不得免赔修之责。

庚　于保固年限内工作毁损,赔修之外别议处罚。

辛　保固年限中承揽人死亡,其承继人须继续负保固之责。

壬　承揽人有甲乙二人,于保固年限中因甲修之一部不固致乙修之一部毁损,其赔修之责由甲一人负之。

癸　出揽人若遇破产,承揽人得即解除原约,解除原约时,承揽人得对已完之事工请求报酬。

(六)委托契约

甲　委托人要求报告委托事务情形,受托人须即报告;委办事毕,受托人即将其颠末报告。

乙　委托之事若须用费,委托人应先行支拂。

丙　受托人因处理委托事务得有财物或权利,应移归于委托人。

丁　受托人若将应归委托人之银钱自行消费,应算还利息。

戊　受托人因处理委托事务代委托人支拂用费或自债时,委托人须认偿,受托人得向索保证人及财物以为保证。

己　受托人得向委托人索报酬。

庚　委〔受〕托人因处理委托事务,如自己并无过失竟至受损,得向委托人索偿。

(七)寄托契约

甲　保管物件如须用费,受寄人可请寄托人先行支拂。

乙　受寄人因保管物件得有财物,应移归于寄托人。

丙　受寄人未经寄托人承诺,不得以寄托物自行使用,或以寄托物转托他人代为经管。

丁　受寄人因保管物件代寄托人支拂用费或负债时,寄托人须认偿,受寄人得向索保证人及财物以为保证。

戊　因寄托物有瑕疵致使受寄人受损时,寄托人应负赔偿之责。

己　有期寄托契约,寄托人不得随时向之索还。

庚　受寄人得向寄托人索报酬。

(八)合伙契约

甲　依合伙契约,各股东所认之股本及经营事业所得之利益作为各股东共有之财产。

乙　认股之法专用银钱,劳力信用等不许作为股本。

丙　经营事业时,其处理事务之人若有数人,其事项以过半数议决而行。

丁　依合伙契约,专委股东数人以当处理事务之任,闲散之股东亦得随时检查其事业及财产之情形。

戊　经营事业,如资转利及亏本之事,各股东间以营业帐目为准,而决其分担之任。

己　各股东在未结算以前不得请收回股本,并分割财产以脱合伙之关系。

庚　合伙契约若定有期限,各股东不得随时自行脱退。

辛　股东如遇死亡、破产,不得作为脱退合伙关系。

壬　股东有不合之处,经各股东全体商定后即行除名。

癸　脱退合伙关系之股东,与各股东结算帐目,其估定财产财值以现时市价为准,此时若尚有未了事件,俟清了之后再为结算。

子　合伙事业苟经解散,其结算帐目应会同各股东面行清算,亦有选任数人委令清算之事。

丑　结算帐目之人若有数人,其事项以数人所算均符决行。

第二章　无委任之事务管理

(一)无受他人委托而管理其事务时,其两人间对于左列各项之关系:

(一)管理人应以暇时管理事务。

(二)因管理事务致使本人受损,管理人应负赔偿之责。

(三)管理人既管理事务后,应通知本人。

(四)管理人既管理事务后,在本人未能接管间应继续负管理之责。

(五)管理人既管理事务,代本人支出用费并负债,得向本人索偿,不得向索保证人及财物以为保证。

(六)本人有要求报告管理事务情形,管理人即须报告;本人接管时,管理人即将其颠末报告。

(七)管理人因管理事务得有财物或权利,应移归本人。

(八)管理人若将应归本人之银钱自行消费,不算还利息。

第三章　无因得利

（一）借人之财产、劳力私自得利致使他人受损而其利益又系非所应得者，则将其非所应得之利益移归他人。

第四章　不法行为

（一）故意或过失毁人名誉、损人财产、伤人身体、杀人生命者，对于被害人及其遗族，加害人应负赔偿损害之责。如故意毁人名誉、损人财产、伤人身体者，均负五百圆以下赔偿之责，故意杀人生命者负处死刑之责，过失毁人名誉者负五十圆以下赔偿之责，过失损人财产、伤人身体者负一百圆以下赔偿之责，过失杀人生命者负五百圆以下赔偿之责。

（二）未成年人因不法行为对人加以损害，不负赔偿之责，惟其父母及其监督之人均应负责。

（三）为人妻者因不法行命〔为〕对人加以损害，其夫应负{责}。

（四）狂人及愚痴之人因不法行为对人加以损害，其监督之人应负赔偿之责。

（五）被役使人因不法行为对人加以损害，其主人应负赔偿之责。

（六）妻子被人加害，其夫及其父母得索赔偿。

（七）狂人、愚痴之人、被役使人被人加害，其监督之人得索赔偿。

（八）加害人系一人以上而有左描〔揭〕各项情形，其赔偿损害之责任均分轻重：

　　（一）共谋加害者，其赔偿损害之责任以起意一人为尤重。

　　（二）并无共谋，系适与共同加害者，其赔偿损害之责任轻。

　　（三）一造教唆他造者，其赔偿损害之责任一造重而他造轻。

　　（四）一造帮助他造者，其赔偿损害之责任他造重而一造轻。

　　（五）一造利用不知情之他造者，其赔偿损害之责任一造重而他造轻。

第四编　亲属关系

第一章　总则

（一）依本地习惯，亲属二字包括血族直系及旁系兄弟等亲。

（二）为人后者对于所后者之亲属，其亲属关系与亲生者同。

（三）凡由婚姻而生之亲属关系，离婚后不承认。

（四）凡由承继而生之亲属关系，归宗复不承认。

第二章　家制

（一）家长必以一家中之最尊长者为之。

（二）一家中最尊长者遇老病不能理家政时，或志在静修不愿理家政时，次尊长者即居家长之位，亦有仅代理家长之事者。

（三）一家中辈最尊者尚未及岁，即先以次尊长者为家长。

（四）家中无男丁，或有男丁而未及岁，妇女得为家长。

（五）依本地之习惯，家产未分者为一家之公产，私积或嫁资为家属之私蓄。

第三章　婚姻

（一）男子定婚寻常在十五岁左右，女子在十二岁左右。

（二）外姻亲属中不得互相结婚者有二，如诸姑姊妹之子女不得与亲属中子女互相结婚。

（三）父母主婚无先询其子女之意见者。

（四）定婚请书、允书之式，男家书内写"恳姻弟某人"，签上写"恳"字；女家书内写"允姻弟某人"，签上写"允"字。

(五)定婚后未婚之男死亡,女得别嫁,亦有过门守节者。

(六)定婚时未定婚期、逾多年无故不嫁或无故不娶者,不得别娶别嫁,必凭媒证叙明理由、愿解婚后,方得另行嫁娶。

(七)定婚后、成婚前男女之一造有犯奸盗者,彼造得退婚。

(八)定婚后、成婚前男女之一造有婴残废癫狂疾者,彼造不得退婚。

(九)夫死再嫁须经夫之父母允许,又须经过两年时期方得再嫁。

(十)须有犯出情形,夫得呈诉离婚。

(十一)须有遗弃情形,妇得呈诉离婚。

(十二)离婚之妇不得携其子女同去。

(十三)夫妇财产不皆为共有,如妻之嫁资及妻以自己之名所得之财产,归妻私有。妻私有之财产,夫不得管理之。

(十四)离婚及妇再嫁者,妇不得携其私有之财产以去。

(十五)赘婿招夫,无于定婚时订明夫须永远在妻家居住者。

(十六)关于夫妇财产之事,无于定婚时订明契约者。

第四章　亲子

(一)继母或嫡母遇有虐待其子之事,近支亲族可出而保护。父死之时有预嘱近支亲族保护其子,以免继母或嫡母之虐待者。

(二)父母虐待子女,近支亲族或官府得干预阻止。

(三)小儿在胎时期寻常以九个月半为最多,不满九个月为最少。

(四)寻常受胎时期之中交〔父〕与母实不同居而生子者,父得不认其子。

(五)奸生子为父所收留,与其生母尚有母子关系。

(六)奸生子已成立,如其父母欲认明为己子,须先经其允诺。

第五章 监护

（一）凡未及岁之子女，上无父母，由血族中直系尊属二等亲、旁系尊属三等亲管教，其应管教之人直系尊属二等亲居先，旁系尊属三等亲居后。

（二）父母临终时有指定某人管教其子女者。

（三）管教他人之子女若兼为经理该子女之财产，其经理财产向用近支亲族监护，使免侵蚀。

（四）他人之子女及岁后，经理财产之人即将财产交还该子女，听其自行经理。其交还时须交出历年清帐，由近支亲族公同阅看。

（五）凡管教他人子女并经理其财产者，如有侵蚀情事，该子女之近支亲族得出而干预，另选管教、经理之人。

（六）管教他人子女，经理其财产，得收受酬劳之资。

（七）经理他人子女之财产者，于该子女之财产禁其自行买受或承租，如有自行买受或承租之事，该子女及岁后可索还不认。

（八）成年之人患癫狂、酗酒、流荡之习者，其财产由家中尊长管理，其应行管理之人直系尊属一二等亲居先，旁系尊属二三等亲居后。

第六章 亲属会

（一）凡亲族会议由族长招集，集议时族长主席，公同法〔议〕事，法〔议〕定后，依族长之命施行。

第七章 扶养之义务

（一）亲属中互负扶养之义务者为直系尊属、卑属及旁系兄弟等亲。

(二)负扶养义务者有数人时,卑属应先担任,尊属为次。

(三)负扶养义务者有数人,而此数人居于同一应先担任之地位者,平均分担其义务。

(四)受扶养权利有数人时,直系尊属、卑属应先享受,旁系兄弟等亲为次。

(五)受扶养权利者有数人,而此数人又居于同一应先享受之地位,则平均享受其权利。

(六)凡负扶养之义务者不仅以其财力为准,无此财力者亦不得免其扶养。

(七)凡受扶养权利者以不能自存者为限,如有因怠惰流荡以致不能自存,其负扶养义务者可因此拒不扶养,(因此拒不扶养)惟旁系兄弟等亲当在例外。

第五编　承继关系

第一章　总则

(一)依本地习惯,承继种类有二:一、承继宗祧;一、承继遗产。

(二)承继以亲属会决议时为始。

(三)胎儿有承继之权。

(四)承继人无不承认承继、自由抛弃者。

(五)因承继之事一切用款由遗产中支拂。

第二章　宗祧之承继

(一)有子之人不得再抚他人之子为嗣。

(二)大宗无后,小宗不得先立嗣。

(三)承重之人及大宗之子孙,不得承继他人为嗣。

(四)以族人为嗣,其先后之序以近支、远支为定。

(五)如不依承继先后之序择爱择贤为嗣,必须经亲族之公允。

(六)可继之人如系独子,唯其兼祧两房。

(七)以外姻之人为嗣亦有限制,如限于姑舅之子、两姨之子及妻侄之类是。

(八)承继长房宗祧时,授继人之直系卑属有数人,其间亲等有远近、年岁有多少,并有嫡庶之分,应以亲等最近、年长之嫡子居先为应继之人,余皆居后,以俟递补。

(九)有既已成继许悔继归宗之例。

(十)本宗承继之人不许其悔继。

(十一)由少抚育成立之承继人,不准其悔继。

(十二)如有左揭各事,得由承继人悔继归宗:

　　甲、不堪嗣父母之苛待

　　乙、所后之亲生子

　　丙、所生父母无子

(十三)悔继之人,其已受嗣家之财产,应全部返还。

第三章　遗产之承继

(一)未分析之家产归家长管理承继。

(二)无子嗣及同居亲属之人,其遗产由近支亲族人承继。

(三)无亲属之人,其遗产得由其外姻承继。

(四)负债多于遗产,袭产人得将其遗产经众或经官尽数摊还,不复承继。

(五)析产分配之法皆以房计。

(六)左揭各项之人,其分受遗产有轻重之别:

　　甲、大宗之子及嫡子

　　乙、小宗之子及庶子

　　丙、嗣子或兼祧之子

　　丁、赘婿

戊、奸生子

己、无子寡妇

(七)左揭各项之人亦均得分受家产：

甲、被出复归之子

乙、出子之子孙

丙、未嫁女

丁、收养或买继之子

戊、配偶者

己、直系尊属

庚、亲兄弟

辛、家长

(八)不可分割之产如系房屋，或出卖与人将银分析，或估计房值若干，系甲乙二人分析，甲愿留住此房屋时，另立契约，甲支拂房值一半于乙。

(九)授继人在生前或以遗书对某承继人有特与以财产时，受与之人不得与他承继人共分遗产，其所受之物不缴还。

(十)某承继人以其应继之分出卖或抵押时，他承继人得以赎还。

(十一)授继人遗书若言在一定年限内不准分产，其承继人不得随时共议分析。

(十二)遗产中如有债权，各承继人间应将债权分析索偿。如分归一人，后日债权倘不能索偿，各承继人应分垫损失。其分垫之法，计债权若干，平均分垫，各承继人将应分垫之一股支拂于一人。

第四章 遗书

(一)无字据之遗言以保证人为证。

(二)立遗书无一定之方式。

(三)遇有变故倩〔请〕人代立遗书,如别无证人,不能有效。

(四)关于立遗书能力亦有限制,必达二十岁以上方许立遗书。

(五)未成年人立遗书必经其法定代理人允许。

(六)撤销遗书由亲属会决议,始行撤销。

(七)遗书若未指定执行之人,应以子女为执行遗书人。

(八)因执行遗书,所有各种费用均由遗产中支拂。

(九)遗书所嘱之事如属不法,其子女亲族得为之撤销。

(十)立遗书时应用保证人,其保证人之资格以血族、姻族中最忠信、公正之男子为限制。

第五章　遗留财产

(一)授继人应以遗产一部留给后人,不可以全部财产随意赠与他人。

(二)左揭各项之人应得遗留财产,无轻重之别:

　　甲、直系卑属

　　乙、配偶者

　　丙、直系尊属

第六章　无人承认之承继

(一)承继起始时,若应继之人踪迹不明,无人承认,其承继财产应命人管理。

(二)承继财产命人管理,其管理人之职务以保护其承继财产为责任。

(三)寻觅承继人时应用报纸探索。

(四)承继人若经探索历久无踪,其承继财产应捐办公益事业。

第七章　债权者及受遗人之权利

（一）承继债权者及受遗人在承继起始后请将承继财产与承继人固有财产分离，以充偿还之用。

（二）承继债权者及受遗人如有前条权利，应向审判厅请求。

（三）承继债权者及受遗人请求分离财产后，应定以一定期限通知各债权者、各受遗人会同核算，公同索偿，其通知期限最知〔迟〕以十五日为限。

（四）承继人若供出担保，可不许承继债权者及受遗人分离财产。

（清钞本，日本京都大学人文科学研究所图书馆藏。）

云南省普洱府宁洱县民事习惯答案

调查民事习惯答案

第一编　总则

第一章　与人及团体有关系之习惯

一、县属僧尼无几,所置产业仅能供寺庵香火,以自己名义置买者,向不一见。

二、僧尼财产,徒子徒孙承受。

三、未成年者不能与人交涉;纵或交涉,决无效力。

四、未成年、无父母兄弟者,其财产亲属有承任料理之责。

五、必须年及二十,乃可谓为成年。

六、妻纵于夫财产外另有私产,使用均应听命于夫,如夫无能,妻可自由。

七、凡病疯癫者,生计财产亲属代理之;如无财产者,生计赖人周济。

八、聋盲哑而有智识者,生计财产均能自理;无智识而有财产者,其生计亲属代理之;无智识而无财产者,生计赖人周济。

九、有子不才,其父先将财产分与其女,或与亲属,或归寺庙,以杜其子将来浪费之方法,旁人则无管束之方法。

十、无论住所、居所,己业自主,人业纳租。

十一、外出之人久失踪迹,又无父母妻子,其家产即由亲族或族代为管理。

十二、管理久失踪迹人之家产者,只准保管,不准变卖。

十三、久失踪迹无死亡确信,不得拟定年限作为死亡。如果死亡尚有家产者,亲属为之承祀;无家产者,无制度。

十四、失踪迹后,计其人之年龄当已死亡,又无父母妻子,其家产得由亲族处置。

十五、家产处置后,如失踪迹人复归,处置其家产者偿还之。

十六、失踪迹人有定而未娶之妇,或二三年,或五六年,存案别嫁。

十七、凡战阵与行船及他之灾变而生死不明者,得死亡确信,即作为死亡;无确信者,亦无年限。

十八、以公益为目的之团体,如县属前捐设义仓,由地方上中下三里随粮乐输谷石,现归府管理;积仓系由县属五里按粮摊捐成立,归县管理。又,同善堂由地方绅民随意捐输,置买田产,年收谷五十余石,专办慈善事件,如施寒衣、棺木等,概由绅管理。又,养病院,其经费由官绅乐输,拟集款发商生息,交自治公所接办。

十九、以营利为目的之团体,县属商务未通,人民无此思想。

第二章　与物有关系之习惯

一、田地房屋外,并无所谓不动产。

二、土地房屋不拘,互为主物、从物,有买卖交涉,均须指明决定。

第三章　与代理有关系之习惯

一、未成年者,其处理事务由父母为之代理。

二、少孤而无父母者,其处理事务亲戚为之代理。

三、癫狂盲哑之人如无父母,其处理事务亲戚为之代理。

四、代理人之限制,只准保存,不准变卖。

五、未成年者达于成年时，其代理人之代理权从而消灭之。

六、未成年者及癫狂盲哑之人，如未商允代理人，径自与人交涉事件，代理人得出而撤销之。

七、代理人如因事故不能亲任，得另觅人代理。

第二编　物权

第一章　所有权关系

一、因筑房屋、修理墙壁使用邻地，走入邻宅，均无不可。

二、四面纵被他人土地环绕，欲通至大道，得通过邻地，并不须通过费用。

三、低地沮塞致使高地之水不能畅行下流，高地所有者尽可疏通。如系邻居，各自疏通各界。

四、邻地蓄水之陂塘，其堤防有渗透崩溃之虞，亦得商请预为修筑。其修筑费用办法，如系公家陂塘，用公费修筑；系一家陂塘，则一家自费修筑。

五、盖筑房屋时，为防檐水注滴邻地，计于墙根外应留出隙地三四尺许。

六、水流两岸，一岸属于己，一岸属于人，如变更水路及幅员时，须两面妥商。

七、水流两岸均属一人，于变更水路及幅员时，其下流之水口应复原水路。

八、欲将余水向下排泄，高地所有者须商诸低地所有者，然后排泄。至排泄时，须不害低地所有者之义务。

九、欲引甲地之水至乙地，中间须经过他人土地时，必与他人相商。他人许可，然后经过。

十、土地、山林、房屋四至界线，以契纸、界标为据。

十一、年久两造契据遗失、界标湮没，其疆界凭其邻契内之四至所指为据。

十二、设立界标之费用，如两姓共设，其费用两姓分担；一姓自设，其费用则一姓自担。

十三、房屋两所，分属甲、乙二人，中有空地，甲欲设立屏障以别界线，须商于乙；乙不愿意时,甲仍不得设立。设立竹篱、木栅亦然。

十四、既为共有之墙壁,欲增高改筑,须与共有人相商。商之许可,然后可增高改筑;否则不得自由增高改筑。

十五、邻人竹木之枝横过疆界时,得告诸邻地主人所去之。

十六、竹木根抽过疆界,尽可芟除。

十七、凿井、设厕,应距疆界线二三尺。

十八、穿池浚沟,应距疆界线二三尺。

十九、县属无海岸,故无涨出新地。

二十、江河溪岸涨出新地,归开挖人所有。

对岸冲滩,此岸涨出新地,如两岸均荒,则置勿议;如对岸有人耕种,此岸无人耕种,此岸涨出新地仍归对岸耕种人耕种之;如对岸无人耕种,此岸有人耕种,此岸涨出新地即由此岸耕种人耕种之。如两岸均有人承受耕种,因对岸冲滩,此岸涨出新地,须查凭两岸承受耕种人之字据有无"以流域中心点为界"字样,如以流为界,此岸涨出新地仍归此岸之人承受;如无"以流为界"字样,得衡情准理折衷之。

第二章　共有权关系

一、使用共有物,勿得损坏,亦无得常用。

二、变更共有物,必经众人许可。

三、管理共有物,由众公举,轮流经管。

四、管理共有物,酌量责任之轻重,以定费用之多寡,其费用仍由共有此物者分担之。

五、共有人死亡而无人承继,或归共有人分受,或提出另作公益,均须临事酌定。

六、共有者欲分割共有物应得之一部分,如无妨于共有者,共有者无有不愿;如有防于共有者,共有者得协力阻之。

七、共有物抵押于人,视乎抵押时之交过何如,以定取赎之能否。

第三章　地上权关系

一、用他人土地建筑房屋或培植竹木者有之，但必须先向租明方可。

　　一、地租或统行先交，或按年致付，或满年上纳，或分季、按月，均视租佃时之交过为定。

　　二、定租年限至长不过数年或十数年，限满佃家、地主相悦即可展续，如互有不愿，即便作退。

　　三、租无定限者，地主欲取则取之，佃家欲退则退之，均不得互为阻止。

　　四、限满退还土地，若不减少，虽原状稍差，亦属无妨。

　　五、土地上之房屋、竹木及不能移置等物，若地主愿照时价收买，使用土地人决不拒绝，且甚乐从。

第四章　抵押权关系

一、以动产抵押，必须过手管理；以不动产抵押，过手与否，随事酌议取决。

二、县属田地房屋作当，仅一当字名目，其规则书立当字时，有定限、不定限之分。若质当、典押，名目不闻，规则不见。

三、违禁物不敢抵押，妨害物不甘抵押，异损物不愿抵押，难收物不肯抵押，不值物不得抵押。

四、并无抵押一定票据，如以田地房屋作当者，书立当字为凭。

五、县属无票据办法。如系田地房屋当字移失，请凭原证书立移失字据，业主取赎有无限期，照前办理。

六、以货物为抵押者，中证人或耽〔担〕保人为据，或即以抵押货物为据；抵押田地房屋者，书立当字为据，并无所谓票据。

七、押主使用抵押物品，或借给于人，必须保全，毫无损坏。

八、如系货物，其费用押主任之；如系房屋，其费用或归押主，或归业主，或由押主、业主分任之，必须于抵押时两下议决。

九、以抵押物转抵押于人，其物因而毁损，押主应负责任。

十、抵押物毁损灭失，折价偿还，以偿还时之时价为准。

十一、因灾变损失抵押物，押主可免赔偿责任。

十二、抵押物必须本利偿清，始得取还。

十三、以动产抵押，其期限甚短；以不动产抵押，其期限至长不出十年，或十余年。

十四、限满，将利息付清，物主得请再为展期。

十五、至期无力取赎，或即不能取赎，或仍得以取赎，均以抵押时所订之约为决。

　　一、抵押而尚能取赎之物，不为押主所有；抵押而不得取赎之物，即归押主所有。

　　二、限满不能取赎之物，押主得不通知业主即行变卖；限满尚可取赎之物，押主须通知业主，即如业主允许变卖，卖价与抵价相乘，或为有余，或为不足，均须说明，相为补给。

十六、抵押利息，如银十两，每年至少一两，至多三两，为平准二两。

十七、不动产抵押，以契据为凭。

十八、过手保管之不动产，以该产所得利息充作利益者有之，尚须别给利息者亦有之。

十九、过手保管之不动产，每年应交纳之丁粮捐税，多由业主完纳。押主完纳者亦有。

二十、抵押取赎年限，有长至三十年、五十年者，实因回逆兵燹，人事变迁，至今尚有以取赎之故而兴讼者。若寻常抵押，取赎年限大约以十年上下为平准。

二十一、过手保管之不动产抵押，其修理及保管费用，若三个工以上，业主任之；否则押主担任。

二十二、过手保管之不动产抵押，业主于抵押期限中将其业出卖，所得卖价偿还抵价本息有余,业主得之;不足,业主欠之,或另筹资补给。

二十三、不过手保管之不动产抵押,如抵价十两,每年可得利息二两上下。至业主到期不交利息,押主得向索偿;不遂,或凭证理讲,或具词兴讼。

二十四、以一不动产抵押于数人,则押主与押主间务区别先后之权利。

二十五、不过手保管之不动产抵押,如业主出卖,押主但向业主索还抵价,不得向买主索偿抵价。

二十六、业主变卖抵押物,押主较他借主有尽先摊还之权。

二十七、买得不过手管理有抵押之不动产者,得代业主备价向押主取赎。

第五章 物权之消灭

一、经过若干年后不行使之权利,其权利遂归消灭,向无此习惯,亦难为区别。

第三编 债权
第一章 契约

一、订立契约,即于契约中书明乡约、保证、中证等人名,各到场画押,以志实确证据。契约外无证书,亦无别种办法。

二、未成年之人不能擅与人订约,须由家长父母出名。

三、为人妻者及奴婢与人订约,必须夫及家长许可,抑或出名代订。

四、托人代订契约时,如有左揭各项情形,谨详述之:

　　一、代理人与人订约,不能自行出名,须用本人名义,自书代笔人或代理人某某。

　　二、代理人有代理权限,如两造不守契约,代理人得索出契约证明之。

　　三、代理人所订契约,若出权限外,本人可不承认,即由代理人照所订契约自负履行责任;若彼造更有损害,并须赔偿。

四、代理人受托后,固可转托他人,但办理不善,本人因之受损,其赔偿之责,对于本人,代理人任之;对于代理人,代理人所托之人任之。

五、契约期限未满,债主不得索偿。

六、契约若无定期限,债主随时得索取。

七、履行契约,应在债主与债户交兑银钱处;若未约定,债主应至债户家索偿,或由债户送至债主家,抑或另定一公共处所以为履行之地。

八、债户若逾限尚不履行契约,债主因以受损,债主得使债户赔偿。

九、契约若约定应为某事而债户不为时,债主得以债户之钱倩〔请〕人代为,以副原约。

十、契约若约定不准为某事而债户竟为时,债主得以债户之钱倩〔请〕人除其所为,以副原约。

十一、债户依限履行契约,债主若不领受,债户得以该物托人保管,以免其责。

十三〔二〕、债户依限履行契约,债主若不领受,债户因以受损,债户得使债主赔偿。

十三、交付银钱时或用银圆,或用本国及外国货币,无一定之办法。

十四、契约约明有利,若其利率若干未经明定,则依本地习惯,每月每两付息二分,或每年每两付息二钱,即可免责。

十五、债户若逾限不付利息,债主因以受损,债主得使债户赔偿。

十六、债户若逾限不付利息,有以所欠利息作为元本重征利息者,但重征利息应积至十两以外,并所误期限应迟至一二年,债主方得如此办理。

十七、契约债主数人,债户亦数人,其债主、债户之权利义务平等与否,视其所应有者有之,不得稍有出入也。

十八、债主数人同一债权,债户所负债务若仅一物,不能分偿各债主时,则债主中一人可代各债主而对债户索偿,不须会同各债主方得索偿。惟债户若以其物交还一债主时,对他债主不能免其责,须约齐各债主当面交还,方得免责。

十九、债主数人同付一债,各债户若与债主约明连带负责,则债主或对债户中一人索偿全部之债,或同时对各债户索偿全部之债,又或顺次对各债户索偿全部之债,听其自由。

二十、前条债户中一人若有特别事故(如更改、抵销、免除等),其所应负之债额归于消灭时,则他债户按其所消灭之数不得援免。

二十一、前条债户中一人若清偿债务,则对他债户按其所应免之债额不得索偿。

二十二、契约有保证之人,关于左揭各项情形,谨分别言之:

　　一、保证人之资格,以取信债主为限,能力以督责债户者为限。

　　二、保证人对债主负偿还责任。

　　三、保证人在保证债务外,对于利息违约罚款并赔偿损害之事等,亦负保证之责。

　　四、保证人所负之责,不得较重于各契约所定者。

　　五、债户若尚有资力,吝不还债,债主不与交涉,直向保证人索债时,保证人对债主应用代索之法抵制。

　　六、债主至期不即索偿,至债户擅自消费、资力有缺,其后不能清偿时,与保证人责任有受债主索偿之影响。

　　七、保证人若有数人,则互相为保,名连环保。

　　八、保证人代债户偿债后,对债户有索债之权利。

二十三、债主债户间若各有欠债,可互抵销;若两债务期限各有不同,或依契约所定;其债务各不相同不能销者,各应偿债,不得援抵销之例办理。

二十四、前后有二契约,废弃前契约时,前契约归于消灭,既归消灭,则前契约之保证以物件作担保,后契约不得援用。

二十五、各国法律,债主若经过若干年不对债户索偿,其债权有归消灭,不得有再索之例。吾国有此惯例,查县属无年久债权消灭之惯例,债权凭乎契约,不以时过境迁遂归消灭,间有不向追索归于消灭者,以无契约可凭之故也。

二十六、左揭各契约之情形,谨分别言之:

　　一　赠与契约

　　　　甲　以物与人,既已约明,纵未立有书据,究不得自行反悔失信,行之效果也。

乙　以物与人，其物若有瑕疵，或欠缺，与者如果另有，应换给以完全之物。

丙　约定每月或每年与物若干，而未订明以若干年为限，其契约完毕时期，当审察其人家之贫富、物值之多寡，酌量平均以为准的。

二　买卖契约

甲　买卖虽已约定，物、价尚属未交，如中途违约不卖或不买，均须临时斟酌情理，以定是非，无一定办理方法。

乙　约定买卖付有定钱，如中途买者违约，定钱罢论；卖者违约，除偿定钱外，酌定得失赔偿。

丙　买卖时应有一切用费，买主任之。

丁　买卖用费照实费计算，并无特定标准。

戊　买卖经过一定期限，如未付价，或付价未清，卖主得向买主索加利息，买卖之约不能撤销。

己　买卖已成交后，买主虽不合意，不得退换。

庚　买卖已成交后，如所买之物果有缺损、差异，与原约不符时，买主得以原物退换，卖主亦当换与完全之物。

辛　退换货物，自有一定期限。

壬　故将左揭各物出卖，买主不知，致买卖无效时，卖主将原价退给买主外，别情节轻重处置。

（一）抵押租借之物，但由卖主收回，交还物主。

（二）官有或公有之物，尚须分别买卖二家有无谋买谋卖情事，作此弊者议罚。若因其失察公私难分者，一经买卖方被查明，仍须由买主收回作退。

（三）寄存或遗失之物，但由买主收回，交还物主。

（四）盗窃之物，由卖主收回，交还物主。

癸　定买之物，如卖主已先抵押于人，应由卖主取赎。

子　定卖之物,卖主再以卖人时,卖主有失信负约之咎。

丑　买卖已成定约,买主或卖主一人死亡,其承继人不得撤销其约。

寅　已定买之物,因天灾事变致有毁损灭失时,卖主应稍减其价,以偿买主。

卯　买卖时卖主如预约买回,应给相当之利息。

辰　预定买回期限,最长不得过十年。

巳　预约买回之物,买主不得于期未到时转卖于他人;如果转卖,物主只得向前买主理论,不得问及后买主。

午　买回之物,其未买回以前,所有修理、保管一切用费应算入买价中。

三　借贷契约

(一)消费借贷

甲　消费借贷之预约若未交清,适遇借主或贷主破产时,其契约应当消灭。

乙　消费借贷之约定有利息,若贷主贷物稍有瑕疵,应换给以完全之物。

丙　不定期之消费借贷,贷主得随时向借主索偿。

丁　借贷在期限中借主破产,贷主向之索偿与否,只听贷主之便。

(二)使用借贷

甲　使用借贷,若契约定明使用之法,而借主不照约使用,贷主得将该约改除。如有损害,贷主应向借主索赔。

乙　借主所借之物如欲转借他人,必经贷主允许而后可;苟又〔不〕经允许,擅行转借,贷主即向之索偿,借主不得违误。

丙　所借之物如有灭失毁损,借主得以同样之物,或折价偿还,以偿还时为准。

丁　所借之物,凡修理、保管、培养之费,均归借主承任,于贷主无与。

戊　借物所生之果实,虽原约未定归何人所有,贷主或索果实之一部,或全部索还,均无不可。

己　不定期之使用借贷,贷主得随时索偿。

(三)租赁

第一　不动产租赁

甲　租主所纳保证金,量物之多寡、大小而纳之,原不定数。

乙　住宅租金有按年、月、季交纳者,有先期交纳者。如逾限不交,宅主只索其租本。索之不得,或改租他人。

丙　租宅期限中,虽遇房价腾贵,宅主不得索加租金。

丁　租佃田土耕种者,其认租之法不一。田土肥者,一亩可得租一石;瘠者,一亩可得租三斗,亦有将收获之额剖半均分者。

戊　田土认租,仅秋时交纳一次,余不交纳。

己　田土认租,皆以谷物交纳,亦有以金钱折算者。其折算之法,均照时价。如预定者,以定时之价为率。

庚　荒年歉收,佃户应得向田主求免租,或缓租。其缓租期限,或半年,或一年。至补纳时,有加认利息者,亦有不加认者。

辛　租佃空地,其租金只量地之广狭与地之时价,分别纳之。

壬　租佃山林有纳租金者,亦以所出之物纳租者。

癸　租佃田宅、山林,其预定期限,最长不过十五年,亦有不定期限者,随时得以改租。永归一人承租者,无之。

子　定期租佃,若期限中物主将租物出卖,租主只听其便,继续承租,惟听买主允否。

丑　租佃之物遇有必须修理之时,其用费或物主担任,或租主担任,均由租时酌定。

寅　租主将租物加工以求坚美,其用费有向物主索偿者,有索偿不允而租主独出者,亦有租主、物主分任者。

卯　租主或物主若欲解租,必先期通知,其期限不过两月。

辰　租主自行添置之物,至解租时得概行撤去,如物主愿接受,其偿值酌量给之。

已　田方播种与田稼将熟,田主不得解租以佃他人。

午　租主破产,物主得解除原约。

未　租主以物转租他人,既经物主允许转租,租主应另向物主面议立约。

第二　动产租赁

甲　赁用之物一切修理等费视其租价之贵贱酌定,贵则由物主自任,贱则由赁用人分任,抑或由赁用人独任之。

乙　赁用物毁损灭失如因天灾事变,赁用人可免赔偿之责。

丙　赁用物有毁损灭失时,赁用人可以同样之物,或折价偿还,其价以原物之值为准。

丁　因赁用所生之果实概归物主,亦有与赁用人分受者。

戊　不定期之赁用物,物主得随时索还。

四　雇佣契约

甲　佣人有缴纳保证金者,其处理之法,约以期限,雇主还其押金及保证书,如期限不满而佣人逃退,雇主得同保证人理论,或扣其押金。

乙　雇佣期限长者以五六年为最,至定约终身为佣者,闻亦有之。

丙　给付佣金既有定期,而雇主过期不给,佣人得向雇主索加利息。

丁　有期限之雇佣,其佣金预有定额,不得以物价腾贵要求加增;纵或加增,亦惟雇主缘情。

戊　雇主须经佣人承诺,乃得使之为他人服劳;至佣人未经雇主承诺,不得以他人自代。

己　雇佣于期限内雇主无故解佣，其佣金须作为满期者给之；若佣人无故解佣，其佣金即于解佣之日止，前所应得，不须缴还。

庚　有期限之雇佣，雇主在期限内破产，佣人得自行解佣，亦有不愿解佣者。

辛　佣人因服劳致疾或死亡解佣之时，雇主之对佣人，有将佣人之佣金多给其家族半年或一年者。

五　承揽契约

甲　如承揽人既死，其事工未完，其责由承继人续负之。

乙　承揽事工逾限未完，出揽人得另觅人承办。

丙　物价腾贵，事变发生，非人所能预料也，承揽人得向出揽人索取其值之半。

戊　承揽人工作，其定保固年限至长以五年为最。

己　承揽工作由出揽人自出材料且示以一定办法，而材料恶劣、定法不良，至于保固限中工作损坏，承揽人虽不免培修之责，而其责亦甚轻矣。

庚　保固年限内工作毁损，于培修之外无别议处罚者。

辛　保固年限中承揽人死亡，其承继人不负保固之责。

壬　经甲乙二人相为承揽，于保固年限中，因甲修之一部不固致乙修之一部毁损，其赔修之责，甲乙皆宜负之。

癸　出揽人若遇破产，承揽人即得解除原约。解除原约时，承揽人得对已完之事工请求报酬。

六　委托契约

甲　委托人如要求报告委托事务情形，受托人须即报告。又，委办事毕，受托人应即将其颠末报告。

乙　委托之事若须开费，委托人应先行支付。

丙　受托人因处理委托事务得有财物或权利，系于委托事务中所得有者，概移归于委托人，系由委托事务外所得有者，受托人自有之，或分与于委托人。

　　丁　受托人若将应归委托人之银钱自行消费,应算还利息。

　　戊　受托人因处理委托事务,代委托人支付用费或负债时,委托人均认偿之。又,受托人得向索保证人及财物为证据。

　　己　受托人不得向委托人索报。

　　庚　受托因处理委托事务,如自己并无过失竟至受损,得向委托人索偿。

七　寄托契约

　　甲　保管物件如须用费,受寄人可向寄托人先行支付。

　　乙　受寄人因保管物件得有财物,应移归寄托人。

　　丙　受寄人未经寄托人承诺,不得以寄托物自行使用,或转托他人代为经管。

　　丁　受寄人因保管物件代寄托人支付用费或负债时,寄托人须认赔偿。又,受寄人得向索保证人及财物以为保证。

　　戊　因寄托物有瑕疵致使受寄人受损时,寄托人应负赔偿之责。

　　己　有期寄托契约,寄托人不得随时向之索还。

　　庚　受寄人不得向寄托人索报酬。

八　合伙契约

　　甲　依合伙契约,各股东所认之股本,及经营所得之利益,即为各股东共有之财产。

　　乙　认股之法专用银钱,劳力、信用亦可作为股本。

　　丙　经营事业时,其处理事务之人若有数人,其事项应以处理最优之一人独得专行,或以议决多数为准则。

　　丁　依合伙契约,若专委股东数人以当处理之任,其余股东亦得随时检查其事业及财产之情形。

　　戊　经营事业如有得利及亏本之事,各股东得以清单而决其分担之法。

己　各股东在结算以前，不得请收回股本，并分割财产，以脱合伙之关系。

庚　合伙契约若定有期限，各股东不得随时自行脱退。

辛　股东如遇死亡、破产，得作为脱退合伙之关系。

壬　股东如有不合之处，经各股东商定后，可即出名。

癸　脱退之股东与各股东结算时，其财产财值以脱退时市价为标准，此时若尚有未了事件，必俟清了之后，再行结算。

子　合伙事业苟经解散，其结算贴自应会同清算，选任数人委令清算亦可。

丑　结算账目之人若有数人，其事项应以多数议决为断。

〔第二章　无委任之事务管理〕

一、无受他人委托而管理其事务时，其两人间对于左列各项之关系，谨详述之：

一、管理人应用有益无损之法管理事务。

二、因管理事务致使本人受损，管理人应负赔偿之责。

三、管理人既管理事务，应通知本人。

四、管理人既管理事务后，在本人未能接管，应继续负管理之责。

五、管理人既管理事务，代本人支出用费并负债，得向本人索偿，又得向索保证人及财物以为保证。

六、代人管理事务，本人既能自行管理，如要求报告管理事务情形，代管人即宜报告；至本人接管时，管理人更宜将其事务颠末缕晰报告，以昭至公，否则私矣。

七、管理人因管理事务得有财物或权利，应如数移归于本人，以守廉德，否则贪矣。

八、管理人若将应归本人之银钱自行消费，自应算还利息，然既有管理之劳，其利息虽不能全免，亦当酌减。

第三章　无因得利

一、借人之财产、劳力私自得利致使他人受损者,应将其所得利之半补给他人;若其利益又系非所应得而全不补给他人者,则两人间之关系必至于争讼。

第四章　不法行为

一、故意毁人之名誉者,众口举非之,必须执礼叩谢而后已;损人财产者,等量以赔之,必须加利以偿而后已;伤人身体者,出财以医之,尤必赡养至痊乃能销其责任;杀人生命者,丧身以偿之,非按法律处死不能解彼冤仇。纵非故意而出于过失,名誉被毁,人亦必待申明乃无恨;财产被损,人亦必须酌赔而后已;若身体受伤,必索医调,不谅过失者之无意;生命杀丧,必欲偿抵,不念过失者之无心(此等民情,实因地处边隅,民智不通之故)。

二、未成年人不识不知,若因不法行为对人加以损害,非其罪也,其赔偿之责应归其父母及其监督之人负之。

三、夫为妻纲,为人妻者若因不法行为对人加以损害,其赔偿之责为其夫者不容辞。

四、虎兕出于柙,龟玉毁于柜,过有攸归,则狂人及愚痴之人若因不法行为对人加以损害,赔偿之责,其监督之人不容辞。

五、被役使人若因不法行为对人加以损害,其主人应负赔偿之责。

六、妻子被人加害,其夫及其父母得索赔偿。

七、狂人、愚痴之人及被役使人各有监督人,若被人加害,其监督人得索赔偿。

八、加害人如系二人以上,而有左揭各项情形者,其赔偿损害之责亦分轻重,谨述于左:

(一)共谋加害于一人,其赔偿损害之责任,应按其人数而均负之。

(二)并无共谋,系适与共同加害者,其赔偿损害之责任,视共谋者应稍轻。

(三)一造教唆他造者,其赔偿之责任,教唆者应稍重。

（四）一造帮助他造者,其赔偿之责任,教唆者应稍重。

（五）一造利用不知情之他造者,其赔偿之责,一造利用者特重,不知情之他造者应从轻。

第四编　亲属关系

第一章　总则

一、依本地习惯,亲属二字,凡父族、母族、妻族,均包括在内。

二、为人后者,其对于所后者之亲属,其亲属之关系直与所生者同。

三、凡由婚姻而生之亲属关系者,离婚后即不承认。

四、凡由承继而生之亲属关系者,归宗后仍宜承认。

第二章　家制

一、家长是必以一家之最尊长者为之。

二、一家中最尊长者遇老病不能理家政,或志在静修不愿理家政时,次尊长之平辈者即居家长之位,晚辈者则仅代理其事,即或专理,亦事必禀知而后行。

三、一家中辈最尊者尚未及岁,即以次尊长者为家长。

四、家中无男丁,或有男丁而未及岁者,则妇人亦得为家长。

五、依本地之习惯,有祖遗之田地房屋及以公财置获者,为一家之公产,其有不因家财自服勤苦而置获者,则为家属之私蓄。

第三章　婚姻

一、男子定婚寻常在十岁左右,女子亦然。

二、外姻亲属中不得互相结婚者无。

三、父母立婚先询其意见者,于男子则间有之,若女子则一遵父母之命而已。

四、定婚请书、允书之式,用鸾凤红柬二封,男家于上行写乾造生于某年某月某日某时,送过女家,即为请书;女家于下行写坤造生于某年某月某日某时,以一封送还男家,即为允书,其于一封女家留证。

五、定婚后,未婚之男死,女得别嫁,其出亡年久不归,女家请原媒告明男家,则女亦得别嫁。

六、定婚时未定婚期,逾多年无故不嫁或不娶者,应各得别娶别嫁。

七、定婚后、成婚前,男女之一造有犯奸盗者,若有实据,则彼造应得退婚。

八、定婚后、成婚前,男女之一造有婴残废癫狂疾者,彼造应得退婚。

九、夫死再嫁,须经夫之父母、妇之父母允许,服阕后方得再嫁。

十、妇必有不孝、不恭、不贞、不洁情形,夫得呈诉离婚。

十一、夫即有可绝情形,本地乾纲特重,故妇无呈请离婚者。

十二、妇为夫弃,其子女不得携与同去。

十三、夫妇财产,凡所私有皆所共有,故妻之嫁资及妻以自己之名所得之财产,其夫仍得而管理之。

十四、离婚及再嫁之妇不得携其私有之财产以去。

十五、赘婿招夫,定婚时有订明在妻家数年者,有永远居住者,且有夫从妻姓子孙乃得还宗者,更有不得还宗者。

十六、定婚时关于夫妇财产之事,并不订明契约。

第四章 〔亲子〕

一、继母或嫡母虐待其子,事关重要,近支亲族得出而保护之。又,继母或嫡母其性残忍,为父所知,临终亦有预嘱近支亲属保护其子,以免虐待者。

二、父母虐待其子,事关重要,近支亲族及官府得干预阻止。

三、小儿在胎时期,寻常以二百八十日为最多,二百四十日以下为最少。

四、寻常受胎时期中父与母不同居而生子者,则出妻屏子。

五、奸生子多委而弃之,无服养者。

六、奸生子已成立,其父母明知而弗认之。

第五章　监护

一、凡未及岁子女上无父母,应由祖父母及胞伯叔管教,其应行管教之人,胞伯叔居先,祖父母居后。

二、父母临终时有指定某人管教其子女者。

三、管教他人子女,有不兼经理其子女之财产者,若兼经理其子女之财产,杜其侵蚀,年终由近支亲族按簿记行预算结算法。

四、经理他人财产之人,其子女及岁后,即将代管财产,并历年清账经近亲支族阅看不误,交还该子女自行管理。

五、管教他人子女并经理其财产者,如有侵蚀情事属实,该子女之近支亲族得出而干预,另选管教经理之人。

六、管教他人子女并经理其财产,不收受酬劳之资。

七、经理他人子女之财产者,于该子女之财产禁其自行买受或承租之事,若犯此禁,难免无谋产及侵渔之弊,该子女及岁后可索还不认。

八、成年之人患癫狂、酗酒、流荡之习者,其家中尊长得而管理之。有祖父母及胞伯叔者,胞伯叔居先,祖父母居后。

第六章　亲属会

一、凡亲族会由家长招集集议时,家长主席其会议事件,由亲族公议议决,家长斟酌妥当,决定施行。

第七章　扶养之义务

一、亲属互负扶养之义务者为父族、母族中人。

二、负扶养义务者有数人时,父族中人居先,母族次之。

三、负扶养义务者有数人时,且居于同一应先担任之地位者,则择年长之贤有力者专任之,亦或分任。

四、受扶养权利者有数人时,则劳绩多者居先,少者居后。

五、受扶养权利者有数人时,且居于同一应先享受之地位者,则择其劳绩多而有德之人特别办理。

六、凡负扶养之义务者以财力、能力为准,无财力、能力者,免其扶养义务。

七、以不能自存之问题研究拒不扶养之方针,须经亲族许可。其不能自存及拒绝者,乃可作例外论。

第五编　承继关系
第一章　总则

一、承继种类有宗祧、遗产之分,有图女、弃姓之别,其他如冒姓认宗、代赘作子,皆图遗产苗裔也。至若本宗承祧,有择贤、择爱两层。

二、承继始时承继人无定,以所继人为定,或在年老,或在死后。

三、胎儿亦有承继之权。

四、应承继而愿抛弃者,或因无余产而尚有家累,或因有旧恨而不顾伦常,此皆不肖者也。

五、用款确因承继,概由遗产中支付,分也,亦宜也。

第二章　宗祧之承继

一、有嗣而再抚他人之子为嗣者,亦偶有之。

二、大宗无嗣,小宗先立嗣者,权也,苟伦理稍乖,不得以行权而废常道。

三、大宗之子孙得承继他人为嗣,承重之人不得也。

四、以族人为嗣,先后之序在乎亲疏。

五、择爱、择贤为嗣而不依承继先后之序,必得亲族之公允,方能有效。

六、可继之人如系独子,准其兼祧两房。

七、限制外姻为嗣,恐异姓乱宗也;若无宗族者而以姑舅之子、两姨之子及妻侄等为嗣,亦无限制。

八、卑属中之数人承继长房宗祧时,以亲等之近、年岁之多而系嫡出者为先,庶出者次之,如系嫡出而疏远年少者又次之,以次递补,秩序昭然。

九、既已承继,即不许悔继归宗。

十、本宗承继之人不得许其悔继,间有许者,以承继人不肖故也。

十一、由少抚育成立之承继人,原不准其悔继,即或悔继者,必有不已之故也。

十二、即有左揭各事,承继人悔继归宗,有得听其悔者,有不听其悔者:

  甲　嗣父母既经苛待,情已难堪,悔继归宗,多得由承继人之所请。

  乙　以所后有亲生子而其情渐离,因之不安,承继人悔继归宗,亦多得由所请。

  丙　如所生父母无子,承继人悔继归宗,嗣父母或但许双祧,或许以还孙,或许承继人生子后留承继人之子为承继时,承继人乃得还宗。

十三、承继之人既已悔继,嗣家之财产应全部返还。

第三章　遗产之承继

一、未分析之家产仍归家长管理。

二、无子嗣及同居亲属之人遗产,由亲族、戚族择人承继。

三、无亲属之人,其遗产由外姻承继;若无外姻,遗产则归公管理,每年春秋奉祀之。

四、负债多于遗产,袭产者或请众议决,或经官了息,将负债赃份偿还,稍留薄资以作袭产者日用生计,仍承继之。

五、析产分配之法,均以房计。

六、左揭各项之人分变遗产,轻重悬殊,如甲、乙、丙,遗产有十,得变十份之七,赘婿与无子寡妇仅得十份之三,惟奸生之子大别有二:若先奸生子后后娶之,其分变与甲、乙、丙无异;设或奸生子卒不娶之,不惟不得分受遗产,直以异姓等。

　　甲　大宗之子及嫡子

　　乙　小宗之子及庶子

　　丙　嗣子或兼祧之子

　　丁　赘婿

　　戊　奸生子

　　己　无子寡妇

七、左揭各项之人均得分受家产,其间轻重由族人酌定。

　　甲　被出复归之子

　　乙　出子之子孙

　　丙　未嫁女

　　丁　收养或买继之子

　　戊　配偶者

　　己　直系尊属

　　庚　亲兄弟

　　辛　家长

八、分析不可分割之财产之法,如以其产出租而均分其债金,或将其产出卖而均分其价银。

九、授继人若以遗书对某承继人有特与财产时,受与之人仍得与他承继人共分遗产,如所受之物不应缴还。

十、某承继人以其应继之分或有出卖及抵押时,他承继人得以赎还。

十一、受继人之遗书既已言明一定年限内不准分产,承继人亦当遵之。

十二、遗产中之债权,各承继人尽属均分,无有独归一人者,日后债权虽有损失,各承继人均无分垫之者。

第四章 遗书

一、无字据之遗言,以言时之凭证人为证。

二、立遗书无一定之方式,在立遗书之人所嘱何词,代理人将其词直书之而已,故无式样。

三、遇有变故,始请人代立遗书,又无证人,其所立之遗书无效力。

四、关于立遗书之限制,以达成年为准。

五、未成年人无立遗书者,即或有之,则必经其法定代理人允许。

六、撤销遗书之法,必经代理人、保证人允许。

七、遗书若未指定执行之人,当酌以应执行者执行之。

八、因执行遗书所须各种费用,由遗产中支付。

九、遗书所嘱之事如属不法,其子女亲族得以撤销之。

十、立遗书时应用保证人,其保证人之资格,以亲族乡邻中之公正者为合格。

第五章 遗留财产

一、授继人以遗产若干留给后人,常事也;以全部赠与他人,罕见也。若欲为之,亦无不可以自由。

二、左揭各项之人,其应得遗留财产固有轻重之别:

  甲 直系卑属

  乙 配偶者

  丙 直系尊属

第六章 无人承认之承继

一、承继起时,若应承继之人踪迹不明,无人承认,则其承继之财产应归公以作公益事件。

二、为人管理财产之职务,以谨慎廉洁为要。

三、寻觅承继人时,探索之法以其出时所云至何地,则至其地探索之;如探索而终不得其人,则其财产应暂归公。

四、承继人若经探索历久无踪,则其承继之财产应归国库,或捐办公益事件。

第七章 债权者及受遗人之权利

一、承继债权者及受遗人在承继起始后应将承继财产与承继人固有财产分离,以充偿还之用。

二、承继债权者及受遗人,如有前条权利,应向审判厅请求。

三、承继债权者及受遗人请求分离财产,应定以一定期限,通知各债权者、各受遗人会同核算,公同索偿,其通知期限最短以一二月为限。

四、承继人若供出担保,可不许承继债权者及受遗人分离财产。

(清钞本,日本京都大学人文科学研究所图书馆藏。)

徽州府六县民情风俗绅士办事习惯报告册

申送六县民情风俗绅士办事习惯报告册文

　　徽州府为申送事。案奉宪台札饬调查法制、统计事项按期报告等因,奉经知府就署设立统计处,派委各县学识兼优、热心公益之士绅组织统计学会,分任调查,并令将法制事项一并分条撰说,随时报告,以凭汇合编订,业将委绅职名及办理情形呈报在案。兹据歙绅鲍鸿、汪达本、鲍振炳,休绅王世勋,婺绅汪开宗、汪镜芙、董晋璧,祁绅方振均,黟绅余攀荣,绩绅朱瑞麒等先后编送民情风俗、绅士办事习惯各方策,陆续报告前来。知府复加审核,尚属确切,理合汇册缮正,具文申送。仰祈宪台鉴核。为此备由具申,伏乞照验施行。

　　抚宪朱批

　　据送该府六县民情风俗、绅士办事习惯报告册均悉。察阅纂辑各条,尚属详赡,良深嘉慰,仍督饬各该绅等将其余各项报告详细调查,依限造送,务期益加精密为要。仰调查局汇入编纂,并转饬知照。缴。册存。

歙县民情之习惯　宣统元年调查

歙县鲍鸿起草　静海刘汝骥审核

甲　从生活上观察民情

子　住居之流动固定

歙俗十室九空,中人之家子弟逾十龄辄学贾于外,比长则数岁一归以为常,不轻去其乡,其尽室以行从而迁徙者盖寡。俚谚有之曰:"歙县千年归故里",则居住之固定可知。

丑　共产析产之趋势

歙民曩饶于经济,慕张公艺之风,以同居合爨为美谈。兵燹而后,荡析离散,有孝廉父别居者矣。就目前大势论之,析产者多,共产者少。

寅　食用好尚之方针

歙处万山中,习俭朴。乾嘉之世,蓰业盛,富户多,稍稍趋奢华。书籍字画、金玉古玩储藏最富。一食用之细,日费万钱者有之。粤匪乱后,内容愈瘠,表面愈华。好洋货者多,好土货者少。外强中干,识者忧之。

卯　生产者不生产者之分数

歙除东乡民气未复外,以南乡为最勤,北乡次之,西乡又次之。南乡多山而少田,苞芦、茶、漆、茶菊、珠兰花出数颇多,胼胝作苦,妇女且然,矧在男子?故无旷土,无闲民。北乡茶梨称是,西乡则舍禾稼少生活,故荒田隙地视他处为多。合一邑平均计之,生产者什之八,不生产者什之二。

乙　从行为上观察民情

子　权利义务之观念

明知为权利义务之所在而放弃之,民即至愚不若是颠也。惟风气未开,明昧不齐,创见之事辄生疑虑。他不具论,即如此次初选投票,放弃选举权者已居其半;调查户口,造谣抗阻者实繁有徒,其明证也。

丑　诉讼之诬实

歙俗朴而谧,弗好讼,讼必以实。迩来士习日浇,习为险诈。前抚冯喜投匦告密,三五劣神〔绅〕迎机而应,诬官、诬绅岌岌乎不可终日。赖今中丞朱饬地方官查办,出示严禁,风乃少杀。

寅　婚嫁之年龄

富民饶于资，则婚嫁早，往往在弱冠前。贫者迟至二三十岁不等。

卯　溺女之有无

贫家女子有自襁褓时为人抱养作童媳者，至溺女之风，向来所无。

丙　从成绩上观察民情

子　职业趋重之点

歙民向以读书为荣，以当兵为耻，又轻农而重商。商业昔以盐典为大宗，近则以茶业为命脉。此外乡人服田力穑，有唐宋之遗风焉。

丑　制造之品类

歙无大工厂，惟曹素功、胡开文之墨驰名中外。此外如郡肆之日月晷，水旱罗经、罗绢，岩镇之剪彩花、嵌螺甸器、漆、墨、砚盒皆精美；南乡之蜜枣，虹坑之空心挂面，托山之缸钵，半沙之竹器，亦自成一家，惟非大宗出品。

丁　从团体上观察民情

子　集会结社之目的

商会、教育会及旧日文会、善会，明达士绅皆以公益为目的，至下流社会则好以迎神为事。其逐年一行者，有保安会；其间年一行者，有忏会。会辄有戏，戏必有赌，贻害地方，殊非浅鲜，仅以迷信目之，犹其小焉者也。

丑　交际间之况状

歙僻处山陬，与外人交际少，山谷之氓闻足音则跫然喜矣，偶有交涉，惟一二教堂，近亦敛迹畏法，不敢多事。

戊　从教育上观察民情

子　受学者百分之比例

歙邑两等学堂，官立、民立有二十余处，调查旧日家塾及蒙童私塾，亦有千余所。识字者约百分之七，惟深浅不同。

丑　报纸之销数

学堂、商会及城镇绅商皆喜阅报纸。乡曲农民,不知报纸为何事,销数不甚多。

己　从道德上观察民情

子　犯罪以何项为最多

近来吾歙不法行为在社会上占多数者,曰客民,曰赌棍。客民以江右为最强,聚众行凶,流为贼盗者亦复不少。今方谋地方自治矣,禁烟则彼不受,禁赌则彼不受。土著赌棍又以客民为羽翼,以衙役为爪牙,故历来禀赌从无拿获到案者,一纸官符,直若辈之发财票耳。去恶不尽,反起而与告发人为难。为民除害,是所望于良有司。

丑　自杀之多寡

歙民尚气好胜,遇拂意事短见轻生者间亦有之。

歙县风俗之习惯　宣统元年调查

歙县鲍振炳起草　静海刘汝骥审核

祭祀

歙聚族而居,清明、冬至必有事于祖庙。有宰猪羊者,有虚供珍错及蔬果者,祭品丰俭不一,类皆奏乐歌曲,子姓一堂,衣冠跄济,爵三献,礼成退。此外家自为祭文稍杀,端午、中秋及岁终、岁首,皆举行焉。清明有祭墓礼,祭毕剪纸为钱,挂冢而归。大村有文会,三月三日祭文昌,礼与祠祭略等。

丧葬

马氏有言曰:"丧祭之礼约,则终者掩藏矣"。歙多浮棺,久且暴露,半惑于堪舆祸福之说,半为习俗所缚。中人之产,苟遇大故,棺殓之费仅数十金,而僧道之追荐、冥器冥财之焚耗、求神散福之食用,往往数倍于此,否则众訾之。偶有心知其非者,亦震于物议,不敢居薄待其亲之名。俗以越七日为一七,至七七四十九日而殡。殡而葬者什一,不葬而厝者什九。徽歙治茔,坚固华美,较胜于他属。山地最贱,卜葬购数丈隙土,较常价数倍或数十倍不等。其最不可解者,属纩衣衾泥用古服色,男女裙服冠履皆同,正不独鼓乐迎宾,贻经生家之訾议也。

婚娶

歙俗尚早婚,男女嫁娶年皆在二十以内,其贫不能聘与择配稍苛,待字至二十外者,群以为失时矣。结婚颇较贫富、论门第,一切听命尊长。行聘用财或墨银百圆至二三百圆不等,媵以鱼肉馒首之类,夼厚薄不一。无亲迎礼,舆饰以彩。非素封大家不鼓乐,近小康家间用之。三朝新郎与新妇谒土神,谚曰"出行岂行庙见之礼"而误耶。归则祀灶,祀毕举手一调釜中羹,盖犹三日入厨下之意。其最无理者为闹房,合卺之夕,高烧巨烛,置果酒,坐新夫妇于上,亲朋环列,猜拳行令,甚或涂粉作小丑状,以博新娘之一笑。谑也,而失之虐矣。习俗移人,虽搢绅之家不免。

居处

弥望皆瓦屋,他处惟名城巨镇有之,徽歙则小村落皆然。草房绝少,屋多建楼。大家厅事极宏敞,梁用松,柱用杉柏与银杏,皆本邑产。墙用砖,铺地以石或用砖及木板。一门颜雕刻费辄数十百金。但天井小,少窗,光线黑暗,此其所短。床几各器类以坚木为之,傅以漆,亦土产。起居之适,贫富不甚相远。溪山清丽,居此者如置身画图中,故人人有不忍轻去其乡之意。四民早作夜息,亦尚不失常度云。

服饰

歙扃万山,服饰宜约,按之事实,殊不尽然。通邑以西乡为最华,当年蹉业大盛,扬州靡俗,遂渐输入。又与休邑鳞接,自发逆乱平,徽属商务聚于屯溪,一冠履之时趋,一袍裤之新样,其自江浙来者,休首承之,次即及歙之西乡。近少妇好效沪妆,年长者犹戴鬏(扬州旧制),此今昔习染之大验也。最朴质者为南乡,富家坐拥厚资,男则冬不裘、夏不葛,女则不珠翠、不脂粉,与西乡适成一反例。东、北乡服御文野,在西、南之间,是以洋货之用数,以西乡为多;土货之销场,以南乡为最。

饮食

歙山多田少,产米常供不给求。东、西两乡犹能输其羡于邻境,惟南乡与北乡之黄山农家多种苞芦以自食，非小康之家，几不易得，米面不常食。商铺有定律，月四餐、六餐而已。肉食用猪，食牛羊者绝少，鳞族羽属亦不多得。寒素家风以蔬豆为常用品，如新洲之萝卜，葛塘之白菜，问政山之笋，皆绝美。市中所制豆腐，亦远胜他处。有毛豆腐者，乃江浙各属所未有，惟卫生家不取焉。富有者早起喜食盐茶蛋，且用以供客。酒则土酿，与购自他省者参半，皆力薄而性烈，无深醇者。

岁时

一年佳节，若立春、元宵、端午、中秋、冬至、除夕蚤起，卑幼至尊长前叩喜，夜聚家人团饮（端午家宴在日中），肴之精粗多寡不一，四簋者居多。二月二日与腊月二十四日亦然，上巳、重九独缺。如新年礼节较盛，戚族闾里冠带往来，互祝贺，相见作吉语，或以茶食相贶。农家者流预于旧腊，以米粉制粿，名曰寿桃，作开年馈送品，盖于酬应寓省俭之意焉。谚有云："老亲必拜年。"以亲情渐疏，藉此岁一联合，示不忘也。

乐歌

古乐寝亡，雅歌不作，上流社会类多不解音律，家计稍裕者，遇喜庆事或雇吹手作乐歌，曲所唱多徽调、乱弹，间以昆腔。亦有邀清客小唱者，名曰唱灯棚。大半下流社会中人，每遇诸神诞日，好事少年或乐为此。其甚者，则选班演戏矣。又，俗有摊簧小调之类，音尤靡靡，词野俚不可听。近学堂有音乐一科，以改良俗乐为宗旨。风气初开，能者盖鲜，未易收反正之功也。

方言

歙地多山，方言阅数里而一变。下西乡一带较平旷，故自潭渡郑村至岩市长龄桥以上，迤逦二十余里，乡语略同。上西乡则悬殊矣。东乡方言亦不甚相远，惟南乡边境与北乡黄山深处，出言竟不易晓。总之，音以近郭为客，去城愈远，言之相去亦愈远。绅士及惯旅行之商界中人往往能说普通官话，然亦有宦游数十年仍操土音者。

游宴

歙州大好山水，即寻常一丘一壑亦自可爱，黄山北乡，秀甲东南，然征朋结社、载酒登临者盖鲜。每当三春和暖，菜花满地，间有约五六同志就空旷之地狂歌纵饮、一骋豪情者，又间有相约游雄村桃花坝者，渔梁每赛灯船，亦有买舟以随诸后者。此外名胜之区，不胜枚举，往往终年无骚人逸客携酒过从，附城如仰斗阁、如意寺、白云禅院，景皆幽胜，官绅或借作宴会之处。至若妇女游春，及谢太傅之东山丝竹，则绝无之。他如喜事飨客或举春宴，肴馔极俭约，用鱼翅、用鸭者盖寡。

神道

神道设教，圣人所以补政刑之所不及也，不料迷信之害，一至于此。年例有保安会，数年开光一次，游神演戏，科敛丁口，其所供奉者不一，大约五瘟大王、小王，及汪公、八、九相公居多。妇女喜拜观音大士，大士庵住持为女僧，亦间有男僧及道士者。六月二十四日灵山雷祖会香火最盛，红男绿女，肩相摩、趾相接，如是者数昼夜。九、十月间各乡又有所谓忏香会者，推年老在会久者为香头，同朝九华之地藏，齐云之上帝，旗锣诵佛，长途喃喃不休，归则设坛建醮七日，坛前列大香数十百炷（高四尺余，粗如柱，故名"屋柱香"），综计各费千金至数百金不等。二月二日，各铺户高悬土地财神衣于堂，争华斗丽，以供一炬，弗惜也。土地庙、财神庙，大小村落所在多有，五福庙亦无处无之。其最可笑者，有病外症拜祷获愈，遂如其患处购猪肉代以酬神者；有当春祈时，窃神之纸履，或攫会中之碗，以为求子之券者。噫嘻！神之魔力大已。

宗教

歙为程朱阙里（祠在篁墩，今已倾圮），士大夫类能受孔子戒，卫道严而信道笃，卓然不惑于异端。佛入中国久，潜移默化，几于无地无禅林。歙多名山，昔又最富，故各处有寺观，谈佛法者惟妇女居多，间有茹素诵经者。城中有英国耶稣堂，又有法国天主堂，奉教者尚少，惟犯罪奸民偶借为护符焉。

歙县绅士办事之习惯　宣统元年调查

歙县汪达本起草　静海刘汝骥审核

甲　属诸人者

　子　资格

绅士之选任无一定资格，凡在籍京外各官及举贡生员有名誉、有资望者，皆推重之。

丑　责任

地方推行新政,绅士能负责任者十无二三。高者不与外事,否则虚与委蛇而已。

寅　任免

绅士办事向无任期,亦无免例。其有声名狼藉为里党所指摘者,官长必摈斥之。

卯　期限

向来地方公事归绅士办理者无一定期限,惟现行新政,如教育会长、商会总理、当选议员各职由投票公举者,则以部章规定之,其期限三年、一年不等,亦有期已满而续任与期未满而辞职者,则须临时决议。

辰　功过

绅士办事无记功记过之条,然正绅终得好名誉,否则即为士夫所诟病,乡人所怨诅。直道之公,于兹可见。

己　有给无给

绅士办事尽义务者多,受俸给者少,惟学界既禀最厚,然办事认真与否,则在乎得人不得人,不在俸给之有无。

乙　属诸事者

子　宗旨

办事宗旨因人而异,有以图公益、谋自治为宗旨者,如并设学堂而垫经费、陈列物产而赛工艺是也;有以假公事、营私利为宗旨者,如裁串私征而短洋价、筹拨学费而不立案是也。当分别观之。

丑　权限

每办一事,每筹一捐,绅与绅争,学与商争,权限不明,冲突易起,其何以治？

寅　能力

商界、农工界待举之事甚多,惟苦于地方贫瘠,财力既弱,能力尚浅,议论多而成功少,职是之故。

卯　秩序

凡官长邀集众绅公同议决之事,无不秩序井然。此次复选举最有秩序,足为后来办事之模范。

辰　效果

渔梁坝之修复，由程氏乐输；万年桥之重新，由绅商赞助，其利百世，行人赖之。就今岁论，亢旱近四十日，山塘田禾，半皆枯槁，惟吕堨、昌堨、鲍南堨工程完密，一律有秋，此效果之尤彰明较著者也。

巳　有继续力无继续力

堨务、塘工皆创自唐宋，历千百年而不坠，可谓有继续力。谭渡之敦素学堂，棠樾之龙山学堂，皆旋作旋辍，此外，保团、树艺、巡警各要政，若有若无，势将倾仆，能维系而支撑之，是所望于大政治家、大经济家。

午　规则

族祠必先禁约，善举皆有规条，此私家之纂述也。至商会、教育会及谘议选举、自治选举各项，皆遵守部定规则，不敢自为风气。

未　经费

徽属官立小学堂皆有大宗的款，惟歙邑则无中学堂，岁拨银五千两，洋一千元，紫阳初级师范岁息银三千两，此系一府范围，不入歙县预算之内。昔号富州，今称贫国，每办一事，仰屋咨嗟。现经合县士绅集议，由钱粮洋余项下岁提钱五千串，拨作巡警教练所经费。罗掘之穷，已可概见。

休宁民情之习惯　宣统元年调查

休宁王世勋起草　静海刘汝骥审核

甲　从生活上观察民情

子　住居之流动固定

流动、固定似即休谚"在家、出门"之谓也。此邦人多外贸，乡贤金忠节集中尝屡及之。就今日而论，北乡之龙源、北山，东乡之十五六八都，南乡之临溪、汊口及高枧，以上诸族，大半商于汉口，或隔年一归，或隔二三年一归，视水陆之远近而定。至苏、杭、沪、甬,一水顺流,往者尤众。其老迈一乡不相往来者,山农村丁而已。

丑　共产析产之趋势

"父母在,不别籍,不异财"。休人颇知此义,然兄弟众多,子姓繁衍,析产之事,亦贤人君子所不能禁。昔年如南门汪、北门汪互相愬尤,此析产之蓍鉴也。近人如某某之挖窖案,枝节横生,鬼蜮迭出。本析产也,偏托共产以寻衅,族邻视之如虎狼,都董畏之如蜂虿,此怪现状足为世道之忧。

寅　食用好尚之方针

食为民天。休地生之,休人食之,此谓惟土物爱。若荪田米、临溪米、四都万安米,炊饭易熟,入口质软,他米多不及此。其佐盘飧者,若黎溪青螺、岭后黄精、由溪桃花鱼、石田雕花卜,皆称上品。至洋酒之用于宴会,洋芭芦之施于小碗,洋乳为哺儿之要件,番馔乃请客之恒需,则休宁尚未盛行,偶一见之,不必云奢。用物则不然,洋油、洋布几于比户可封;学堂所用,则铅笔药水也;商人所用,则毛毡、铁柜也,以此验其为奢,吾不敢讳,吾亦不敢决。总之,土货不改良,洋货则乘隙而入,履霜坚冰,匪朝夕故。无怪万安、临溪等处之土机积赊巨万,谈工艺者色阻,研土产者灰心。究之为民情之奢尚,非正本清源之论。

卯　生产者与不生产者之分数

编查户口,法未实行,生产者与不生产者之分数从何而定?就耳所闻、目所见者,约略言之可矣。喝雉呼卢之偶聚,一不生产者类也,如大河滨西门头约有数百辈。白役乞者之散居,一不生产者类也,如打脚肚东西行约有数百辈。至窃贼之散于四乡,痞棍之杂于村众,无论已。计休宁一邑,窃案不破者数十起,生端讹索者数十起。交差候保,势所不免;监收待质,例所当然。如斯种类,关系民生,平均时间与不生产者相去一间,以三十三都之民而默为估量,于是命曰不生产者十分之一。

乙　从行为上观察民情

子　权利义务之观念

"权利""义务"属新名词,老师宿儒尚难解释。近年选举之重叠,学堂之增多,公益之举似有进步,但风气初开,尚须提倡。试观选举人名册一事,家有不动产五千元者不肯书名，屯溪黎阳数百店报营业者无一成，越国紫阳诸大族甘放弃者居多数，新理不明，是谓心死，开通此辈，计将安出。吾曰：多设小学，实行宣讲，都董由投票公举，官长用民事新律。

丑　诉讼事之诬实

讼事之诬实殊难启颊，谨以境过情迁者验之。某案则叠索不休，奉层批而始息；某案则恶僧行诈，几害人以无穷，此已结也。有以得窖控者，而空屋避毒之士子不能归家；有以窝顿告者，而负薪撑船之良民相嗟于道。当时情形，闻者悯之。故古来循吏，案无留牍，随到随问，随问随结。

寅　婚嫁之年龄

向平之愿，无富贵贫贱而不然，古者男子三十而娶，女人二十而嫁，今不能援是例也。咏《桃夭》诗，行反马礼，大率以女年十六、男年二十左右为率，或以学问、经济二问题扣之，则婚嫁从迟是。然是说也，必地无遗利、人无不学而后可也，否则不如及时。及时之岁月定于父母之体察，不定于条例之限制。至若年龄为经济所误者，则吸烟懒作之孤壮，无村蔑有，老大徒伤之轿夫，城屯尤夥，此当别论。

卯　溺女之有无

溺女之风，休人不认其有也，然以公济一局言之，收养女婴，岁以数十，屯溪如此，四乡可知。深山老坳，婆人丐妇，岂无胞衣，甫脱置之隘巷者，书至此不忍言矣。吾请揭而告之曰：欲求溺女之无，风俗之厚，必于编查户口时见女多之家量为资给，调查学龄儿童时见女子及龄者代谋女教。此地方公益之大者，果能行之不息，擎之以群，则女界之安全长寿可计日以待。

丙　从成绩上观察民情

子　职业趋重之点

从本境之职业言之，屯溪、率口、黎阳、阳湖一市茶之区也。朱明节届，男妇壮幼业此者，以数万计。茶号藉钱庄以资助之，分茶品为二十余样，统名之曰"洋庄"。此趋重之点，即耐苦之征也。此外经商远出者，白岳、浙江直视同传舍，田土荒芜，既让安庆人以入垦矣，工匠缺乏，又召江西人以伐木烧炭矣。喧宾夺主，积重难移。欲求挽救之方,宜立乡团、树自治机关为要。

  丑 制造之品类

  休宁之制造,以手足也,以竹木也。铜铁但施于小件,布疋略见其权舆。城中之水烟袋、万安之罗经、屯河之竹椅、茶区之篾箱,以烟作墨有胡开文,以皮作胶有石翼农,以蜜制枣有胡子卿,以藕磨粉有后底汪,皆我休特出之品,物产陈列将于是乎选择。

丁 从团体上观察民情

  子 集会结社之目的

  休宁之富在于屯溪,局卡林立,商贾辐辏,故善举最易组合。同仁会以掩埋路骼为目的,公济局以施药、送棺、收婴、施牛痘为目的,华山惜字会、培文惜字会以敬惜字纸为目的,阳湖登善集、万安停榇处以暂安旅榇为目的,此社会之最有价值者也。城中为通邑眼光所注,商会、私塾改良会毫无影响,统计处、自治公所虚有其名,书吏研究所则门面初张,貌是神非,或且变本加厉。最无谓者,黎阳磨豆腐、赣帮八月一、差班之土地会、西关庙杨三舍人之龙灯会、城隍庙之演戏赛会,好事者为之,似非预备时代所宜。

  丑 交际间之状况

  以土著言交际,则孤姓单丁受巨族之凌轹,食力作苦,召邻豪之欺侵。开放之义不明,则溪口以上各族斷斷主仆,天足会难发达矣;畛域之心未化,则里广山左右诸村抵制茶捐,乡小学费踌躇矣。以土客言交际,则遂棍赣痞口舌兴戎,近时怀桐等人又稍稍有事焉。民教交涉,县中不多,而天主、福音各行其道,意见消融。至于满汉问题,则此邦人士咸知亲爱,无事调停。

戊 从教育上观察民情

  子 受学者百分之比例

  调查户口与调查学龄儿童尚未有效,惟休宁距离东西百数十里,南北数十里,向以三十三都计,兵燹至今,元气未复,经劝学所支配为二十四学区,己酉下学期开学上课之校已二十余所。

丑　报纸之销数

官报之派销，如《政治报》《学部报》《南洋报》《安徽报》由县署转发各界，《芜湖报》《汉口报》商界偶一见之。上海之日报，如《神州》，如《时报》，如《中外》，如《申报》，如《新闻》，如《舆论》，如《女报》，由屯溪民局寄送者约十分内外，由邮局寄送者约五十分内外。又，《东方杂志》《教育杂志》《卫生报》《医报》《国粹报》，见于绅学商界者约十分云。

己　从道德上观察民情

子　犯罪以何项为多

诉讼见于堂期，理处先诸绅董，此为争讼，不入犯罪。若贼盗立有专条，赌博列于杂犯，无处无之，居于多数，更若麻雀，已奉明禁。烟馆一律歇业，法本实行，操不过切，过屠之嚼，亦难更仆。此外，詈骂殴奸与藉尸行讹，事虽有而不多云。

丑　自杀之多寡

刚愎激切之气盛于北而衰于南。休宁山深箐密，北隔长江三四百里，采风问俗者，类以善良称之，懦弱例之。操刀自杀之风绝无仅有，投水悬梁视彼加多，或尸属自行棺殓，或地远不闻于官，无数可纪。惟服烟毒一项，曾奉抚院白话告示，照例严禁，不意身充刑房之蠹，偏利用此假命案以为生涯，且歇原告于其家，或代传呈以成案，百般钩结，虽有神明之宰，鲜不为之眩惑。若辈之秘密主义以押人为发财之地，以保释为索逋之方，坐视被累者破家鬻产而不之顾，此承办之书吏遇官司幕客不避嫌疑，孰知其祸一至于此哉？故因自杀问题而慨然言之，以供贤明调查。

休宁风俗之习惯　宣统元年调查

休宁王世勋起草　静海刘汝骥审核

祭祀

休宁祀事之举行，于地方者典籍载有定礼，官绅以时从事，民间则五祀之外加以扫墓,扬厉铺张者,用猪羊馔碗,用鼓手爆铳,此族人合祭其祖,出于有祀产者,时逢清明一为之,达绅回籍一为之。祠祭则中元、冬至、新正,各随其俗,家中拜祖亦如之,肴必备三牲,蔬必以时宜。如男丁远出,代以妇女,雍雍将事,风俗以厚。

丧葬

初丧,则将死者换内衣,具路饭,焚冥轿,焚锡箔,一面报本家亲戚。吊哭者至,助冥箔,助丝棉,随人而异。用僧道以诹时,唤火夫以入殓。而伙夫之抬价讹索,昔有碑禁,今犹踵弊。入殓之后办回归,逢七请。其棺多用杉木,十合、十二合不等,棺内用布、用棉、用绫纺、石灰亦不等。丧家满四十九日而除灵,穿麻、穿白递蓝素而止,剃发从俗,贵贱不改。葬事礼有定期,例禁久厝。蒿目山丘,浮厝遍地者何故? 义冢官山,丛葬已满,凡有柩者必须买地,一也;买地之难,休宁为最,地主不清,葬后多累,二也;坟地之价,主一册二,中资推印,费乃不资,三也;家长之棺,兄弟牵制,一房擅主,众人为难,四也。仅以迷信吉凶目之,犹其浅焉者也。

婚娶

文明结婚,以扫去繁文缛节为先,兹揭其陋习,以备劝戒。论婚之家,先讨八字,必问女子缠足不缠足,缠足信为大姓,不缠足者疑为小姓,一陋也;门户相当,男家无言矣,女家又要求家资之比我好,彼媒妁以虚与委蛇对付之,二陋也;事谐矣,开一礼单送男家去,糜费以二百圆为中数,三陋也;星期既定,聘礼或有不给,媒妁不敢担此任,女家必欲求其盈,虽男家借贷典质而不顾,四陋也;幸而勉强敷用,而花轿、鼓吹、头面、酒烛,下人之把持,甲头之讨索,其实数必出于估数之外,几耗中人之产,五陋也;鼓乐喧于门,灯烛辉于室,衣冠集于筵,内有哭声,母不忍舍其女也,外有争吵声,下人索赏封也,主者嗫不作声,旁人圆其说曰:"不哭不发,不争不发。"五〔六〕陋也;醮礼成矣,交拜毕矣,三朝新妇拜谒翁姑礼也,而闹新人之俗相沿不废,扮弄新奇,伤风败俗,意何取乎? 六〔七〕陋也;回门甫毕,男家之责备苛求尽入于女母之耳,女母召其婿于内室,礼未行毕,口已开声,曰:"是云云者,而出于若家耶? 吾何能堪?"婿但唯唯退,细心不吃,旋设盛席,日晡席罢,母又持女哭而别,七〔八〕陋也;互接亲家,女母赴召而男母不报,于是奁赠有责言,三节有责言,始则背诉于戚里,继则面数乎女母,而新人若闻,若不能尽闻,至进退左右俱龃龉,积不能平。男母乃禁儿子省其岳家,甚或禁儿子入乃妇房,八〔九〕陋也。如此成为风俗,皆由女学不兴,家庭教育无人讲习,有心风化者,将若之何?

居处

低小之屋或以土为墙,或以草为瓦,四都源瑶、碣源之棚民,以及烧炭挖栲、种山卜苞芦者,大率类此。不讲光线,仅蔽风雨,床与灶接,人与畜居,或一室一妇也,或十室八室而无二三妇也。店铺栈房,但讲门面,街道不开阔则火政未修也,巷路不打扫则清道具文也。弊至病疾大作,人畜两瘟。绅富之家,重门深严,似无以上诸弊,而智识尚未通开,惑八宅之东西,配三元之年命,置水沟、日光、风门于不问,一入夏令,湿气薰蒸,床帷为之灌吸,暑热因而乘逞,居处之关系,岂不重哉?

服饰

地多灵草木,人尚古衣冠。衣冠之古,乡村甚于街市。一袍也,十年不变样;一鞋袜也,隔岁不移形。今则窄袖紧身仿操衣,而制袄呢袍、草帽,恃有表之可观,此风盛于学堂,经商者从而法之矣。绅衿则遍身绮罗,漏卮无算。妇人则竹素花布,年年花样翻新,然亦城市然也,若抱瓮之妻,剪韭之妇,固我行我志矣。

饮食

以休宁之田济休宁之食,恒患供不敷求。其食皆米也,旱涝一告,绝粒堪虞。戊申水灾之后,米价徐平,盖绅富调剂之力。苞芦、山芋,其收成较籼糯为易,以补民食之不足。茶则娥眉、熙春,为此邦之特产。酒则元陈、四甲,乃土人所自窖。市人一日三餐,而苦者减其一。至药饵糕饼,数难更仆。

岁时

市人重过年,旧岁之胜负若何,东伙之更替若何,皆于岁首定之。四乡商店则夏秋二时尤重。茶成于夏,谷成于秋。茶之价起,则乡店获利;谷之熟丰,则乡店又获利。端午市停半日,中秋如常,酒食俱备,其丰杀视人数、资本数而异。清明节远归祭扫,千人一律,回家过年则百中之一。

乐歌

琴瑟载于诗章,古谱流传,解人难遇。若丁祭之乐歌,在官之吹手,其名虽是,其实皆非。近惟休宁城校与各乡校备风琴数具,冷然一阕,最易陶写,多力墨拉,似即古之七音云。

方言

居山之人唇舌多厚,出音多钝。休宁面积多山,故方言未能普通,率二三十里而一变。流口以上一口音也,小硔以上一口音也,龙湾以上一口音也,与婺、祁近,而祁人之鼻音,与婺人之唇音,皆潜滋浸润于其间。岩脚以上一口音也,休城以上一口音也,与黟、太近,而黟人之牙音,太人之喉音,胥依稀影响于其际。屯溪以上一口音也,草市以上一口音也,下与歙邑毗连,歙音和平,故屯溪以下略似之。最难解者,屯溪一带水间泛宅浮家,欸乃相语,即世居屯溪者,闻而不知所谓。今欲求统合之方,非各乡学堂添一国语科不可。

游宴

店伙有嬉工,私塾有节假,学堂有暑假、年假,官吏有不办公之例定日期,通俗以为然也,此为游息之时乎?岩脚有齐云,凤湖有落石,万安有半亭,屯溪有华山,合郡以为胜也,此为游眺之地乎?至若宴会一事,镇与乡殊,贵与贱异。城中面馆两间,菜苦不能适口,惟屯溪紫云馆、得月楼各树一帜,有游客忘归之盛焉。八客之食几费何曾万钱?恕之者曰:"此偶然为之,为嘉宾欢也。"

神道

就乱坛以请汤药,问灵姑以断疾病,在祈祷者之愚已不待赘。吾谓医道不明而神道得以蒙利也。自仙方之说盛行,而华佗建庙于隆阜,吕祖塑像于华山。马鞍山黑面有灵,则扎纸手纸脚以谢之矣;临溪周宣有灵,则焚纸鸡纸伞以报之矣。牛一发瘟则请神出游,以为牛福。吾曾见于阳湖人一致疠,则请神跑马以保平安,吾又见于黎阳。此由医道不明之证据,而僧道之诬说得以乘隙而入。城隍庙之扮鬼会,邑人之相沿也;齐云山之报父母恩,名山之所供奉也。诸如此类,作俑无后!

宗教

休宁有天主堂二，耶稣堂一，其教民彼少于此。释教口诵牟尼，而若辈多嗜烟癖赌；道教像奉天师，而若辈多茹荤娶妻。二氏之衰，其徒自取。果报之说，妇女尤宗。若回回教不吃猪肉，则休邑闻其语未见其人。

休宁绅士办事之习惯　宣统元年调查

休宁王世勋起草　静海刘汝骥审核

甲　属诸人者

子　资格

休宁一邑，都三十有三，以在籍人员而襄助官事，则每都一人或三四人，视地方人户多寡而定，是曰都董。市镇则有店董之名。大致由公举，请地方官谕饬。现在自治章程已经颁布，应改以前都董不由选举之弊。

丑　责任

都统有调处之责，无裁判之权，以本都事为限制，以户婚田土事为限制，间有邻都兼办者，非奉特别谕单不可。是项责任向无一定章程，先事既无研究，临期但知敷衍。新学新政，放弃良多，可慨也。

寅　任免

都董无任免定期，除明犯刑律外，有一举而终身不废者，是其人之贤能矣乎？核之事实，有然有不然也。如有始勤终怠及改行易操之都董，必斥退另举。其里党指摘确有证据者，亦如之。

卯　期限

官吏有期限，办学有期限，而都董独无期限，是规则之未完全也。拟此后按照咨议选举，三年一次；或遵照部定教育会章，两年一次，庶均逸劳而易综核。

辰　功过

向章，都董无记功记过之举，洁身自爱、表率一乡者固有，世家相授、夤缘滥竽者，亦在所不免,故公益多未振兴,私德又属缺憾。如某董之犯吸烟,某董之疲玩学务,拟自今始先行记过,以观后效。其如何记功,容拟另章。

巳　有给无给

该都捕有给保有给,每事唤其到场,由事主投钱百六十八文,贪者不拘,刑事另论。董则绅衿耆富,位置既高,排解是任,无所用其给也。路远则备舆夫、供茶点而已。民固不出给也,官亦不予给也。若苞苴夜贡及事后得财,此不在于有给之列。

乙　属诸事者

子　宗旨

地方应办之事,以自治为完全部分,而学务为部分之一,善举为部分之一。晰而言之,屯溪公济局、屯市同仁会、阳湖登善集、万安停柩处、华山惜字会、城中培文惜字会,皆以募有成效、裨益地方为宗旨,此善举范围内也。学务问题则城校堂长,其宗旨在改良;劝学总董,其宗旨在普及;各乡校董,其宗旨在就地筹款以兴乡学,此学务范围内也。至农工商会及警察与地方自治,俟办有成效再志。

丑　权限

都董之权,仅查复事实,而张弛损益,自有县主,愿认与否,自在两造,都董无与,此谓权限。各项善董按照所定规则,切实经理之筹款一节,捐户乐从与否,捐户操其权;政体之合宜与否,县主操其权,学务则界限尤明,不敢侵越。

寅　能力

能力以绅士现办各事能否胜任而言,就学务一端言之,总董认真推广。己酉上学期城乡校有十八处,以视戊申之休宁已四倍之矣。其他劝学员组织报社、勤学师范,皆能辅之翼之。将来自治机关,岂异人任?

卯　秩序

学堂之秩序,则学生服堂长之命令;调查事物所之秩序,则调查员从所长之指挥;民事之秩序,则都图绅董受县主之约束。此公德上事也。至于私德,则家有家长,店有店东,有周道之率循焉。

辰　效果

　　戊申五月,休宁水灾浩大,赖有官赈、义赈、就地赈有加无已,地方终底安谧。南乡渭桥以上田骨被冲,永难种作,为之详请丈豁,而居民不至远徙;粮差作恶多端,经汪昌鼐、汪开培等控勒碑禁,而良民不至逋逃;金税二册书贤愚不等,吴国溶等禀陈情形,革弊便民,竖禁碑于大堂,此后卖业推税之户可不受其捃索。若新政种种,则萌芽甫茁,收果从迟云。

己　有继续力无继续力

　　休邑急公钱粮,众志成城,历久弗替也。屯溪公济局之善举,财归实用,源源乐输也。此有继续力也。盐局附设之戒烟会,药丸将罄,续捐为难也;万安等处纱厂之亏折,棉纱价贵,出入难敷也。此无继续力也。办事非难,得人为难,于斯益信。

午　规则

　　休宁官校之初章早为学宪嘉许,洎今生徒共遵守之。其日课尤注重国文,兼勤写字,星期日在自习室温习,不令出外,此办学之规则也。公济局、婴医药棺出入纷纭,所有银钱数目年年刊《征信录》,此劝捐之规则也。至礼教风俗,政学新理,不于此论。

未　经费

　　各都积谷捐,计每担一升也;公济局愿捐,计每日一愿,或二三十愿也;各乡学生学费,计每年十元、六元以至于不收费也;登善集公积租额,计年有三百余担也。若文会祀产,向不报告者,兹姑从缺。

婺源民情之习惯　宣统元年调查

婺源汪开宗起草　静海刘汝骥审核

甲　从生活上观察民情

　子　住居之流动固定

　　住居之流动、固定有二原因:一在地理,一在生计。山居之民多固定,泽居之民多流动,此原于地理者也。沃土之民,以怀安而生系累,则固定多;瘠土之民,以困乏而思进取,则流动多,此原于生计者也。婺源山岭重叠,无大川流。就地理论,民情宜固定,迫于生计,遂不得不流动。流动者之经营,以木、墨、茶三种实业为多。流动者之分数,东、北两乡居多,童子垂髫,有离父母从乡人走数千里外自营生活者,此商界特色也。近今新学发明,士人亦翻然有远志,负书担囊,肩背相望,抑间有东渡大和,西赴欧美,以博求新智识者。

丑　共产析产之趋势

九世同居之说,吾国史册著为美谈,有矫情以相仿者矣。若婺民则无之,为父母者,及诸子婚娶毕,即为之析产,令自谋生活,已则传食于子,若汉陆贾故事。道光以前,婺邑商战大竞,家裕户饶,抑未始非析产之效。发逆而后,商业衰颓,十室九空,然析产之风则如故也。

寅　食用好尚之方针

婺民素质朴,最可嘉者,大腹贾在外开行栈,毛蓝土布长衫,红青土布马褂,双梁阔头粗布鞋,以会客于茶寮酒肆,笙歌罗绮之丛,至今苏松人传为笑话,亦以此重婺商焉。光绪以来此风浸微,邑人之好尚,爰分两种,其守旧者必足不出乡关,戮力于农圃,以为生者也,否则寒儒下士,恐欧风之污人者也。此外盖无人不喜洋货嗜新品矣。昔之婺富而俭,今之婺贫而奢,所出日多,所入日寡,如之,何其能继也?

卯　生产者不生产者之分数

吾国生计问题种种受外人朘削,而朘削之最酷者莫如鸦片。其他洋货不过攫吾财而已,鸦片则并吾民生产力而胥攫之,此殆中国之通患,而吾婺受患尤巨。下流贫民烟瘾特深,即令如限戒绝,此辈重疾初瘳,断难能力之骤长,非生聚十年,邑之元气何由复也。地既不便交通,民又无大资本,生计萧条,人浮于事。就表面计之,生产者十之八;就里面察之,能完全其生产力者,不过八分之三。

乙　从行为上观察民情

子　权利义务之观念

权利与义务相对待者也,邑之大患,莫甚于险陂贪狡之夫假义务为名,以行其争权攘利之术。办学堂目的,只在争公费;办邮政目的,只在拆私函;办警务目的,只在扣饷项、肥身家;办工艺、办戒烟目的,只在勒索捐款,布置私人。大言以欺众曰:"吾事事能尽义务。"绅董其貌,奴隶其心,紫夺朱,郑乱雅,履霜冰至,君子惧焉。

丑　诉讼事之诬实

婺邑民情故敦愿也,比年以来诉事日多,婚姻细故可勒罚千余洋,觞豆微争可牵累数十户,而借学争款、藉尸讹财之案,更司空见惯,靡月不闻。其巧者勾通丁幕,颠倒贤奸,不疑无兄,乃谓盗嫂,曾参纯孝,居然杀人,昔时敦愿之风澌灭殆尽。岂民情生而巧诈欤?实由二三劣绅演出此恶象,使邑人蒙玷也。翁归披籍而别贞淫,庞参拔薤而安良懦,是在学道爱人之君子。

寅　婚嫁之年龄

气候与身体有密切关系,故居热带之人,婚嫁必早;居寒带之人,婚嫁必迟。室家与学业尤有密切关系,故蛮野之国,婚嫁多早;文明之国,婚嫁多迟。就婺邑经纬度及社会情状计,婚嫁年龄男子应以廿四五岁、女子应以二十岁为适当。乃乡俗联姻,多尚同齿,婚嫁期在十七八岁为多。富贵之家,配合尤早,未胜舞象,已谱求凰,甫结鸦鬟,辄来雁币。子姓繁而尪羸强半,学殖落而进取难言,职此之由。至乡曲贫民,年逾三十配偶未谐者,又在在皆有。其因由经济困难,其果将使户口消灭。此又婺源隐忧,匹夫与有匡正之责者也。

卯　溺女之有无

痛哉中国有溺女之俗也!其残酷较黑种之杀人以祭,红种之猎人以食,殆尤过之。揆厥由来,近因在生计艰难,远因则在女职旷废。生发未燥,即针其耳、缠其跌,防闲其出入,学问艺术皆不得与男子同,贫民遂以女子为耗食累人之物,方生而致死之。其忍可恶,其愚抑可矜矣。婺民溺女者尚罕,然弃女则时有之。婺人女艰于抚字,往往乘夜绷褓挂富家门环,或置市面屠案,见者即出为倡捐洋银数元给乳养者领去,再就邻近劝捐若干作常年哺乳之资,领袖者一年看验一次,养成或为择偶,或即以配其子若孙。领袖者,例不干预,若卖为婢妾,则得出而禁止,然从未闻有鬻养女为婢妾者,此尚足征吾邑风气之厚。

丙　从成绩上观察民情

　子　职业趋重之点

　　婺自朱子后,政界、学界代有伟人,乡人荣之。生子皆欲读书,必不堪造就者,始遣之从事商途,若农若工,则更厌弃鄙夷,惟寄迹市廛挂名庠序者比比焉,生利日寡,分利日多,经济困难,实由于此。我邑冈峦重叠,其民精神坚忍,窃谓严樵采之禁,则林业可兴;辟风水之谬,则矿业可兴;组织公司优奖艺徒,则工业商业可兴。易曰:"穷则变,变则通。"因素喜读书之习而利用之,令读书者皆舍空文而注重实业,我邑其可量乎?

　丑　制造之品类

　　婺邑制造以茶、墨二者为特色。墨销售遍国中,制造最精,亦最宏。茶则焙法、花样陈陈相因,亟宜研究新法,以求优胜地步。他如莒根山之纸、朱村之草纸、洪源之火纸、源口玉坦之皮纸,皆取材植物,各具匠心,然出数有限,销路未畅,究不足言纸业。若夫龙尾之砚、中云之雨伞、甲道巡检司之油纸、山坑之火爆、思口宋家之铜锁,精且良矣,业此者寥寥,未能输入外埠,识者惜之。

丁　从团体上观察民情

　子　集会结社之目的

　　婺邑社会有以一邑为范围者,有以一乡一村为范围者。紫阳学社目的在辅助官治,文庙灯会目的在庄严祀事,劝学所目的在普及教育,自治研究所目的在讨论公益,物产分会目的在宏奖实业,统计分会目的在调查庶物,不缠足会目的在改良闺范,皆以一邑为范围者也。城乡之集善局以慈善为目的,水龙会、水筹会以拯火灾为目的,各乡文会以观摩文艺为目兮〔的〕,青苗会以保护农林为目的,桥会、路会以便行人、备水患为目的,皆以一乡一村为范围者也。惜风气未开,以私人集资结社为教育、政治、实业上之研究者寂然罕闻,而敛费酬神,若同年会、戏会、土地会、社会、灶会、胡帅会、李帅会等,则不一而足,其尤著者如城乡之四月八会、东乡汪口之三宝仙会、北乡清华之端阳会、南乡中云之重阳会，演戏至十余日，糜费至数百金，竭可惜之脂膏，以媚无知之土木，已属大愚。尤可恶者，会场一开，赌局林立，奸人倚为利薮，荡子因而破家。邑尹悬禁赌之示，而书役巧藉以抽头，营佐借弹压为名，而赌棍例有所馈献，伤风败俗，为害不可殚述。此俗不革，婺邑名誉减损多矣。

丑　交际间之状况

婺邑交际占大部分者有数端：一为对于外人。自董门建天主教堂，邑遂有白种人足迹，奸民借奉教为护符欺压乡里，邑人只有文明之争，绝无冲突之举，久之，司铎嘉居民平恕，严斥教徒之凶横者，民教遂至今相安。此与外人交际之颠末也。一为对于旅民。婺与江西之浮梁、乐平、德兴，浙江之开化等县，皆犬牙相错，邑人不注意工艺，故江西工民多佣食其间，其人性多粗犷，稍不如意，辄呶呶忿詈，而婺人处之淡然。又，婺水直接乐河，乐邑沿河村氓争运货、争赁纤，时有要挟婺舟阻截河道之暴动，而乐邑船户屯聚婺埠者，居人从不欺侵。至若商界旅婺者，布业有黟帮，盐业、酱业有休宁帮，烟业、丝业有泾帮，其人皆极和平，主客尤无窒碍。此与旅民交际之情状也。若夫豪强武断乡曲，劣绅把持官司，衙役欺赚村氓，奸商吞噬债项，虽或有之，必不黜于公论直道，其犹未泯已。

戊　从教育上观察民情

子　受学者百分之比例

婺邑女界多不识字，男界则喜读书。畴习〔昔〕科学〔举〕未停，应童子试者千余人，数家村落必有蒙塾。赣省名士舒梦兰《游婺纪事诗》云"最喜晚春风日好，采茶娘子听书声"，盖实录也。据光绪三十四年劝学所报告，公私学堂共五十八处，男女学生只一千四百零八名，然如城西明伦小学校，生徒廿余人，而报告称五十五人，则人数容有未实，各处私塾未列报告者尚多。以昔日受学者之数相比例，殊觉衰耗已甚，风气未开欤，抑办法未善也。姑就识字人数约计之，男界百分之七，女界百分之一。

丑　报纸之销数

我婺地僻民贫，阅报者鲜。前创设阅报社一处，未匝岁中辍。邮局又玩懈异常，故四乡有商业在外者多不由邑邮递送,惟《时报》二份,《神州日报》三分〔份〕,《汇报》二份,《新闻报》《中外日报》各一份而已。至若《外交报》、各种官报,除县署外,无人购阅。购报如此其少,递报如彼其艰,宜邑人故见自封,全无世界思想也。

己　从道德上观察民情

子　犯罪以何项为最多

有已受官府逮治之罪,有未受官府逮治而影响及于风俗之罪。小人失意不足以败风俗也,不幸小人得意,包揽词讼,而长吏延为上宾,败坏伦常,而雄狐列于冠带。乡民私心自忖以为彼上流人物尚作奸犯科,不畏人言,吾侪小人又何诛焉,则社会之行为不堪问矣。呜呼！庆封富而易内之风开,叔鱼尊而鬻狱之门启,谁为作俑？不得不叹息痛恨于二三小人矣。硁硁自好之彦,力挽狂澜且遭排击而不敢与争,吾深为地方自治前途危也。

丑　自杀之多寡

婺源民气宽柔,自杀者罕,然投水、服毒间见之于弱妇人。非妇人刚于男子也,其蹈此者,或因有所忿(如夫妻反目,翁姑诟谇之类),或因有所愧(如私隐被家人觉察或外人奸发),或因有所慑(如被豪强诬压,冤抑不能自伸),此皆女界无学使然,他日教育溥及,必无等性命于鸿毛、以细故而捐生者。

婺源风俗之习惯　宣统元年调查

婺源汪镜芙起草　静海刘汝骥审核

祭祀

婺邑为朱子父母之邦,又得江慎修、汪双池两先生起而继之,故礼教尤为修明,风俗最重祖庙,数家村落皆建祠以祀其先人。祠分大宗、支宗,主祭之人有以嫡为贵者,有以齿为贵者,有以爵为贵者。盖大宗、小宗之法亡,别子、继别之序紊,遂缘人情以定制也。祭之疏数无定,清明、冬至、始祖诞辰,无不肃然孝享,其他岁时荐新及因事致告,则不于庙,而于寝。俗少墓祭,但岁除必荐青精之饭,寒食必标白打之钱,祭祀之品节以文公家礼为宗,五乡大都相似。

丧葬

婺俗丧葬,士大夫家犹有礼意之存。人子遭丧,一切绞衾、衿冒、棺椁与夫衰麻之等、哭泣之节、饘粥之食、祭奠之期,皆有治丧者为之戒备。欲荣其亲者,则请贵人题主;欲存其亲者,则请文士志墓。五乡风气大略相同。至若迷信风水,顾忌时日,小数经年停丧不葬,或厝诸浅土,致为盗贼所发。素封之家往往供佛饭僧为亲忏悔,丧祭之日,多招吹手抁金伐鼓若演剧,然俱非美俗,此则急宜整顿者也。

婚嫁

婚礼尚门阀,齐年齿,下达之后,六礼必备,无论贫富,皆有其文。男女大约以十八九为期。及期,婿家彩舆往迎,妇至,婿揖以入。两家均用鼓乐,冠裳环佩,照耀门庭。城中为冠盖之地,东北多富商,尚奢华,西南较俭陋。近来业茶者多亦有渐趋于靡之势。惟女学未能发达,妇人有为争奁从、争礼数致当婚嫁而不婚嫁者。乡曲贫民子息既多,必乳养媳妇,或子未生而先抱媳,皆由于此。

居处

婺为万山丛薄之区,地主闭藏,人之生其间者,性情同之,居处亦复相类。居室之制,大都三间四合,缭以周墙,有深奥而无开敞,此通病也。乾嘉之间,五乡富庶,楼台拔地,栋宇连云。兵燹以来,壮丽之居,一朝颓尽,败垣破瓦,满目萧然。承平四五十载,元气卒不可复,生计既极艰难,商贾迥不如前,而十匠九柯,工价又数倍曩昔,居斯室者,但得甋砖作障、莞葭为墙足矣,亦可慨也。

服饰

变服而移赵俗,乃成并翟之谋;被发而祭伊川,早著为戎之兆,服饰非细事也。婺邑二十年前服饰崇朴素,富商大贾往来江淮吴越间,皆穿土布衫,虽茶寮酒肆之中,楚舞吴歌之地,莫不称为婺源朝奉。女亦钗荆裙布,不以金银珠翠为华。近各国通商,多染外洋习气,城中短衣窄裤几于在谷满谷,在坑满坑,女子亦穿长衫,不着下裳,风气大变,又有少年子弟剪发作刘海圈,殊非雅尚。东北与城乡相垺,惟西南地邻乐邑,尚多宽袍大袖、不达时变之人民。

饮食

婺为山麓之区,土瘠而硗,犁仅一尺,计一岁所入仅供四月之粮。岭以北取足于休宁,岭南则仰给于江右。饥馑凶年,有采蕨薇以食者。城中皆米食,不喜杂粮。乡间东北多山,贫民种玉蜀黍作饼食,西南高田种粟麦以充饔飧。就目前米价言,凿〔高〕者一石计洋三元七八角,低者三元三四角不等,此米之大较也。盐食浙产,以贫故无盐商,惟挑负逾岭,价溢而劳倍,向年每斤钱四五十文,近则三倍之,故村氓多淡食。酒取之于江西乐平县,本邑无烧锅蹴曲之事,近加倍抽捐,计通邑不过二十余万人,而捐洋至八九千之数,酒价因以大昂。其他猪、鱼、鸡、面、豆诸食物,皆从江西运来。出品惟茶为大宗。东方一明,群口嗷嗷,朝饔夕飧,惟邻省是赖。不幸有方千里之旱,卒然边境有急,关于民之生命者甚大,将何以图之?

岁时

岁时者,天之所同也,而习惯则视乎其人其地。采兰上巳,郑俗之所以淫;祭韭良辰,豳风之所以正,在上者不可无调剂之功焉。婺邑岁时习惯其成为通俗者,如立春荐生菜,元夜放花灯,清明插柳,端阳插艾,苋菜出荐新,嘉谷熟荐新,小除夕祭灶,除夕祭土地,均与《荆楚岁时记》无殊。其中可嘉者,若正月元辰,长幼入祠,以齿为序,交相揖拜,名曰团拜,拜毕饮酒,犹见燕毛之遗;清明之上冢挂钱,腊月之上冢点灯,犹见追远之意,俱为美俗。若三月三、四月八、五月端午、九月重阳之醵钱演戏,既属妄费,且有藉此以开场聚赌者,实为风俗之忧。

乐歌

自朝廷不采风,里巷歌谣久矣不作,间有士夫讴吟之暇,寻声制曲,可以被之管弦。如先儒汪双池所订琴谱已见流传,然曲高和寡,解者寥寥。世俗之乐不过鼓吹而已,皆卑贱工人为之。祭祀所用,多属俗调,惟北乡有工歌《鹿鸣》之三,东乡有序其祖宗功德令童子歌唱者,风犹近古。婚丧则皆用鼓乐。传称:"审乐以知政。"乐之正哇,关于时之理乱,固难言矣。

方言

婺无广漠大野,可以穷人一览,其居处大抵冈峦重叠,溪涧迂回,其民又大半深居简出,故言语不通,五乡各异,有同邑之人相语不辨谁何者。惟往来通都大邑之人,能操官音与人浃洽。今日教育家欲于学堂中添官话一门,使童子而习之。一遇交涉,不至钳口结舌,同于坐忘,是亦当务之急也。不然参军而作蛮语,其不惹人轩渠几希矣。

游宴

婺当嘉庆、道光之间,人文极盛,故诗酒之宴往来无虚日。琴书千里,鸡黍一樽,题名碧落之间,寄兴青泥之上,其见于文集者,犹令人向往。深之其民间,亦复饮蜡祈年,吹豳上寿,春酒年羹,熙熙然有承平象焉。今四民皆困穷,孜孜谋利之不暇,其劣者又惟嗜赌嗜烟,终日群居,更无复雅人深致。亲朋庆贺,不过循例招邀而已,不足语游宴也。

神道

观之《象辞》曰:"圣人以神道设教,而天下服矣。"此岂有迹象之可言哉!世俗之神道愈多,圣人之神道愈晦。即如我婺,其所奉为神道者,亦至夥矣,若元帝,若关帝,若汪王、周王,若观音、地藏,其为名不一,皆所谓神也。若朝香,若建醮,若度孤,若斋,若忏,其为事不一,皆所以事神也。近日斋教盛行,不时聚徒开堂拜佛。休宁云山住持负元帝像到处躁躏,名曰圆经。愚夫愚妇无不卑躬屈膝,一若有五通十殿之鉴。观其旁者,问以卑屈之由,曾不足当智者一哂。以有用之金钱奉无情之土木,有心世道者窃为病之。

宗教

婺邑沐紫阳夫子遗泽,士夫信道甚笃,绝不为奇邪所淆乱。所谓佛与道者,其徒党甚希。天主教自西乡董门竖造教堂始,一时势焰极盛,奉其教者,实繁有徒,其人皆下流社会未受教育之人,不众将渐就衰微。

婺源绅士办事之习惯 宣统元年调查

婺源董晋璧起草　静海刘汝骥审核

甲　属诸人者

子　资格

婺邑历年办事之人，多选于世职乡宦，举贡生员，择其老成、公正者充之。被举者亦多廉洁自爱，以保守名誉为方针。至阴险谄媚之徒，奔走要津，武断营私，此虽具有资格如无资格，士林羞之。

丑　责任

凡办一事，有一事之责任。共有之责任，如办选举之管理员、监察员，办统计之调查长、调查员之类是也。独有之责任，如劝学所专理学务，巡警局专理警务，毛茶捐局专理捐务之类是也。婺邑士绅对于应尽责任、力为担负者尚不乏人。

寅　任免

本年邑人士之被举任事者，如紫阳学社司理二，毛茶捐局经收二，高等小学堂堂长一、收支一，选举事物所所长三，巡警局管理员一。此地方公举之人，必任满而后免者也。办统计处人员，办工艺局人员，办禁烟局人员，此地方官所任之人，亦必任满而后免者也。凡办地方事者，除法定任免外，或自行辞职，公同斥退，皆秉于公论，难行其私。

卯　期限

绅士任事，有宜于久者，如学务堂长，不久必无成效也；有不宜于久者，如收支会计，过久恐为弊薮也。高等小校堂长每乡轮充一年，殊为未善，现拟以四年毕业期为限，限满再行公举，或连任，或另选，仍限以四年为期。各初等小学校长亦如之。其余管理收支者则一年一换，既免偏劳，亦无丛弊。

辰　功过

以本邑人办本邑事，但求免过，遑敢言功。若强以功过分之，则当以有无成绩为据。

西乡许村许源,独力捐资六千元立高等小学;北乡石佛俞国桢,独力捐资一千元,立初等小学。现由劝学所禀请奖励,皆学界之所谓功者也。若前之办巡警、办选举者,情形不同,皆靡费过巨,过亦难辞。

巳　有给无给

婺绅办事向多有给,给皆从廉。如高等小学堂长、学社司理,均月薪十二元;视学员及高等小学庶务、学社收支,均月薪十元;毛茶捐局经收二人,每年每人薪水百元,膳费二十五元,皆有给也,皆从廉也。若殷实董事之兼理众事者,如一村公产,一姓祠租,多无薪水,各乡小学管理员亦多无薪水。然以无薪水之故,遇事延宕,不可究诘,甚至阳受美名,阴图厚利。无给之取给,弊尤无穷,何如有给之尚有限制乎?若徒以无给为高也,则向来衙署之稿案、钱漕,差门各门丁,非皆无给者耶?

乙　属诸事者

子　宗旨

宗旨者,办事主张之意也。劝学所,则劝办小学以期普及也;警察局,则对于地方维持安宁,排除危害也;自治公所,则以筹办实行自治,裨助官治,增进公益也;女子小学堂,则以养成女子之德操智能,留意使身体发育也;劝导不缠足会,则遵照集会定章不涉他事,以解脱缠足之苦厄,谋婚嫁之便益也,此皆宗旨之宜实行者也。婺邑各事虽有其名,难副其实。

丑　权限

今日诟病时政之细人鳃鳃过虑,不曰"绅权膨胀",则曰"绅权日张",一似无从限制也者。庸讵知其大谬不然耶?今之廉洁自爱者,吾惟虑其不与外事耳,非甚不肖,亦何至不守权限乎?其有结党营私、抗玩官府者,此劣绅牟利之行为,开口闭口曰"官权当尊,官权当尊。"考其实际,遇词讼等事,某官厚我之声,到处招摇,不逢犀照,未易知此谦恭下气之人,内容乃尔尔也。今欲权限分明以为自治基础,当毋堕入奸人之术中。

寅　能力

婺之办事有能力者,大都厌新喜故,以不屑办事为高,否则敷衍存心,牢不可破,一二志士,中流砥柱,能力几穷。如办学务,则夙儒诟病,宵小乘机托名义务,黑白混淆,此学务能力未易言者也。如办宪政,则选举事物所事属创闻,人皆疑惧,初则财产匿不实报,继则投票畏不肯来,乃至一事物所费洋六百余元,十区区费、肩舆费、复选旅费又用洋一千二百数十元,糜费之多,骇人听视,此宪政能力之未易言者也。如谓朝奉一谕,暮挂一牌,饰一外观,便为办一正事,一胥吏优为之矣。讵知子衿佻达,精力久疲,局所空存,榛芜不治,名为有种种之能力,实则无一种之能力。

卯　秩序

婺事之有秩序者,以城乡集善局为最。发起人捐资提倡,赞助人协力维持,手续几经,规模乃具,其助育婴、种牛痘、收字纸、救火灾、施棺木,种种慈善之举,皆能按序实行。此后维持而推广之,则自治之基础立矣。

辰　效果

城厢程、董、汪、王四姓小学同于丁未年开办,比较成绩,初年则汪校居殿,旧今两载,力求美善,已并驾而齐驱矣。东乡江湾小学,北乡山坑小学,亦"两美"并称。此教育之效果也。城内同善路局,造路通沟,时有进步;东乡谭公岭工程,募资重新,行旅便之。此又道路工程之效果也。他如卫生之不讲求,农工之不振作,积谷义仓之勘实惠,巡警邮政之存空名,以云效果,尚待将来。

巳　有继续力无继续力

婺沐紫阳遗泽,于名教公益之事最易集合,如紫阳学社,名宦、乡贤、昭忠、节孝等祠,如各姓宗祠,经理维持,皆历久不懈。士商旅外者,有会馆以联乡谊,善堂以归旅榇,睠怀桑梓,厚意殷拳。由是观之,婺人固富于继续力矣。其无继续力者,则皆奉官命之所立者也。如因利局之戒烟,如惠民局之栽桑,如积谷仓之备荒,当时似有似无,官去则竟废之,此岂办事者之咎耶!

午　规则

　　局所学堂本不能兼及之事,近则一人手揽之,为袒护私人之计,地方人士啧有烦言,而彼所办之局所学堂报告成绩,于上台仍独称完善,如斯模范,流弊奚穷,玩法舞文,诚达极点。仅自规则之表面观之,诚不足据也。

未　经费

　　婺邑地方公费恃毛茶捐为大宗。城东高等小校每年提拨洋二千五百元,巡警局每年提拨洋一千二百五十元,巡警教习每年提拨薪膳银一百二十两,修造文公庙每年提拨洋五百元,教堂赔款每年解缴洋一千五百元,劝学所每年请拨洋五百元。近年商情日困,生计日艰,劝学所禀定之款两年均未能拨足,地方公费日形支绌矣。紫阳学社及各姓各都教育费,出于茶者十之七,出于租者十之三,每年通计约洋数千元,又皆有绌无赢,尚须补助。本年创办城厢工艺局,县署捐廉百元以为之倡,现在城厢户口捐及铺捐每月约收钱八拾余千文,罗掘之力可谓已穷。设令此后加抽地方税,势必酿事,虽有智者,无可为借箸之筹,此地方财力万分困难之现象也。查婺邑茶、木、肉三项捐,岁收钱六百千,解作郡垣警费,现准免解,专作本县教练所之用。又查元年七月十四日,新任县魏令正鸿在紫阳学社开会,慨然允拨丁粮赢余八百洋归统计处公用。婺之士绅,咸致颂词焉。

祁门民情之习惯　宣统元年调查

祁门方振均起草　静海刘汝骥审核

甲　从生活上观察民情

　　子　住居之流动固定

　　　祁门近城一都居民大半经商赣、浙、沪、汉诸地。东乡向分内外,类营商在外,又游宦者多,故住居多流动;南乡、西乡民情最古,北乡农家者流只知稼穑,不务诗书,故住居多固定。近有不避险阻、远游万里之外者,此亦民情变易之一证。

丑　共产析产之趋势

贫窭之家以多男而累,富厚之家甚至兄弟拘〔构〕讼,较及锱铢,故共产者少,而析产者较多。

寅　食用好尚之方针

旧志:"家居务俭啬,茹淡,操作日再食,食惟饘粥,客至不为黍,不畜乘马,不畜鹅鹜,贫窭数月不见鱼肉。"此昔日之俭约也。近今民风稍奢,喜用洋货,惟城一都为最。西、南两乡茶业最盛,北乡无大宗出产,而好尚亦喜新奇,至各乡佃民多购土货,犹有羲皇之遗风焉。

卯　生产不生产之分数

城一都、东乡居民大率以经商为生产,西、南、北各乡居民大率以种植为生产。就一邑而统计之,为士者约十分之一,为工商者约十分之二,为农者约十分之五,其不生产者约及二分。

乙　从行为上观察民情

子　权利义务之观念

祁绅办事尽义务者较多。近日一二少年误会"权利"二字,未办一事,先行科派,似与"义务""权利"真解尚未分明。

丑　诉讼事之诬实

讼事以山墓田宅为多,事起渺忽,滋蔓不休,理直者虽居多数,被诬受累者似亦不少。就三十三年而论,田土钱债、口角细故等案共五十起,内原直被曲十二,原曲被直六,中息十,原被平十七,注销二,未结二,两两比较,控情实者占十分之二,诬者占十分之一。

寅　婚嫁之年龄

富厚之家往往男未及冠、女未及笄即议婚嫁,筋力未强,疾病丛生,积习相沿,殊难骤化。

卯　溺女之有无

旧志："山限壤隔,民不染他俗。"女子贞洁不淫佚。虽饥馑之年,从无抛弃骨肉之事,溺女之风,向来所无。至贫民无力抚养,间有寄人养育称为义女者。

丙　从成绩上观察民情

子　职业趋重之点

祁田高亢,快牛利剡不得用,入甚薄,岁馑粉蕨葛佐食,故乡民趋重在农。天将曙,举家爨火,致力于山场。此外以植茶为大宗,东乡绿茶得利最厚,西乡红茶出产甚丰,皆运售浔、汉、沪、港等处。

丑　制造之品类

祁民性椎鲁,无机巧制造,惟东乡土坑、张岭脚等处制造磁土运往景德镇,此为祁邑之特产,此外西乡制土布,冯家窟制斗笠,七里桥制油纸,南乡栗树坦、董家湾、溶口、卢溪等处制造本河小船及竹簰,东乡仙洞源制日用竹器,北路芝溪造皮纸,皆非大宗出品也。至乡妇编稻草鞋,无乡无之。

丁　从团体上观察民情

子　集会结社之目的

自集会结社之说兴,民始知有团结之义,商会、物产会现在组织,统计学会现在举行,总以开民智、谋公益为目的。关帝、土地、中元、灶社等会,名目事本报赛,迹近迷信,行之已四五百年,亦难骤加禁止。

丑　交际间之状况

祁邑扃万山,土弱客强,因此缠讼者有之,所幸婚姻联合相习既久,交际均有感情。至于民教之交际,近数年来洋人罕至,渐亦相安。

戊　从教育上观察民情

子　受学者百分之比例

祁处偏隅,素瘠苦,蒙童入学,随处皆然,惟城阓与乡曲微有不同,大约士商子弟受学者约居十分之九,农工子弟受学者不过十之三四。

丑　报纸之销数

祁虽山邑，向喜阅京报、阁钞，自沪上报馆接踵而起，购阅者亦渐多。就所查悉者，除县学两署及城乡各学堂外，城内销报十四家：东乡浒溪销报两家，南乡平里、鳙溪等处销报六家，西乡历口、闪里等处销报四家，北乡善和等处销报两家。

己　从道德上观察民情

子　犯罪以何项为最多

祁民畏法律。旧志载"无巨恶大憝"，是其明证。地处万山，争山业而斗殴者居多。西、南两乡，江右游民勾结为患。赌博一项，亦复不少。若奸拐盗案，本不常见。

丑　自杀之多寡

祁民向称良善。年轻子弟诱入赌场，因输空而轻生者有之；无知妇女或姑媳勃豀，或夫妻反目，一时忿不顾身投环〔缳〕赴水者有之。情急自尽，均非意存图赖，一岁之中，亦不多见。

祁门风俗之习惯　宣统元年调查

祁门方振均起草　静海刘汝骥审核

祭祀

凡事死之礼厚于奉生。冬至贺长至，祀始祖，主人诣祠堂启椟，荐时食致祭。春祭先祖，季秋祭祢，间亦行之。忌日有祭，不与诸祭同。元旦集子孙，祭先祖，序长幼，团拜祠堂。清明墓祭，除草棘，添土，具酒粿以祭，标楮于茔。凡祠祭，族长主祭，或文会尊长陪祀，俗用纸扎金银山、绸缎架陈设在旁，赞礼四人，主祭者盥洗上香，三献迎送神，四拜礼毕，颁胙。

丧葬

丧事，初终迁居正寝，戒内外，属纩，乃含《家礼》。含饭，祁俗用银钱代之。丧主治棺以油杉为最，小殓衾衬三五层不等，家资丰者，间用绸绫裹以丝棉，实以石灰。停柩在堂，设孝帏以障内外,俟设新奠而去之。置灵座,设魂帛,灵座设真容,亦曰寄颜。程子曰,若有一毫不似,则为他人也。殓毕,设新奠,主人以下各归丧次,亲戚僚友皆往吊,送赙敬。知礼之家不作佛事,殡日持功布,用方相,亲友相送如常。栗主题于家,于亲友中择有德者为之。祁俗又有择地待葬者,厝棺在外,架木覆瓦,四周砌泥砖,惑于阴阳家之说,或历数十年未得一佳城。既得地开茔域,亲友具馔送葬。葬则填石灰泥土,面筑草饼甚坚,立石碣于墓前。

婚娶

祁门婚娶皆沿古礼。男女及岁,必先使媒氏议婚通好。订纳采礼向用首饰衣物,今代以洋元。嗣具纳币帖,既媒氏约期迎娶,曰"星期"。亲迎之礼,先一日,女氏使人张陈婿室。届期,备彩舆、鼓乐引导仆人登门具礼帖,并陈堂敬三幅、燎敬一幅以及红柴、脯鱼、盐烛之类,女氏受毕,族人迎舆入门。翌日昧爽,母导女于堂,灯烛齐辉,告语登舆,从者以其家女仆为之,往送婿家行合卺礼。次日,贺客盈庭,款待面饭。日中,新人诣堂前庙见,男左女右,拜天地、拜祖先,并谒舅姑、尊长辈,以及交拜,礼节如常。文中子曰:"婚姻而论财,蛮貊之道也。"祁俗士大夫知礼之家向不论财,自是美俗。近日有习染贪鄙者,是乃驵侩卖婢鬻奴之所为,岂得谓之婚礼?

居处

祁邑城人烟稠密,四处交通,居处皆楼房,厚以垣墉,高以梁栋,不事雕饰,间有油漆以壮观者。民房多三间,亦有四会各式,门前筑围院,出入通行皆石板。俗重宗祊,著姓皆有宗祠、支祠,以萃子姓、联宗族,遗书、祭器皆备。旧建民房,天井狭窄,光线黑暗,近年大为改观,士大夫之家未有不高大门闾明窗净几者。东乡双溪诸村多名家大族,居处与城闉相似,家藏器具有流传至数百年者;南乡侯潭,地近江右,舟楫易通,第宅相连,大有广厦万间之象;西乡历口,今日业茶获利者屋宇亦多壮丽。其余农家者流开门见山,终日荷锄田亩。有客问津此地,水尽山穷,又有柳暗花明之处。

服饰

祁俗向称俭朴,男子长衫多客布,棉袍多灰色布,马褂、外套多以青布、天青呢、布呢为之。近日渐见繁华,各色客布、洋布销售颇多,宁绸、线绉、官纱、纺绸间亦用之,乡村农民只知用本地土布而已。妇女衣服纯用布制,冬裘夏葛不多见,搢绅之家较为华丽,至乡农妇女,蒙头跣足,别有一种情状。乡先辈有《竹枝词》:"蓝布包头青布垂,家家呼唤卖柴姨。"祁门乡俗,于此可见一班〔斑〕。

饮食

祁居僻壤,山多田少,农夫终岁勤动,仅敷三月之粮,其余仰给于江西。三十三年饶州遇籴不通,民将绝食,旋经电禀请照常通市,永远立案,民困复苏,此祁门米食为民命第一关键。春夏之交,谷雨前采毛尖,清和采红茶,惟东乡绿茶价昂,购食者少。谷之属为粳稻、籼稻、糯稻。邑之田高者宜早籼,然五日不雨则苗槁矣;低而沉者宜粳、宜糯;仰于陂塘、溪堨者宜寒籼、早糯。然山源之田叠石为塍,如接梯然,凡数十级不盈一亩,牛不可耕而手锄之,物力艰难,兹邑为甚。

岁时

岁时礼俗各处不同,而乡俗所宜,历久不变。正月元日,尊长率卑幼拜祖,礼毕,天将曙,向东方招吉兆,谒祠宇,交相贺岁。人日,收祖容。正月上旬,迎元帅坛,行儺演剧。上元夜,东街五显庙鼓乐张灯,花爆喧阗。十八日,祀越国汪公。二月中和节,祀土地神,集资演戏。春社,祀社神,祭毕馂余,秋社,如之。凡新封之墓,新厝之棺,均于春社前标扫。三月清明,插柳以避邪,陈粿以祭墓,祭毕颁胙粿。是时农夫皆浸种下早秧,谷雨前后采茶。立夏日,造夏粿,新妇、母氏备馈送。浴佛日,造乌饭相馈。四月十五日船会,迎竹于市,钲鼓相送,备制神船。自宋大观始,五月初一日福会,以彩楮制元帅像,舁游四隅,船会扮十二神,诵唪啰曲以驱疫,闰年倍之。端午日,观龙舟竞渡,是日迎神船袭画似鳅,载而游诸市,钲鼓导引。六月六日,晒衣服书籍。七月中元节,祀祖,设盂兰会,偶遇天旱,乡民戴柳,钲鼓喧哗,祷雨于坛,闰年演目连戏。中秋夕,家家陈瓜果拜月,乡民缚稻草为龙,舞游溪涧,东向送之,以祈丰年。重九登高,游人颇众。十月下元节,祭墓、建醮、赈孤。冬至拜始祖。腊八扫宇尘,杂香蔬调粥。二十三夕送灶。二十四日供祖像于堂。除日贴桃符,饮团年酒,燃爆守岁。

乐歌

治世之音安以乐。当今之世，宜为安乐之世也。迩来《奏定章程》中小学堂皆有唱歌音乐一门。祁邑自开办学堂以来，故有雅正之乐歌，其《古诗源》《古谣谚》两书及李白、孟郊诸人乐府，皆协律可歌，以助儿童之发育。至用于婚姻丧祭者，悉杂乱之声，乐有喇叭、竹笛数种，歌操土音而已。

方言

祁处万山，土音极重，甚至相去一二里，邑人对语，骤难领会。城乡自呼为"我"，南乡自呼为"阿"，西乡自呼为"侪"，东、北两乡各自为呼。东乡地近休邑，言语和平；西、南两乡地邻江右，言词似觉粗雄；近城一带平易近人，与城闱相似；北乡地居峻岭，人民朴实，出言似无夸诈。近日风气渐开，宦商子弟好习英文、英语，亦有习东洋语言文字者。

游宴

祁有梅城十二景，训导何雍作诗以咏，惟青萝线天最饶胜境，文人学士多喜宴游。出南门里许有凤泉亭，再蹑云梯有宣王古庙，庙侧有凉亭一所，众山一览，如数罗纹。春日游人题诗置酒，颇得雅人深致。城西十里有志和隐宅，自号"烟波钓徒"。东乡九都距城二十五里许村坞孝慈池，题诗甚夥。祁西四十里岳忠武王题壁处、方岳之归来馆、环谷之聚德堂，凡此皆可为游宴之地。

神道

社稷坛在十王寺侧，先农坛在五里牌，厉坛在青塘坞口，关帝庙在城西北隅，文昌宫在庆安祠右，城隍庙在崇法院故址，火神庙在秀墩街，刘猛将军庙在五里牌，地方官以时致祭，此普通之祀事也。忠烈庙祀越国公，双忠庙祀张巡、许远，周侯庙祀宋镇川侯周继忠，此外有遗爱祠、梅列侯祠、长史吴公祠、曾文正祠，皆有功德于祁民者，特别之祀事也。其余不经之祀，不胜枚举。总之，祁门地方最重神道，岳帝、祖师、地藏、五显、土地，莫不有会。愚夫愚妇最畏神明，每遇疾病，诚心祷祀，一似神道骤从天降者，虽民智未开，亦足见民情之纯朴也。

宗教

祁门为文公礼教之邦,如方岳、汪客宽、余光、谢芊、谢琎、汪时中、谢复、叶琦诸大儒,类皆继绳紫阳,相与发明,孔教学士,文人代有,传授大抵以紫阳为宗。至道士飞升、释氏轮回之说,皆为儒者所不信。回教向不经见。天主、耶稣两教,咸同以来入教者甚属寥寥,光绪己亥年间教风最盛,庚子以还,教风渐杀,彼此往来,渐见融洽。

祁门绅士办事之习惯 宣统元年调查

祁门方振均起草　静海刘汝骥审核

甲　属诸人者

子　资格

祁邑办事绅董无一定资格,惟年齿最重,实风俗使然。

丑　责任

绅士办事原不可无责任,就现今言之,其自称义务云云者,尚难概绳以责任。

寅　任免

祁地办公士绅类多枵腹从公,或奉官谕,或应公举,新政复杂,得人最难,究之,或任或免,听其自便。

卯　期限

祁地士绅办公向无一定期限,故事事恒落人后。

辰　功过

功则归己,过则归人,此祁绅之习惯。至三五劣绅颠倒是非,尤大失情理之平。

巳　有给无给

地方办事,除学堂各职员外,向无薪水。至学会、物产、统计各要政,不特无薪水可给,抑且无经费可筹。

乙　属诸事者

子　宗旨

凡新政各事,貌是神非,毫无一定宗旨,藉新名词作口头禅而已。

丑　权限

尊官畏官,事事禀命而行,此祁民之性质。惟此乡与彼乡往往意见未化,畛域攸分,此权限不明之故。

寅　能力

祁邑办事士绅能力薄弱,捐私财以图公益者尤不多见。徽州府物产会,祁门摊费洋二百元,茶商汪克安独力认捐,蒙府宪颁发名誉执照,士论多之。

卯　秩叙〔序〕

学堂堂长则甲仆而乙倾,商会总理则此举而彼讦,操戈相向,治丝而棼,毫无秩序之可言。

辰　效果

育婴堂筹资寄养,同善局合力施棺,修东路通衢以便行旅,建南河闾坝以利商民。咸丰三年间,曾文正公驻节祁门,多恃乡团为侦探。光绪三十二年赣匪窜入祁境,亦藉乡团抵御,指日荡平。此皆已成之效果也。至于扩充学务、推广戒烟,及巡警改良、户口调查、自治研究章程,其效果尚俟之异日。

巳　有继续力无继续力

祁邑地方瘠苦,凡事无继续力。自光绪三十一年开办学堂,地方公款尽数拨入,费足则事易举,为合邑之最有继续力者。此外办理公益诸多棘手,虽有巧妇,不能作无米之炊,宜其无继续力也。

午　规则

祁邑聚族而居,守家礼遗规,最重宗族,遗书、祭器,灿然备陈。凡婚姻丧祭,皆区分子目,著于祠规。他如客民之种植山场,议立规约;商民之赁租店产,恪守规条,似有自治之规则焉。

未　经费

学务经费,惟官立高等小学为最,岁入墨银三千余元;西乡学堂抽园户茶捐,岁墨银二千余元;南乡学堂,岁墨银一千八百余元;东乡初等小学四所,约共墨银六百元,皆取之园户茶捐。他如慈善经费,同善局递年息银三百余元,育婴堂存店生息墨银三百元,又,租谷折价约墨银十二元,警察经费由商家月捐,约计四十余元。至于各处排年会、船会、福会及各乡文约,最多二三百金,最少二三金。总之,地方瘠苦,居民日用维艰,竭泽而渔,亦将有涸鲋之叹矣。

黟县民情之习惯　宣统元年调查

黟县余攀荣起草　静海刘汝骥审核

甲　从生活上观察民情

　子　住居之流动固定

黟之置邑在秦汉时,人民多聚族而居,汪越国程灵洗之子姓支派最为蕃衍,此外若胡、孙、余、舒、卢、黄、叶、李各著姓,皆数千百年,故家旧族,祠墓田庐,兢兢世守,每不肯轻弃其乡,故旅行作客者甚多,而流寓在外者终少。

　丑　共产析产之趋势

黟人析产较多于共产,同居分爨者则十室而九。

　寅　食用好尚之方针

黟俗尚俭朴,有古风,称为小桃源。食用一切,土货居多,学商两界,喜用洋货,渐有由俭入奢之势。

　卯　生产者不生产者之分数

黟民耐劳苦善聚积,其地素鲜游民,近十都、十一都地方游手好闲、专事赌博者,实繁有徒,黟人呼之为"小地痞"。

乙　从行为上观察民情

子　权利义务之观念

黟民尚义,施茶施棺,代族邻完课输米石,赈饥民,桥梁峻岭或独力捐修者,所在多有,至借义务之名争夺权利者,黟人耻之。

丑　诉讼之诬实

黟民尚气好胜,往往两造互控,上诉不休,而到案者十无一二,盖图批而不图审,诬多实少,或由于此,亦讼师因以为利耳。然愿朴素之民安分守法,不敢望见官府颜色者,亦不少也。

寅　婚嫁之年龄

男子三十而娶,女子二十而嫁。今黟俗男女婚嫁皆在十七八岁以上。

卯　溺女之有无

黟之女子尤号能俭,居乡者数月不见鱼肉,襁负馌耕,负薪担粪,皆女子任之,徽俗能蓄积,盖亦由内德焉。故生女同为父母所爱怜,绝无溺女之弊。

丙　从成绩上观察民情

子　职业趋重之点

黟多山田,土刚不化,农人终岁勤劬,供不给求,故商重于农。男子自髫龄时即出外学商,其经商各埠者,颇能占优胜地位。

丑　制造之品类

黟邑制造向有棉布手巾、麻布口袋之类,皆无足称。邑志载《春渚纪闻》有云:"黟川布衣张谷制墨得李氏法。"今黟邑无造墨者。又《新安志》言:"黟、歙多良纸,有凝霜、澄心之号,长者五十尺,自首至尾匀薄如一。"今黟邑并无造纸者,惟县产石,色青,中含铜汞如碎金,取作磬,声清越,稍次灵壁产。西递石工能以其石制笛箫,刻前人诗句于其上,甚精巧,又以非日用品销售甚寡,制造将失传,惜无人以奖进之也。

丁　从团体上观察民情

子　集会结社之目的

黟之正当集会结社,如自治研究所、教育分会、商务分会均已成立,至迎神赛会,迷信之事，仍未尽袪。

 丑 交际间之状况

  黟地扃万山，无中外之交涉，惟土客杂居，易生恶感。

戊 从教育上观察民情

 子 受学者百分之比例

  黟之能受学者大约百人中有六七十人以上之谱，此科举时代然也。近自改办学堂以来，日日谋教育，讲普及，乡曲贫寒子弟识字者日见其少，吾为此惧。

 丑 报纸之销数

  黟之经商客外者，每以阅过之报寄回家乡，故报纸可阅者甚多，由沪上邮局递到报纸，亦有十数分〔份〕。

己 从道德上观察民情

 子 犯罪以何项为最多

  黟民向畏罪，不轻犯法，近则盗贼奸杀之案时有所闻。其故由男子出外，失业游民与外来匪党遂趁虚而入，非严密稽查，后患未已。

 丑 自杀之多寡

  黟之妇女短见以轻生者时有所闻，若男子之自杀尚不多见。

黟县风俗之习惯 宣统元年调查

黟县余攀荣起草 静海刘汝骥审核

祭祀

凡祠庙岁时普通祭祀，悉遵典礼，丧祭则本文公家礼，用吉服，相沿已久。

丧葬

丧礼殡殓于众厅者十姓而九，亲族送吊，饷以素食。山地厄隘，择葬地实难，形家说又杂出，亲殁不即葬，多为厝屋，至有覆茅者。

婚娶

冠笄皆行古礼。吉期前三日或一日主婚者延宾,黎明布席焚香,延宾为男冠女笄,礼成醴宾。女既笄,母以客礼待之。男女家皆告庙,男送舆,女升舆,皆于众厅。

居处

屋宇务崇峻,室必有层楼,惟天井窄狭,光线不足,墙垣率外砖中土,俗名"灌斗",不甚坚固。

服饰

衣服尚简朴,惟女子首饰一具,金珠累累,值数百千金之多。

饮食

以麦食,佐米食,仅足三月之粮,其余贩运江西。

岁时

黟俗以正月二十日为天穿节。清明汲水酿酒,为一年祭祀之用,或得色红甘冽者,谓之红娘过缸酒,族邻相贺,是日男女皆上冢,客远方者亦归来挂扫。夏至作白叶果相馈送,冬至晒腊八豆腐,元旦人人贺新,端午、中秋如平时,但互馈节礼。

乐歌

大姓多世仆,皆习乐歌。凡婚嫁喜庆,必令奏乐唱歌。

方言

黟地土音大抵沿唐宋之旧,佶屈聱牙,不易辨晓,如朝奉、孺人等名称,读书人皆笑之。

游宴

往时宴客尚俭约,八碟四大盘用海菜者盖寡,近则一餐有费万钱者,至洋酒番菜,尚未灌输。

神道

黟俗多联会赛神,汪公华、张公巡、许公远、关圣帝、周宣灵王,忠孝大节,素为黟民所崇奉。康公深自山右,与张公巡同迎归者,称"张康菩萨"。张公巡为太子舍人,西安有宋碑,称张巡为三太子,故又祀三太子。其尤为不经者,七都复有游太阳、降童之事。岁六月酷暑时,异各神像出游,数日乃还,谓之"游太阳"。又有村巫行术,降神附童子身,踯跳若狂,谓之"降童"。别煎大釜油,下豆腐,赤手入沸油,取出俵分而手不烂。左道惑人,此俗亟宜禁革。

宗教

奉孔教为宗,信佛者多愚夫愚妇,其奉天主、耶稣各教者盖不多见。

黟县绅士办事之习惯　宣统元年调查

黟县余攀荣起草　静海刘汝骥审核

甲　属诸人者

　子　资格

绅士资格向以举贡生监为限,其解组归田、乡望素孚者,亦往往出而任事。

　丑　责任

遇事能负责任者十无一二,"天下兴亡,匹夫有责",此义固难尽人而譬喻之。

　寅　任免

绅士之办公事者,除法定任免外,或自行辞职,或公同斥退,皆一秉大公,毫无成见。

　卯　期限

办学有期限,商董有期限,自治议员、总董皆有期限。至旧日都董,为本地方办事者,并无一定期限。

　辰　功过

以本地绅士办本地公事,但期无过,不敢言功。

　巳　有给无给

黟邑绅士办事向不开支薪水,官民从无间言。

乙　属诸事者

　子　宗旨

事无论新旧,以官民两利为宗旨。其宗旨奇邪者,士人鄙之。

丑　权限

绅士办事皆遵照部定章程，或恪守长官命令，从无侵越权限者。

寅　能力

凡两造争执事件，官有判断之权，绅士但任调和之责，此绅士之能力也。至筹款一事，惟取信孚，毫无强迫。

卯　秩序

黟绅办事皆循秩序，不敢卤莽以求功，亦不敢因循以废事。

辰　效果

凡学界、商界、警界及自治一切新政，时方萌芽，其效果尚俟之异日。

巳　有继续力无继续力

黟邑桥路塘堨最坚固完好，经理其事者历久不懈，其余各事，无继续力者居多。

午　规则

凡宗祠、文会、社仓、善堂规则，皆郑重分明，有条不紊。

未　经费

黟无大宗公款，自书院改为学堂，所有公款一网打尽。此外各项新政，皆不名一钱，故处处棘手。一文肉捐向解郡垣警费，现批准作本县教练所之用。自治公所、统计处，皆士绅解囊佽助，责重力棉，恐难持久。

绩溪民情之习惯　宣统元年调查

绩溪朱瑞麒编纂　静海刘汝骥审核

甲　从生活上观察民情

　子　住居之流动固定

绩邑士人除应试外，足不出里闬，农工妇女亦终岁家居，不知乡里外有何世界，其性质似好静不好动。第以地方瘠苦，田少山多，饥来驱人，又不得不奔走他乡以自谋生计。儿童十一二岁即出为学徒，三年两归，已成通例。而老生学究犹守闭关主义，故学生之负笈远游者,总难于绝裾;父老之久客他乡者,必遗言归骨。论绩民之天性,流动少而固定多;观趋势之大同,固定四而流动六。

丑　共产析产之趋势

从旧学说,共产乃室家盛事;从新学说,析产乃生活萌芽。我绩析产者十之八九,共产者不过百分之二三,宜其经济活泼而发达矣。然兄弟叔侄之析产者,商铺仍合资,不肖者彼此妒忌,大都貌合神离,至商业倒闭而止,徽商年来之不振,半由于此。以性质言之,绩民似喜独立;以表面观之,绩民又类合群。吾无以定其趋势,请断之曰:析产者,无独立特根性;共产者,无合群道德心。

寅　食用好尚之方针

昔人有言:"今之理财者,每患在来处,不知所患在去处。"胥是以言食用之关系,非细故也。绩俗啬俭,犹有古风。道光、咸丰间,衣必土布,用必土货,其好尚惟以朴实坚固者为合度。兵燹以后,洋货充韧,货巧而价廉,殷商显宦倡之,士庶亦效之。盖绩人算小不算大,无爱国爱群心,后生新进,复袭泰西皮毛,衣洋衣,食洋货,其食用必期混同于欧俗。其影响于生计者,不至民穷财尽不已。欲端好尚,是在有转移风俗之责者。

卯　生产不生产者之分数

旧学说曰:"无旷土,无游民,则财恒足";新学说曰:"人人有职业,即人人担责任",乃足言治安新旧无二理也。就吾绩现状言之,生产者约十分之三,不生产者约十分之七,故生计日即于贫。父母爱惜男女,祝若掌珍,孩提时既无家庭教育,长谋职业,辄废半途,于是不士、不商、不工、不农之人无所事事,渐趋于烟、赌两途,此吾绩内容也。惟西北乡蚕桑日有进步,为新辟之利源;东南乡蚕桑亦略有起色,果极力推广,亦土货出口之大宗。

乙　从行为上观察民情

子　权利义务之观念

权利者,义务之对待;义务者,权利之匹配。天下固无无权利之义务,亦不能别义务而为权利也。绩人于权利、义务观念尚未分明,假公济私,以私害公,比比皆是,观察于历来习惯而知之。

丑　诉讼事之诬实

绩之民情素非刁健,谚有云:"横打官司直耕田",即此可见世风之变。口角微嫌,本民事也,而架为刑事;钱土细故,可遵断也,而故违判断。甚至一诉讼事也,有数个目的物之请求;一原被告也,有多数连带人之牵涉。呈词则支离闪烁,传审则躲避宕延,其实由讼棍吏胥百端煽惑,当事人既堕术中,每有欲罢不能之叹。诉讼之诬而不实,吾不忍谓民情之巧诈,吾亦不敢谓民情为正直,悯而怜之曰"下愚"。

寅　婚嫁之年龄

婚嫁年龄,古训详于三礼,新章于军界亦订定期。我闻在昔绩人婚嫁每在二十岁外,粤匪而后,户口凋零,家家俱望添丁,婚嫁年龄较早,久则沿为习惯。绩人又素无远志,学问、经济之企望,其取偿也易盈,为父母者,但早为子女完婚,子孙众多,含饴是乐。其愿已足,痨瘵病多,人种日弱。学问牵于爱欲,而程度日低;经济繁于食齿,而困难日甚,揠苗助长,绩人抑颠之甚也。

卯　溺女之有无

乾道成男,坤道成女,虽不必说主平权,其实原为敌体。绩之民情重生男,不重生女,俗有"赔钱货"之呼,憎而贱之,又以食用之艰,遂不恤害理忍心之举,此道光、咸丰间情事也。中兴以后,元气未复,婚约聘金,有增无减,民间乃稍稍重女,冀得多金,故溺女之风绝无仅有。近又有抱女养媳之一种习惯,大抵为节损婚费起见也。

丙　从成绩上观察民情

子　职业趋重之点

徽人以商名天下,盖徽人性耐艰苦,又好劳动,绩为徽州府属,趋重之点可知也。就百分比例之,除无职业者若干人,农约三十,商约三十,士约一十,工则百分中不过数人焉。从前业工艺者最多,今则他邑之缝工、木工、竹工、砖工及种种工匠转谋衣食于绩。商无工,则运动皆生货;农无工,则植物无熟货。绩人未明其理,故所趋在商而店铺时闻倒闭,所重在农而田亩半即荒芜。是其弊不在无商、无农,而在无工。

丑 制造之品类

绩邑芙蓉布、铁锁久有名于邻省,今则业此者鲜。惟近年所产之丝,缫工称绩庄者,于湖州能占优胜。爆竹俗名双响烟火,绩人为制造专家。西北各乡贩马革以抽鞋梁,抟赤土以陶器皿。坦头村之土麻布,行销江北;石屺村之铁冶锅,畅运浙江。他如双仁蜜枣、棕皮细线、十五都之青皮豆,味胜广东,附城之小麦粉,白逾机面,皆称精美,惟非大宗之输出品。

丁 从团体上观察民情

子 集会结社之目的

绩多迎神赛会,《风俗表》详言之矣。若论多数人之目的,其愚者,不外祈冥福、祓不祥;其黠者,藉此敛钱肥己、聚赌抽头而已。当此新旧过渡时代,旧者集一会结一社,而新者非笑之,新者集一社结一会,而旧者阻挠之,双方激战,相持不下。教育会虽经成立,学务无发达之期;商会已有萌芽,商业鲜振兴之望。谓绩民无团结力,不如谓绩民无公益心。

丑 交际间之状况

酒食征逐,庆吊往来,此表面之交际,绩人优为之。第绩人眼光最小,妒忌最深,一涉权利则断断相争,势成水火。地判城乡,绅界无粘合性;派分新旧,学界多恶感情。吾观绩人之交际,所谓乡愿派者有之,所谓强权派者有之,求能平心应物者率不多见,奚足语纯全道德也?

戊 从教育上观察民情

子 受学者百分之比例

受学以识字为衡,而识字亦有广狭二义。以广义言之,能认识不必能解释即为受学,绩民百人中当有九十人;以狭义言之,必解识字义或能阅俗话报纸而后为受学,则绩民百人中仅有六十人。调查习惯通例,凡女子受学者须士宦之家,男子不受学者必赤贫之户,余则儿童六七岁后送入蒙馆,或三年或五年,别图职业,业商者尚能寻求字义,业农工者依然目不识丁而已。绩民男子中士商多而农工少,故识字尚占多数。若谓民情之文野由识字而分,则绩溪于皖省州县中,当在文明之列。

丑　报纸之销数

未设邮局以前,阅报者甚属寥寥,留心时局之士设种种方法,始赚得报纸而阅之。邮局设后,阅报者渐多。调查现今销数,约在百份以上,惟城内学界占大多数,乡间除学堂外,官报派销外,阅者仍属无多。此其故由于民情之鄙僿,亦半由于交通之不便、经济之艰难。

己　从道德上观察民情

子　犯罪以何项人为最多

绩民懦而畏刑,大盗不敢为,小贼则有之。调查犯罪之种类,如私宰私贩皆少,以赌博为最多。剧场会期,赌棚林立,棚或数十人或数百人,宝摊骰牌,色色俱全。秋成后无论大村小村,不啻以赌场为其俱乐部,通宵达旦,习以为常。然开赌之先,又必于佐贰衙门说费,费纳则略无顾忌,成年子弟因此倾家破产者有之。近三年来赌风稍杀,非人民道德有进化,实社会经济日艰难。我恐自此以往赌风绝而盗风起矣。

丑　自杀之多寡

绩民近懦,自杀之事,男子罕闻,若女子之刎颈、饮毒、自缢、投河,每层见叠出,岂绩之男子性尽柔和,而女子性转决绝耶?其故由女子量狭识卑,又素无教育。有含忿自尽者,母党辄纠众理论,名曰"吵死"。衣衾之丰,棺椁之美,较正命者有加,妇人于是遇事有挟制之心。翁姑少有勃豀,遽萌短见;夫妻偶然反目,遂至轻生。经救觉者有之,本无死志而弄假成真者有之。绩人族法最严,有自杀不许祔庙之例,而吵死之恶习不力为革除,则自杀之事仍不能禁绝。

绩溪风俗之习惯　宣统元年调查

绩溪朱瑞麒起草　静海刘汝骥审核

祭祀

甲　祭之系属

子　宗祠祭

春分　冬至　祧主　告庙

丑　家祭

　　阴寿　丧事　题主

寅　墓祭

　　清明　扫墓　入塪　迁柩

卯　神祭

　　祈报　赛会

乙　祭之名称

子　大祭　于宗祠春分、冬至并祧主用之,主祭者宗子一人,东西二献、陪祭各一人。
　　齿一、爵一。

丑　抄祭　于宗祠祭、神祭用之,礼生每次行礼,东西会抄,谓之抄祭。

寅　平祭　其礼较大祭、抄祭为简,家祭、墓祭或路祭用之。

丙　祭之用品及秩序

　　少牢羊一、猪一,神祭、祠祭、墓祭用之。

　　瘗毛血　有少牢则用之。

　　降神一香、一爵,即古灌礼。

　　奠帛　以纸为之。

　　三献三爵、三羹、三点。

　　三馔鸡、鱼、肉。

　　读祝文

　　侑乐三奏。

　　望燎　以纸制冠服,并祭文及帛各冥器焚之。

　　饮福受胙　礼生撤座前酒肉赐主祭人,主祭人跪受之。

　　供菜　四碗、八碗、十二碗、十六碗、二十四碗不等,岁时伏腊,生忌荐新,供以祭拜。

附说

徽郡素称礼乐之邦，遗泽流风，绩邑至今未斩。观夫鸠宗合祭，左昭右穆，进退揖让，有多足者，然有形式而无精神，缛节繁文，识者不欲观于既灌以往。夫尊祖故敬宗，敬宗故修族，修族而天下睦。顾亭林谓："欲天下之治，必自行族法始。"告朔饩羊，殊令人感慨系之也。

丧葬

子　小殓　先撤床帐，子女亲扶落枕，并为沐浴梳发。穿裹人，倩〔请〕人裹以丝棉，焚锡箔无算。送殓者，礼皆以箔。

丑　大殓　用吉礼，孝子穿吉服，奏乐，入殓后，乃成丧服，服制用麻，一遵古礼。

寅　棺木　俗呼曰"寿具"。用杉木，八抖为上（以杉板八块为之），十二抖为次（以杉板十二块为之），外画以黑漆，棺内敷底以陈石灰数十斤，并锡箔灰数百包、数十包不等。

卯　衾衬　俗呼曰"寿衣"。有九层，有七层，有五层，或缎或绫或布不等，尸胸前悬一大禅林，有印香袋，如哆啰经被，然服式如古衣冠，男女一样，惟仕绅加穿品服入殓。

辰　领帖　俗呼为"开吊"，亦呼为"起灵"。或三日，或五日，或七日，有多至数十日者，系遵佛家数七之说。礼生设祭，僧道诵经。

巳　赗礼　不以银钱为重，送礼以纸箔、香烛，亲戚送幛联，并盒盛十色素礼，或篮盛四色素礼，及冥衣帽，或以各种纸扎奇巧冥器，丧家悬于帏幛，名曰"盘缎"。

午　成主祔庙　不待释服，出殡后即行之；停棺家中者，不待举殡即行之。孝子穿吉服，谓之"借吉"，而脚下必穿素靴，或穿麻布鞋，剃发以四十九日为限，遵例百日者少。

未　堋　先择吉挖开一穴，用石灰和土将地筑平后，用砖堆砌成堋，上覆以石灰和土，多番推筑，必极坚固。逐年开看，谓之"窨堋"。三年后决定吉凶，始将棺居入。

申　殡基　出殡即有邸,亦不遽居,或拘忌阴阳,或迷信吉凶,暂择空地,下铺以石,外围以墙,谓之殡基,数十年后未葬而棺腐者,检骨另盛小匣,或以棕包,谓之"拾黄金"。

附说

堪舆风水之说兴而孝思转薄,停棺不葬,厝所累累。有力者惑于吉凶,无力者窘于资斧。棺朽骨露,习不为怪。呜呼！谈慈善者捐巨金以建义冢,尚无所吝惜,藉祖宗之骸骨以求子孙富贵,何其愼也。至于纸帛锡箔,焚积如山,岁耗不下十万金,而妇孺迷信之心固结不解,殆佛氏之说有以中之。

婚娶

子　问名　俗呼为"开八字",必屡经星家将男女年庚推算,合则成,不合则还庚帖。年庚配合,始议婚约,谓之"礼单"。

丑　纳采　送聘谓之"大定",亦谓之"鞋样担"(鞋样担者,以婿之鞋样送于女家)。聘金六十四元、八十元,或百二十元至二百不等,或送女饰四种、八种不等,谓之"缔首"。女家回礼有雌雄鸡一双,殆即古奠雁之意。

寅　水礼　水礼者,物品之谓也。肉、馒头、饼、鱼,斤重不等。

卯　节礼　节礼谓之"三茶",洋蚨六元、八元不等,或色布,或首饰物品,十色、四色不等。

辰　期礼　送请期书,不用允期书,佐以洋蚨、物品。

巳　笄礼　俗呼为"上头茶"。须送珠髻,或折洋蚨。

午　迎礼　类皆用百子彩轿,贫而无力者始用青庐。邑之东南乡皆行亲迎礼,西北乡不行。凡亲迎,婿至女家须请一陪宾同往,谓之"领亲先生"。婿拜见妻党诸尊长,皆给拜见礼。谢亲时,由利市人将妇发递与婿手,发吉语,谓之"结发"。(利市人乃有福寿人。)

未　嫁礼　嫁之日,女盛装拜叩祖先、父母、伯叔及诸尊长,利市人彩舆至门后,沐浴更衣,不梳妆,不穿礼服,不戴金银珠饰,青衣外穿婿家送来之紫红衫(俗名"过路衣"),盘坐床上。利市人敬酒三杯,训以"一敬天地、二敬翁姑、三敬夫婿",即将嫁女抱入舆中,兄弟或侄辈提升斗向女讨饭米钱。发轿后用石磨压地,谓之"压富贵"。亲戚各携灯笼一支,主人给以婿家送来之红烛,随送彩舆于路,谓之"送亲"。

申　婚礼　奠雁后,婿乘舆先归。彩舆至门,须用供献祭轿,谓之"拜轿"。放爆竹以祓不祥,奏乐登堂。以蚕筐置地,轿放筐中,由利市人开轿门。新人头戴纸扎花冠,裹以紫红方巾,脚穿紫红布睡鞋,男女童各一,扶之出轿,履袋迈房(以布袋铺地,谓之"传代")。梳妆后换穿大红衫,戴珠冠出房。夫妇叩拜天地、灶神、祖先并父母诸尊长,各给拜见礼。是日设盛筵,新人首座,谓之"待新人"。

酉　卺礼　夜宴男客,席散后,重奏乐,利市夫妇及掌烛二人送新人新郎入房,行卺礼,谓之"交杯酒"。发吉语,谓之"撒帐"。诸少年围房,谓之"吵新人",最为恶习。更有于成婚之三夜席散后有躲窗外窥视夫妇作为,俟熟睡潜入房中,将床上衣服携出,曰"偷衫脱"。

戌　庙见　庙见礼于娶日行之,第三日仍设筵招请戚眷。新人让首位不坐,谓之"待三朝"。新人入厨,略举炊器,曰"发利市"。

亥　贽见　三朝,新人于妆奁内检鞋袜、女膝、手巾、荷包等类献之舅姑及诸尊长,谓之"托鞋"。

附说

绩邑婚礼之坏,莫如抢亲,往往婚期未订,夫家遽纠众乘隙将女抢归成婚,最为陋习。推厥原因,殆由礼物太繁,聘金过多,始无力者迫而出此,历久相沿,绝不为怪,甚至酿成械斗巨案。至妆奁,则中人之家约五百金之率,千金者亦间有之,其或有力之家因女家不允婚期亦踏此恶习,恐非宣讲所能革除。

居处

甲　房屋之外观　城乡俱瓦屋,围以砖墙,污以石灰,墙脚用石,次或用砖,高约三丈六尺、三丈八尺。

乙　房屋之内容　屋内必有楼、堂,必取其阔大,房则狭隘,窗高不嫌黑暗,窗小不能接引空气,并有房内仅可容一床一桌者,厨房内必有厕所、猪栏,城内人家往往有水井。

丙　房屋之制度　有楼、有房、有厢、有下堂者,谓之通转。有楼、有房、有厢、无下堂者,谓之三桁。无楼、无房,谓之厅。无楼、有房,谓之假厅。又有合厅、平屋、无天井者,曰三间廊步、五间廊步。平屋楼、无房、无厢、有天井者,曰小起座。

丁　房屋之装饰　俗喜朴不尚巧,梁栋取其坚大,柱取其元粗,磉用石取其高,门楼用砖凿花,有匠司多至数百工者,梁栋两端,楷棚楷子亦雕空,数百工不吝费。

戊　房屋之材料　梁栋用松。柱用杉,或用白果,或用杂木。壁用杉木板,油而不漆。地面用径尺方砖,或用三合土筑成,上敷以青灰,用白灰画线。水枧用竹、用木、用砖,近有用洋铁、洋铅者。窗嵌玻璃者,城多乡少。

附说

绩邑聚族而居,村落之大者,户口以数百计。其家室之制造,虽有力者每限于地势不能为园囿亭台,故家中嫌少空气。然村落皆傍山林,得其清气,足以卫生。至其房屋建筑之坚固高敞,式朴不华,地卑不湿,内外整严,家庭之中,彬彬有礼,殊足多也。

服饰

甲　从前男之服饰　绩俗向朴,兵燹前俱穿布衣,帛者百不一二。夏穿土葛布、土麻布,穿夏布者少,穿纱绸者更少。冬则穿粗布,如常熟布、余姚布,富而老者穿棉袍,次穿夹袍,裘不多见。有护膝而无套裤。背心两外幅俱有袋,谓之"银衣",幅短少,袖狭。冬用毡帽、布鞋,礼服布与羽毛居多。

乙　从前女之服饰　头盘高髻,首饰尚珠,钗钿簪环,金少银多,其上必饰以珠,式朴古不取华巧,所戴不过三件。服俱用布,袖狭而幅短。鞋绣花,行礼无外套,穿朱青布褂、朱青布裙,即有各种华衣亦不肯穿。

丙　晚近男之服饰　兵燹以后,渐效两湖妆式,宽衣、广幅、圆袖。夏穿纱罗,次亦穿夏布、洋布。冬穿轻裘,次亦穿棉袍。布必用细,着绸缎衣服者十有二三,土布罕见,套裤、背心均极趋时。

丁　晚近女之服饰　妇人发髻皆用扬州之髻,处女之髻梳元宝式。宽袖广幅,绸缎衣不多见,细布、洋布每每皆是,镶饰花草及盘钉阑杆。每一女衣须缝纫数工或数十工。中人之家均有绸缎外套,百折绸裙。其首饰金珠并重,钗钿簪环外如茉莉竿等类满头插遍。

戊　现在男之服饰　守旧者仍是晚近形式,然十不二三;趋时者短衣袖小幅狭,几如操衣,长衣则袖小幅狭而长。不但粗布不穿,土货细布亦不愿穿,绸缎纱罗亦憎本货而喜洋货,鞋喜瓦式洋式,平时亦喜穿操靴,更喜穿革履。每有手戴金戒子或镶宝石钻石者。

己　现在女之服饰　服色向淡素,狭袖幅亦不广,城内及开通乡镇则窄袖幅狭而长过膝。镶饰较前为简,不钉阑杆。用品与男子同习惯,洋货居多。髻效苏杭之圆扁式。首饰重金,珠较少,式取巧素,所戴不过三件。鞋不绣花,喜黑色。十二三岁之女童穿男衣者日见多数。

附说

绩邑兵燹以前服饰皆俭朴,以自制芙蓉布为大宗,麻布、夏布亦能运销别埠。今则芙蓉布失传,而布帛品类皆喜洋货而弃土货,其他更无论矣。好奇喜新,天下通病,以绩邑素称俭朴之区,风俗之变迁若此,其关于奢俭者犹小,其无爱国心而不知讲制造以抵制利权之外溢则大也。

饮食

甲　食品　按:绩邑食性米多麦少,杂粮不作正餐,小麦粉间或数日一食,妇人制麦粉食品最精洁,农家于青黄不接之时则以麦粉为正粮,佐以杂品。

乙　米类　籼米、糯米、大米。

　　稀饭　早餐或晚餐。

　　硬饭　午餐。

　　软饭　晚餐,或农工家早餐亦软饭。

酒　甜酒,陈酒以糯米为之;烧酒,糯米、大米、籼米皆可为之。

米粉粿　其形如饼,裹以肉菜馅烤之而食。

裹粽　以糯米用箬皮裹之,中夹腌肉、枣栗。

汤元　以米粉搓成元团,内夹白糖、猪油。

元元　形如馒头,和以红曲,制成红色,纯是米粉,别无资料。

年糕　纯以米粉制成,用笼床蒸之。

米糖　俗名"麻糖"。以糯米、大米经几次造作,将米蒸熟晒干炒开,和饴糖、蔗糖制成,岁底家家自造,多则一二百斤,少亦数十斤,作为新年糕饼。

丙　麦类　小麦、大麦、荞麦。

粿　裹以菜蔬及鲜肉作馅,用干锅烤之。

包　裹以菜蔬及鲜肉,配各种资料作馅,用笼床蒸之。

挂面　细而长,味咸,有专制家,送礼用之。

切面　细而长,内有碱水,有专业此者。人家骤遇客至,买之以款客,如遇喜事,尤多用之。喜事曰"喜面",寿诞曰"寿面"。

带面　形如带阔,故名为"带面"。

蝴蝶面　俗名"碌撕块"。有煮有炒,食颇爽口。

春饼　俗名"搭鲜"。以麦粉制成薄皮,鲜肉、菜蔬及各种资料作馅,另取一箑将面皮卷之以食,不炙,故名"搭鲜"。

馄饨　俗名"点心"。其所制如市之馄饨,色味较佳。

烧馒　以薄麦粉制皮,内裹肉菜馅,蒸而后食。

馒头　俗呼曰"白糖窨包"。色艺俱佳,面色与机器面等,其味较广东馆尤为软和,故各省驰名。

生面酱　以小麦粉为之,名曰"淡酱",他处所无。以此酱裹肉,穿以竹竿,油煎火烤,谓之"荐肉",为特别食品。

丁　杂粮类

　　苞芦　城内及西北乡视为果品,东南乡有以其粉制成食品为正餐者。

　　粟米　东西乡与歙县邻界者,每种之,以补米之不足。

　　芦穄　种数不及稻百分之一,有以之裹粽者,有以其粉作粿者,土人亦能以其品酿酒。

　　蚕豆　黄豆　赤豆　以上三种皆作为菜料,然米价昂贵时农家赖以佐餐。

　　绿豆　夏时煮汤加糖,以作点心。

　　芋头　无论山芋、田芋,食之皆可饱腹,绩邑均视为菜品,以为正餐者乃极贫家。

　　青皮豆　妇人将此豆和酱油煮熟,用火焙干,较广东出品尤佳。

戊　佐食品

　　子　鲜类

　　　　猪肉　人家养猪者十之八九。

　　　　鱼　塘鱼多而河鱼少。

　　　　鸡　家必养鸡,价值牝贵而雄贱。

　　　　鸭　不多养,有自江西来者,价较鸡昂贵。

　　　　牛肉　秋冬之际私宰者多设汤锅,人喜买食,殊损害于耕事。

　　　　羊肉　自养者为湖羊,自山东贩来者为绵羊,价昂贵,食者少。

　　丑　蔬类

　　　　白菜　寻常鲜摘供食外,妇人能制各种小菜,以备春夏之需。

　　　　青菜　逢年节妇人摘其鲜者供献神祖前,谓之"清吉菜"。

　　　　南瓜　即番瓜,黄老者佳。米贵之时以为正餐,颇熬饥。

　　　　如意菜　即蕨,春间满山皆有,妇人采以晒干,谓之"如意菜"。酒筵上每用之。

　　　　马栏头　即十里香,妇人采以晒干,卖价昂贵。

　　　　豇豆　鲜食外晒干者,俗谓之"干豆角"。

萝葡干　妇人善制,最佳者以糖醋浸之,较山东大头菜味高美。

大鄣笋　笋肉厚而嫩,干笋味尤美,胜湖南玉兰片。

以上所列,或关于习惯之品,或关于特别之品,普通有者不叙。

附说

绩邑山多田少,道咸之间,产米合小麦仅敷民食十分之六,杂粮俱作正餐。兵燹以后,户口未复,产米与民食约可相敷,小麦产数不过稻米十分之二三,种杂粮者更少,而荒田尚多,委货于地,涸塞利源,是在地方谋自治者有以图之。

岁时

元旦,吉时启门,燃爆竹,迎喜神,以绿纸、红纸裁成方寸,撒之于地,谓之"利市",纸名曰"行方"。中堂供祖像,庭除设香案,礼神祇,男妇肃衣冠庆贺,长幼以次谒宗亲。是日禁扫地及针剪。元旦至初三日,或至十八日,祖像前每夜焚香、燃烛,谓之"照容"。儿童鸣金鼓闹新年,速客传座夜宴,谓之"饮春酒"。上祖先坟省墓,谓之"拜坟年"。给胙、给糕、给饼不等。

上元日,各处社土坛神庙,张纸灯,或演剧,或扮童戏,驰火马、舞青狮、游烛龙,遍巡衢巷,名曰"闹元宵"。米粉为丸祀灶,谓之"迎灶神"。是日西北乡有太子会,灯剧尤甚。详《神道表》。

十八日,落灯前夕或摘神前花灯送新妇,谓之"添丁"。

二月二日,家具鸡豚鱼菽之荐,香烛爆竹以迎土地神,祀于中庭,家家食糯米裹粽,多者裹糯米数斗。

花朝日,东南乡十八社按年轮祀汪越国公,张灯演剧,陈设毕备,罗四方珍馐聚集祭筵,谓之"赛花朝"。

戊日,祀社,春祈秋报。岁凡一举,里自为域,献豻醉酒,尚遗古风。神为男女二像,庞眉皓首,呼为"社公""社姆"。

三月三日,撷荠菜花,袚除不祥,谓之"喜喜菜"。

清明日,户插柳枝,粉米蒸饼饦,祀祖扫墓,增封悬楮钱于墓门,谓之"挂钱"。间有用牲牢鼓吹设祭者,子孙诣墓,各给饼饦胙肉,谓之"分例"。

立夏日,切苋菜馅作饼,俗呼"粿",供麦蚕,佐以青梅、朱樱,祀祖荐新,谓之立夏见"三新"。男女孩以秤称之,曰"免蛀夏"。

四月八日,造青精饭,俗名"乌饭",以饷新嫁女,佐以鸡雏。

端午,饮雄黄酒,风俗与各处普通,家置酒肉。是日食腌鸭蛋、鲞鱼。

六月六日,家家食麦粉包粿,农家祀田祖于田坊,谓之"烧田福",北乡谓之"烧秋"。谚云:"田家大吃肉,单看六月六。"是日撷园蔬、瓜果、田禾叶盛于筐,以为祭主祀秩场圃、牢笠诸神。

闰年六月中,各乡村卜日致斋造瘟舟,分方隅祀五方神,并祀张睢阳殉难诸神,名曰善会。城中现已革除。

中元日,祀祖,荐新稻,罗列时馐。城隍神巡行县鄙,宜〔仪〕仗甚盛,扮诸鬼卒。扮无常二人,高与檐齐,满街放爆竹,谓之"跳无常"。

十八日,西北乡六都有太子菩萨会,烧香者以数千计。五都于二十一日,八都于二十五日,详列《神道表》。

二十三日,为张睢阳诞辰,坊市分五土之色制花灯,遍游三夜,日出瘟车以驱疫疠,近城一带村坊行之。

中秋日,祀月华,风俗普通。摘冬瓜馈新妇,取多子兆。偷瓜者物主撞见不之禁,谓之"摸秋"。少年以新稻草扎草龙,燃香遍插龙身,锣鼓宣天,满街衢跳舞,店户各助香燃放爆竹。

九日,祀祖先,登高,风俗普通。城内家家食芋,西、北乡食米粉裹馅粿,谓之"重阳粿"。

十月后各乡立施孤会,召僧设斋祀无主后之鬼,谓之"放蒙山",又曰放"贬口",焚纸箔千万,因即以所设食分给孤贫者。

腊八日,以百果及各菜煮粥,名"腊八粥"。是日祓房尘,以为无忌。

二十三日,以茶点、米粿祀灶,曰"送灶"。祭毕,燃烛于釜,以照虚耗。

二十四日,具肴馔,各随丰俭,序长幼祭于祠堂香火堂,家中悬祖像。祭毕,聚家人燕饮,谓之"吃年饭"。

除夕,聚家人妇子共饮,谓之"团圆",又谓之"分岁酒",亦有"坐岁者"。

附说

风俗习惯已细,列表中有合乎礼者,有背于礼者,有亡于礼之礼者,要贵因革损益之。

乐歌

甲　祭祀之乐歌　宴有乐无歌,而祭祀侑乐,奏歌则唱昆曲数阕。

　　子　粗奏乐　用大工、小工调。

　　　　号筒　先吹号筒,排班。

　　　　喇叭　次吹喇叭,序立。

　　　　大唢呐　亦呼喇叭,两人吹和调奏,词谱各曲牌名。

　　　　班鼓一,小锣一,冬磬一,小钹一。

　　丑　细奏乐　同前

　　　　小唢呐　亦呼喇叭,其声较大,哨呐轻情,单吹。

　　　　管二,笛二,渔鼓,冬磬。

乙　丧葬之乐歌　有乐无歌,亦不奏曲。

　　子　粗奏乐　器与前同,用六调。

　　丑　细奏乐　同前。

丙　婚娶之乐歌　行礼时有乐无歌,开筵时杂以锣鼓胡琴,唱而不演,或唱徽调,或唱昆曲。

　　子　粗奏乐　器与前同,调用大小工。

　　丑　细奏乐　同前。

丁　游宴之乐歌　庆寿等喜事与婚娶同。

　　子　粗奏乐　同前。

　　丑　细奏乐　同前。

附说

《三百篇》当时皆歌谣也,故王者以之采风。自郑声即行,古乐久已失传,不谓泰西各国犹能得中国古音之遗,每制各种歌谣以鼓励国民之意志,而所谓礼乐之邦者,转数典而忘之,正不特绩之俚野独然也。

方言

甲　称谓

如呼父曰"伯"、曰"叔"、曰"爷"、曰"爹",最异者曰"官"、曰"人"(俗音读"银")。

如呼母曰"婶"、曰"嫚",最异者曰"姐"、曰"姨"。

媳呼翁曰"朝奉"。

媳呼姑曰"孺人"(读"银")。

夫呼妻曰"老孺"。

妻呼夫曰"老官"。

呼叔母曰"婶",姐呼妯亦曰"婶"。

呼伯母曰"嫚",妯呼娌亦曰"嫚"。

婿呼岳父曰"丈人"(读"银")。

婿呼岳母曰"丈母"。

孙呼祖父曰"朝"。

孙呼祖母曰"孺"(俗音作"婆")。

男子呼女子曰"老妪家"。

呼商家之学徒曰"小官"。

呼工家之学徒曰"徒弟"。

呼掌柜者曰"老朝奉"。

呼店东曰"老板"。

呼牧童曰"养牛小"("小",俗音作平声)。

呼男孩曰"小家"。

呼世仆曰"棹护"、曰"作活"。

呼女仆曰"做事仂"。

彼此通称曰"官"。

呼初生之孩曰"毛娃"。

乙　物名

棹曰"台盘"。

烟袋曰"烟筒"。

白果曰"鸭脚"。

油炸脍曰"冬瓜穰"。

火炬曰"火把"。

地龙曰"水龙",又曰"蟾龙"。

衣服曰"衫脱"。

肚兜曰"包肚"。

树椿曰"树不老"。

帐曰"布罩"。

灶曰"锅冲"。

丙　通用语

邋遢曰"汙儚。"（按：汙儚即《说文》"污下"二字之转。）

有用曰"有干"。

没用曰"没干"。

事不成曰"不相干"。

事无可为曰"尠的嬲"、曰"尠的喂"。

称好曰"不打紧"。

笑人不善干事曰"现世"、曰"献世宝"、曰"典当"。

言人晦气曰"倒运"、曰"倒灶"。

得物曰"䎬着"。

物多曰"好点"。

物微曰"一点点"。

怎样曰"朕兆",不怎样曰"不朕兆",称人好亦曰"不朕兆"。

讥诮不堪之人曰"宝贝"、曰"噭咻"。

冒失曰"不见亮"。

寻人不着曰"毛"(俗音转作"藐")。

物无曰"勘"。

替差役办公者曰"打脚肚"。

地痞曰"死命"、曰"打孤枴"。

初起事曰"暴起头"、曰"上么遭",又曰"发利市"。

将毕事曰"下么遭"、曰"末了"。

言浪用钱财者曰"困到磔"。

没奈何曰"要死个枷"。

糊涂了事曰"过台戏"。

日上、晚上曰"日下""夜下"。

丁　语助词

仂　如"你仂""我仂""哥仂""弟仂"等类,与"的"字之语尾同。

㑚　如"去㑚""来㑚""做㑚""算的㑚"等类,与苏州人语尾同。

啊　语首多有此字。

讶　语首多有此字。

是　呼作"自"音,或呼作"守"音。

唉　感叹之语,续以此字。

附说

绩之方言,外县人听之几如钩辀格磔,有音无字者有之,有字而谐音翻变者有之,学界中未出里门者并不能学普通语,苟非正以官音,恐将来即有人才而不能言交际。

游宴

甲　庆贺之宴　案:筵席女则日席,男则夜席,风俗皆然。城内则由酒馆包办,乡间无酒馆之处,妇人之善烹者自办,谨将奢俭习惯之不同,叙列于左。

　　子　城中之男席　三海菜、三牲肉及杂品,每席约洋蚨两元。

　　　　七大簋、四小簋、四点心、十二碟。

　　丑　城中之女席　牲肉杂品居多,海菜次之。每席约洋蚨一元四角。

　　　　九大簋、八碟。

　　寅　乡间之男席　其用品与城同。每席约洋蚨一元六角。奢者九大簋、八碟、二大盘(馒头、米粉饦)。俭者四大盘、八碟。又俭者铁釜(猪肉、鲜鱼、杂品),约洋{蚨}一元二角。

　　卯　乡间之女席　与男席同。

乙　丧事之宴　案:丧事设宴非礼也。绩溪从前宴以素菜,饮以水酒。近今俱用荤菜,与婚娶同。

丙　普通之宴　案:亲友往来,寻常具宴以四簋或六簋,或六大盘,或一品锅,或如庆贺所列之形式。

丁　特别之宴　其海菜、牲肉、杂品均丰而洁,每席约洋蚨五元。

　　家庭祝寿

　　题主大宾

　　亲迎新婿

　　十大簋,八小簋,四点心,十六碟。

附说

绩溪朴而不华,不独官绅、富商无日食万钱之家,即茶楼酒榭以及公园胜地皆无之。业厨人者最多,馔精而价廉;主中馈者,亦善厨娘之技。近日斗靡争华,流连冥会,此亦人心世道之忧也。

神道

太子菩萨　西北乡皆崇此神，五都、六都、八都香火最盛，或结数社，或结十数社而为五朋六朋（俗以朋为会），挨年轮值，正月则同以元宵日迎神赛会演剧，七月则六都十八日、五都二十一日、八都二十五日迎神赛会演剧。进香者以千计，妇女跪拜焚纸箔者无算。

花朝菩萨　东南乡多崇此神，共十八社，轮流值年。于二月十五日出巡，各设赛会演剧数日，焚纸箔无算。

瘟舟善会　按：其所崇者，是睢阳殉难诸义士，而附会为瘟神。其舟用竹木为架，以雷万春为大王，以南霁云为小王，站立舟首、舟尾，大王蓝脸，小王红脸，较别像为大。腔内盛以石块，重近百斤，少年有力者争抢此神，满街跳舞。各村各社多有此会，几如镇江之天都。

五猖　其神之像如小说《封神》之风、调、雨、顺而加以元坛之像，每村多立庙祀之。

麻布祖师　东南乡有崇此神者，俗传祈雨甚灵验。

观音菩萨　按：佛书有"观音"二字，世俗相传各处皆有观音菩萨，绩邑崇拜者尤盛。有男像，有女像，有送子观音，有千手千脚观音，均呼为"娘娘"，俗语"观音十八变"。

地藏王　佛书有此名，相传为暹罗国王，绩邑最崇信之。

天花娘娘　俗呼"痘神"。凡孩子出痘疹，其家必供此神，各村每间年演剧。据《封神传》则瘟神也，而以男身为女身，尤附会不解。

周王　俗传此神好吃鸡，故九月十五日进香者必携一雄鸡宰之，衅血于座前。

李王　社会每崇此神，无所考。俗传此神能佑生产，侑神者亦以雄鸡血衅神座前。

八相公　俗传是五代时越国公汪华之第八子，无可考，殆杜十姨、伍髭须之附会欤。

大尉小尉　因张巡、许远而附会之。

附说

查绩邑淫祠不外表中所列者，计每岁淫祠耗费约万金，男子崇信者十约五六，女子则人人牢不可破。火其庐，焚其像，散其会，即其资产以开学堂，其说过高而不能遽行。欲清其源,须教育普及以后,其要在广兴女学。

宗教

甲　佛教　调查僧数,和尚一百零六人,尼姑三十六人。其教似不甚盛,化缘布施间有吝与之。时而焚烧纸帛银箔,毫不吝惜,殆天堂地狱之说,有以怵之。

乙　道教　绩邑无真道教,道士只十五人,其实乃火工也,与人民无二,娶妻养子,以化缘、应付道场为衣食。其有吃斋者,则谓之"斋公",是又不僧不道之宗派。道陵之教,久经式微。

丙　天主教　查绩溪服天主教者,庚子年有教民二百八十七人,恃势横行,凡诉讼皆恃保护,故服教者日多。嗣经郡守黄曾源持条约以公理判晰,教民知畏而服教者日稀。近日调查,服教者俱讳名不认,其昭著仅数人。有天主堂一所,不礼拜,亦无通使居住。

丁　耶稣教　绩溪有一福音堂,建造已二十余年。初有传教一人,迄今无一服教者。堂内仅有小崽。

附说

泰西立国,君民共守一宗教。中国如佛教、道教、回教、天主教以及耶稣教,皆扩张其权力。所谓宗圣教者,徒奉其名而已,而阳儒阴释,所行非其所言,此一派人,尤不可胜数。绩之习惯,佛教盛于道教,天主盛于耶稣。查阖邑无耶稣教民,岂其教力不逮天主欤,抑其教不肯以势力诱胁欤?

绩溪绅士办事之习惯　宣统元年调查

绩溪朱瑞麒起草　静海刘汝骥审核

甲　属诸人者

子　资格

绩溪绅士本无一定资格,既鲜致仕之搢绅,又鲜闳通之学士,熟悉法律者更无论已。历来董事父故子袭,彼引此援,能孚物望者实少,更有勾通胥吏,于新令接代时汇缘填入名簿，目不识丁者亦且滥竽充数，此怪现象也。近日烟禁森严，绅士为齐民表率，不闻有具结督责之条，有嗜好者帖然如故也。欲望澄清，必严加淘汰，而后可言资格。

丑　责任

有公益心，而后可言担负，可言责任。绩邑之为绅董者，大率出入衙署为赫耀乡间之计耳。兴一利，除一弊，谕单照会之频催，不过略为过目。所言何事，所议何条，问之曰难，诘之不覆。上视为循例，下视为具文，积习相沿，匪伊朝夕。近来学界中稍有具热诚者，究之为个人谋权利者多，为社会谋幸福者少。

寅　任免

凡选举各项，章程或三年一任，或二年一任，其例近始萌芽。绅士自来无任免之说，监督又不实行其任免之权，乃有年几耄耋，未闻上引退之文，身故数年犹附在乡图之列，房科援名单以送稿，邑令照故事而发行，所责诸绅士者无实有名，所充为绅士者有增无减，详细调查，良堪浩叹。

卯　期限

官府札催之件，期以一月、半月，绅士若无闻也；限以三日、五日，绅士若无觉也。差役持送文牒又不以时，有迟至月余者，有杳不投到者。期则无期，限亦徒限，互相观望，互相推诿，毫无表面，遑论内容。能如期以空文塞责者，尚占优胜。

辰　功过

绩溪绅士，其贤者，固未闻特别之表扬；其不肖者，亦未闻有不测之黜退。每都董事少则五六人，多则十余人。见利则争，遇事交诿，欲考成绩，黑白混淆，兴言治安，须于绅士中立《功过分数表》。

己　有给无给

中国无绅士养廉之条例，绩溪更无公费之开支。办新政者，半属名誉职员。为绅士计，即能枵腹从公，终难受无形之赔累。取巧者，意存退避；武断者，恣其敲诈；有耻者，望望然去；慕膻者，营营而来。非严定功过不能专责任，非酌给薪津不能励廉隅。

乙　属诸事者

子　宗旨

绩邑绅士办事,其普通宗旨曰柔软,曰圆通,曰因循,曰敷衍。维新者,专事铺张;迂旧者,惟知固守;办学者,以束脩毕业为宗旨;办捐者,以盘踞秘密为宗旨。若夫具爱国之思想,以强族为主义者,罕睹其人。惟乡邻争讼,间有以力任排解为宗旨者。舌敝唇焦,不辞劳怨,宁人息事,风有足多。

丑　权限

尊官畏官,绩民之性质,故绅士中放弃义务者多,敢于侵越范围者少。其弊又在同社会者各欲揽权,城与乡争权,都与都争权,商界与学界争权,其限不明,其权亦紊,不能和衷,乌能共济?

寅　能力

沾沾自爱者,以规避畏葸而消灭其能力;把持阴狠者,转以交结胥吏而发生其能力;间有守正不阿者,又以孤立无助、反对者多而不能扩充其能力,此绩邑通病也。数年来民权渐张,学界中或以抵制挟要为能力,或借命令制裁为能力,压力所至,阻力亦生,所谓公理完全之能力者,绩邑之绅士则无。

卯　秩序

万事有共同之秩序,一事有一事之秩序,顺则是,逆则非,新旧一理。乃近日办事有足怪者,姑即学堂外表言之,私塾改良未能完全也,而必强称为小学;蒙小学程度未能完全也,而必强报为两等。未振其纲,徒纷其绪。无根之木易枯,无源之水易涸,无秩序何以有善良效果?

辰　效果

集民脂民膏以办事,苟无效果,则谋新不如守旧之为佳。调查各界新政,劝学所、教育会,表面成立矣,而学堂腐败如故;商会、商局,表面成立矣,而商市腐败如故;自治、巡警、团练,表面成立矣,而地方腐败如故。造种种恶因,现种种怪状。若非厘剔清订,欲言效果,恐难望于九年预备之期。

巳　有继续力无继续{力}

中国衰弱之病根在不能坚忍,而绩邑绅士之性质病根更有二:曰妒,曰私。未竟之事,未成之业,明知其善,必思有以阻挠之。或攘前功,或思立异,甚至彼此猜忌,有意破坏,山亏一篑,业辍半途,敢断之曰:毫无继续力。

午　规则

规则者,办事之基础也。绩邑习惯,议事时各持一说,行事时各持一心,毫无条理,奚言规则?近时社会办事始知订一规则,然朝立夕改,彼是此非,又或独出己意,与部定章程相迕,既无强制之履行,又无道德之履行,是有规则与无规则等。

未　经费

办事必有经费,少则竭蹶,多则滥支。绩邑年来所筹经费,通盘计算,不下巨万。捷足者往往据为独有,可怪也。甲所筹之款,岁有盈余,不肯拨于乙;丙所筹之款,岁有盈余,不肯拨于丁。城绅思中央集权,乡绅则又思参预越俎,各出理想,各逞能力,巧立名目,竭泽而渔。是非于一邑经费收支和盘托出,立统计预算表,妥为支配,酌盈剂虚不可。

（静海刘汝骥,《陶甓公牍》卷十二。　标题为编者所加。）

安徽宪政调查局民事习惯问题答案

卷上

凡例

一、习惯为法律之渊源。东西各国，或认为有习惯法之效力，或采取为成文法之材料。我国开化最早，民情风俗，有沿袭远古者，有逐渐变迁者。现值编纂法典，自应调查精详，以为立法之预备。

一、民事习惯，无非亲族、财产等事。本局前经编订调查方策，所定编目与此次馆颁稍有异同。兹编则仍以馆颁之编目为主。

一、习惯者，根乎民情。民情有同异，即习惯亦有同异。编辑之时，邑邑列举，既伤繁碎。意为去取，亦虑多遗。兹特分多数习惯、少数习惯两例以为标准。多数习惯中，其地名概不详注；少数习惯，则详注之。冀参照可以互见，亦藉以省查阅之目力也。

一、习惯以实地调查为要，非可仅凭理想。兹编所采撷者，皆据各属报告书，汇散为总，不敢稍涉臆造。

一、各属调查，详略不一，尚恐不无挂漏，编辑时有据本局直接调查抉择搀补者，有另附按语加以引申者，总以期有补于立法为主。

一、各处习惯，有只顾个人道德而重戾社会道德者，且有与本国法律相抵触者。调查之始，自应悉行撷拾，不敢漫为去取，以存其真。

第一编 总则

第一章 与人及团体有关系之习惯

第一问 僧尼得置买产业否？

答：

多数习惯

僧尼以自己名义置买产业，皖俗原无禁止，其享有私权，仍与齐民无异。皖南北大都皆然。

少数习惯

僧尼置产须用寺庵名义，不能有所谓私产者。如皖南徽州府之歙县、休宁、婺源，宁国府之宣城，池州府之贵池、建德，太平府之芜湖；皖北庐州府之庐江、巢县、舒城。

第二问 僧尼财产归何人承受？

答：

多数习惯

僧尼私产仍归其徒承受。若无承受之徒，则录为公产。其俗家亲属均不得觊觎。皖南北大都皆然。

少数习惯

僧尼得依其意思，自由处分其私产，或捐助公益，或赠与亲属皆可。如皖南太平府之繁昌；皖北颍州府之亳州。

第三问 未经父母允许，未成年者径自与人交涉事件时，可生效力否？

答：

多数习惯

未成年者未经父母之许可，径自与人交涉事件，皆作无效。皖南北大都皆然。

少数习惯

（一）视事件之轻小，或出于不得已者，仍为有效。如皖南徽州府之婺源，池州府之贵池;皖北凤阳府之凤阳,颖州府之蒙城。

（二）智能发达,虽年少而更事者,亦可有效。皖南如宁国府之旌德。

（三）平时曾预家事,与人交涉事件者,亦为有效。皖北如颖州府之涡阳。

（四）父母平素放任其子者,则其行为亦为有效。如皖南太平府之芜湖;皖北凤阳府之定远。

（五）只得权利,或免义务之行为,亦可有效。皖北如庐州府之庐江。

谨案:以上五者,殆为各属所认之例外,盖前述婺源、旌德、贵池、庐江、凤阳、定远、蒙城、涡阳等处,仍从多数习惯之原则,固无所差异也。

第四问 未成年者之财产如何办理？

答：

多数习惯

未成年者之财产权属诸父母,固无疑义。若其父母已故,承受遗产之时,则由其亲属之尊长者为代理,此各属所同也。

少数习惯

（一）由族戚中公举一人为代理者。皖南如池州府之青阳、铜陵;皖北如滁州之来安。

（二）未成年者,果有治产之能力,亦可由其自行管理者。如皖南徽州府之休宁。

第五问 未成年者达几岁时可为成年？

答：

多数习惯

俗以十六岁为成年者,盖沿丁年旧制而言,并非定行为年龄之界限,故言成年制度者,不能以十六岁为断。皖省各属,或僻处山邑,或濒近江流,风气之开通,与乎人民智能之发达有迟速不同,未可概论。若就普通儿童之身体智识言之,须以达二十岁时,始可为成年。

少数习惯

以婚姻为成年者。皖南如徽州府之绩溪,池州府之石埭,广德州之建平;皖北如凤阳府之凤阳,颍州府之霍邱,及和州之本治。

第六问　妻得于夫之财产外私有财产否？其使用此等财产应经其夫许可否？

答：

多数习惯

国俗以夫妇共同财产为通例,故舍夫之财产以外,不能别有妻之财产。虽间有嫁资或私蓄,例外得作为妻之私有财产,然其使用之时,必须先经夫之许可,不得自由而处分之也。皖南北大都皆然。

少数习惯

妻有嫁资或私蓄,固得作为私有财产,惟其使用之时如何限制,厥有不同。

（一）变动不动产,如立契约,必以夫之名义行之,故须得夫之许可。若变动动产,无须契约,则为人妻者亦可自由。皖北如颍州府之霍邱。

（二）妻使用其财产应否得夫之许可,一凭德义上关系,并无一定。皖南如安庆府之桐城,徽州府之休宁,池州府之贵池、青阳,太平府之芜湖、繁昌；皖北如滁州之本治。

第七问　疯癫人之生计及财产如何办理？

答：

多数习惯

疯癫人不能自营生计,其父母妻子兄弟有维持其生活之义务,且管理其财产。若无父母妻子兄弟者,则由其族人代任管理之责。惟无身家之疯癫人,则由邻保报官,施以拘禁,防社会之危险也。皖南北大都皆然。

少数习惯

无。

第八问　聋者、盲者、哑者之生计及财产如何办理？

答：

多数习惯

聋者、盲者、哑者虽官体残废,然皆能自食其力,经营独立之生活。故其生计财产,均可自理,但因防他人之欺诳,遇有财产上行为,常以亲族辅助之。盖是等之人,智识本无欠缺,其应否附以保佐人,非可概论。按之外国法设立准禁治产制之精神,固无异致也。皖南北大都皆然。

少数习惯

无。

第九问　有管束浪费者之财产方法否?

答:

多数习惯

对于浪费者之管束,惟其父母兄长,或族中之尊属,始有此权力。其管束之方法,须由家属请求将不动产禀官立案,不准变卖,然后可得而保全之;至于动产,则未闻有何良法也。皖南北大都皆然。

少数习惯

将动产寄托于宗祠或义庄,使为保管,只付利息,以供其日用,不许挪动元本。皖南如池州府之石埭。

第十问　有区别住所及居所之制度否?

答:

多数习惯

我国习惯向无区别住所及居所之制度,其所谓生活之本据,多以本籍为断。盖交通不便之时代,本籍与住所原无二致,若非在本籍之人,事实上虽有生活本据,亦不认为住所也。皖南北大都皆然。

少数习惯

以自己所有之住宅为住所,其租自他人者为居所,此种区别以权原为主,与民法上无甚关系。据皖南宁国府之太平、宁国,池州府之东流;皖北凤阳府之宿州,颍州府之霍邱、蒙城等处报告,皆有此说,姑录存之。

第十一问　外出之人久失踪迹,又无父母妻子,其家产得由其亲族或戚族代为管理否？

答：

多数习惯

外出之人久失踪迹，即民法所称为不在者，方其生死不明之际，又无父母妻子，其财产之管理循亲疏之序，先由亲族，而后及于戚族。皖南北大都皆然。

少数习惯

（一）限于亲族为之管理。如皖南徽州府之黟县。黟多聚族而居，故无由戚族管理者。

（二）由亲族中选任管理人。如皖南徽州府之绩溪，池州府之青阳。

（三）由族中之宗祠义庄为之保管，无宗祠义庄，然后归其亲族管理。如皖南池州府之石埭。

（四）于亲族、戚族无人时，由地方董保移入公会，选任管理人。如皖南太平府之当涂。

第十二问　管理久失踪迹人之家产者，有如何权限？

答：

多数习惯

管理不在者之财产，依然管理人之资格，揆情度理，仅能为保管行为，而不能为处分行为。皖省各属，莫不皆然。惟以法律上之机关未备，监督之手续不严，以致管理人擅行变卖吞没之事，间亦有之。

少数习惯

遇有亲属丧葬婚嫁等事，不得已须变卖其财产者，亦可为之。如皖南安庆府之桐城，宁国府之旌德。

第十三问　有失踪迹后经若干年即作为死亡之制度否？

多数习惯

凡失踪之人，非得有死亡之确耗，不得作为死亡者看待。但使失踪者之年龄达于八九十岁或百岁以上,即可料为死亡,将其木主送入祖庙。盖其断定死亡之时,专以失踪者之年龄为衡,而与其失踪经过之期间,固无关系也。皖南北大都皆然。

少数习惯

失踪后经过二十年或十余年之期间生死不明者,即作为死亡,并将木主送入祖庙。如皖南宁国府之旌德,太平府之当涂(旌德作十余年,当涂作二十年)。

谨案:失踪宣告之制度,我国所无,故死亡年限并无一定之规定。然律文逃亡三年,妻得改嫁,习惯上亦往往有之,是隐寓经过三年作为死亡之旨,似可不必拘定若干年也。

第十四问 失踪迹后,计其人之年龄当已死亡,又无父母妻子,其家产得由其亲族或戚族处置否?

答:

多数习惯

失踪者若无父母妻子,其财产应由亲族或戚族管理。迨为时已久,足以料为死亡,即由其管理之,亲族或戚族为之处置。其处置之方,或立后嗣,使承继其家产;或纳之宗祠,充为祭产皆可。皖南北大都皆然。

少数习惯

(一)舍亲族以外,不得行处置之法者。如皖南徽州府之休宁、黟县,宁国府之旌德;皖北庐州府之无为,颍州府之蒙城,滁州之来安。

(二)将家产归入宗祠家庙作为祭产,无论亲族、戚族,皆不得处分之。如皖南池州府之青阳,皖北凤阳府之凤台。

(三)由戚族及地方董保将其家产提入公会,存案泐石。如皖南太平府之当涂。

第十五问 家产处置后,万一失踪人复归,得向处置人索偿原家产之值否?

答:

多数习惯

失踪人复归之日,仍可向处置人索回原有财产。盖各属习惯,处置人对于失踪人之财产,其处置之方法,要不外立嗣以承继其家产,或捐置祠庙为祭业,并非可据为己有,擅行变卖。是以亲族或戚族,如有消耗失踪者之财产,除因本人亲属丧葬婚嫁之用,及代本人偿还债务外,均须如数归还。间有无力归还者,则由合族公断,或匀年摊还,或减成偿结。至已归祠庙作为公业,本人亦可向合族声明,收回原物,但不能要索历年租息。其立有后嗣者,或酌给资产,遣之归宗。皖南北大都皆然。

少数习惯

无。

第十六问　失踪人有定而未娶之妇,其妇须经若干年始得别嫁？

答：

多数习惯

按律,夫逃亡三年不还者,听告官,给执照,别行改嫁。然习惯上告官改适者甚少,即使聘夫失踪日久,亦须两家商议允谐,缴还庚帖聘礼,然后许其改字他姓。故其间或经五六年,或经十余年,均无一定。皖南北大都皆然。

少数习惯

有守贞不字者。皖南如安庆府之桐城、太湖,徽州府之歙县、祁门；皖北如凤阳府之宿州,颍州府之蒙城。

第十七问　因临战阵与行船遭难及他之灾变而生死不明者,有经若干年即作为死亡之制度否？

答：

多数习惯

对于本问之生死不明者,特设短缩之期间,各属无此制度。盖如临战阵亡,行船沉没,或非常之天灾、地震,一经探索,便得确耗,即间有生死不明,亦与寻常之失踪无异。皖南北大都皆然。

少数习惯

经过十年之期间作为死亡者。皖南如宁国府之旌德,太平府之当涂；皖北如庐州府之无为。

第十八问　如有以公益为目的之团体,请详述其名目与组织及管理之情形。

答:

多数习惯

(一)属于社团之组织者,曰讲学会、教育会、劝学所、私塾改良会,皆以普及教育为目的,初由二三有志之士发起,集合多数会员组织而成,举乡望素孚者一人为之长,并设办事职员无定额。惟此等社团向无基本财产,其经费或由邑绅醵集,或请官府补助,或抽收捐款,多系随时筹画。又有商会以维持商业为目的,亦属社团之一,其组织及管理之情形亦同。

(二)属于财团之组织者,种类甚多,名目亦复不一。其以备荒为目的,曰义仓、积谷会、储备仓,又曰储蓄会;其以赒恤孤贫为目的,曰育婴堂、养老院、敬节堂、施棺会、寒衣会、因利局,又曰公济局、体仁局、务本堂、同仁会、三元会(潜山县有此名);其以消防火患为目的,曰水龙会,曰太平局;其以拯救水灾为目的,曰义渡局,曰救生局,又曰红船局;其以保幼卫生为目的,曰牛痘局。此等财团多由绅富寄附巨资,或由团保募集捐款,皆以财产为主体,而公举邑中有信用者为总理、协理及董事,每届事业年度告终,则刊发征信册,录备供众览,且立于官厅监督之下。苟管理者有不正之行为,亦可得而干涉之。皖南北大都皆然。

少数习惯

(一)属于社团组织者有孝义会,以互助丧婚为目的。先由发起人约集多数会员,议定每人各占一会,即以会员中有丧婚大事之日为会期,如遇某会员有丧婚等事,各会员即持缗诣其家,以为资助。会中事务,即由发起人管理。皖北如颍州府之颍上。

(二)属于财团组织者有堆金会,以贮蓄为目的。由发起人约集里中殷户,按年月各输钱若干,或谷若干。先推会员一人管理,将所鸠集之款存放生息,或贱买贵卖,迨一年或一月期满,再易会员一人接管。其所贮蓄之款,专以备水旱凶荒及地方善举之用。皖北如凤阳府之定远,颍州府之颍上。

第十九问　如有以营利为目的之团体,请详述其名目与组织及管理之情形。

答：

多数习惯

内地生产事业尚在幼稚时代，其以营利目的而组织团体者，向有合伙营业之事，如商店等类，实与外国之组合相同。皖南北大都皆然。

少数习惯

各属渐有模仿外国株式会社之制度，皖南则有潜山之砂铁公司，歙县之煤炭公司，泾铜之矿务公司，芜湖之电灯公司，当涂之渔业公司，休宁、建平之农业公司；皖北则有亳州之织布公司、肥皂公司，皆以股东组织而成。

第二章　与物有关系之习惯

第一问　所谓不动产者，是否以土地房屋为限？此外尚有所谓不动产否？

答：

多数习惯

所谓不动产者，舍土地（并山泽池沼而言）及房屋外，尚有竹木及矿产等类，但以附丽于土地者为限。皖南北大都皆然。

少数习惯

（一）以船艘为不动产。皖南如安庆府之怀宁，皖北如庐州府之无为。

（二）以水碓为不动产。如皖南徽州府之黟县。

第二问　土地与房屋是否有主物、从物之别？如土地出卖，则建筑此土地上之房屋亦应归买主所有，是谓以土地为主物，房屋为从物；如房屋出卖，则建筑此房屋之土地亦统归买主，是谓以房屋为主物，土地为从物。抑别有土地与房屋两者均得为主物之习惯否？试详按城镇乡现行习惯缕述之。

答：

多数习惯

土地与房屋多系同时处分,欲就二者区别主从,则因城镇与乡而不同。盖城镇之房屋构造精工,其价值常贵于土地,故买卖之时,常以房屋为主物,以土地为从物。乡之房屋构造简单,其价值反减于土地,故买卖之时,常以土地为主物,以房屋为从物。皖南北大都皆然。

谨案:土地与房屋有同时处分之习惯,然使非属于同一所有者,仍各为主物而处分之。如系官基房屋,或浮房屋(在他人土地上建筑房屋,俗谓之浮房屋)出卖之时,则其土地不能归于买主所有。又,因买卖双方之特别契约,得各为主物。有仅以土地出卖而不卖房屋者,谓之折屋基地;有仅以房屋出卖而不卖土地者,谓之典屋。此各地之所同也。他如卖山场者不卖坟地,卖田亩者不卖公共之塘坝沟渠,皆准此理。

少数习惯

无。

第三章　与代理有关系之习惯

第一问　未成年者,其处理事务是否由父母为之代理?

答:

多数习惯

未成年者,无论已未析产,均由父母代理其一切行为,即因出继而得伯叔之遗产,仍由本生父母为之代理。皖南北大都皆然。

少数习惯

未成年者,若有独立经营之能力,亦可无须父母为之代理。如皖北凤阳府之凤台。

第二问　少孤而无父母者,其处理事务系由何人为之代理?

答:

多数习惯

无父母之未成年者,当以亲族或戚族之尊长者为之代理,其顺序先亲族而后戚族。

皖南北大都皆然。

少数习惯

由其父母以遗言指定管理人亦有之。如皖南徽州府之绩溪。

第三问　癫狂盲哑之人如无父母,其处理事务应由何人为之代理?

答:

多数习惯

癫狂盲哑者如无父母,则由妻子代理其行为,次及于亲族,再次为戚族。皖南北大都皆然。

少数习惯

无。

第四问　代理人之权限有无限制?

答:

多数习惯

代理人之权限仅能为保存行为,而不能为变卖行为,限制綦严,不可僭越。惟以父母妻子为代理人不在此限。皖南北大都皆然。

少数习惯

遇有不得已事故必须为变卖行为之时,则其代理人须邀同亲属公议。如皖南徽州府之绩溪,宁国府之旌德。

第五问　未成年者达于成年时,其代理人之代理权是否从而消灭?

答:

多数习惯

未成年者既达成年之时,代理人将一切事务交与本人接受之后,其代理权即因而消灭。皖南北大都皆然。

少数习惯

(一)以本人成婚之日始为代理权消灭之时。皖南如太平府之当涂,广德州之建平。

(二)本人虽达成年,必须确具能力,代理权始因而消灭。皖南如安庆府之潜山,徽州府之歙县、休宁、绩溪。

第六问 未成年者及癫狂盲哑人并未商允代理人,径自与人交涉事件时,代理人得出而撤销之否?

答:多数习惯

未成年者及癫狂盲哑者,皆为缺乏能力之人,如未经商允代理人,迳行与人交涉,代理人得审察其利害如何,或予以承认,或出而撤销,均无不可。皖南北大都皆然。

少数习惯

无。

第七问 代理人如因事烦不能一一亲任,或因故不能任事,得另觅人代理否?

答:

多数习惯

代理人因事务殷繁不能一一躬亲者有之,或因疾病事故不能任事者有之,此时虽得另觅代理,然仍由代理人担负责任。皖南北大都皆然。

少数习惯

代理人如欲另觅代理,须经亲族或戚族公同商允,不能私相授受。皖北如凤阳府之凤阳、宿州。

第二编 物权

第一章 所有权关系

第一问 盖筑房屋、修理墙壁时,得使用邻地或走入邻宅否?

答:

多数习惯

必须与邻人协商,得其承诺方能使用及走入,若遇损害邻地及邻宅时,亦有负赔偿之责者。皖南北大都皆然。

少数习惯

（一）绝对可以使用及走入者。皖南如安庆府之怀宁，太平府之繁昌；皖北如颍州府之涡阳。

（二）绝对不可使用及走入者。皖南如徽州府之祁门；皖北如凤阳府之凤台，颍州府之颍上。

（三）协商之外或出租金亦能使用及走入者。皖南如徽州府之绩溪，宁国府之旌德。

第二问　四面均被他人之土地环绕，欲通至大道，得通过邻地否？又，须通过费用否？

答：

多数习惯

载明文契成为习惯者，例得通过，无须费用，否则必经协商，得邻人承诺方能通过。其协商有让借者，有租赁者，有价买者，惟让借每因特别事故发生而启争端，而价买亦往往较寻常地价超过数倍。皖南北大都皆然。

少数习惯

租借通过地有特立字据者。皖南如广德州之建平。

第三问　因低地沮塞致使高地之水不能畅行下流，高地所有者得疏通此沮塞否？（并略述疏通费用、办法。）

答：

多数习惯

农田、住宅皆有此种问题，而关于农田者纠葛颇多，往往因此涉讼。大约欲疏通沮塞时，无论高低，地主非彼此协商、两无损害不可。至于费用，则或按地亩均摊，或按利害独担，或按肥硗酌担，或以享有特别权绝对不担，皆视时势为标准。若在住宅，则按屋摊派者有之，平均集资者有之，亦有一家独任者。皖南北大都皆然。

少数习惯

无。

第四问　邻地蓄水之陂塘,其堤防有渗漏崩溃之虞,得商请其修筑否?(并略述修筑费用、办法。)

答:

多数习惯

得商请修筑,其修筑费概由塘主自行担任。如塘主力薄,不能独担,则商请人往往酌予补助,或竟全数出捐。如他田主亦资此塘灌溉,则照田均摊,或塘主任其数之半,他田主共摊其半。皖南北大都皆然。

少数习惯

无。

第五问　盖筑房屋时,为防檐水注滴邻地,计于墙根外应留出几尺隙地?

答:

多数习惯

无一定限制,自五寸至三尺不等。皖南北大都皆然。

少数习惯

(一)有借墙盖筑者,谓之一墙两役;有毗连盖筑者,谓之立约关山。此皆不必更留隙地。皖南如徽州府之绩溪,宁国府之旌德;皖北如颍州府之蒙城。

(二)以竹木或锡为溜枧,使承水旁行,不更留隙地。皖南如徽州府之休宁,皖北如凤阳府之寿州。

第六问　水流两岸,一岸属于己,对岸属于人,如变更水路及幅员时,须两面妥商否?

答:

多数习惯

非妥商不能变更。皖南北大都皆然。

少数习惯

不独须与对岸所有者妥商,并须得上下流人家之允许。皖南如宁国府之太平。

第七问　水流两岸均属一人,于变更水路及幅员时,其水流之下口应复原水路否?

答：

多数习惯

与他人无利害关系，则可因时制宜，绝对自由，否则必须复原。亦有他人因利害关系之故，不任变更人复原者。皖南北大都皆然。

少数习惯

两岸虽属一人，有时无关系之人惑于风水之说并变更亦不许者。皖南如宁国府之太平。

第八问　欲将余水向下排泄，高地所有者得不商诸低地所有者径行排泄否？又，排泄时有须留心不害低地所有者之义务否？

答：

多数习惯

非商诸低地所有者不得排泄。排泄时不独不能侵害低地，并须负赔偿责任。皖南北大都皆然。

少数习惯

（一）不必商诸低地所有者，但不能有所侵害；有侵害时，须负赔偿之责。皖南如安庆府之怀宁、太湖；皖北如凤阳府之凤台、寿州。

（二）无害于低地者不必商，有害于低地者，则非商明并负赔偿不可。皖北如颍州府之涡阳。

第九问　欲引申甲地之水至乙地，中间须经过他人土地时，应如何办理？

答：

多数习惯

凡引甲地水至乙地，须经过他人之土地时，中间必作沟渠。其从他人之田经过者，谓之过水田；若由上而下，俗称车水田。苟时非天旱，一经商请，无弗许者。皖南北大都皆然。

少数习惯

（一）偶尔经过可商借，否则如非契载及习惯，必贴与租费，或另认赔偿，方能经过。

皖南如安庆府之怀宁、太湖,太平府之当涂,池州府之铜陵,徽州府之绩溪;皖北如六安州之英山,庐州府之无为。

(二)有留水若干量为经过地主之酬报者。皖南如宁国府之太平。

(三)商请不协,若有益于甲地或乙地,无害于经过之地,可据理径行引过。皖北如颖州府之涡阳。

(四)有非契载及习惯绝对不能引过者。皖北如颖州府之亳州。

第十问　土地、山林、房屋四至界线以何为凭?

答:

多数习惯

有天然界线与人为界线两种。属于天然者,土地以塍、以塝、以墈、以树、以塘、以坝、以地名字号,山林以沟、以路、以丘、以堨、以岭脊分水,房屋以墙根滴水;属于人为者,土地、山林、房屋俱以石、以灰、以弓口、以契据、以鱼鳞册。而天然、人为两种中以人为为最重,人为中又以石与契为最重。皖南北大都皆然。

少数习惯

无。

第十一问　年久两造契据遗失,界标湮没,其疆界凭何为据?

答:

多数习惯

契据界标皆人为之界线,如有遗失,其可据以息争断讼者约有七种:(一)可凭前条所谓天然之界线为据;(二)可凭官府之号册、弓口、亩分、串票(俗称执粮审田)及鱼鳞册为据;(三)可凭私家之谱碟分关为据;(四)可凭地方圩修料簿为据;(五)可凭父老口传、邻佑公认为据;(六)可凭该地之卖主及中证为据;(七)可凭邻地契据界标所载之四至为据。此外,有经两造协商,邀同证人从公决定,请求官府存案,或请官府补发契据或执照者。皖南北大都皆然。

少数习惯

无。

第十二问　设立界标之费用是否分担？

答：

多数习惯

何人设立界标，其费由何人担任。如公共设立，则公共担之。皖南北大都皆然。

少数习惯

无。

第十三问　房屋两所分属于甲乙二人，中有空地，甲欲设立屏障以别界限，而乙不愿意时，甲仍得设立否？（或得设立竹篱、木栅等？）

答：

多数习惯

空地若系乙之所有，非得乙之同意，甲不能设立屏障及竹篱、木栅等类之物；若系甲乙共有，乙即不愿意，甲可于己应占之界内为之，或让其地三分之二于乙，而于三分之一内为之，但不得有碍风水及损害乙家者而已；若系甲之所有，则甲固可自由，无须商之乙也。皖南北大都皆然。

少数习惯

无论空地为共有、为乙有、为甲自有，甲欲有所设立，乙纵不愿意，甲皆得自由为之。皖南如安庆府之怀宁、潜山，太平府之当涂；皖北如颍州府之亳州、涡阳，凤阳府之凤阳、宿州，滁州之来安。

第十四问　共有墙壁相邻之一人得自由增高改筑否？

答：

多数习惯

不得自由增改，必协商方能着手。皖南北大都皆然。

少数习惯

可自由增改,但不得防碍风水,不得损害邻人,不得使邻人担费。皖南如安庆府之怀宁,宁国府之太平;皖北如颍州府之涡阳,滁州之来安。

谨按:共有墙壁,俗呼一墙两役。如两屋非同时建筑,则后者须立借字与前者,谓之借山纸。

第十五问　邻地竹木之枝横过疆界时,得如何办理?

答:

多数习惯

(一)通知邻地主为之依界芟除之。皖南北此为最多。

(二)要求邻地主令其自行芟除。此则皖北多于皖南。

(三)不必要求,亦不必通知,可竟芟除之。此则皖南多于皖北。

少数习惯

无。

第十六问　邻地竹木之根抽过疆界时,得如何办理?

答:

多数习惯

可自由处分之。皖南北大都皆然。

少数习惯

(一)通知邻地主为之依界掘去。皖南如池州府之铜陵;皖北如颍州府之颍上,庐州府之无为,凤阳府之凤阳、宿州、凤台、定远,滁州之来安。

(二)要求邻地主令其自行掘去。皖南如徽州府之黟县,池州府之铜陵。

第十七问　凿井设厕应距离疆界线若干尺?

答:

多数习惯

但取其便,无一定尺率。皖南北大都皆然。

少数习惯

（一）井离六七尺，厕离三四尺。皖南如太平府之当涂。

（二）井厕皆离六七尺。皖北如颖州府之蒙城。

（三）井厕皆离三尺或五尺。皖南如安庆府之怀宁，皖北如凤阳府之凤阳、凤台。

第十八问　穿地〔池〕浚沟应距离疆界线若干尺？

答：

多数习惯

因地制宜，无一定尺率。皖南北大都皆然。

少数习惯

（一）池沟皆离五丈或八丈。皖北如颖州府之亳州。

（二）池沟皆离一二丈。皖北如颖州府之蒙城。

（三）池沟皆离五尺。皖南如徽州府之歙县，皖北如凤阳府之凤阳、凤台。

（四）池沟皆离二三尺。皖南如安庆府之怀宁，皖北如卢州府之无为、颖州府之颖上。

（五）池离三四尺，沟半之。皖南如太平府之当涂。

第十九问　附海岸而涨出新地者，此地是否归沿岸地主所有？

答：

皖非濒海省分，无此项习惯。

第二十问　附江岸、河岸、溪岸而涨出新地者，此地应归何人所有？若对岸被冲滩而此岸涨出新地者，此新涨地如何办理？

答：

多数习惯

前项新涨之地多由接近业户占有，谓之接涨，亦有为完纳渔课之人所占者。若其涨地宽广在千尺以上，则入官或充公，或由接近业户缴价承领。皖南北大都皆然。

后项新涨之地有归此岸地主所占者，若对岸地主曾经报坍，而影线子母又复相连，则多归对岸地主处分。皖南北大都皆然。

少数习惯

无。

第二章　共有权关系

第一问　数人共有一物,其共有之人欲使用此物,有何限制?

答:

多数习惯

以所持之分为限制。皖南北大都皆然。

少数习惯

无。

谨案:共有物皖南北多有于联合时订立议单,各执一纸,以为证据者。

第二问　共有者之一人不经他共有者同意,得变更共有物否?

答:

多数习惯

不得同意不得变更。皖南北大都皆然。

少数习惯

公举有绝对管理权之人,得不经共有者之同意变更其共有物。皖南如池州府之贵池。

第三问　共有之管理是否由众公举,抑轮流管理?

答:

多数习惯

公举共有中之一人管理,或轮流管理,皆由共有者以同意定之。皖南北大都皆然。

少数习惯

亦有公举共有外之一人管理,或由共有人分段管理者。皖南如池州府之贵池。

第四问　共有物归一人管理时,其费用如何分担?

答:

多数习惯

无利息之共有物,应按其持分以为担负之多寡;有利息之共有物,即于利息中扣除之。皖南北大都皆然。

少数习惯

(一)有减轻管理人所应担之费用者。皖南如池州府之青阳。

(二)有免除管理人所应担之费用者。皖南如宁国府之旌德,池州府之铜陵,广德州之建平。

(三)于共有中之一人被举为管理时,亦复给予薪俸,其薪俸亦系共有物费用之一种,应在分担之内。皖北如凤阳府之寿州。

第五问　共有者之一人死亡而无承继人时,其所应得之一部分是否分配于各共有者?

答:

多数习惯

(一)分配于各共有者。皖南北此为最多。

(二)必死亡之人并戚族亦无,方能分配。皖南北此为次多。

少数习惯

(一)有戚族归戚族,无则充公。皖南如安庆府之宿松、潜山,徽州府之歙县,池州府之铜陵;皖北如凤阳府之凤阳,滁州之来安。

(二)有归共有之一人吸收者。皖南如徽州府之休宁。

(三)有为之永远保存,供其祭祀者。皖南如徽州府之祁门、黟县,池州府之青阳。

第六问　共有者之一人得随时分割其应得共有物之一部分否？如他共有者不愿分割时，则如何办理？

答：

多数习惯

不得随时分割，但可由他共有者出价吸收，或与全体协商，另招一人接受入此共有团。皖南北大都皆然。

少数习惯

无。

第七问　以共有物抵押于人时，得由共有者之一人取赎否？

多数习惯

得由共有者之一人取赎。皖南北大都皆然。

少数习惯

不得由共有者之一人取赎。皖南如安庆府之宿松，徽州府之歙县，宁国府之宁国，池州府之铜陵；皖北如凤阳府之凤台。

第三章　地上权关系

第一问　有使用他人土地以盖筑房屋或培植竹木者否？如有此事，请详述左揭各项之情形：

答：

多数习惯

(一)有使用他人土地盖筑房屋、培竹植木者。皖南北大都皆然。

(二)使用他人土地，有租与典之分。皖南北大都皆然。

少数习惯

(一)有使用官中土地者。皖北如凤阳府之寿州。

(二)有使用他人土地开矿、开窑及烧石灰者。皖南如徽州府之黟县,池州府之贵池。

(三)亦有绝对不使用他人土地者。皖北如滁州之来安。

第一项 地租是否每年交付一次?或统行先交?

答:

多数习惯

(一)属于租者,其租金多按月、按季,或按年节交纳,亦有统行先交者。惟按月、季、年节交纳租金之土地,必须于契据之外附以押金,若统行先交,则无须押金。皖南北大都皆然。

(二)属于典者,虽有使用权利,并无所谓地租。即所出之典金,迨地主取赎时尚须收回。皖南北大都皆然。

少数习惯

(一)使用他人土地培植竹木,亦可不付租金,但以竹木所生之利益十分之四或三分之二交纳地主,以为报酬。皖南如徽州府之休宁。

(二)使用他人土地培植竹木,亦有不付租金,但于限满时,将所植竹木无价纳之地主,以为报酬者。皖南如徽州府之婺源。

第二项 订有一定年限者,至长以若干年为限?至年限既满,地主不允展赎时,系如何办理?

答:

多数习惯

年限至短三年,至长六十年。限满地主不允展赎时,可加重地租,或使用人将其土地买回,或将地上设置之权利卖归地主。若皆不协,则拆让迁徙,解其契约。皖南北大都皆然。

少数习惯

(一)有盖筑房屋可以五十年为限,培植竹木只能以二十年为限者。皖南如徽州府之绩溪。

(二)有培植竹木可以六十年为限,盖筑房屋只能以十二年为限者。皖南如徽州府之歙县。

(三)有培植竹木之期限最短,盖筑房屋可以永久租用者。皖南如池州府之贵池。

第三项　未订有一定年限者,地主欲取还土地,及使用土地者欲退还土地时,系如何办理?

答:

多数习惯

有契约者,依契约办理;无契约或契约未载明者,可随时协商,但必于一年或半年前预为通知。至土地上所设之权利,若地主取还土地时,可照时价买收;若使用者退还土地时,亦可减价卖与地主,否则可由使用者自行撤去。皖南北大都皆然。

少数习惯

不定年限之土地,使用人只用以堆存物件,不用以盖筑房屋、培植竹木,取还退还时,皆极易办理,不费何等手续。皖南如池州府之东流、建德。

第四项　因年限满而退还土地时,须仍复土地之原状否?

答:

多数习惯

有契约,依契约办理;无契约或契约未载明,则由双方临时协商,大约必复之原状,为土地界限,其余或复或不复,皆无一定。即或地主要求必复,若使用人酌给以费用,亦无不了结者。皖南北大都皆然。

少数习惯

无。

第五项　退还土地时,土地上之房屋或竹木,地主愿照时价买收时,使用土地者得拒绝否？

答：

多数习惯

契约载明者，不得拒绝，否则使用人可以自由。皖南北大都皆然。

少数习惯

（一）即无契约亦不得拒绝。皖南如安庆府之宿松，宁国府之宁国；皖北如凤阳府之定远、宿州，颍州府之蒙城、颍上，六安州之英山。

（二）于他人不取租金之土地上培植竹木限满时，其竹木应归地主无价收回，使用人不得拒绝。皖南如徽州府之婺源。

第四章　抵押权关系

第一问　凡借人之财，以物为质者为抵押。抵押物有过手管理、不过手管理之别。是否以动产为抵押时，均须过手管理？以不动产为抵押时，无须过手管理？或不动产抵押，亦有须过手管理否？

答：

多数习惯

动产须过手管理，不动产过手与否，悉以协商为结果。俗称不动产之不过手管理者为押借，其借款须照付息金；过手管理者为典为当，其款不须付息。皖南北大都皆然。

少数习惯

（一）无论动产、不动产，皆须过手管理。皖南如徽州府之绩溪，太平府之繁昌；皖北如凤阳府之寿州。

（二）不动产绝对不须过手。皖北如颍州府之蒙城。

第二问　质、当、典、押，其名目既异，其规则有无异同？

答：

多数习惯

（一）质、当、典、押，通常个人与个人之交涉名词，向不确定，故规则虽或有异，殊难分明，不能指某种为质当规则，某种为典押规则。大约不同之点凡有五种：（甲）定期与不定期；（乙）长期与短期；（丙）过手与不过手；（丁）期满得取赎与期满不得取赎；（戊）以抵押物所生之利为息与不以抵押物所生之利为息。

（二）设立机关与人交涉者，如质库、典当、小押之类，则有确定之区别。盖其异点有四：（甲）设立。当典必经官认可，质库有经官认可、有不经官认可者，小押多军犯为之，亦有无赖私开者；（乙）期限。质库无一定，任债务者自定；当典有一定，由官府规定；小押为期最短，由债权者强迫定之；（丙）利息。当典不得过二分五，质库较当典略重，小押有重至五分者，俗有"九出十入"之说；（丁）目的物。质库无论动产、不动产，皆可收受；当典与小押皆取动产，不取不动产。其同点有三：（一）利息皆于取赎时结算；（二）期满皆不能取赎；（三）约据皆由债权者给与。皖南北大都皆然。

谨案：质库、当典、小押之外，池州府之贵池县，有所谓靠者；凤阳府之凤台县、定远县，颍州府之颍上县，有所谓代步者（代步又谓之代当）。靠即质库、当典之俗称，代步则与小押大略相似，惟于息金外每百钱须加代步费五文云。

又谨案：质库，皖省最少。皖南只徽州府绩溪，皖北只凤阳府凤台有之。凤台又呼质库为中典，盖俗称也。

少数习惯

无。

第三问　抵押物有无限制？（如军装、爆发物、动物、植物等得抵押否？）

答：

多数习惯

质库、当典限制最严。凡危险物（即爆发物之类）及法令所禁止之物（军装之类）、保管须费之物（动物之类）、易于腐败之物（食物之类）、无确定价值之物（古玩珍宝之类）、不能移属之物（家谱影像之类）、特别设置之物（法团所设置者、祠庙所陈列者之类）、废弃无用之物、难于迁徙之物，皆绝对不能抵押。若个人与个人间则限制稍宽，通融拒绝悉任受物者之所主张，然于以上所述种种之物，亦多半不能抵押，惟动物如牛羊，植物如稻麦、竹木，则通常皆可抵押耳。皖南北大都皆然。

少数习惯

无。

第四问　抵押是否以票据为凭？（以票据为凭者，抄粘票据式样。）

答：

多数习惯

设立机关待人抵押者，必以票据为凭；个人与个人间，或用，或否，其式样多不一致。皖南北大都皆然。

附票据式样

抵押票式

立抵押字人某某今正款无，出自愿将父遗、原买某山场、桑地一业，凭中出抵押某某名下为业，比三面议定公值，抵押银若干两正，其银字皆两交清白外，不立收字。其山场、桑地听押主管业，其银不生息，其山场、桑地亦不起租，言定若干年内照字内价银两准身备银回赎，不得霸住。如满年不赎，听押主转押变卖，身无异说。恐口无凭，立此抵押字为据。

　　年　月　日立押字人某某押

　　　　　　凭中某某押

　　　　　　代书某某押

抵押票式

立抵押字人某某今正欲典出自願將原買某桑地一業憑中出抵押某某名下為業比三面議定公值抵押銀若干兩正其山場桑地銀字皆兩交清山外不立收字其山場聽押主管業其銀不生息其桑地亦不起租言定若干年內踉字肉價銀兩準身備銀回贖不得霸佔如滿年不贖聽押主轉押變賣身無異說恐口無憑立此抵押字為據

　　年　月　　日立抵押字人某某押
　　　　　　　　　憑中某某押
　　　　　　　　　代書某某押

当票式

某某典

今将自己破碎某衣几件当去,本足英洋若干元,遵宪谕照月二分起息,连闰计算,以二十四个月为满。如过期不取不上利,听从本典变卖。倘有来历不明以及虫伤鼠咬霉烂等情,各安天命,与本典无涉。认票不认人。此照

　字　　号

　年　月　日票

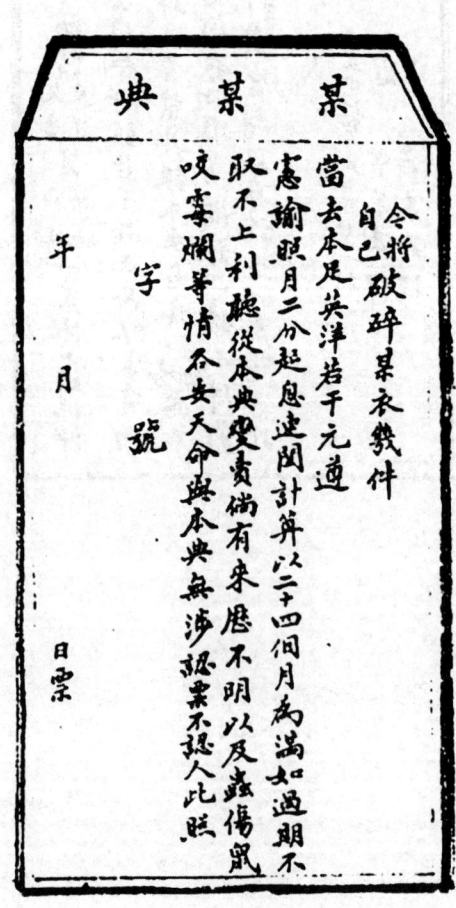

代当票式

某号代当

今将自己某物眼同估值当去本钱若干文,遵宪仿照新章,按月二分五厘起息,连闰二十四个月为满,过期不赎,听凭变卖,作本无辞。霉烂虫伤鼠咬,各听天命,倘有来历不明,与本典无涉。认票不认人。此照

某　字　某　号

年　月　日　住某处

滚至某处若干里,当取力钱,每百五文,出入足制。

代当票式

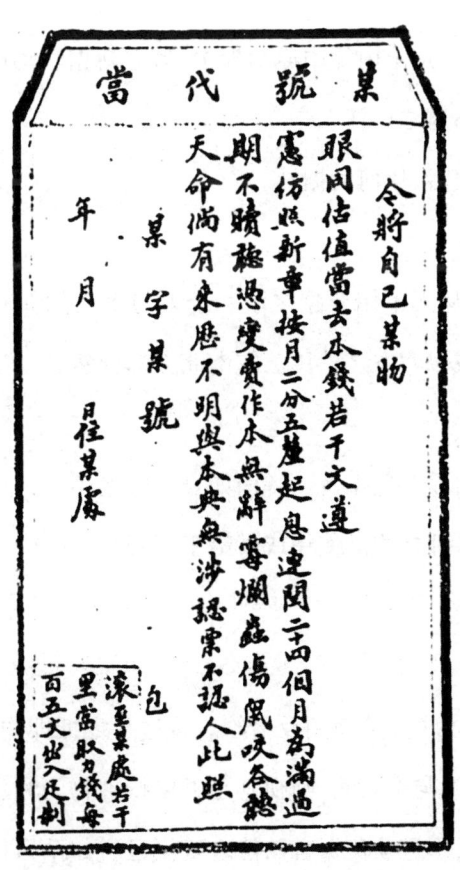

少数习惯

无。

第五问　以票据为凭者,若票据遗失时,业主得如何办理?

答:

多数习惯

在机关之交涉,则由业主邀同保人说明物件、日期、钱数,要求挂失,另换新票。若不能说明,则物权应即消灭。在个人之交涉,则由业主邀同中人说明物件、日期、钱数,要求另立新据,新据之上须批明"原票作废"。若不另立新据,则取赎时由押主出收字与业主,并批明"原票作废",在交通地方有报纸流行者,失主尤须登报声明,亦有由业主书立拦批或承耽字与押主者。若抵押物系珍贵重要之品,则多禀官立案,以防拾得原票者之纠葛。皖南北大都皆然。

少数习惯

票据遗失,业主须于一定限内凭中通知押主,另立新据。动产以三日为限,不动产以三个月为限。皖北如庐州府之庐江。

第六问　若不用票据者,凭何为据?

多数习惯

以机关与人交涉者,从无不用票据之事。个人与个人间偶有不用票据者,其凭据则以账折、以收字、以中证或以双方之信用。皖南北大都皆然。

少数习惯

有于地方官衙门存案以为凭据者。皖南如安庆府之怀宁。

第七问　押主得将抵押之物品使用或借给于人否?

答:

多数习惯

凡抵押物不过手者,押主无从使用及借给。若过手之抵押物,则机关与个人之交涉,绝对不能使用及借给;个人与个人间,则视其是否以抵押物为利息。如以抵押物为利息,使用、借给自系应有之权,不过须负损害赔偿之责而已。如系另付利息之抵押物,押主虽负赔偿之责,亦不能使用或借给。皖南北大都皆然。

少数习惯

(一)暂押者不得使用及借给。皖南如安庆府之宿松。

(二)未逾期限者不得使用及借给。皖北如凤阳府之宿州。

(三)得使用不得借给。皖南如池州府之青阳、建德。

第八问　修理与保管抵押物之费用,是否由押主任之?

答:

多数习惯

有归押主者,有归业主者,有押主、业主分担者,均于抵押时议定之。皖南北大都皆然。

少数习惯

(一)有定约从其定约,无则由押主任之。皖北如庐州府之庐江。

(二)不动产之费用由押主担任,其他费用由业主担任。皖南如安庆府之怀宁,宁国府之太平。

(三)无论动产、不动产皆由押主任之。皖南如安庆府之潜山、太湖、宿松,徽州府之休宁,池州府之贵池、建德,广德州之建平;皖北如颖州府之颖上、霍邱、涡阳,凤阳府之凤阳、定远,六安州之英山。

(四)小修归押主,大修归业主,业主无力,押主可先行垫付,取赎时业主一并缴还。如押主图饰观瞻,则押主自行担任。皖南如徽州府之婺源、歙县,池州府之青阳。

(五)押主先垫,取赎时业主算还。皖南如徽州府之祁门;皖北如庐州府之无为。

(六)保管费用由押主担任,修理费用由业主担任。皖南如太平府之当涂。

(七)使用之抵押物由押主担任,不使用者由业主担任。皖北如凤阳府之宿州。

第九问　押主得以抵押物转抵押于他人否?如得转抵押于他人,则因转抵押之故而抵押物被毁损时,押主向于业主是否应负责任?

答:

多数习惯

抵押物转抵于他人,有必经业主许可者,有不必经业主许可者,然其物若有毁损,原押主对于业主皆应负赔偿之责,而原押主对转押主亦有索偿之权。皖南北大都皆然。

少数习惯

(一)抵押物未满期限,不得转抵于他人,如业主承诺转抵时,其责由转押主负之。皖南如池州府之东流。

(二)物经转押,前、后押主同负其责。皖南如太平府之当涂。

(三)转押物之毁损,应归后之押主负责。皖南如徽州府之休宁,宁国府之旌德、太平;皖北如颍州府之蒙城。

第十问　抵押物有毁损灭失时,押主是否折价偿还?其价以何时之率为准(如抵押时之价或偿还时之价)?

答:

多数习惯

其在典铺、质库不认毁损,若灭失,则照抵押时之价加成赔偿。其在个人与个人间,则或照抵押时之价,或照偿还时之价,殊无一定。亦有以毁损灭失时之价为准,或凭中公估以定其赔偿,或购与原物同等之物以为偿还。皖南北大都皆然。

少数习惯

(一)有照抵押时之价加一倍赔偿者。皖南如安庆府之宿松。

(二)有照原值除去抵押款赔偿者。皖北如凤阳府之凤台。

(三)有照抵押时之价折半赔偿者。皖北如庐州府之无为。

第十一问　因天灾时变致抵押物有灭失毁损时,押主得免赔偿之责任否?

答:

多数习惯

典铺、质库、小押店等如被火、被窃,例应赔偿。其他个人交涉,或绝对不赔,或减价酌赔,或抵押时预先议明应否赔偿,皆视事实以为标准,殊无一定。惟遇天灾时变时,押款多半不能索还。皖南北大都皆然。

少数习惯

无论天灾地变,押主皆须赔偿。皖北如颍州府之蒙城,六安州之英山。

第十二问　抵押物是否本利还清始得取赎,抑专将本钱还清即可取赎?

答:

多数习惯

(一)典铺、质库、小押店必本利还清始得取赎。皖南北大都皆然。

(二)个人交涉通常以本利还清始允取赎,亦有通融办理,不必还清利息即可取赎者。皖南北此为最多。

(三)虽个人交涉,亦有援照典铺例,非本利全还不能取赎。皖南北此为次多。

少数习惯

应否本利还清方能取赎,一以抵押时双方之预定为准。皖北如颍州府之亳州。

第十三问　抵押年期至长以若干年为度?

答:

多数习惯

典铺以二十七个月为定,余无一定年限。皖南北大都皆然。

少数习惯

(一)无论动产、不动产,多则皆不得过三十年,少则皆不得过十年。皖南如池州府之青阳;皖北如庐州府之庐江。

(二)无论动产、不动产,皆不得过十二年。皖南如徽州府之歙县。

(三)无论动产、不动产,皆不得过十年。皖南如安庆府之怀宁、桐城、潜山,徽州府之绩溪,宁国府之宁国、太平;皖北如庐州府之无为,颍州府之涡阳,六安州之英山。

(四)无论动产、不动产,皆不得过五年。皖南如太平府之当涂;皖北如凤阳府之寿州、宿州,颍州府之亳州。

(五)无论动产、不动产,皆不得过三年。皖南如池州府之东流,皖北如颍州府之霍邱。

(六)无论动产、不动产,皆不得过二年半。皖北如凤阳府之凤阳。

(七)无论动产、不动产,皆不得过二年。皖北如滁州之来安,凤阳府之定远,颍州府之颍上。

(八)无论动产、不动产,皆不得过一年。皖北如凤阳府之凤台。

(九)动产不得过三年,不动产不得过三十年。皖南如广德州之建平。

(十)动产不得过二年,不动产无限制。皖南如安庆府之太湖。

第十四问　限期将满时,物主得将利息付清再请展期否?

答:

多数习惯

典铺、质库、小押店之抵押物主,如将利息付清,请再展期,该店铺自应承诺,不能拒绝。若个人与个人之抵押,物主将利息付清,请再展期时,其承诺与否,则权在押主,物主不能相强。如押主已承诺展期,有票据者,应另换票据,或就原立票据批明理由,不另换票据亦可。皖南北大都皆然。

少数习惯

(一)个人间抵押之展期有加利者。皖北如颖州府之亳州。

(二)有物主要求展期,押主亦如典铺等不得拒绝者。皖北如庐州府之庐江。

第十五问　业主至期限无力取赎,如何办理?

一、抵押物是否即归押主所有?

二、满期限后,押主得不通知业主即行变卖否?如得变卖,其卖价不敷抵价时,如何办理?或卖价扣除抵价及利息尚有余时,又如何办理?

答:

多数习惯

(一)典铺、质库、小押店,如业主无力取赎,其物即应为该店铺所有,变卖时不必通知,或盈或亏,亦无庸找补。皖南北大都皆然。

(二)个人间之抵押分动产、不动产二种。在动产,若业主无力取赎,即应为押主所有,其变卖无须通知业主,盈亏亦与业主无涉;在不动产,则押主不能因业主无力取赎遂强行占有,若不得已而欲收受或变卖,其抵押之物例应得业主之承诺,将本利扣除,而以其余还诸业主,倘变卖之价于本利仍有不敷,亦可向业主要求补足。皖南北大都皆然。

(三)个人间之抵押物虽系不动产,若业主死亡无嗣,或远出不归,亦得以前条处分动产之法处分之。皖南北大都皆然。

少数习惯

无。

第十六问　抵押利息每年至少若干？至多若干？平准若干？

答：

多数习惯

抵押利息通常以月计，不以年计。徽典每月二分，西典每月二分五厘，小押店则每月三分至五分不等，与律定不得过三分之条稍有出入。个人间之抵押，多少亦有不同。月或多至五分，少亦八厘，平准约在一分以上、二分以下，而利上加利者亦多有之。

少数习惯

无。

第十七问　不动产抵押是否以契据为凭？

答：

多数习惯

不动产之抵押，其不过手者，大约皆以原契交付押主，另付以议单；其过手者，则或另立新契，亦有不立新契但立字据者。皖南北大都皆然。

附契据式样

立自情愿典押房屋、田地契人某，缘身有房屋几局、田地几片坐落某处某字某号，计税若干，东至某处，西至某处，南至某处，北至某处，右件四至分明。今因正用，自愿立契，出押与某某名下，承押为业，三面议定，时值价银若干两，其银系身当日同中收领足讫，其房屋、田地自令出押之后，任听承押人前去住居、收租，并无不明等情。如有不明，系身自理，不干承押人之事。其房屋、田地订定出押，若干年后照依原价取赎，无得异说。今欲有凭，立此为据。

　　年　月　日立自情愿典押契人某押

　　　　见中　某押

　　　　代笔　某押

立自情願共押房屋田地契人某緣身有房屋典為坐落某處某字某號計税若干束至某處西至某處南至某處北至某處四件四至分明今因正用向願立契此押與某某名下承押為業三面議定時值價銀若干兩其銀像身當日同中收領足起其房屋自令出押之後任聽承押人前去任以居住並無不明等情如有不明係身向理不干承押人之事其回房屋地訂定出押若干年後照依原價取贖其得異說令欲有憑立此為據

年　月　　日立情願典押契人某押

　　　見中某押

　　　代筆某押

少数习惯

无。

第十八问　过手保管之不动产抵押,是否即以该产所得之利息充利息,抑须别给利息否?

答:

多数习惯

过手保管之不动产,即以该产所得之利息充利息,无须别给。皖南北大都皆然。

少数习惯

(一)抵押之产未能发生利益时,须别给利息。皖南如徽州府之绩溪。

(二)抵押之产所生之利益,如不敷利息,应由业主补足,有余亦归业主收回。皖北如凤阳府之凤台。

第十九问　过手保管之不动产抵押,其不动产每年应交纳之丁粮、捐税,是否由业主完纳,抑由押主完纳?

答:

多数习惯

(一)由押主完纳谓之钱粮过割,由业主完纳谓之代纳,皆以押据规定之。皖南为多。

(二)有丁粮税归业主,捐项归押主者。皖南为多。

(三)有由业户担任,俗称为产不纳粮者。皖南北皆有之。

(四)有由押主担任,俗称为过庄、过亩、钱粮随地走者。皖南北皆有之。

(五)有由押主交业主完纳,或业主自行完纳,押主与以津贴者。皖南北皆有之。

少数习惯

无。

第二十问　抵押取赎年限有最长至若干年者?

答:

多数习惯

取赎年限习惯上无一定之规则,故契约亦多不书明。其书明者大抵随时商定,三年、五年、八年、十年不等,然延长至五十年、六十年者亦有之。皖南北大都皆然。

少数习惯

无。

第二十一问　过手保管之不动产抵押,其抵押物之修理及保管费用,是否全归押主任之?

答:

多数习惯

(一)修理保管等费概由押主担任。皖南北此为最多。

(二)修理保管等费由何人担任,于抵押时预先商定。皖南北此为次多。

少数习惯

(一)大修归业主,小修归押主,保管费则双方任之。皖北如颍州府之颍上、蒙城、霍邱,及滁州之本治与来安。

(二)大修归业主,小修及保管费归押主。皖南如徽州府之婺源、休宁,池州府之铜陵、石埭;皖北如凤阳府之凤阳。

(三)小修及保管费归押主,大修押主、业主共任之。皖北如颍州府之涡阳、太和。

(四)修理、保管等费双方共任之。皖北如凤阳府之凤台。

(五)保管费归押主,修理费概归业主。皖南如徽州府之绩溪。

(六)抵押期长概由业主担任,期短则押主独任之。皖北如泗州之天长。

谨案:凡归业主担任之费,大半由押主先行垫付,至取赎时向业主索还。又,无论小修、大修费用归何人担任,其工匠饭食例归押主给与,业主无过问者。

第二十二问　过手保管之不动产抵押,于抵押期限中业主将其业出卖时,系如何办理?

答:

多数习惯

（一）俗有典不厌卖之说，可令业主将本利一并归还，并赔偿一切损害之利益及费用。皖南北此为最多。

（二）抵押物押主虽不能禁止业主出卖，然须先尽押主收受，押主不受，方能别卖，而押主之本利必提前偿还。亦有押主本利责成买主扣还者。皖南北此为次多。

（三）抵押物押主如不愿收受，业主须商明取赎，方能别卖。皖南北亦多有之。

少数习惯

（一）期限中惟押主可以收受，不得出卖他人。皖南如宁国府之旌德，池州府之青阳、贵池，太平府之繁昌。

（二）距限期不远可以出卖，否则不能出卖。皖北如庐州府之无为。

（三）出卖他人如未经押主许可，应由新业主照期转据，俟期满后取赎。皖北如凤阳府之凤阳，颍州府之霍邱，及滁州之本治。

第二十三问 不过手保管之不动产抵押，其利息每年若干？至业主到期不交利息，押主得如何办理？

答：

多数习惯

抵押物不过手之利息，其计算或以年、或以月，多不一致，而其区别，则有二种，一为利稻，一为利钱。大约银元一枚，每年利稻在二斗以下、七升以上，利钱在三分以下、八厘以上。如业主到期不将利息交纳，押主可邀同证人要求过手管理。此过手管理之要求，有因字据载明而要求者，亦有字据未经载明而要求者。如不要求过手管理，亦得将其所欠利息如其数收益于抵押物，或迫令业主将抵押物出卖而索还押款及其利息。皖南北大都皆然。

少数习惯

（一）押主可向保人理论，或即责偿于保人。皖北如庐州府之无为。

（二）押主可催令业主取赎。皖北如六安州之英山。

（三）押主可将所欠之利息另立字据起息，或别求不动产以为抵押。皖北如颍州府之颖上。

（四）押主可将其所押之原契扣留。皖南如宁国府之太平。

第二十四问　以一不动产抵押于数人，则押主与押主间之权利有先后区别否？

答：

多数习惯

一抵押物而有数个之押主，此数个押主如系合资受押，自应共享其权利，无先后之区别。又或其抵押物质大价昂，既以一部押于甲，复以他之部分分押于乙、丙、丁，此其权利亦各不相涉，无先后区别，否则押主与押主间之权利大半应尽先押主，后押主当责偿于业主，不得与先押主交涉。皖南北大都皆然。

少数习惯

（一）后押主之押款如多于前押主，则权利当尽诸后押主。皖南如安庆府之怀宁，徽州府之歙县，宁国府之旌德，池州府之东流，广德州之建平；皖北如颖州府之霍邱、亳州。

（二）如前押主系不过手之抵押，则后押主可为过手之抵押。皖南如宁国府之太平。

（三）如前押主系不过手之抵押，业主复欲将其物抵押于他人，则前押主应改为过手，后押主只能为不过手。皖南如徽州府之休宁。

（四）有由数押主协商规定者。皖南如宁国府之宁国。

第二十五问　不过手保管之不动产抵押，若业主将不动产出卖于他人时，押主得向买主索还抵价否？

答：

多数习惯

（一）押主不能向买主索还抵价。皖南北此为最多。

（二）押主得向买主索还抵价。皖南北此为次多。

少数习惯

（一）买主如知其先已抵押，则押主可向买主索还抵价，否则不能向买主索还。皖南如徽州府之歙县。

(二)押主如知其出卖,可预先向买主申请代扣,如未申请代扣,不能向买主索还。皖南如太平府之当涂,皖北如颖州府之涡阳。

第二十六问　业主变卖其抵押物摊还债务时,押主较他借主有尽先摊还之权利否?

答:

多数习惯

押主有尽先摊还之权利。皖南北大都皆然。

少数习惯

(一)过手之抵押,押主有尽先摊还之权,不过手者无之。皖南如徽州府之绩溪。

(二)无论过手、不过手,押主皆不能有尽先摊还之权。皖南如池州府之建德。

第二十七问　买得不过手管理有抵押之不动产者,得代业主备价向押主取赎抵押否?

答:

多数习惯

买主得邀同证人代业主备价取赎。皖南北大都皆然。

少数习惯

买主不得代业主备价取赎。皖南如徽州府之黟县、休宁,宁国府之太平、宁国,池州府之贵池,太平府之繁昌;皖北如泗州之本治。

第五章　物权之消灭

第一问　各国法律,凡权利者经过若干年后不行使权利,则其权利归于消灭。吾国关于物之权利亦有此习惯否?如有此习惯,其年限若何?且关于各种物权之消灭年限有无区别?

答:

多数习惯

除有字据载明年限，满限后应归消灭外，其他物权无论经过若干年，不能归于消灭。皖南北大都皆然。

少数习惯

（一）住宅出路、田地水路久不行使其权利，有归消灭者，但无一定年限。皖北如凤阳府之定远。

（二）五年后不行使权利，其权利归于消灭。皖南如池州府之青阳。

（三）物权有随一身而消灭者，如养老田之类。皖南如安庆府之怀宁。

（四）土地之抵押，旧以经过三十年，押主例得印契过税，现亦有十年后即可印契过税。皖南如徽州府之绩溪。

第三编　债权

第一章　契约

第一问　订立契约时是否必以证书为据？又，在证书外更须用别种之方法否？其办法如何？试详述之。

答：

多数习惯

凡订立契约必以证书为据，且其证书之上必附以中证人之签押，方为有效。皖南北大抵皆然。

少数习惯

（一）仅以中证人为凭，绝无另立证书者。皖南如池州府之建德、东流；皖北如颖州府之霍邱。

（二）轻微事件或仅凭证书而不用中证人，或仅凭中证人而不用证书。皖南如徽州府之婺源，池州府之贵池。

第二问　未成年之人能否与人订约，抑或须由其家长父母出名？

答：

多数习惯

未成年之人实际上并无与人订约之事，即因父母均殁而与人订约，仍须家长出名，不如是则无肯信用之者。皖南北各属皆然。

少数习惯

无。

第三问　为人妻者及奴婢与人订约，应否得家长及夫之许可，抑或一切契约均须家长及夫出名代订？

答：

多数习惯

有夫之妇及鬻身为奴婢者，断无以其名义与人订约之事。

少数习惯

无。

第四问　托人代订契约时，关于左揭各种情形试详述之：

第一款　代理人与人订约能自行出名否，抑或须用本人名义？

答：

多数习惯

代理人与人订约均用本人名义，而将自己列为中证。皖南北各属皆然。

少数习惯

本人不在此地，迳由代理人出名，须注明"代押"字样。如皖南徽州府之休宁。

第二款　代理人有无代理权，及其权限如何，应以何法证明？

答：

多数习惯

代理权之有无及广狭，如何证明，原无一定，大概视代理人平素在社会上信用如何，曾否为人代理此等事项，及其平日是否为本人所信任，而后据以推测之，故稍一疏忽辄受欺诳。皖南北各属皆然。

少数习惯

无。

第三款　代理人所订契约若出其权限之外，本人可不承认否？如可不承认，代理人对于彼造应否照所订契约自负履行之责？若彼造更有损害，是否并须赔偿？

答：

多数习惯

代理人所订契约出于权限之外，本人可不承认，且代理人对于彼造应负有履行及赔偿损害之责。皖南北大抵皆然。

少数习惯

本人远出之时托人代理，虽有权限以外之行为，本人亦当承认，惟可向代理人要求赔偿。皖南如安庆府之桐城。

第四款　代理人受托后得转托于他人代订契约否？如得转托他人，则其所托之人苟办理不善，本人因之受损，代理人并其所托之人对本人应负赔偿之责否？

答：

多数习惯

代理人非先得本人许可，不能托他人代订契约。若任意擅托他人，苟因办理不善，损害本人，代理人及其所托之人均负赔偿之责任。皖南北大抵皆然。

少数习惯

赔偿之责惟代理人是问，与其所托之人无干。皖南如宁国府之宁国，太平府之繁昌；皖北如凤阳府之宿州，颍州府之太和，及滁州、和州之本治。

第五问　契约若定有期限，在期限未满以前，债主得以索偿否？

答：

多数习惯

有定期之契约，在期限以内债主例不得索偿，但与债务者从长计议，亦须偿其利息。

皖南北各属皆然。

少数习惯

遇债务者破产之时，虽期限未满亦可索偿。如皖南徽州府之绩溪。

第六问　契约若无定期限，债主须俟何时方得索债？

答：

多数习惯

无定期之契约随时皆可索偿。皖南北各属皆然。

少数习惯

（一）须待秋收后始得索偿。如皖北庐州府之无为、巢县。

（二）须待年终始得索偿。如皖北凤阳府之宿州。

（三）索偿之时须于履行前若干日先期告知债务者。如皖北颖州府之亳州。

（四）有利息之债务，须满一月以后方可索偿。如皖北庐州府之庐江。

第七问　履行契约应在何地？若未约，债主应否至债户家索偿，抑或由债户送还债主家，又或另定一地以为履行之地？试分别言之。

答：

多数习惯

契约之履行地，习惯上并无一定，或至债户家索偿，或送还债主家，或凭中证另定一处以为履行之地，均听其便。皖南北大抵皆然。

少数习惯

无。

第八问　债户若逾限尚不履行契约，债主因以受损，得使债户赔偿否？

答：

多数习惯

债户逾限尚不履行契约，理宜赔偿损失，但债户多系无力，若加强制，徒滋讼端。皖南北大抵皆然。

少数习惯

损失如属轻微，债主亦须让步，不能概责令如数赔偿。如皖南徽州府之婺源，皖北颍州府之霍邱。

第九问　契约若约定应为某事而债户不为时，债主得以债户之钱倩〔请〕人代为，以副原约否？

答：

多数习惯

约定应为某事而不为时，是为违反作为之义务，债主只能挽中证催促债户为之，甚或凭公理断，或翻废前约，皆可。若以债户之钱请人代为，费用无定，清算甚难，徒滋纠葛。皖南北大抵皆然。

少数习惯

无。

第十问　契约若约定不准为某事而债户竟为时，债主得以债户之钱请人除其所为，以副原约否？

答：

多数习惯

约定不为某事而竟为时，是为违反不作为之义务，债主只能凭中证阻止债户之所为，甚则翻废前约，而不能以债户之钱请人除其所为，致启争议。皖南北大抵皆然。

少数习惯

无。

第十一问　债户依限履行契约，债主若不领受，债户得以该物托人保管，以免其责否？

答：

多数习惯

债户依限履行契约而债主不受时，债户得将该物交与中证人保管，以免其责。如其中有本利不清之纠葛,则虽托人保管,仍不得谓脱卸责任。皖南北大抵皆然。

少数习惯

须邀请中证将物交与债主,不得托人保管。皖南如安庆府之潜山、宿松,徽州府之休宁、繁源,宁国府之旌德;皖北如滁州之来安,六安州之英山,泗州之天长。

第十二问　债户依限履行契约,债主若不领受,债户因以受损,债户得使债主赔偿否?

答:

多数习惯

债户依限履行契约而债主不受,因而受有损害之时,得凭中证理断,令其赔偿。皖南北各属皆然。

少数习惯

无。

第十三问　交付银钱时,或用银圆,或用外国货币,有一定之办法否?

多数习惯

交付银钱时或用龙圆,或用本洋(西班牙银币),或用墨洋,均按市价折合纹银,一律行用,并无一定办法。皖南北大抵皆然。

少数习惯

无。

第十四问　契约约明有利,若其利率若干未经明定,则依本地习惯,每月或每年应付若干方得免责?

答:

多数习惯

利率以明定契约者为多,间有未经定明若干,至多均照典息,按月贰分。皖南北大抵皆然。

少数习惯

(一)视其元本之多寡而有差。元本多,则其利息按月八厘或一分;元本少,则利息有至三分者。如皖北凤阳府之宿州。

(二)按月以三分计息者。如皖北颍州府之颍上、涡阳。

(三)按月以一分五厘计息者。如皖北滁州之来安。

(四)按月以六厘计息者。如皖南徽州府之绩溪;皖北颍州府之亳州,泗州之天长。

第十五问　债户若逾限不付利息,债主因以受损,债主得使债户赔偿否?

答:

多数习惯

债户逾限不付利息,债主只能催索,并无赔偿损害之习惯,且此时债户或系无力,本利且不可保,遑论赔偿。皖南北各属皆然。

少数习惯

无。

第十六问　债户若逾限不付利息,债主得以所欠利息作为元本重征利息否? 若许重征,其所欠利息应积至若干,并所误期限应迟至何时债主方得如此办理?

答:

多数习惯

利上加利,俗皆非之,故民间借贷无将所欠利息作为元本重征利息者。谚云:子不过母。谅哉! 皖南北大抵皆然。

少数习惯

(一)钱商习惯,按月或按季、按节转利。皖南如安庆府之桐城,宁国府之宣城;皖北庐州府之无为,颍州府之亳州。

(二)逾限一年,积欠利息约元本十分之二,可以重征。如皖南太平府之当涂。

(三)逾限两三年,积欠利息约与元本相等,可以重征。如皖北凤阳府之凤阳,颍州府之颍上。

第十七问　一契约债主数人,债户亦有数人时,其各债主、各债户之权利义务是否平等均分,抑或另有办法？试详言之。

答：

多数习惯

契约中如系多数债主或多数债户之时,其权利义务均为平等,此一办法也；抑或视债主出资之多寡,或债户承借之多寡而分权利义务之轻重,此又一办法也,而以此为最多。皖南北大抵皆然。

少数习惯

无。

第十八问　债主数人同一债权,债户所负债务若仅一物,不能分偿各债主时,则债主中一人可否代各债主而对债户索偿,抑或须会同各债主方得索偿？又,债户若以其物交还一债主时,对他债主能免其责否,抑或须约齐各债主当面交还,方得免责？试分析言之。

答：

多数习惯

债主数人同一债权而其目的物不可分时,在债主一方面,仍须会同全体,始能索偿,间亦有由一二人代表全体而索偿者。至于债户一方面,非约齐债主全体当面交还,不得免责。皖南北各属皆然。

少数习惯

无。

第十九问　债户数人同负一债,各债户若与债主约明连带负责,则债主或对债户中一人索偿全部之债,或同时对各债户索偿全部之债,又或顺次对各债户索偿全部之债,是否属其自由？

答：

多数习惯

连带债务,债主或对一人索偿,或同时及顺次向各债户索全部之债,均属自由。皖南北大抵皆然。

少数习惯

债主对各债户或同时索偿，或顺次索偿，均可，但不能专对债户之一人为之。如皖南池州府之青阳，广德州之建平；皖北庐州府之无为，凤阳府之凤阳、宿州，颖州府之太和、蒙城。

第二十问　前条债户中一人若有特别事故（如更改、抵销、免除等），其所应负之债额归于消灭时，则他债户按其所消灭之数，是否得以援免？

答：

多数习惯

既系连带债务，苟因债户中一人之特别事故而消灭债额，他债户均可援免。但因更改而消灭时，他债户对于债户中一人仍须补偿。皖南北大抵皆然。

少数习惯

无。

第二十一问　前条债户中一人若清偿债务，则对他债户按其所应免之债额是否得以索偿？

答：

多数习惯

债户中一人如系清偿债务，对于他债户，得按其应免之额而索偿之。皖南北大抵皆然。

少数习惯

无。

第二十二问　契约若有保证之人，则关于左揭各项情形，试分别言之：

第一款　保证人之资格能力有何限制？

答：

多数习惯

保证人之资格能力无甚限制，总以老成诚确且有资力者为之。皖南北大抵皆然。

少数习惯

无。

第二款　保证人对债主负何责任？

答：

多数习惯

债户无力偿还之时，保证人有代偿之责。皖南北大抵皆然。

少数习惯

保证人仅有交出本人及代任追索之责。如皖南各属有"保人不还钱"之谚，徽州府之休宁、绩溪，池州府之铜陵、石埭，太平府之芜湖，广德州之建平等处报告均有此说，姑录存之。

第三款　保证人在保证债务外，对于利息违约罚款并赔偿损害之事，亦负保证之责否？

答：

多数习惯

保证人于债务之外，并有保证利息之责，至如违约罚款及赔偿损害等事，则以契约上所书明者为限。皖南北大抵皆然。

少数习惯

无。

第四款　保证人所负之责，得较重于本契约所定者否？

答：

多数习惯

保证人所负责任以本契约所定为限。若逾于本契约所定之要求，无论口头、书面，皆为无效。皖南北各属皆然。

少数习惯

无。

第五款　债户若尚有资力,吝不还债,债主不与交涉,直向保证人索偿时,保证人对债主应用何法抵制?

答:

多数习惯

债户吝不还债,债主不与债户交涉,迳向保证人索偿时,如债户果有资力,保证人须代向债户索偿,或起诉公庭,以为抵制。皖南北大抵皆然。

少数习惯

无。

第六款　债主至期不即索偿,致债户擅自消费,资力有缺,其后不能清偿时,与保证人责任有何影响?

答:

多数习惯

契约业已至期,债主不即索偿,延致债户资力缺乏之时,保证人可〔先声明〕不负代偿之责。皖南北各属皆然。

少数习惯

无。

第七款　保证人若有数人,其保证之法如何?

答:

多数习惯

保证人有数人时,或系平均担负,或系连带责任,皆以契约所订明者为准。皖南北大抵皆然。

少数习惯

保证人间之责任,有分别为轻重者。如皖南徽州府属有正中、子中之别,宁国府属有中人、包中人之别,皖北颍州府有正保、陪保之别。正中、包中人及正保皆负有代偿之责,若子中、中人、陪保等,不过备为人证而已。

第八款　保证人代债户偿债后,对债户有何权利？

答：

多数习惯

保证人既代债户偿债之后,对于债户自有索偿之权利。皖南北大抵皆然。

少数习惯

无。

第二十三问　债主、债户间若各有欠债,可否互相抵销？又,两债务期限若有不同,或依契约所定,其债务各有不同不能抵销,是否各应偿债,不得援抵销之例办理？

答：

多数习惯

欠债互抵,人情之常,但使债务之期限不同,或债务之性质不同,则不能援抵销之例,亦须协商定妥,始能双方履行。皖南北大抵皆然。

少数习惯

各偿各债,绝对不可抵销,以免纠葛。皖南如安庆府之宿松,徽州府之黟县,池州府之青阳；皖北如滁州之来安,及和州之本治。

第二十四问　前后有二契约,以后契约废弃前契约时,前契约是否归于消灭？如归消灭,则前契约如有保证人,或以物件作担保,后契约得援用否？

答：

多数习惯

以后约废弃前约,前约自然消灭,惟前约中之人证、物证,后约均得援用之。皖南北大抵皆然。

少数习惯

（一）绝对不可援用者。皖南如安庆府之太湖,徽州府之歙县,池州府之贵池、石埭；皖北如凤阳府之凤阳、定远,颍州府之太和。

(二)非有特约不能援用者。皖南如安庆府之桐城、宿松，徽州府之婺源，宁国府之宣城、宁国、旌德，池州府之青阳、铜陵、建德、东流，广德州之建平；皖北如庐州府之巢县，凤阳府之宿州，滁州之来安。

第二十五问　各国法律，债主若经过若干年不对债户索债，其债权有归消灭，不能再行索偿之例，吾国亦有此惯例否？如有此例，则其年限以若干为限？又，因各债务之不相同，其年限亦有不同否？

答：

多数习惯

我国向无时效之制度，虽系远年滥债，仍可索偿。谚云："人死债不滥"，"父债子还"，殆为社会所公认，甚如债户无力之时，预立兴隆票，虽历数十年之后，仍许其索偿，无所谓因时效而消灭者。皖南北大抵皆然。

少数习惯

债券以三十年为限。皖南如太平府之当涂。又据怀宁报告，有谓"三十年之债务为陈债"，盖隐寓不必偿还之意，然顾全德义者必不出此。

第二十六问　左揭各契约之情形如何？试分别言之：

第一款　赠与契约

甲、以物与人，虽已约明，若未立有书据，与者得自反悔，将该约撤销否？

答：

多数习惯

以物与人，本乎情谊，未闻有订立书据（除以产业赠与而言），亦未闻有反悔者。然使与者一旦食言，受者亦无可如何，习惯上并无禁止撤销之事。皖南北各属皆然。

少数习惯

无。

乙、以物与人，其物若有瑕疵或欠缺，与者应否换给以完足之物？

多数习惯

赠与物有瑕疵或欠缺,应否换给以完足之物,纯任与者之德义,而非受者之所能较,即不换给亦无不可。皖南北各属皆然。

少数习惯

与者或误以瑕疵或欠缺之物予人,事后觉察,自必当然换给以完足之物。皖南如徽州府之歙县,宁国府之旌德;皖北如凤阳府之宿州、凤台、灵璧。

丙、约定每月或每年与物若干,若未订明以若干年月为限,其契约以何时为完毕之期?

多数习惯

按月或按年之赠与而未订明若干年月为限者,均以与者或受者之终身为契约完毕之期。皖南北大抵皆然。

少数习惯

(一)视与者或受者之资力而定。如与者近日困乏,或受者能自树立,其赠与契约均可完毕,不拘定若干年月。皖南如安庆府之桐城,太平府之当涂;皖北如凤阳府之凤阳、宿州、凤台、灵璧,颍州府之霍邱,及和州之本治。

(二)以十年为赠与契约完毕之期。皖北如颍州府之太和。

第二款　买卖契约

甲、彼此约定买卖一物,物价均未交割,中途有一人违约不买或不卖时,其处理方法如何?

答:

多数习惯

买卖二人仅凭口头约定,尚未交付物价,若一旦违约,只可作为罢论,或凭中调处,此外并无处理之方法。皖南北各属皆然。

少数习惯

无。

乙、约定买卖并付有定钱,中途有一人违约时,其定钱作何处理?

多数习惯

约定买卖已付定钱,如买主违约,定钱抹销;卖主违约,则倍偿之。皖南北各属皆然。

少数习惯

无。

丙、买卖时应有一切用费(如夫马酒食等类),由买主、卖主何人任之?

多数习惯

夫马酒食等费多由买主任之,中资则照物价值百抽五,依买三卖二之比例而分任之。皖南北大抵皆然。

少数习惯

(一)视买卖之缓急而不同。如买主急于求买,则用费多由买主任之;卖主急于求卖,则用费多由卖主任之。皖北如滁州之本治。

(二)牙行用费由买主、卖主平分任之。皖南如池州府之青阳,太平府之芜湖;皖北如滁州之来安。

丁、买卖用费是否照实费计算,抑有特定标准?

多数习惯

买卖用费均以实费计算,并无特定标准。惟中资按买价加抽百分之五。皖南北大抵皆然。

少数习惯

按买价抽取百分之十为中资。皖南如徽州府之歙县、休宁、祁门、绩溪,广德州之建平;皖北如颍州府之阜阳。

戊、买卖经过一定期限,如未付价,或付价未清,卖主可向买主索加利息,或撤销买卖之约否?

多数习惯

买卖尚未付价,契约均可随时撤销。若付价未清,卖主只可索加利息,而不能撤销买卖之约。皖南北大抵皆然。

少数习惯

（一）卖主有因此撤销契约者，而无索加利息之事。如皖南宁国府之宣城，太平府之芜湖。

（二）卖主因此撤销契约，若由买主情商，展限在三个月以内不得索加利息。如皖南太平府之当涂。

己、买卖已成交后，买主如不合意，有无退换之事？其退换之方法如何？

多数习惯

买卖业已成交，买主虽不合意，亦不能退换。惟由买主情商，与以偿金，即俗所谓反悔钱，亦可行之。皖南北大抵如是。

少数习惯

无。

庚、买卖已成交后，如买主因该物有缺损差异与原约不符时，其退换之法如何？

多数习惯

买卖业已成交，如其物有缺损差异，与原约不符，买主自有辞退换，或令易他物，以符原约；或追回物价，撤销原约。皖南北大抵皆然。

少数习惯

无。

辛、退换货物有无一定期限？

多数习惯

退换货物并无一定期限，多由买卖之时彼此订明。若逾时已久，卖主可不承认。皖南北大抵皆然。

少数习惯

有一定期限者。如皖南安庆府之怀宁，有牛三日、马七日之期限。又如皖北颍州府之霍邱，有牲畜十日、布帛谷物三日之期限，珠宝以当时为限，过手不换之类。

壬、故将左揭各物出卖,买主不知,致买卖无效时,卖主对于买主有何责任?

　　一、抵押租借之物

　　二、官有或公有之物

　　三、寄存或遗失之物

　　四、盗窃之物

多数习惯

以上四种之物,皆系来历不明,契约上往往订明"惟卖主是问,如此等情事",卖主应负责任。若买卖无效时,卖主自应加利退价。至处罚与否,须视情节轻重定之。皖南北大抵皆然。

少数习惯

无。

癸、定买之物,如卖主已先抵押于人,应由何人取赎?

多数习惯

定买之物,如卖主已先抵押于人,即应由卖主取赎,亦有由买价内划扣,归买主取赎者。皖南北各属皆然。

少数习惯

无。

子、定卖之物,卖主再以卖人时,对于前后买主有何责任?

多数习惯

以定卖之物再卖他人,于理不合,卖主对于前买主有交付原物之责,对于后买主则退还原价,或倍偿定钱。皖南北大抵皆然。

少数习惯

物归后买主所有,卖主仅对前买主有退价或赔偿之责。皖南如安庆府之怀宁;皖北如凤阳府之凤台,颖州府之颖上,滁州之本治。

丑、买卖已成定约,买主或卖主一人死亡,其承继人得撤销其约否?

多数习惯

买卖业已定约,虽本人死亡,其承继人不得撤销前约。皖南北大抵皆然。

少数习惯

本人已亡,财产常有变动,其承继人至以履行前约为难时,得挽中请求撤销前约。皖南如徽州府之休宁、黟县,宁国府之宣城、太平,池州府之青阳、铜陵,太平府之当涂、芜湖、繁昌;皖北如和州之本治。

寅、已定买之物,因天灾事变致有毁损灭失时,其处理之法如何?

多数习惯

物已定买而未交付,若遇有危险问题,应归何人负担,并无一定办法,要以两造平分负担者为多。皖南北大致如此。

少数习惯

(一)买主所付之定钱与存在卖主之物均各听凭天命,买主不得索偿定钱,卖主亦不能再索物价。皖南如宁国府之宁国;皖北如庐州府之庐江,及和州之本治。

(二)卖主应退还原价,撤销契约,其损失系由卖主负担之。皖南如池州府之贵池、青阳,太平府之芜湖;皖北如庐州府之无为,凤阳府之凤阳,颍州府之涡阳,及滁州之本治。

卯、买卖时卖主如预约买回,其价值如何预定?

多数习惯

皖省各属买卖交割,多立杜约,故预约买回之事为习惯上所罕见,惟间有于卖契内载明取赎,以与杜卖区别者。或预订赎约者,其价值常依契约所定,有照原价回赎,有原价外另加利息,有照时价回赎,不能以一律绳之。

少数习惯

所卖之物能生利息者,只以原价买回,其不能生利息者,须按时估计市价买回。如皖南安庆府之怀宁。

辰、预定买回期限,最长以若干年为限?

多数习惯

预定买回期限,最长不过十年。皖南此例居多,皖北惟凤阳府之凤阳、宿州,及六安州之英山有之。

少数习惯

(一)以三年或五年为限。皖南如宁国府之旌德;皖北如庐州府之无为、巢县,凤阳府之定远、灵璧,颖州府之亳州,及滁州之本治。

(二)最长以二十年为限者。如皖南徽州府之歙县。

巳、预约买回之物,买主可于期未到时转卖于他人否?如转卖后,原买主于期到时得向后买主买回否?

多数习惯

预约买回之物,虽未满期,然买主苟因不得已须转卖其物,亦事理之所不禁,惟对于后买主亦多附以预约,订明回赎期限,须与原约相符,且其转卖之价,亦不能逾于原买之价。至期时,原卖主如愿回赎,原买主自可向后买主买回。皖南北大抵皆然。

少数习惯

期限未到,不能转卖于他人,因而无转卖后之交涉。皖北如滁州之本治。

午、买回之物,其未买回以前,所有修理、保管一切用费,应算入买价中否?

多数习惯

未买回以前,买主如有修理、保管一切费用,应算入买价之中。皖南北大抵皆然。

少数习惯

(一)不得算入买价之中。皖南如安庆府之潜山、太湖,徽州府之祁门,池州府之东流,太平府之当涂;皖北如凤阳府之定远。

(二)由买主、卖主平分担负。皖南如太平府之繁昌,皖北如颖州府之亳州、太和。

(三)算入与否及如何算入,须先载明契约为凭。皖南如安庆府之宿松,徽州府之婺源,宁国府之太平,池州府之建德,广德州之建平;皖北如庐州府之无为。

第三款 借贷契约

第一项 消费借贷

甲、消费借贷之预约若未交清,适遇借主或贷主破产时,其契约效力是否即归于消灭？

答：

多数习惯

消费借贷之预约原为有效，然使适遇借主破产之时，贷主自有辞而使之消灭；若遇贷主破产之时，无力履行，其契约亦当归于消灭。皖南北各属皆然。

少数习惯

无。

乙、消费借贷之约若订有利息，则贷主所贷与之物苟有瑕疵，应否换给以完全之物？

多数习惯

消费借贷既已约明利息，理应给以完全之物，若有瑕疵，当换给之。皖南北各属皆然。

少数习惯

无。

丙、不定期之消费借贷，贷主得随时向借主索偿否？

多数习惯

消费借贷既未定期，则索偿之权自在贷主，虽随时索取，借主亦不得有异辞。皖南北各属皆然。

少数习惯

无。

谨案：此条可与本章第六问参照。

丁、定期之消费借贷，在期限中借主破产，得即向之索偿否？

多数习惯

消费借贷虽有定期，然使在期限之内适遇借主破产，贷主得即时索偿。皖南北各属皆然。

少数习惯

无。

第二项 使用借贷

甲、使用借贷契约若定明使用之法,而借主不照约使用时,贷主得将该约即行解除否?又,有损害时,更得向索赔偿否?

答:

多数习惯

使用借贷,契约上既已订明其方法,借主自应遵约使用,非然者,贷主得解除其契约,且得责令借主赔偿损害。皖南北各属皆然。

少数习惯

无。

乙、借主若欲以所借之物转借他人,应否经贷主之许可?苟不经允许擅行转借时,贷主对之有何办法?

多数习惯

使用借贷乃因于借主与贷主之特别交谊,安能转借他人?倘不经贷主之许可而擅自转借,贷主得即索还其物。皖南北各属皆然。

少数习惯

无。

丙、所借之物如有灭失毁损,借主得以同样之物,或折价偿还否?其计算以何时之率为准?

多数习惯

使用借贷应以原物归还,如有灭失毁损,借主得偿以同样之物。其有折价偿还者,则以偿还时之价值为准。皖南北大抵皆然。

少数习惯

(一)折价偿还时应以原价为准。皖南如太平府之当涂;皖北如凤阳府之宿州,颍州府之亳州,六安州之英山。

(二)比照原价及现在时价,从其最高者为准。皖南如徽州府之绩溪。

丁、所借之物,其必须修理、保管、培养一切用费,由贷主、借主何人任之?

多数习惯

借主既得使用收益之权利,则其借贷物所需修理、保管、培养一切必要之用费,均归借主任之。皖南北各属皆然。

少数习惯

无。

戊、由借贷物所生之果实,原约未定归何人所有,贷主得向借主索还其果实之一部或全部否?

多数习惯

使用借贷不受报酬,已属贷主之情谊,故其借贷物所生果实,自应全部归还贷主,借主不能以原约未定为辞而据为己有。皖南北各属皆然。

少数习惯

无。

己、不定期之使用借贷,贷主得随时向借主索偿否?

多数习惯

使用借贷既无定期,如贷主自须使用之时,均可向借主索偿,并无异说。皖南北各属皆然。

少数习惯

无。

第三项 租赁

第一目 不动产租赁

甲、租主所纳保证金(俗称押租)多少?以何为准?

多数习惯

租主所纳押租多少,并无定率,概随业主之意思而为增减。有按每月行租三倍、五倍或十倍者,有按周年行租三分之二或二分之一,或等于周年租金者。

少数习惯

(一)租主无纳押租之习惯。如皖北颍州府之蒙城、涡阳。

(二)预收两月行租而不用押租名目,此惟芜湖之《马路新章》有之。

乙、住宅租金,其交纳期限共分几种?有无先期交纳者?如逾限不交,宅主可问租主索加利息否?

多数习惯

住宅租金以按月交纳者居多,此外按季、按节、按年交纳者亦常有之。租主无先期交纳之事,其逾限不交,宅主只能追索,或令退租,亦无索加利息之事。皖南北大都皆然。

少数习惯

租主【有先期交纳租金□□□先付□□,亦有】逾限不交时,宅主得索加利息。如皖南宁国府之宣城。

丙、租宅期限中遇房价腾贵,宅主可向租主索加租金否?

多数习惯

租宅未订定期限者,殊不多见,故遇房价腾贵,宅主常有索加租金之事。若已订定期限,则宅主不能于期限内索加租金。皖南北大抵皆然。

少数习惯

无。【有虽未订定期限,决不能向原租主加租金,甚有更易租主时,亦不能照现时腾贵之房价暴加,此皆租主对于宅主所得物权者。】

丁、租佃田土,耕种者其认租之法如何?

租佃田土认租之方法,厥有二种:其按亩计算者,是曰额租,又曰板租;其监割均分照收获之额计算者,是曰活租,又曰估租。额租不问收获之丰歉,佃户均照额缴租,其租额大概上田每亩二石或一石有半,中田一石,下田五六斗。倘遇实在荒歉之年,则其租额亦可照钱粮减成科算。活租视收获之多寡而定。故值收成之时,佃户须邀田主履亩勘估所有谷物,大抵按佃六主四而分配之,间有田地丰腴,则佃一主二,或佃主各半;田土硗瘠,则佃七主三,亦有不同。皖南北大都皆然。

少数习惯

无。

戊、田土认租是否仅于秋收时交纳一次,抑有无按照所出各种谷物分季交纳?

多数习惯

交纳田租视田土之肥硗而异,大概高田岁收二次,其纳租以春麦三成、秋稻七成为标准;下田岁收一次,只于秋收时纳稻为租。此例皖北最多,皖南间亦有之。

少数习惯

仅于秋收时纳稻一次,其他谷物均为佃户所有。此例皖南甚多,皖北惟庐州府之庐江,六安州之英山。

己、田土认租是否皆以谷物交纳,抑系以金钱折算?其折算之法是否皆照时价,抑有预定之率?

多数习惯

交纳田租,习惯上皆以谷物,间有以金钱折算者,均按谷物时价计算,并无预定之率。皖南北大抵皆然。

少数习惯

额租以金钱计算者,亦有预定之率,惟其多寡不一。皖南如徽州府婺源、黟县;皖北如颍州府之阜阳,滁州之本治及其各属。

庚、荒年歉收,佃户可向田主请求免租或缓租,其缓租期限如何预约?补纳时有无加认利息之事?

多数习惯

荒年歉收,佃户多请免租或减租,而无以缓租为请者,间有租谷不全,浼证转立借谷之约,即于次年秋收时偿还,无加认利息之事。皖南北大抵皆然。

少数习惯

荒年歉收,佃户只可请求缓租,于次年秋收时补纳,亦无加认利息之事。皖北如凤阳府之凤阳,颍州府之颍上、蒙城、太和、涡阳,泗州之五河。

辛、租佃空地修造房屋,或为牧畜种植之用者,其租金如何计算?

多数习惯

租地建屋,或为牧畜种植之用,其租金甚廉,计算之法不外视其地之通僻及广狭而定之。乡僻之地,每亩年不过数元。皖南北各属皆然。

少数习惯

无。

壬、租佃山林专为采取柴木果物用者,其租金如何计算?有无以所出之物纳租者?

多数习惯

租佃山林专为采取柴木果物用者,佃户年给租金,悉以所产十分之四或十分之三为率。皖省则租佃芦滩之例居多,佃户或纳金钱,或纳所出之物,悉如其约。皖南北大抵皆然。

少数习惯

无以所出之物纳租者。皖南如徽州府之歙县、休宁、祁门,宁国府之宁国,池州府之青阳、石埭、建德;皖北如凤阳府之定远,滁州府之来安,泗州之五河。

癸、租佃田宅山林,其预定期限有最长至若干年者?有无不定期限,约定永归一人承租者?

多数习惯

租佃田宅山林,预定期限或三年,或五年,期满转约与否,当视双方之情愿。皖属大抵皆然。至永归一人承租之事,亦间有之,另详于后。

少数习惯

(一)有以十年为最长期限者。皖南如安庆府之太湖,宁国府之宁国,池州府之东流;皖北如凤阳府之凤阳,颍州府之颍上、涡阳。

(二)有以二十年为最长期限者。皖南如安庆府之潜山,徽州府之婺源、绩溪,宁国府之太平;皖北如泗州之五河。

(三)有以三十年为最长期限者。皖南如徽州府之休宁、祁门、黟县，宁国府之旌德，池州府之建德；皖北如庐州府之庐江，凤阳府之宿州。

(四)有不定期限永归一家承租者，谓之万年租，因是业主不能自由转佃，有一田两主之风。如皖北凤阳府之宿州、灵璧，及滁州之来安，间有此例。

谨案：皖属又有一田两主之风，如徽州府之绩溪是也。盖沿当初有不定期限永归承佃之约据，致业主不能自由招佃，且有佃户收麦、业主收稻之成例，因而佃户之权利竟与业主相埒矣。

子、定期租佃，期限中物主将租物出卖，租主得仍继续承租满期否？

多数习惯

租佃在期限之中，物主出卖租物，租主仍得再向新买主继续承租。如新买主不愿，亦须俟租佃期满始能另行起佃。皖南北大抵皆然。

少数习惯

(一)租佃虽无预定期限，然使田地业已播种，而业主将田出卖，佃主得俟收获之后退还租佃。如皖北颍州府之霍邱。

(二)有永不继续承租换主不换佃。如皖南太平府之芜湖。

丑、租佃之物遇有必须修理之时，其用费是否概由物主担任？

多数习惯

房屋修缮之费，概由物主担任，租主略与补助，即俗所谓东工客食者。至如堤坊沟堰，则由物主与佃户分担，亦有东料佃工者。皖南北各属皆然。

少数习惯

无。

寅、租主将租物加工以求坚美，其用费可向物主索偿否？

多数习惯

租主加修租物，欲求坚美，必须先向物主商允，始得索偿用费。皖南北各属皆然。

少数习惯

无。

卯、租主或物主若欲解租,在解租前互相先期通知否？其通知期限若何？

多数习惯

解租均须先期通知,田土以年例八月为期（盖谓秋收之后）,房屋以事前三个月为期,又有以前一、二个月为期者。皖南北各属皆然。

少数习惯

（一）田土解租限于春社前通知。如皖南徽州府之婺源。

（二）田土解租亦有每年于夏五六月之交为通知之期。如皖北颍州府之霍邱,及滁州、和州之本治。

谨按：徽属之歙、绩等县,俗有租三典四之例。盖谓租先三月通知,典先四月通知,殆指房屋而言之也。

辰、租主自行添置之物（指附着于租物上者）,解租时得概行撤去否？物主如愿接受,其价值如何计算？

多数习惯

租主添置之物,解租时得概行撤去。如物主情愿接受,照原价减折十之七八为度。皖南北各属皆然。

少数习惯

无。

巳、田方播种或田稼将熟,田主得遽解租以田改佃他人否？

多数习惯

田已播种或稼将熟,田主不得遽行解租,须待秋收之后始可改佃。谚云：良田定八月。皖南北大抵皆然。

少数习惯

田地解租向有定期,惟例外有不得已事故,于播种或稼将熟之时亦可改佃,但对于佃户须偿以相当之费用。皖南如徽州府之休宁,宁国府之宁国、旌德;皖北如颖州府之阜阳、霍邱。

午、租主破产,物主是否即得解除契约？

多数习惯

租主至于破产,物主势不能不解除契约。皖南北各属皆然。

少数习惯

无。

未、租主若经物主允许,以物转租他人,转租主对物主间关系如何处理？

多数习惯

租主以物转租他人,即经物主许可,则转租主对于物主为直接之关系,或仍由租主间接均无不可,惟遇转租主有镠镥不清之事,物主仍可责问原租主。皖南北各属皆然。

少数习惯

无。

第二目　动产租赁

甲、赁用之物,其必须修理、保管、培养一切用费,是否由物主自任,抑有由赁用之人分任者否？

多数习惯

赁用之物,所有必须修理、保管、培养等费,应归何人担任,均于契约定明。大抵修理用费悉由物主任之,而保管、培养用费,如牛、马之食料,则由赁用人任之。皖南北大抵皆然。

少数习惯

(一)赁用酱园、漕坊、油坊之器具,其修理费亦由赁用人任之。如皖南安庆府之桐城。

(二)全由赁用人担任者。皖南如安庆府之太湖,池州府之铜陵、建德;皖北如颖州府之霍邱、蒙城。

乙、赁用之物如因天灾事变毁损灭失时,赁用之人得免赔偿之责否?

多数习惯

因于天灾事变,非人力能抵抗,赁用人得免赔偿之责。皖南北大抵皆然。

少数习惯

赁用人不能免责,或赔偿半数不等。皖南如安庆府之太湖,徽州府之歙县、休宁,宁国府之太平,池州府之铜陵,太平府之繁昌;皖北如凤阳府之凤阳,颍州府之颍上、蒙城、太和,滁州之来安,和州之本治。

丙、赁用之物如有毁损灭失时,赁用人得以同样之物,或折价偿还否?其价以何为准?

多数习惯

赁用物有毁损灭失之时,赁用人得偿以同样之物。如无从觅得同样之物,则折价浼证情还其价,悉以时值为准,间有以原价为准者。皖南北大抵皆然。

少数习惯

无。

丁、因赁用物所生果实是否概归物主,抑有归赁用之人者否?

多数习惯

赁用物所生果实概归物主,与赁用人无涉,惟其赁用系以收取果实为目的者,则其果实仍归赁用人。皖南北各属皆然。

少数习惯

(一)赁用人如担任保管、培养用费,则其果实赁用人得而有之。如皖南安庆府之怀宁,宁国府之宁国。

(二)赁用人与物主均分者。皖南如安庆府之桐城、太湖,宁国府之旌德,池州府之铜陵;皖北如庐州府之巢县,凤阳府之定远,颍州府之霍邱。

(三)牛马之果实归于物主,花木之果实归于赁用人。如皖南宁国府之宁国,池州府之贵池。

戊、不定期赁用之物,物主可得随时向赁用人索还否?

多数习惯

赁用物以定有期限者为常,若不定明期限,物主自得随时索还。皖南北各属皆然。

少数习惯

(一)物主如欲索还,须在三月以前通知赁用人。如皖南徽州府之绩溪。

(二)赁牛以供耕作之用者,须满一季后始得索还。如皖北滁州之来安。

第四款　雇佣契约

甲、佣人有无缴纳保证金之事？其处理之方法如何?

多数习惯

佣人【每凭保荐人负责者绝少,惟营旅馆业之佣人及执役于外国人者有之】缴纳保证金,惟钱典及各商店之学徒亦间有之,其额自二三十元以逮百元不等,于进店之时缴纳,俟出师店之时原数归还。皖南北大抵皆然。

少数习惯

(一)学徒之保证金或作为学费,或抵作饭米,载明契约,并不退还。如皖北颍州府之颍上,及滁州之本治。

(二)出师之日仅还半数。如皖北凤阳府之凤台。

(三)无论何项佣人(并学徒言)从无缴纳证保金之事。皖南如安庆府之桐城,徽州府之歙县、黟县、绩溪,宁国府之旌德,池州府之青阳;皖北如凤阳府之定远,颍州府之蒙城、太和、涡阳。

乙、雇佣期限有最长至若干年者？又,有无定终身为佣之约者(凡因买卖抵押终身为佣者不在此类)?

多数习惯

除学徒有三年期限外,其他雇佣多系不拘年限,即有之亦不过数月,或一年而已。至终身为佣之约,殆绝无之。皖南北大抵皆然。

少数习惯

（一）对于乳媪之期限，特定为三年。如皖南太平府之当涂。

（二）最长期限有为十年者。如皖北庐州府之庐江，凤阳府之宿州。

丙、给付佣金有定期者，雇主如过期不给，佣人可向雇主索加利息否？

多数习惯

佣金悉以按月、按季给付，即便逾期未给，亦无索加利息之事。皖南北各属皆然。

少数习惯

无。

丁、有期限之雇佣，在期限内因物腾贵，可求雇主增给佣金否？

多数习惯

雇佣若系未定期限，苟因物价腾贵，自可随时索增佣金；其有期限者，无在限内要求增值之事。皖南北大抵皆然。

少数习惯

有期限之雇佣，亦得在限内要求增值。皖南如徽州府之休宁、婺源，宁国府之宁国，池州府之铜陵、石埭，太平府之当涂；皖北如滁州、和州之本治。

戊、雇主不经佣人承诺得使佣人为他人服劳否？又，佣人不经雇主承诺得使他人自代否？

多数习惯

雇主不经佣人承诺而使佣人为他人服劳，则多有之。若佣人不经雇主承诺，则不能使他人自代。皖南北各属皆然。

少数习惯

无。

己、雇佣于期限内雇主无故解佣，有须别给佣金者否？又，佣人无故解佣，有须缴还佣金者否？

多数习惯

期限以内无故解佣，出自雇主者，均须别给佣金；出自佣人者，仍当缴还佣金。其请求免缴者,往往有之。皖南北大抵皆然。

少数习惯

期限内解佣,无别给佣金之事。皖南如池州府之建德;皖北如颖州府之颍上、霍邱。

庚、有期限之雇佣,在期限内雇主若遇破产,佣人得自行解佣否?

多数习惯

雇佣有虽期限,若雇主破产,佣人得浼证请求解佣。皖南北大抵皆然。

少数习惯

无。

辛、佣人因服劳致疾或死亡而解佣时,雇主对于佣人或其家族有无给养之事?

多数习惯

佣人因劳致疾或死亡而解佣时,雇主对于负疾之佣人及死亡者之家族,常有推恩给养之事。皖南北各属皆然。

少数习惯

无。

第五款　承揽契约

甲、承揽人于事工未完时死亡,其承揽之责须由其承继人继续负之否?

多数习惯

承揽在先,若于事工未完之时承揽人死亡,均由其承继人继续负其责,不得以承揽人已经死亡藉词推卸。皖南北大抵皆然。

少数习惯

承揽人死亡即可解除契约。皖南如广德州之建平,皖北如凤阳府之定远。

乙、承揽事工逾限尚未完成,出揽人得另觅人承办否?

多数习惯

承揽事工逾限尚未完成,经出揽人一再催告之后,承揽人仍不能履约者,得另觅人承办,而将契约解除。皖南北各属皆然。

少数习惯

出揽人多不愿另易他人,但督促趱工或公议处罚以蒇其事。皖南如太平府之芜湖;皖北如滁州之来安,及和州之本治。

丙、因物价腾贵或事变发生,致原约承揽用费不足而事工不能完成时,承揽人得向出揽人索加用费或解除承揽之约否?

多数习惯

因物价腾贵或事变发生,致承揽人用费不敷,工事难以完成,常有向出揽人索加用费之二三(俗谓扒桅,又谓讨加补),但不得因此藉词解约。皖南北大抵皆然。

少数习惯

(一)既得索加用费,又可解除契约。皖南如安庆府之潜山,宁国府之宣城、宁国,池州府之东流,太平府之当涂,广德州之建平;皖北如颍州府之颍上,和州之本治。

(二)不能索加用费,又不能解除契约。皖南如安庆府之怀宁,太平府之芜湖;皖北如滁州之本治。

(三)不能解除契约,但于事工完竣之后请求填补。如皖南宁国府之旌德,池州府之青阳。

丁、承揽工作中途遇天灾事变,致前工尽弃,承揽人得向出揽人索加赔偿否?

多数习惯

承揽工作如中途遇有天灾事变,致使前工尽弃,原非承揽者之咎,然亦无向出揽人索加赔偿之理,但使亏损过巨,得向出揽人情商,量予补助。皖南北大抵皆然。

少数习惯

承揽人与出揽人分任其损失之数。皖南如宁国府之太平,广德州之建平;皖北如颍州府之太和,泗州之五河。

戊、承揽工作,其定保固年限有最长至若干年者?

多数习惯

普通之保固年限不过三年或五年,其最长者有为十年,有为二十年,有为三十年。

(一)以十年为最长者。皖南如安庆府之怀宁、桐城、潜山,徽州府之歙县、婺源、黟县,宁国府之太平,池州府之贵池,广德州之建平;皖北如庐州府之庐江,凤阳府之凤阳、宿州、凤台、灵璧。

(二)以二十年为最长者。皖南如池州府之铜陵、石埭,太平府之当涂、芜湖;皖北如颖州府之亳州。

(三)以三十年为最长者。皖南如宁国府之宣城,池州府之建德、东流;皖北如庐州府之巢县,凤阳府之定远,和州之本治,泗州之本治及其各属。

少数习惯

无保固年限之例。皖南如宁国府之旌德,池州府之青阳;皖北如凤阳府之定远,颖州府之霍邱、太和,滁州之本治。

己、承揽工作由出揽人自出材料,或示以一定办法,而其材料恶劣、定法不良,致于保固年限中工作毁损时,承揽人得免赔修之责否?

多数习惯

出揽人既系自出材料或示以办法,多无赖乎承揽人之保固,若其材料恶劣、定法不良,承揽人亦多预先声明不愿保固,藉免赔修之责。倘贸然为之,致于限内工作毁损,则承揽人亦不能尽免其责。皖南北大抵皆然。

少数习惯

无。

庚、于保固年限内工作毁损,有于赔修之外别议处罚者否?

多数习惯

保固年限之内工作毁损,承揽人除赔修外,别无处罚之事。皖南北各属皆然。

少数习惯

保固限内工作毁损,往往仍由出揽人自行修理,承揽人尚无赔修之事,遑论处罚。盖徒有保固年限之名,而无其实矣。如皖南徽州府之休宁。

辛、保固年限中承揽人死亡,其承继人须继续负保固之责否?

多数习惯

在保固年限中承揽人死亡，其承继人仍当继续负保固之责，不能以承揽人死亡为辞。皖南北大抵皆然。

少数习惯

保固年限因承揽人死亡而消灭。皖南如安庆府之桐城、潜山、太湖，徽州府之婺源、绩溪，广德州之建平；皖北如庐州府之无为，凤阳府之宿州，颍州府之阜阳、颍上，和州之本治。

壬、承揽人有甲乙二人，于保固年限中因甲修之一部不固致乙修之一部毁损，其赔修之责，甲乙何人负之？

多数习惯

甲乙二人各任一部之保固，若因甲修之一部不固致乙修之一部毁损，其咎在甲，赔修之责由甲一人任之，与乙无干。皖南北大抵皆然。

少数习惯

无。

癸、出揽人若遇破产，承揽人得即解除原约否？又，解除原约时，承揽人得对已完之事工请求报酬否？

多数习惯

出揽人破产，承揽人得即解除原约，而其已完之事工仍可索酬。皖南北大抵皆然。

少数习惯

无。

第六款　委托契约

甲、委托人如要求报告委托事务情形，受托人是否须即报告？又，委办事毕，受托人应否即将其颠末报告？

多数习惯

受托人因委托人之要求，须随时报告事务情形，及其委办事毕，须将其事之颠末详细报告,此受托人普通应有之义务也。皖南北各属皆然。

少数习惯

无。

乙、委托之事若须用费,委托人应否先行支付?

多数习惯

委托事件如有必需费用而后可以着手办理者,委托人自应先行交付,若因费用多寡无从预算,虽不全付,亦须酌量预给,或陆续支付。皖南北大抵皆然。

少数习惯

有托付受托人临时垫给者。如皖南池州府之石埭。

丙、受托人因处理委托事务得有财物或权利,应否移归于委托人?

多数习惯

受托人因处理委托事务所受之财物或权利,理应移归委托人,毫无疑义。皖南北大抵皆然。

少数习惯

无。

丁、受托人若将应归委托人之银钱自行消费,应否算还利息?

多数习惯

应归委托人之银钱,受托人不应消费。如其出此,须加利息归还。皖南北大抵皆然。

少数习惯

受托人将原数归还外,并无加算利息之事。皖南如安庆府之宿松,徽州府之休宁、黟县、池州府之贵池、石埭;皖北如庐州府之无为,凤阳府之凤阳、凤台,颍州府之涡阳,泗州之五河,和州之本治。

戊、受托人因处理委托事务代委托人支付用费或负债时,委托人须认偿否?又,受托人得向索保证人及财物以为保证否?

多数习惯

受托人因处理委托事务,所有代付之用费或负债,委托人无不认偿者。至于索取保证事尚罕见。第因委托人信用不坚,间有由受托人向索人证或物证,以防后累。皖南北大抵皆然。

少数习惯

无。

己、受托人得向委托人索报酬否?

多数习惯

受托人有应得之报酬,事成之日,委托人例应给付。若届时不付,受托人应有索酬之权利。皖南北大抵皆然。

少数习惯

(一)非订明特约不能索取报酬。皖南如安庆府之宿松,宁国府之宁国、太平,太平府之当涂,广德州之建平;皖北如凤阳府之凤阳,颍州府之涡阳,滁州之来安。

(二)受托人索取报酬,往往要求优先之利益。如皖南徽州府之绩溪。

庚、受托人因处理委托事务,如自己并无过失竟至受损,得向委托人索偿否?

多数习惯

无过失而至受损,则其所委托事务必有足以招损之正当原因,而非受托人处理不善之咎,故对于委托人得请求赔偿。皖南北大抵皆然。

少数习惯

无。

第七款　寄托契约

甲、保管物件如须用费,受寄人可否请寄托人先行支付?

多数习惯

保管物件有必需之用费,多由寄托人先行交付,否则受托人亦可请求。皖南北大抵皆然。

少数习惯

（一）由受寄人先行代支，然后向寄托人索偿。如皖南徽州府之歙县、休宁、绩溪，宁国府之宁国。

（二）有随时支付用费者。皖南如宁国府之旌德，池州府之铜陵、建德、东流；皖北如庐州府之庐江、无为，颍州府之亳州。

乙、受寄人因保管物件得有财物，应否移归于寄托人？

多数习惯

受寄人因保管物件得有财物，如系寄托人所应得者，自应移归寄托人。皖南北各属皆然。

少数习惯

受寄人与寄托人彼此均分。皖南如徽州府之祁门，池州府之铜陵，太平府之繁昌；皖北如颍州府之太和。

丙、受寄人未经寄托人承诺，得以寄托物自行使用否？或以寄托物转托他人代为经管否？

多数习惯

受寄人非得寄托人许诺，不能使用寄托物，并不能以寄托物转托他人代管。皖南北大抵皆然。

少数习惯

（一）受寄人使用寄托物，非有寄托人许诺不可。至于因不得已事故转托他人保管，虽未得寄托人许诺，亦可行之。惟因他人之保管而致损害时，受寄人须负责任。皖南如安庆府之怀宁、桐城、潜山，徽州府之祁门、绩溪，宁国府之旌德，池州府之石埭；皖北如庐州府之无为，凤阳府之宿州，颍州府之蒙城，滁州之来安。

（二）虽无寄托人承诺，受寄人亦可自行使用，或托人保管，惟于寄托物损失时负有责任。如皖南徽州府之休宁、黟县，池州府之贵池。

（三）未经寄托人承诺而使用寄托物则有之，至于转托他人代管则不可。皖南如池州府之建德，广德州之建平；皖北如庐州府之舒城。

丁、受寄人因保管物件代寄托人支付用费或负债时,寄托人须认偿否?又,受寄人得向索保证人及财物以为保证否?

多数习惯

受寄人因保管物件如有支付用费或负债时,寄托人无不认偿之理。至要索保证人与财物,习惯上尚少其事。皖南北大抵皆然。

少数习惯

得向寄托人要求保证。皖南安庆府之怀宁、太湖,徽州府之祁门,宁国府之宣城、太平,池州府之青阳、石埭,太平府之当涂;皖北如庐州府之舒城、巢县,凤阳府之凤阳、宿州,颍州府之颍上,滁州之来安。

戊、因寄托物有瑕疵致使受寄人受损时,寄托人应负赔偿之责否?

多数习惯

因寄托物之瑕疵损害及于受寄人时,寄托者自有赔偿之责。皖南北大抵皆然。

少数习惯

(一)寄托物系有瑕疵,受寄者须声明在先,然后寄托人有赔偿之责。皖南如安庆府之桐城,宁国府之宁国,池州府之铜陵、东流;皖北如颍州府之亳州。

(二)因寄托物之瑕疵而致受寄人之损害,均听凭天命,寄托人无赔偿之责。如皖南徽州府之歙县、休宁、绩溪,池州府之石埭。

己、有期寄托契约,寄托人得随时向之索还否?

多数习惯

有期之寄托契约只为限定受寄者义务之期限,而非所以限定寄托人者,故寄托人随时索还,悉依其便。皖南北大抵皆然。

少数习惯

无。

庚、受寄人得向寄托人索报酬否?

多数习惯

受人寄托,多属交谊,故酬报之事大抵视交谊之厚薄,及寄托人之道义为衡,罕有向索之者。皖南北大抵皆然。

少数习惯

(一)要索报酬,必以有特约订明为限。皖南如徽州府之婺源,宁国府之太平,广德州之建平;皖北如凤阳府之凤阳,颍州府之亳州,滁州之来安。

(二)得向寄托人索取报酬。皖南如安庆府之怀宁、桐城、太湖,徽州府之绩溪,池州府之青阳、石埭;皖北如庐州府之庐江、巢县,颍州府之颍上,六安州之英山。

第八款　合伙契约

甲、依合伙契约,各股东所认之股本及经营事业所得之利益,是否作为各股东共有之财产?

多数习惯

各股东所认之股本及经营所得之利益,在未经分割以前,均作为各股东共有之财产。皖南北各属皆然。

少数习惯

无。

乙、认股之法是否专用银钱,抑或劳力、信用等亦许作为股本?

多数习惯

认股之法大率专用银钱,间有以劳力、信用作为股本,提分红利,即俗所谓干股也。皖南北大抵皆然。

少数习惯

(一)认股专用银钱,其有劳力、信用等,只能给予报酬,不得作为股本。皖南如安庆府之桐城、太湖,宁国府之宁国,池州府之铜陵、建德、东流,太平府之当涂,广德州之建平;皖北如滁州之来安,和州之本治,六安州之英山。

(二)有以地皮房屋为股本者。如皖南太平府之芜湖,广德州之本治。

(三)经营矿业有以山地为股本者。如皖南池州府之贵池。

丙、经营事业时，其处理事务之人若有数人，其事项应以何法决行？

多数习惯

凡经营事业，率皆公推一二人总管其事，以专责成，间有由数人处理事务时，或分划事项，各得专断，或公同商议，决于多数，均以合同所定为凭。皖南北大抵皆然。

少数习惯

须经佥议允许，不能以过半数议决，亦不能由一人专断。皖南如安庆府之桐城。

丁、依合伙契约，若专委股东数人以当处理事务之任，则闲散之股东得检查其事业及财产之情形否？

多数习惯

以股东数人当处理事务之任，其闲散之股东虽无执行之权限，而对其事业及财产之情形，仍得随时检查。皖南北大抵皆然。

少数习惯

（一）以年终或三节为限，始得检查。皖南如徽州府之歙县、休宁，广德州之建平；皖北如凤阳府之定远，颍州府之霍邱、涡阳，和州之本治。

（二）但于每年正月会看盘查账目，平时并不检查。如皖南宁国府之宣城，太平府之芜湖。

（三）非有特别事故及舞弊情事，平时不能检查。皖南如池州府之青阳；皖北如庐州府之无为，颍州府之亳州。

戊、经营事业如有得利及亏本之事，各股东间以何标准而决其分担之法？

多数习惯

经营事业所有本利赢亏均按各股东出资之多寡，而定其分担之率。皖南北各属皆然。

少数习惯

无。

己、各股东在结算以前得请收回股本，并分割财产以脱合伙之关系否？

多数习惯

合伙营业在结算以前,股东中有愿半途脱股者,尽可与各股东协商允洽,将账目清算完结,该股东即可收回股本,分割财产,并将合伙契约撤销,或另立拆伙字据,永断葛藤。皖南北大抵皆然。

少数习惯

(一)亏本事业不能于结算前脱股。皖南如安庆府之桐城,皖北如凤阳府之凤台。

(二)非待结算之时,各股东不能任意脱股,其结算之期或在年终,或在每年正月,而欲脱退合伙关系者,即于是时请求收回股本,分割财产。皖南如安庆府之太湖,徽州府之休宁、婺源,宁国府之旌德,池州府之青阳、贵池、铜陵,太平府之当涂;皖北如庐州府之巢县,凤阳府之凤阳、定远、灵璧,颍州府之亳州、蒙城、太和、涡阳。

庚、合伙契约若定有期限,各股东得随时自行脱退否?

多数习惯

合伙契约既已定有期限,各股东不得随时脱退。皖南北大抵皆然。

少数习惯

遇有特别事故,与各股东协商妥恰,虽在期限以内,亦可脱退。皖南如安庆府之潜山,徽州府之休宁,宁国府之宁国,池州府之青阳、石埭、建德;皖北如庐州府之无为,凤阳府之宿州,颍州府之颍上。

辛、股东如遇死亡、破产,是否作为脱退合伙关系?

多数习惯

股东死亡,尚有承继其权利之人,自不作为脱退合伙关系。至如股东破产,其合伙事业或盈或亏,皆足以为交涉之柄,亦未能遽行脱退合伙关系。甚有因一人破产而牵累全体者,惟此时承继人或破产者情愿抵变,或各股东恐生枝节,迫令退股,因此而脱退合伙关系者,盖事实上所常有也。皖南北各属皆然。

少数习惯

无。

壬、股东如有不合之处，经各股东全体商定后，可否即行除名？

多数习惯

股东有不合之处，如经各股东全体商定，得即除名，将其所出股本如数割还。皖南北大抵皆然。

少数习惯

（一）如系营业已久之股东，非结算之后不能除名。如皖南宁国府之宁国。

（二）非禀请地方官或由商会议决，不能擅行除名。如皖北庐州府之庐江。

（三）除名之时，无论事业之赢亏，退还股本并须附加利息。如皖北庐州府之无为。

癸、脱退合伙关系之股东与各股东结算账目，其估定财产价值以何时市价为准？此时尚有未了事件，是否俟清了之后再行结算？

多数习惯

脱股之时结算账目，其财产均按现在之时价估计。如有未了事件，必须先行了结，然后将账目结算，以清镠辖。皖南北大抵皆然。

少数习惯

脱股时，所有存货按照原价估计，即俗所谓底盘也。皖南如徽州府之绩溪；皖北如庐州府之庐江、巢县，和州之本治。

子、合伙事业苟经解散，其结算账目应否会同各股东面行清算，抑有无选任数人委令清算之事？

多数习惯

合伙事业解散时，其结算账目自应会同各股东面行清算，亦有选任数人委令清算之事。皖南北大抵皆然。

少数习惯

须经各股东会同面算，不得委令他人清算。皖南如徽州府之休宁，宁国府之宁国，池州府之青阳；皖北如庐州府之巢县，凤阳府之定远，滁州之来安。

丑、结算账目之人若有数人，其事项应以何法决行？

多数习惯

结算账目有数人时,或取决于多数,或公推一人决定,均由各股东临时商洽,并无一定办法。皖南北大抵皆然。

少数习惯

数人清算之后,须经商会决行。如皖南池州府之建德、东流。

第二章　无委任之事务管理

第一问　无受他人委托而管理其事务时,其两人间对于左列各项之关系如何?试详述之。

第一款　管理人应用何法管理事务?

答:

多数习惯

无受他人委托而管理其事务,在管理人固未尝负有义务,然既以美意为之,自应以使本人有益无损为是。皖南北大抵皆然。

少数习惯

无。

第二款　因管理事务致使本人受损,管理人应负赔偿否?

多数习惯

管理事务原为本人之利益计,若反使本人受损,究非管理人之本心,自不负赔偿之责。但出于管理人故意加害者不在此例。皖南北大抵皆然

少数习惯

无。

第三款　管理人既管理事务后,应否通知本人?

多数习惯

管理事务乃出于一时之权宜,管理人应即通知本人。惟此时为本人所已知或默许者居多,其因本人远出无从通知者,间亦有之。皖南北大抵皆然。

少数习惯

无。

第四款　管理人既管理事务后,在本人未能接管间,应否继续负管理之责?

多数习惯

既因自进而为他人管理事务,自不应任意中辍,须待本人接管之后方得息肩,否则,仍当继续负管理之责。皖南北大抵皆然。

少数习惯

无。

第五款　管理人既管理事务,代本人支出用费并负债,得向本人索偿否?又,得向索保证人及财物以为保证否?

多数习惯

管理人因管理事务,如有代支用费或负债,得向本人索偿。惟要索保证,事实上殊不多见。盖无委托之管理事务,其管理人与本人多有密切之关系,必不至有何疑惑也。皖南北大都皆然。

少数习惯

必先经本人允许,然后可以索偿。如皖北泗州之五河。

第六款　本人如有要求报告管理事务情形,管理人是否即须报告?又,本人接管时,管理人应否即将其颠末报告?

多数习惯

管理人受本人之要求,即须报告管理事务情形。又,于本人接管之时,更须报告其颠末,与委托同。皖南北各属皆然。

少数习惯

无。

第七款　管理人因管理事务得有财物或权利,应否移归于本人?

多数习惯

管理人既因美意而管理他人事务,其得有财物,自应移归本人。惟由本人酌给以相当报酬则有之。皖南北大抵皆然。

少数习惯

无。

第八款　管理人若将应归本人之银钱自行消费,应否算还利息?

多数习惯

管理人将应归本人之银钱自行消费,与侵吞干没无异,除如数偿还之外,尚须附加利息。皖南北大抵皆然。

少数习惯

只将银钱归还,不算利息。皖南如徽州府之歙县、休宁、绩溪,宁国府之宣城、南陵,池州府之贵池、石埭;皖北如凤阳府之凤台,颖州府之蒙城。

谨按:本章所谓无委任之事务管理,纯出管理人之美意。查皖省各地习惯,多由亲属或知交始肯为之,故其间之关系,全依情谊,而不能尽绳以责任。此外,尚有所谓揽管,盖因本人不甚更事,而承揽为之管理,名虽不受委任,实则必经本人允许,似与委托无异。

第三章　无因得利

第一问　借人之财产、劳力私自得利,致使他人受损,而其利益又系非所应得者,则两人间之关系如何?

答:

多数习惯

无正当之原因而享受利益,是为非分之获,因此损害他人,在所不免,至其间之关系如何,须视受益者之善意、恶意而决之。

(一)受益者不知其为非分之获,是为善意。只须缴还所得之利益。

(二)受益者明知其为非分之获,是为恶意。除将所受利益缴还外,凡他人所攖之损害,应负赔债之责。皖南北大都皆然。

少数习惯

无。

第四章　不法行为

第一问　因故意或过失毁人名誉、损人财产、伤人身体、杀人生命者,对于被害人及其遗族,加害人应赔偿损害之责否?若应赔偿,试详述其办法如何。

多数习惯

因故意或过失而损害他人名誉、财产、身体、生命者,皆由被害人或其遗族控告到官,有司审核情罪,按律断结。其有两造私相和解者,如毁人名誉,则为之登报辨诬或谢罪;损人财产,则估值赔还,或别议罚款;伤人身体,则偿以医疗费;杀人生命,则偿以收殓斋醮等费,并恤养遗族,因此而寝息讼端者,往往有之。至其赔偿之率,恒视加害者之资力为衡,未可一概论也。皖南北大抵皆然。

谨案:损害他人名誉、财产、身体、生命等事,东西各国皆作为刑法上犯罪,依干涉主义,由检察提起公诉,其赔偿损害之请求,则由被害者提起私诉,附带于公诉而行之。我国在民刑管辖向未划分以前,尚无检察机关尚待设立,故有司对于损害名誉、财产、身体、生命等事,苟非由事主告发,亦未尝厉行干涉主义。若两造和解,允愿息讼,亦听其便,习惯上故有所谓官休、私休者。官休则有议抵而无赔偿,私休则措资财而逃刑典。有其一者,不必有其二。盖非若公诉、私诉可以同时并举者也。

少数习惯

无。

第二问　未成年人若因不法行为对人加以损害,应负赔偿之责否?又,其父母及其监督之人亦应负责否？

多数习惯

未成年者无论辨别智能之有无，如因不法行为加害于人，其父母及监督人皆不能辞其责。皖南北各属皆然。

少数习惯

无。

第三问　为人妻者若因不法行为对人加以损害，其夫应负赔偿之责？

多数习惯

妇女罪坐夫男，律向有专条，推之一切行为，惟夫是问，几成惯例。故为人妻者，如有不法行为加害于人，其夫负有赔偿之责。皖南北各属皆然。

少数习惯

无。

第四问　狂人及愚痴之人若因不法行为对人加以损害，其监督之人应负赔偿之责否？

多数习惯

狂人及愚痴之人如有不法行为加害于人，有监督之责者难辞防范不周之咎，故赔偿之责任当由监督之人负之。皖南北大抵皆然。

少数习惯

狂人及愚痴之人并不辨何者为不法行为，故无损害赔偿之责，即对于其监督之人，亦当加以原谅，宽其责任也。如皖南徽州府之绩溪。

第五问　被役使人若因不法行为对人加以损害，其主人应负赔偿否？

多数习惯

被役使人有不法行为加害于人，其主人若有指使或故纵等情，自不能免赔偿之责，否则不负其责。皖南北大抵皆然。

少数习惯

如系契约买绝之役使人,则其不法行为,在家主不能辞其责。皖南如徽州府之休宁、宁国府之太平、旌德;皖北如颍州府之霍邱。

第六问　妻子被人加害,其夫及其父母得索赔偿否?

多数习惯

妻子被人加害,其夫或其父母有向加害者索赔之权,惟赔偿并无一定惯例,大抵以禀官伸理者为多。皖南北各属皆然。

少数习惯

无。

第七问　狂人、愚痴之人、被役使人被人加害,其监督之人得索赔偿否?

多数习惯

狂痴及被役使人被人加害,其监督之人或主人得向加害者索偿,与前问同。皖南北大都皆然。

少数习惯

被役使人自有家属,则由其家属代为伸理,其主人可不过问。皖南如徽州府之黟县、池州府之贵池;皖北如凤阳府之凤台。

第八问　加害人如系二人以上而有左揭各项情形者,其赔偿损害之责任有分轻重与否?试详述之。

多数习惯

(一)共谋。其责任无分轻重。

(二)并无共谋,系适与共同加害者。其责任以首从而分轻重。

(三)一造教唆他造者。教唆者与被唆而实施加害者无分责任之轻重。

(四)一造帮助他造者。以主任者为首、帮助者为从而分其责任之轻重。

(五)一造利用不知情之他造者。其不知情之他造无责任或从轻。

【谨】案：以上五项略举其大概如此，而之习惯事实上则有不尽然者。盖赔偿损害之责任，豪恒视加害者之身分、资力为衡，而被害者亦往往择富厚之家而婪索之，殆不能准以定理也。

少数习惯

无。

第四编　亲属关系

第一章　总则

第一问　依本地习惯，亲属二字包括何人？

答：多数习惯

（一）五服内之直系、旁系、尊属、卑属及外姻之有服者，皆为亲属。皖南北此为最多。

（二）五服内之直系、旁系、尊属、卑属皆为亲属。皖南北此为次多。

少数习惯

（一）直系之血族及母党、妻党，谓之亲属。皖南如宁国府之宣城；皖北如颍州府之蒙城，凤阳府之寿州。

（二）凡系本宗外姻，无论有服、无服，皆谓之亲属。皖南如安庆府之怀宁，宁国府之宁国、太平；皖北如凤阳府之凤阳。

（三）外姻谓之亲属，此盖别于族而言之者。皖南如池州府之铜陵。

第二问　为人后者对于所后者之亲属，其亲属关系是否与亲生者同？

答：

多数习惯

为人后者对于所后之亲属，其亲属关系与亲生者同。皖南北大都皆然。

少数习惯

无。

第三问　凡由婚姻而生之亲属关系，离婚后尚承认否？

答：

多数习惯

由婚姻而生之亲属关系，离婚后概不承认。皖南北大都皆然。

少数习惯

（一）离婚后亦有承认其亲属关系者。皖南如安庆府之潜山、太湖，池州府之建德，太平府之繁昌。

（二）离婚后之亲属关系，如遗有子女则承认之，否则不复承认。皖南如安庆府之宿松，皖北如庐州府之巢县。

第四问　凡由承继而生之亲属关系，归宗后尚承认否？

答：

多数习惯

（一）由承继而生之亲属关系，归宗后概不承认。皖南北此为最多。

（二）由承继而生之亲属关系，归宗后承认如旧。皖南北此为次多。

少数习惯

由承继而生之亲属关系，归宗后或承认或不承认，一以感情为准。皖南如安庆府之潜山；皖北如凤阳府之凤阳，滁州之来安。

第二章　家制

第一问　家长是否以一家中之最尊长者为之？

答：

多数习惯

家长必以一家之最尊长者为之。皖南北大都皆然。

少数习惯

(一)才望素著,能以资财为家人谋生活者,即得为一家之长,不必最尊长者。皖南如安庆府之宿松,徽州府之歙县;皖北如凤阳府之凤阳,庐州府之庐江、巢县。

(二)辈尊与年长若不属于一人,则舍辈尊者而以年长者为家长。皖南如池州府之贵池、建德。

第二问　一家中最尊长者遇老病不能理家政时,或志在静修不愿理家政时,次尊长者是否即居家长之位,抑仅代理家长之事?

答:

多数习惯

最尊长者有故不愿理家政时,次尊长只能代理其事,不能代居其位。皖南北大都皆然。

少数习惯

(一)次尊长应即代最尊长居家长之位。皖南如安庆府之怀宁、太湖,宁国府之旌德,池州府之建德、石埭。

(二)最尊长命次尊长代为家长,次尊长可即为家长,否则只能代理其事。皖北如滁州之来安。

(三)最尊长不能处理家政时,有以家长之子侄或其他之人代理,不必次尊长代理者。皖南如徽州府之歙县,皖北如和州之本治。

(四)有家长仅属于名分,即无故障亦不自理家政,而令次尊长或子侄及其他之人代理者。皖南如宁国府之宣城,池州府之贵池。

第三问　一家中辈最尊者尚未及岁,是否先以次尊长者为家长?(譬如一家兄弟二人并不分家,兄死弟幼,而兄之子则年长,是否以兄之子为家长?)

答:

多数习惯

(一)最尊者未及岁,应以次尊长者为家长。皖南北此为最多。

(二)最尊者未及岁,次尊长者只能代理家政,不能竟为家长。皖南北此为次多。

少数习惯

（一）最尊者未及岁，次尊长者可权为家长，俟最尊者成立而后归之。皖南如安庆府之宿松，宁国府之太平；皖北如凤阳府之凤台、灵璧，六安州之英山，泗州本治及其所属天长。

（二）最尊者未及岁，应以最尊者之母为家长，次尊长只能代理家政。皖南如宁国府之宁国。

第四问　家中无男丁，或有男丁而未及岁者，妇女得为家长否？

答：

多数习惯

（一）无男丁或男丁未及岁，妇女得为家长。皖南北此为最多。

（二）无男丁或男丁未及岁，妇女虽处理家政，不能显居家长之名，有交涉事务当以亲族名义行之。皖南北此为次多。

（三）无男丁妇女得为家长；男丁未及岁，妇女虽为家长，有交涉事务仍当以男丁之名义出之。皖南北此为又次多。

少数习惯

无。

第五问　依本地之习惯，何者为一家之公产？何者为家属之私蓄？

答：

多数习惯

先人所遗之动产、不动产，及由遗产之余利所续置，或同居者合力之所经营，凡为家长所管理者，皆为公产；其他个人以劳力、技能、赠与所得者，皆为私蓄。皖南北大都皆然。

少数习惯

无。

第三章　婚姻

第一问　男子定婚寻常在若干岁左右？女子在若干岁左右？

答：

多数习惯

男女定婚通常在十岁、二十岁左右。其贫者，则除童养媳之外，有指腹割襟为婚者。皖南北大都皆然。

谨案：安庆府太湖县谓十岁左右定婚者，为岁定婚；二十岁左右为婚者，为随定婚；而颍州府之亳州，则俗不以指腹割襟为然。

少数习惯

（一）以周岁种痘后为定婚之标准，甚有指腹割襟为婚者。皖北如凤阳府之宿州。

（二）乡多四五岁，城多二十岁左右。皖北如和州本治。

（三）无论城乡皆在四五岁左右。皖北如庐州府之巢县，颍州府之霍邱。

第二问　外姻亲属中不得互相结婚者有几？

答：

多数习惯

外姻亲属，凡辈行相等、年龄相若，俱得互相结婚，否则不得相婚。皖南北此为最多。

少数习惯

（一）姑表不相结婚。皖南如徽州府之绩溪，池州府之铜陵；皖北如庐州府之巢县，凤阳府之凤阳、宿州，颍州府之亳州、太和、颍上、蒙城，和州本治，泗州本治及所属之五河。

谨案：姑表结婚，俗称回门亲，或曰回头亲。

（二）姑表、姨表皆不得结婚。皖南如徽州府之歙县，池州府之建德；皖北如凤阳府之灵璧。

（三）有服制之外姻，俱不得婚，否则不禁。皖南如安庆府之潜山、桐城，徽州府之黟县，池州府之东流，广德州之本治。

谨案：无服制之外姻,辈行即不相等,亦有可结婚者,俗谓之乱亲不乱族。

（四）凡属外姻,均不得结婚。皖南如宁国府之太平。

谨案：同母异父之子女,非宗族亦非外姻,俗多不相结婚。又,前夫之子女与后夫之子女,亦无姻族关系,无论同居、不同居,俗亦不相结婚。

第三问　父母主婚,有先询其子女之意见者否？

答：多数习惯

父母主婚,无先询其子女之意见者。□□学说所鼓励重迁者不在此例。皖南北大都皆然。

少数习惯

（一）间有询其子女之意见者。皖南如安庆府之怀宁,徽州府之歙县、绩溪、婺源,宁国府之宣城、宁国、旌德,池州府之贵池、东流、石埭,太平府之繁昌；皖北如颖州府之亳州,六安州之英山,泗州及和州之本治。

（二）子女年长,则须询其意见。皖北如滁州之本治。

（三）男子继娶、女子再字则须询其意见。皖南如安庆府之桐城,宁国府之太平。

第四问　定婚请书、允书之式若何？

答：

多数习惯

凡定婚者必有请书、允书,既经请允之后,尚须互换婚书,以为成立证据。今将请书、允书之式列左【其式大同小异不列举】：

请书封面式

自求多福

請書封面式

请书右面式

敬求金诺

请书左面式

忝眷弟某某薰沐顿首

允书封面式

允言配命

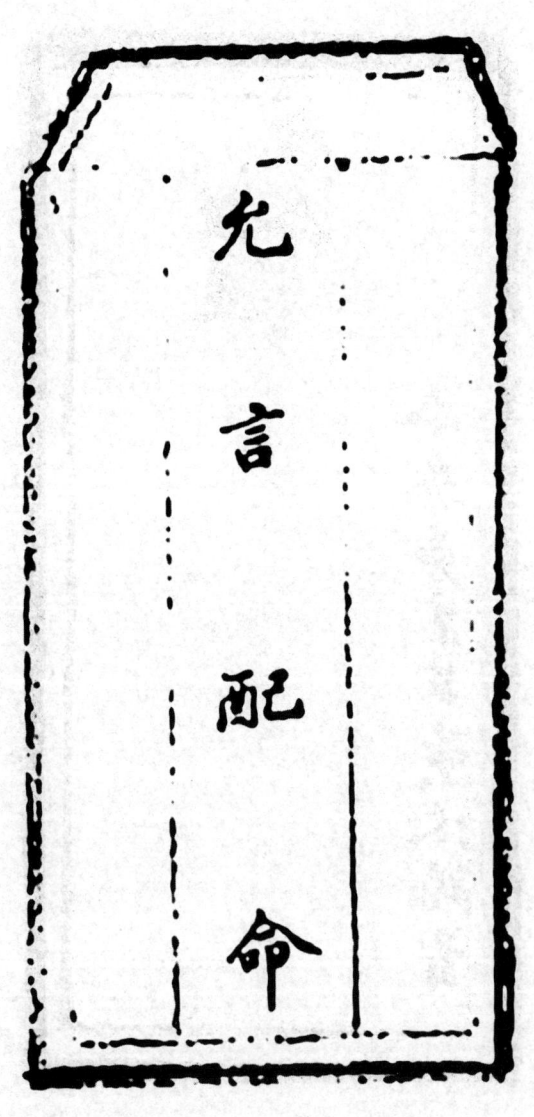

允书右面式

谨遵台命

允书右面式

允书左面式

忝姻愚弟某某熏沐顿首

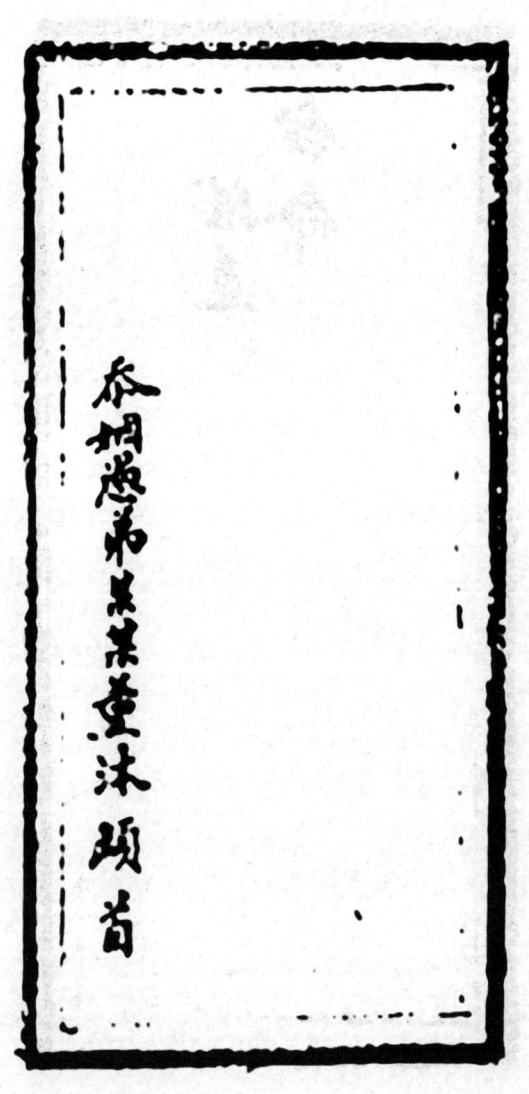

右式皖南北大都皆然。

谨案:请书、允书封面但须写四字吉语,其吉语可任意为之,不必皆同。至请书之右面签上有书"敬求金诺"者,有书"敬求玉音"者,有书"谨为第几子某某敬求淑媛"者;其左面下方之称谓,则或书"愚弟",或书"忝眷教弟",或书"待姻弟",或并书其子之名。而允书之右面签上有书"谨遵台命"者,有书"恭允玉音"者,有书"谨将第几女某某许字文郎"者;其左面下方之称谓,则或书"姻愚弟",或书"忝姻愚弟",亦不一定。

少数习惯

无。

第五问　定婚后未婚之男死亡,女得别嫁否?

答:

多数习惯

定婚后,未婚之男死亡,女得别嫁。士大夫家则多有过门守贞者。皖南北大都皆然。

谨案:女子之未婚夫死,俗称为望门寡,如其别嫁,应将所受财礼全部退还,方能解其婚约。亦有不全数退还,但酌退其一部者。

少数习惯

无。

第六问　定婚时未订婚期,逾多年无故不嫁或无故不娶者,各得别娶别嫁否?

答:

多数习惯

绝对不得别娶别嫁。皖南北大都皆然。

少数习惯

(一)当然别娶别嫁。皖南如安庆府之怀宁,太平府之繁昌,宁国府之宣城;皖北如颖州府之颖上。

(二)应凭家长与媒众公议,双方愿意,或呈诉官府,写立退婚字据,方能别娶别嫁。皖南如安庆府之潜山、宿松,宁国府之旌德,池州府之贵池、建德、东流、铜陵;皖北如凤阳府之灵璧、凤台,颍州府之霍邱、亳州,泗州之天长,滁州之本治。

第七问　定婚后、成婚前,男女之一造有犯奸盗者,彼造得退婚否?

答:

多数习惯

定婚后、成婚前,男女有一造犯奸盗,彼造例得邀同原媒要求退婚。如犯奸盗之一造有不允时,得呈诉于官府强迫退之。皖南北大都皆然。

少数习惯

(一)女犯奸盗,男得退婚;男犯奸盗,女不得率议退婚。皖南如安庆府之潜山,徽州府之祁门;皖北如凤阳府之凤阳,庐州府之无为,泗州之五河。

(二)或退或否,听男女自愿,或呈请官决。皖南如徽州府之绩溪,宁国府之旌德;皖北如凤阳府之定远,颍州府之蒙城、霍邱,六安州之英山。

(三)无论何造犯奸盗,彼造皆不得议退。皖北如颍州府之亳州,和州之本治。

第八问　定婚后、成婚前,男女之一造有婴残废癫狂疾者,彼造得退婚否?

答:

多数习惯

(一)定婚后、成婚前,男女有一造婴恶疾,彼造例得邀同原媒请求退婚。皖南为多。

(二)无论何造婴恶疾,彼造皆不得议退。【风气闭塞地方多如此主张。】皖北为多。

少数习惯

须两造协商,经恶疾者之一造自愿许可方能退婚。皖南如安庆府之宿松、潜山,宁国府之旌德、宁国,池州府之建德;皖北如凤阳府之定远、宿州,颍州府之涡阳、霍邱,庐州府之无为,和州之本治,滁州之来安。

第九问　夫死再嫁是否须经夫之父母允许,或须经妇之父母允许?夫死后约若干时期方得再嫁?

答:

多数习惯

再嫁须经两方之父母允许,其时间多以夫死后三年或一年、二年,亦有仅过百日或四十九日者。皖南北大都皆然。

少数习惯

(一)再嫁但须经夫之父母允许。如妇之再嫁系为夫之父母所强迫,则妇之父母亦得干涉之。皖南如安庆府之宿松,徽州府之歙县、婺源、祁门、绩溪,宁国府之太平,广德州之建平;皖北如凤阳府之寿州、凤台,庐州府之庐江,滁州之来安,泗州之本治及天长。

(二)再嫁须夫之父母允许,夫之父母亡则须妇之父母允许,妇之父母亦亡则须夫之有服亲族允许。皖南如安庆府之桐城,池州府之贵池;皖北如颍州府之霍邱。

(三)再嫁但须得一方之父母允许。皖北如六安州之英山,和州之本治。

(四)再嫁但由本妇自主,不必两方之父母允许。皖南如安庆府之怀宁。

第十问　须有如何情形,夫得呈诉离婚?

答:

多数习惯

忤逆尊长、谋害亲夫、凌虐子女、癫狂不治、犯奸有据、被拐寻回、造意潜逃、荡佚家产,皆得呈诉离婚。皖南北大都皆然。

少数习惯

无。

第十一问　须有如何情形,妇得呈诉离婚?

答:

多数习惯

妇人绝对不能呈诉离婚。皖南北大都皆然。

谨案:普通习惯,妇人于夫万不能同居之时,间有归依母家及请求析居者。

少数习惯

(一)夫及夫之父母凌虐不堪,或逼妇卖淫,或有谋鸷及谋杀情事,皆得呈诉离婚。皖南如安庆府之太湖;皖北如颍州府之霍邱,泗州之天长。

(二)夫失踪三年以上生死不明时,夫为盗贼有实据,或犯罪处刑,皆得呈诉离婚。皖南如安庆府之怀宁、潜山,徽州府之婺源、歙县,宁国府之旌德。

(三)夫弃妇不顾,或无力蓄养,其妇皆得呈诉离婚。皖南如宁国府之太平,池州府之石埭,太平府之繁昌;皖北如庐州府之巢县,颍州府之颍上。

(四)夫婴狂疾或废疾不能救治,又无财产、子女,得呈诉离婚。皖南如宁国府之宁国。

第十二问　离婚之妇得携其子女同去否?

答:

多数习惯

离婚之妇绝对不能携其子女同去。皖南北大都皆然。

少数习惯

(一)夫因第十问多数习惯中原因呈诉离婚者,夫死后子女可依其出母为生活。皖南如池州府之建德。

(二)妇因第十一问少数习惯中原因呈诉离婚者,经夫及夫之父母许可,或别无扶养之亲属,得携其子女同去。皖南如宁国府之宁国、旌德、太平,徽州府之婺源;皖北如颍州府之霍邱。

(三)随出母同去之子女,不得绝其本宗。皖南如安庆府之潜山,广德州之建平。

第十三问　夫妇财产是否皆为共有?妻之嫁资及妻以自己之名所得之财产,是否归妻私有?妻私有之财产,夫得管理否?

答:

多数习惯

夫妇财产皆为共有,妻之嫁资及妻以自己之名所得之财产皆为妻所私有。妻所私有夫亦得管理之。皖南北大都皆然。

少数习惯

(一)妻之私有财产不必归夫管理。夫即管理,妻仍得以己意处分之。皖南如安庆府之桐城,徽州府之婺源,宁国府之太平,池州府之贵池;皖北如滁州之本治。

(二)妻之嫁资,及妻以自己之名所得之财产,皆与夫共有之。皖南如池州府之东流,皖北如泗州之五河。

第十四问　离婚及妇再嫁者,妇得携其私有之财产以去否?

答:

多数习惯

无论离婚及再嫁,妇皆不得携其私有财产以去。皖南北大都皆然。

少数习惯

(一)无论离婚及再嫁,妇皆得携其私有财产以去。皖南如宁国府之宣城、旌德,池州府之铜陵;皖北如庐州府之巢县、庐江,凤阳府之寿州,颍州府之颍上、蒙城、霍邱、亳州、太和,泗州之天长。

(二)离婚及再嫁,妇所私有财产能否携去,应听夫家主持。皖南如池州府之东流、建德。

(三)不由夫管理者,妇得携去。皖南如太平府之当涂。

(四)如无子女,凡妇所有嫁资悉得听其携去,否则当酌留之。若妇以己名所置之不动产,则概不能携去。皖南如宁国府之宁国,太平府之繁昌。

(五)离婚之妇不得携去,再嫁之妇得携去。皖南如池州府之石埭,广德州之建平;皖北如六安州之英山。

(六)离婚之妇得携去,再嫁之妇准否携去由夫家主持。皖南如池州府之贵池,皖北如泗州之本治。

(七)再嫁妇所有嫁资得携去,至以己名所置之财产,非经夫家许可,不得携去。皖南如徽州府之绩溪,皖北如滁州之来安。

第十五问　赘婿招夫有无于定婚时订明夫须永远在妻家居住者?

答:

多数习惯

赘婿招夫有于定婚时订明夫须永远在妻家居住者。皖南北大都皆然。

少数习惯

夫应否永远在妻家居住，无于定婚时订明者。皖南如安庆府之怀宁、桐城、潜山、太湖、宿松，徽州府之绩溪、黟县；皖北如庐州府之庐江、无为、巢县，凤阳府之寿州，颖州府之涡阳，和州之本治。

第十六问　关于夫妇财产之事，有无于定婚时订明契约者？

答：

多数习惯

关于夫妇财产之事，无于定婚时订明契约者。皖南北大都皆然。

少数习惯

（一）妇之奁田、奁房，有立字据带往夫家者。皖南如徽州府之祁门，宁国府之旌德，池州府之建德；皖北如凤阳府之凤台、定远，颖州府之蒙城。

（二）赘婿招夫，其夫妇间财产关系有于定婚时订明契约者。皖南如徽州府之婺源。

第四章　亲子

第一问　继母或嫡母遇有虐待其子之事，近支亲族可出而保护否？父死之时，有无预嘱近支亲族保护其子以免继母或嫡母之虐待者？

答：

多数习惯

继母、嫡母虐待其子，近支亲族可出而保护。父死之时亦多有以保护其子女预嘱其亲族者。皖南北大都皆然。

少数习惯

（一）子受继母、嫡母之虐待，应受近支亲族之保护，惟父死时无预以为嘱者。皖南如徽州府之祁门。

(二)子受虐待,如其父在,亲族多不过问,父死则无论有无预嘱,皆得出而保护。皖南如徽州府之黟县,皖北如凤阳府之寿州。

[无第二问]

第三问　小儿在胎时期寻常以若干日为最多?若干日为最少?(以寻常之事实为准,其奇异偶有之事不必问。)

答:

多数习惯

小儿在胎时期通常作十个月算,过此时期以三百六十日为最多,不到此时期以二百一十日为最少,但奇异者不在此例。皖南北大都皆然。

少数习惯

(一)有以一百八十日为最少者。皖南如安庆府之怀宁。

(二)有以一百五十日为最少者。皖南如池州府之石埭。

第四问　寻常受胎时期之中,父与母实不同居而生子者,父得不认其子否?

答:

多数习惯

寻常受胎时期之中,父与母如不同居而生子,父得不认其子。皖南北大都皆然。

少数习惯

(一)父与母虽不同居,必须旅行他处,并不在宅,始得不认。皖南如安庆府之太湖,徽州府之绩溪,宁国府之宣城,池州府之铜陵;皖北如凤阳府之寿州,滁州之来安,泗州之五河。

(二)父与母虽不同居,必须发见其母之奸情确有证据,始得不认。皖南如徽州府之婺源,池州府之贵池。

第五问　奸生子为父所收留,与其生母尚有母子关系否?

答:

多数习惯

奸生子既为父所收留,则与生母关系已绝。皖南北大都皆然。

少数习惯

无。

第六问　奸生子已成立,如其父母欲认明为己子,须先经其允诺否?

答:

多数习惯

奸生子已成立,其父母欲认明为己子时,必须经其允诺。如有养父母,尚须经其养父母之允诺。皖南北大都皆然。

少数习惯

无。

第五章　监护

第一问　凡未及岁之子女,上无父母,应由何人管教?其应行管教之人何人居先?何人居后?(如有祖父母者,先由祖父母管教;有胞伯叔者,先由胞伯叔管教。有无此习惯?)

答:

多数习惯

子女幼失父母,其管教之人大都先尽家族中有服之最尊、最亲者,无最尊、最亲之家族,乃归外祖父母、母舅、姑姨管教之。如并外祖父母诸人亦无存者,乃归族中有服之疏属管教之。皖南北大都皆然。

少数习惯

(一)有不分先后,无论祖父母、胞伯叔父母、兄嫂及外祖父母、母舅、姑姨,有一人愿管教者,皆可归其人管教之。皖南如安庆府之宿松,徽州府之歙县,宁国府之旌德,太平府之繁昌;皖北如颍州府之蒙城。

(二)亦有以家族外姻中之财力、能力为管教之先后者。皖南如太平府之当涂。

第二问　父母临终时有无指定某人管教其子女者？

答：

多数习惯

父母临终时可指定亲信中之一人管教其子女。皖南北大都皆然。

少数习惯

(一)指定管教之人有必须书之遗嘱方能有效者。皖南如安庆府之太湖，徽州府之绩溪，池州府之建德；皖北如和州之本治。

(二)应由当然管教之人管教，不能由其父母指定。皖北如颍州府之太和。

第三问　管教他人之子女者，是否兼为经理该子女之财产？其经理财产向用何种方法使免侵蚀？

答：

多数习惯

管理他人子女者，有兼经理该子女财产者，有将该子女财产另归一人经理者，无论兼为经理、另人经理，皆以簿据防其侵蚀。皖南北大都皆然。

少数习惯

(一)经理人着手经理时，须将该子女财产立据交亲族收执。皖南如安庆府之太湖；皖北如颍州府之霍邱，泗州之本治。

(二)经理人只准保存，不准变卖。皖北如颍州府之涡阳，滁州之本治。

(三)经理人须每年刊刻征信录通告于亲族。皖南如广德州之建平，皖北如泗州之五河。

(四)经理人须于每届年终邀同亲族，将四柱账目结算一次。皖南如安庆府之潜山，徽州府之绩溪；皖北如庐州府之庐江，颍州府之亳州，滁州之来安。

(五)亲族得随时检查其簿据。皖南如徽州府之婺源，宁国府之宁国，池州府之东流，太平府之繁昌。

第四问　他人之子女及岁后，经理财产之人是否即将财产交还该子女，听其自行经理？其交还时是否须交出历年清账，由近支亲族公同阅看？

多数习惯

他人之子女及岁后，经理财产之人当然将其财产交还该子女，听其自行经理。其交还时并应交出历年清账，由近支亲族公同阅看。其阅看时亦有邀同子女之姻亲者。皖南北大都皆然。

少数习惯

男子及岁，经理人自应将其财产交还。若系女子，虽至及岁，往往有仍由经理人保管，必候其结婚而始交还者。皖南如安庆府之潜山。

第五问　凡管教他人子女并经理其财产者，如有侵蚀情事，该子女之近支亲族得出而干预，另选管教经理之人否？

答：

多数习惯

管教他人子女并经理其财产者，如有侵蚀情事，该子女之近支亲族得出而干预，另选管教经理之人。皖南北大都皆然。

少数习惯

经理人如有侵蚀，近支亲族只能干预，不能另选。皖南如安庆府之宿松，皖北如凤阳府之定远。

第六问　管教他人子女、经理其财产，得收受酬劳之资否？

答：

多数习惯

管教他人子女并经理其财产之人，若系该子女之祖父母、胞伯叔父母、兄嫂等，从无收受酬劳之事。若系疏属及外姻，则有收受酬资者，惟其酬资应由该父母遗嘱给与，或出于亲族之议决，或该子女及岁后自行给与，经理人不得私于该子女财产中擅行割取。皖南北大都皆然。

少数习惯

无。

第七问　经理他人子女之财产者,于该子女之财产是否禁其自行买受或承租? 如有自行买受或承租之事,该子女及岁后是否可索还不认?

答:

多数习惯

经理他人子女之财产,通常不能自行买受或承租。如有自行买受或承租者,该子女及岁后,例得索还不认。皖南北大都皆然。

谨案:六安州之英山,其俗以经理人自行买受或承租为㘉幼(㘉字,字书所无,盖义取以术欺人,故其字从术。湖南人称念秧为㘉法,与此正同)。

少数习惯

(一)经理人买受、承租所管他人子女之财产,如曾凭该子女近支亲族议立契约,及岁后不得索还。皖南如池州府之东流,广德州之建平;皖北如庐州府之庐江,凤阳府之寿州,颍州府之霍邱,泗州之本治,及所属之天长、五河。

(二)经理人于所管他人子女之财产,只禁买受,不禁承租。皖南如安庆府之桐城、太湖,徽州府之黟县,池州府之铜陵、石埭;皖北如颍州府之涡阳。

第八问　成年之人患癫狂、酗酒、流荡之习者,其财产是否可由家中尊长管理? 其应行管理之人何人居先? 何人居后?

答:

多数习惯

患癫狂酗酒流荡之成年人,其财产应由同居之直系尊长顺位管理;无直系尊长,则应由同居之旁系尊长顺位管理;旁系尊长亦无,则以同居之兄弟或妻子管理之;如并兄弟妻子亦无,则由近支亲族或亲族公举一人管理之。皖南北大都皆然。

少数习惯

无。

第六章　亲属会

第一问　凡亲族会议由何人招集？集议时何人主席？如何决事？决定后如何施行？

答：

多数习惯

亲属会俗有称为开祠堂门者，其常会期多在每年祠祭之日，至临时会则分两种：一为公共事务，一为个人事务。其关于公共事务者，多由祠中值年管事或分长召集，其主席或大宗之子，或族长，或祠长，或临时公推；而议决事项有由族众多数决定者，有由德劭年高之数人决定者，有由族长决定者；至于施行，则或由族众公举，或由族长指定，或由各房抽派，或即以值年管事及分长执行之。其关于个人事务者，多由利害关系人请求值年管事或分长召集，而主席除族长、祠长及临时公推之人外，有即以请求开会人为之者；至其事务之取决，亦不外族众多数决定，及德劭年高之数人决定、族长决定三种；决定后如何施行，大抵悉听请求开会人自行部署，预会人不复过问。【以上情形，亦有于私家行之，不尽在祠堂以内，况祠堂本就家之所在。】皖南北大都皆然。

谨案：开祠堂门之说，系专指在祠堂中开会而言。查皖南北习惯，召集亲族会议事务，往往有于私家行之，不尽在祠堂者。则开祠堂门之名词，实不足以概之。

少数习惯

无。

第七章　扶养之义务

第一问　亲属中互负扶养之义务者为何人？

答：

多数习惯

直系血族、旁系血族、配偶者及配偶者之一方，与他一方直系尊属，又母党之直系尊属,皆互负扶养之义务。皖南北大都皆然。

少数习惯

无。

第二问　负扶养义务者有数人时,何人应先担任?何人为次?

答:

多数习惯

负扶养义务者有数人时,其担任之顺序如前条所揭,先其亲属之最近者。皖南北大都皆然。

少数习惯

无。

第三问　负扶养义务者有数人,而此数人居于同一应先担任之地位者,是否平均分担其义务?

答:

多数习惯

负扶养义务者有数人,而数人居于同一地位时,其义务有分担者,有轮担者,有以财力最充之一人独担者。皖南北大都皆然。

少数习惯

无。

第四问　受扶养权利者有数人时,何人应先享?何人为次?

答:

多数习惯

受扶养权利者有数人时,其应尽先享受者,以亲属最近者为多,亦有先尽贫穷及废疾者。若负扶养义务之人能力充实,无分先后,一律全担,亦多有之。皖南北大都皆然。

少数习惯

无。

第五问　受扶养权利者有数人,而此数人又居于同一应先享受之地位,则如何办理？

答：

多数习惯

受扶养权利者有数人,而数人又居于同一地位时,其权利应平均享受,无分轩轾。亦有先尽老病,或以拈阄定之者。皖南北大都皆然。

少数习惯

无。

第六问　凡负扶养之义务者,是否以其财力为准？无此财力者,是否可免其扶养？

答：

多数习惯

负扶养义务者,对于直系尊属配偶者,不能因财力缺乏遂免除其义务。若尊属及配偶者以外之人,则不在此例。皖南北大都皆然。

少数习惯

无。

第七问　凡受扶养权利者,是否以不能自存者为限？如有因怠惰流荡以致不能自存,其负扶养义务者是否可因此拒不扶养？如果可因此拒不扶养,何人当在例外？

答：

多数习惯

受扶养权利者,不必以不能自存为限,不过不能自存者,尤应受扶养之权利耳。其因怠惰流荡而至于不能自存之人,负扶养义务者当然可以拒绝。惟直系尊属及同产兄弟,应在例外。皖南北大都皆然。

少数习惯

无。

第五编　承继关系

第一章　总则

第一问　依本地习惯,承继种类有几(如承继宗祧、承继遗产之类)?

答:

多数习惯

承继种类通常只有承继宗祧及承继遗产二种。皖南北大都皆然。

谨案:皖南北风俗尚有承继世业一种。查世业虽不必即为有形遗产,究不得谓之非遗产。窃以为此项宜并入承继遗产之内,故不另列。又,皖南北人有于将死之时,以其衣物赠与于所爱之人者,谓之遗念,或曰遗爱。此虽非大宗遗产,亦不得谓之非遗产,似亦应在承继遗产之内,故不另列。

少数习惯

无。

第二问　承继以何时为始?

答:

多数习惯

承继开始,约凡六种:(一)年老者不能生子之时;(二)无子者死亡之时;(三)男子失踪既久,假定其死亡之时;(四)男子未婚而死,其聘妻过门守节之时;(五)有子已死而未成婚之时;(六)子有恶疾不能生育之时。至于承继之确定,则以协商议决缔结契约之时为始。皖南北大都皆然。

少数习惯

无。

第三问　胎儿有承继之权否?

答:

多数习惯

胎儿有承继之权。皖南北大都皆然。

谨案:安庆府桐城称未出生之遗腹子为预丁。

少数习惯

无。

第四问　承继人有不承认承继,自由抛弃者否?

答:

多数习惯

宗祧承继向有应继、爱继、选继三种,通常惟爱继、选继之承继人可以不承认承继,若应继之承继人,大半不能自由抛弃。至于财产承继,无宗祧关系者,则绝对可以自由。皖南北大都皆然。

少数习惯

无。

第五问　因承继之事若有一切用款,是否由遗产中支付?

答:

多数习惯

承继一切用款,除争继费用外,皆由遗产中支付。皖南北大都皆然。

少数习惯

无。

第二章　宗祧之承继

第一问　有子之人得再抚他人之子为嗣否?

答:

多数习惯

有子之人通常不得再抚他人之子为嗣,然即再抚,亦俗所不禁,其原因有三种:(一)

己子浮荡不务正业,或有痴狂废疾;(二)对于他人之子有特别爱情,或知其贤哲,必为大器;(三)他人之遗孤,或不知父母之弃儿,皆得再抚之。

谨案:皖南北风俗,以第三项原因再抚他人之子为嗣时,谓之养子,或曰义子,多不能列入谱系。

少数习惯

无。

第二问　大宗无后,小宗得先立嗣否?

答:

多数习惯

大宗无后,小宗先立嗣者为多。若小宗无后,则支子多不得先行立嗣。皖南北大都皆然。

谨案:宗法失坠,由来已久,即婺源为朱子诞生之地,其流风遗教亦多泯然。盖大宗之子,最重者莫过于家庙之主祭。今家庙之主祭,往往不在大宗,而在族中之最尊贵者,以故一族之人或竟不知其族中大宗之谁属。夫大宗且不知谁属矣,更安问其后之有无?此大宗之所以多绝也。至于小宗,则长房无子,次房不得有子之说,犹盛行于时。君子于此,盖深幸家族主义之至今得以保存者,尚赖有此。

少数习惯

无。

第三问　承重之人及大宗之子孙,得承继他人为嗣否?

答:

多数习惯

承重之人,例得兼祧,不得承继;大宗之子孙,若系支子众孙,得迳承继,若系冢子长孙,亦只有兼祧,无承继。皖南北大都皆然。

少数习惯

无。

第四问　以族人为嗣，其先后之序以何为定？

答：

多数习惯

以族人为嗣，以支派亲疏为先后，亦得择贤立爱。皖南北大都皆然。

少数习惯

无。

第五问　如不依承继先后之序择爱择贤为嗣，须经亲族之公允否？

答：

多数习惯

凡择贤择爱之承继，必须得亲族之公允，否则无效。皖南北大都皆然。

少数习惯

（一）择贤择爱，不必经亲族公允。皖南如安庆府之怀宁，池州府之东流；皖北如凤阳府之寿州。

（二）择贤择爱，虽不必亲族公允，而立承继书时，必得亲族为证。皖北如颍州府之霍邱。

（三）择贤择爱，如不经亲族公允，必禀官立案。皖北如滁州之来安。

第六问　可继之人如系独子，可否准其兼祧两房？

答：

多数习惯

可继之人如系独子，通常准其兼祧，亦间有必须他无可继之人，始准独子兼祧者。皖南北大都皆然。

少数习惯

无。

第七问　以外姻之人为嗣有无限制（如限于姑舅之子、两姨之子及妻侄之类）？

答：

多数习惯

以外姻之人为嗣,姑舅之子为多,两姨之子及妻侄间亦有之。皖南北大都皆然。

少数习惯

无。

第八问　承继长房宗祧时,授继人之直系卑属有数人,若其间亲等有远近,年岁有多少并有嫡庶之分,应以何者居先为应继之人?何者居后以俟递补?试详晰言之。

答:

多数习惯

授继人之直系卑属若有数人,当以亲等最近者居先,远者居后,嫡子居先,庶子居后。既分嫡庶,则年岁似不甚计,但继子必与被继人之年岁应合于父子之年岁。如应继者年长于被继人或相若时,当舍而取其次。皖南北大都皆然。

少数习惯

无。

第九问　有无既已成继,即不许悔继归宗之例?

答:

多数习惯

既已成继,非得嗣父母亲族允许,不得悔继归宗。皖南北大都皆然。

少数习惯

无。

第十问　本宗承继之人许其悔继否?

答:

多数习惯

本宗承继之人,非经亲族及嗣父母允许,不得悔继。皖南北大都皆然。

少数习惯

无。

第十一问　由少抚育成立之承继人,尚准其悔继否?

答:

多数习惯

由少抚育成立之承继人,绝对不得悔继。皖南北大都皆然。

少数习惯

无。

第十二问　如有左揭各事,得由承继人悔继归宗否?

第一款　不堪嗣父母之苛待

答:

多数习惯

必有苛待证据,经亲族允许,方得悔继归宗。皖南北大都皆然。

少数习惯

无。

第二款　所后之亲生子

答:

多数习惯

所后亲虽已生子,必经所后亲之允许,方得悔继归宗。皖南北大都皆然。

少数习惯

无。

第三款　所生父母无子

答:

多数习惯

所生父母无子,例得兼祧。如所后父母有他可承继之人,允许承继人悔继归宗,则承继人亦得为之。皖南北大都皆然。

少数习惯

无。

第十三问　悔继之人其已受嗣家之财产,应否全部返还?

答:

多数习惯

悔继之人其已受嗣家之财产,当然全部返还。如嗣家酌提给与,自是例外。皖南北大都皆然。

少数习惯

无。

第三章　遗产之承继

第一问　未分析之家产是否归家长管理承继?

答:

多数习惯

凡祖遗或父遗未分析之财产,谓之公产,其应享权利者不只一人,通常皆归家长管理,惟不能直认为承继。皖南北大都皆然。

少数习惯

无。

第二问　无子嗣及同居亲属之人,其遗产应由何人承继?

答:

多数习惯

何人承继宗祧,即由何人承继遗产。皖南北大都皆然。

少数习惯

无。

第三问　无亲属之人,其遗产得由外姻承继否?

答：

多数习惯

无亲属之人，例得以外姻承继宗祧。凡承继宗祧之外姻，皆得承继遗产。皖南北大都皆然。

谨案：皖俗外姻入继，必被继人生时确定，或死亡时以遗言嘱托之，否则多以远族承继，或竟以遗产归入家庙为之立位附祀。若有亲女，则不在此例。

少数习惯

无。

第四问　负债多于遗产，袭产人得将其遗产经众或经官尽数摊还，不复承继否？

答：

多数习惯

负债多于遗产，袭产人得将其遗产经众或经官尽数摊还，不复承继。皖南北大都皆然。

谨案：不复承继，谓只不承继遗产。如袭产人兼袭宗祧，不能因此遂并宗祧亦不承继也。

少数习惯

遗债多于遗产，袭产人应负偿还之责，不得仅将遗产摊还，遂可了结。皖南如徽州府之歙县，池州府之贵池；皖北如和州之本治。

第五问　析产分配之法是否皆以房计？

答：

多数习惯

析产分配，皆以房计。皖南北大都皆然。

少数习惯

（一）析产虽以房计，然长房有多提一分者，有酌拨遗念财产于长房及长孙者。皖北如凤阳府之凤台，和州之本治。

（二）计房袭产之外，亦间有以口计者。皖南如徽州府之歙县、绩溪；皖北如凤阳府之宿州,庐州府之巢县,六安州之英山。

谨案:皖南北风俗,于析产之先有提公积费者,有提祭扫费者,亦有父母或在须提养膳费,兄弟姊妹或未婚配须提嫁娶费者,必将种种费用先行提出,方能照分均摊云。

第六问　左揭各项之人,其分受遗产有无轻重之别?

甲、大宗之子及嫡子

乙、小宗之子及庶子

丙、嗣子或兼祧之子

丁、赘婿

戊、奸生子

己、无子寡妇

答:

多数习惯

(甲)项有倍于他房,或较他房稍增者,谓之记念金,或曰香火田,或曰招尖,亦有与他房均分者。

(乙)项多按房均分,亦有小宗之子较庶子为重者。

(丙)项多按房均分。

(丁)项多酌给,或受他房之半数,亦有均分或不分者。

(戊)项已认知归宗者,多得均分,或受他房之半数。

(己)项均分者为多,或有加重及减轻者。

皖南北大都皆然。

少数习惯

六项有按股均分,全无重轻者。皖南如安庆府之怀宁。

第七问　左揭各项之人,亦得分受家产否?

甲、被出复归之子

乙、出子之子孙

丙、未嫁女

丁、收养或买继之子

戊、配偶者

己、直系尊属

庚、亲兄弟

辛、家长

答：

多数习惯

（甲）项得分受家产，亦有酌给者。

（乙）项得分受家产，亦有酌给者。

（丙）项不分受家产者为多，分受家产者较少，惟嫁资或针线费必酌提。

（丁）项得分受家产，亦有酌给者。

（戊）项得分受家产，亦有酌提养膳费者。

（己）项得分受家产，亦有酌提养膳费者。

（庚）项得分受家产。

（辛）项其家长若系直系尊属，得分受家产，否则不得分受，亦有酌提养膳费者。

皖南北大都皆然。

少数习惯

无。

第八问　不可分割之产（如房屋之类）以何法分析？

答：

多数习惯

不可分割之产，有分租不分产者，有轮年收益者，有以价值相当之另产抵分者，有由一人出资吸收者，有拈阄分占者，有出卖分价者，有提作公产立据分执者。皖南北大都皆然。

少数习惯

无。

第九问 授继人在生前或以遗书对某承继人有特与以财产时,受与之人仍得与他承继人共分遗产否？又,其所受之物应否缴还？

答：

多数习惯

授继人生前或以遗书对某承继人有特与以财产时,受与之人仍得与他承继人共分遗产,所受之物不应缴还。皖南北大都皆然。

少数习惯

(一)某承继人如前有所受分遗产时,应将前所受者算入所应分之中。皖南如池州府之东流。

(二)某承继人前之所受如已占遗产之大部分,则不得再分遗产,如愿缴还,亦得共分。皖南如安庆府之怀宁、太湖,徽州府之黟县,宁国府之宣城、宁国,太平府之繁昌；皖北如庐州府之无为,凤阳府之灵璧,颍州府之颍上、亳州、涡阳,泗州之本治,滁州之来安。

(三)某承继人既前有所受,共分遗产时,应少于他承继人。皖北如庐州府之巢县。

(四)前有所受之某承继人应否共分遗产,或应否缴还前所受物,悉听亲族之公决。皖北如滁州之全椒。

第十问 某承继人以其应继之分出卖或抵押时,他承继人得行赎还否？

答：

多数习惯

某承继人以其应继之分出卖或抵押时,他承继人得商明某承继人或邀同族众备价赎还。皖南北大都皆然。

少数习惯

(一)某承继人应继之分虽出卖或抵押,他承继人不得赎还。皖南如安庆府之怀宁、桐城,徽州府之歙县、绩溪,宁国府之宁国、太平；皖北如凤阳府之寿州,滁州之本治,和州之本治。

(二)某承继人以所应继之分抵押时,他承继人得商明某承继人赎还;如系出卖,则不得赎还。皖南如宁国府之宣城;皖北如庐州府之无为,凤阳府之宿州,滁州之全椒,泗州之五河。

(三)某承继人应继之分,如分关中有不准卖押之规定,得由他承继人赎回,否则不得赎回。皖北如颖州府之霍邱。

第十一问　授继人遗书若言在一定年限内不准分产,其承继人得随时共议分析否?

答:

多数习惯

授继人以遗书规定不准分产之年限,通常多有遵守者,惟因不得已之事故发生,或承继人中有一人浮荡浪费,及全体承继人相处不能和睦时,皆得随时共议分析。皖南北大都皆然。

少数习惯

无。

第十二问　遗产中如有债权,各承继人间应如何分析?如分归一人,后日债权倘不能索偿,各承继人应否分垫损失?又,其分垫之法如何?试详述之。

答:

多数习惯

遗产中如有债权,当分析遗产时,多半提作共有,谓之堂留,或轮年收息,或按股分息,俟债务者履行后再行均摊。如系可分之债权,则承继人多有于析产时平均分受者,此其损失皆全体承继人所应共担者也。至于承继人中有一人自愿独受债权时,则虽不能索偿,亦不能向他承继人要求分垫。必分析时,公议归某承继人承受,方有分垫损失之问题,然亦须于分关上确切注明,并须议定分垫之法,或如原有之数分垫,或照原有数减几成分垫承受,债权人方能实行提议,否则,他承继人固多置之不理。皖南北大都皆然。

少数习惯

无。

第四章　遗书

第一问　无字据之遗言以何为证？

答：

多数习惯

无字据之遗言，以在场之亲族或外姻及其他与闻之人为证，但其人必在二人以上。若只二人在场，则二人者倘各有主张，其遗言即归无效；若在场者不只二人，则以多数主张者为定，而多数主张又须视其遗言为治为乱，如系乱命，亦归无效。皖南北大都皆然。

少数习惯

无。

第二问　立遗书须用一定方式否？其方式如何？试录其式样以对。

答：

多数习惯

遗书无一定方式，繁简相殊，文鄙各异，大约普通要件，凡有七端：（一）书名遗嘱之旨趣；（二）有公证人资格者二人以上为公证人；（三）公证人各自署名签字；（四）遗嘱人署名签字；（五）书明年月日；（六）遗嘱人病重不能亲书，可令公证人代书之，并须注明代书人姓名，惟不能代其签字；（七）书内如有笔误，须注明添注某某字，涂改某某字。至有多数子弟须各付遗嘱一纸时，则用联单法于骑缝中书"贻谋燕翼"四字，以连缀之。皖南北大都皆然。

遗书式

立遗嘱人某某，今因某事云云，当凭亲族言定如何办法云云，恐日后无凭，特立遗嘱，字永远存照。

　　年　月　日立遗嘱人某某押

凭亲族某某/某某仝见押/押

立遺囑人某某今因某事云云當憑親族言定如何辦法云云恐日後無憑特立遺囑字永遠存照

年　月　　日　立遺囑人某某押

憑親族某某仝見押
憑親族某某仝見押

少数习惯

无。

第三问　遇有变故,请人代立遗书,如别无证人,亦为有效否?

答:

多数习惯

遇有变故,请人代立遗书,如别无证人,通常以无效为多,亦间有认为有效者,则必确为治命非乱命,必有本人墨押或箕斗,必代笔人为遗嘱人最亲信之公正人。皖南北大都皆然。

少数习惯

无。

第四问　关于立遗书有何限制(如达若干岁方许立遗书之类)?

答:

多数习惯

订立遗书,习俗常分两种:甲为生存时预订之遗书,乙为死亡时嘱托之遗书。甲种之遗书限制有四:(一)限于五十岁以上,或未及五十而体羸多疾者;(二)限于家务之有纠葛者;(三)限于家长,或己之家产及事业;(四)限于无癫狂白痴之疾者。乙种之遗书限制亦有四:(一)限于无直系尊长及有妻或子者;(二)限于有直系尊长而旅居于外者;(三)限于家长,或己之家产及事业;(四)限于无癫狂白痴之疾者。皖南北大都皆然。

少数习惯

无。

第五问　未成年人立遗书,应否经其法定代理人允许?

答:

多数习惯

未成年人之立遗书,习俗极不多见,惟无直系尊属之未成年人死亡时处分其身后之家产,或已定婚之未成年人,恐其未婚妻因己死不肯别嫁,有订立遗书者。如此类之遗书有法定代理人者，自应经法定代理人之允许。皖南北大都皆然。

少数习惯

无。

第六问　撤销遗书之法如何？

答：

多数习惯

撤销遗书之法，须邀同原有证人及与遗书有关系之人，凭同亲族，宣布理由，或涂抹毁裂之，或批明失效原因于遗书之上，或另立更正字据，或登广告于报纸，此一法也。如亲族不能了结，则必呈请官府立案，以免后患，此又一法也。皖南北大都皆然。

少数习惯

无。

第七问　遗书若未指定执行之人，应以何人为执行遗书人？

答：

多数习惯

遗书若未指定执行之人，得由家长、族长或亲属之尊长执行之，亦有由亲族推选，或证人公举者。皖南北大都皆然。

少数习惯

无。

第八问　因执行遗书若须各种费用，是否由遗产中支付？

答：

多数习惯

执行遗书所需费用，皆于遗产中支付之。皖南北大都皆然。

少数习惯

无。

第九问　遗书所属之事如属不法（如无故出妻之类），其子女得为之撤销否？

答：

多数习惯

遗书所属之事不法,是谓乱命,子女、亲族,皆可撤销。皖南北大都皆然。

少数习惯

无。

第十问　立遗书时应否用保证人？又,保证人之资格有何限制？

答：

多数习惯

立遗书通常皆用保证人,其资格约有五种:(一)亲族、外姻、朋友、邻右;(二)成年者;(三)无神经病者;(四)识字者;(五)公正素孚众望者。其亲笔遗书亦有时不用保证人。皖南北大都皆然。

少数习惯

无。

第五章　遗留财产

第一问　授继人应否以遗产若干留给后人,抑可以全部财产随意赠与他人？

答：

多数习惯

授继人以全部财产留给后人者有之,于全部财产中提一小部分出捐为公益事业或慈善事业,抑或赠与于所亲爱之人者有之。若以全部财产随意赠与于他人,则习惯上尚无其事。皖南北大都皆然。

少数习惯

无。

第二问　左揭各项之人,其应得遗留财产有无轻重之别？

甲、直系卑属

乙、配偶者

丙、直系尊属

答：

多数习惯

直系卑属、配偶者、直系尊属通常以共产为多，无分给者，即有分给时，直系卑属亦居最大部分，配偶者及直系尊属不过小部分而已。皖南北大都皆然。

少数习惯

无。

第六章　无人承认之承继

第一问　承继起始时，若应继之人踪迹不明，无人承认其承继财产，应如何办理？

答：

多数习惯

此问题非只身旅居或单丁独户不能发生，关于此种授继人之财产，如有配偶者，自应归配偶者管理，以待承继人之确定；如配偶者亦无，则应由密切关系人公举一人代为管理，以待有承继人时再行返还。皖南北大都皆然。

少数习惯

无。

第二问　承继财产若命人管理，其管理人之职务如何？

答：

多数习惯

管理承继人财产之职务约分五种：（一）只能保存，不能变更；（二）分别四柱，编造清册；（三）偿还债务，行使债权；（四）不得挪用及自行买受；（五）不得赠与他人。皖南北大都皆然。

少数习惯

无。

第三问　寻觅承继人时应用何法探索？

答：

多数习惯

承继人之寻觅凡有两种：（甲）确知其人为应继，惟未知其住址而欲寻觅者；（乙）不知其有无应继之人，姑寻觅之，以希望其或有者。甲种之寻觅，可指明应继人姓名、籍贯、身分，先访询其有关系之戚友，而后查其踪迹；乙种之寻觅，则可叙述授继人姓名、籍贯、身分、住址及死亡之月日，待人承继之状况，刊布招帖，或登报广告。此普通寻觅之法也。皖南北大都皆然。

少数习惯

无。

第四问　承继人若经探索历久无踪，其承继财产应归何人所有？

答：

多数习惯

承继人若经探索历久无踪，如有配偶者，多抚养异姓之子承继其宗祧财产；如并配偶者亦无，则捐办公益事业，或禀官处分，间亦有之。皖南北大都皆然。

谨案：无人承继之财产，俗称为绝产，其为不知谁何之人所秘密侵吞者，盖已多矣。

少数习惯

无。

第七章　债权者及受遗人之权利

第一问　承继债权者及受遗人在承继起始后，可否请将承继财产与承继人固有财产分离，以充偿还之用？

答：

多数习惯

承继债权者及受遗人，可请将承继财产与承继人固有财产分离，以充偿还之用，亦有债权者持父债子还之说，但向承继人索偿，不为此请求者。皖南北大都皆然。

少数习惯

无。

第二问　承继债权者及受遗人如有前条权利，应向何处请求？

答：

多数习惯

承继债权者及受遗人请求前项权利时，可先向承继人请求，承继人如不承诺，可请求于地方官衙门。皖南北大都皆然。

少数习惯

无。

第三问　承继债权者及受遗人请求分离财产后，应否定以一定期限通知各债权者、各受遗人会同核算，公同索偿？如应若此办理，其通知期限最短以若干月日为限？

答：

多数习惯

承继债权者及受遗人请求分离财产后，有通知各债权、各受遗人者，亦有不通知者。其通知者亦无一定期限，大约近地或十日、半月，远地或一个月至一年不等。皖南北大都皆然。

少数习惯

无。

第四问　承继人若供出担保，可否不许承继债权者及受遗人分离财产？

答：

多数习惯

承继人若供出担保,议定偿还期限,可不许承继债权者及受遗人分离财产。皖南北大都皆然。

少数习惯

无。

(稿本,国家图书馆古籍馆藏。 另见《清末民初宪政史料辑刊》第 1 册,北京图书馆出版社,2006 年,第 105—512 页。)

陕西宪政调查局法制科调查问题总目

陕西宪政调查局法制科第一股应查子目

前发章程，大纲已备，兹将调查事件分为子目，具列于左：

民情类

一、善良刁狡。良善谓四民各安其业，毋相侵夺，如出入相友、守望相助、疾病相扶持之类；刁狡者反是。

二、强悍柔弱。强悍谓民气嚣张，动辄滋事，如干糇起愆、睚眦必报、乐于战斗、死而不厌之类；柔弱者反是。

三、忠厚凉薄。忠厚谓居心诚实，与世无忤，如乐善好施、不计锱铢、宽以待人、古道可风之类；凉薄者反是。

右列三目举民情大概而言，无论一省不能划一，即一州一县一村亦不能尽同，良善之乡不能绝无刁狡之人，凉薄之区亦间有忠厚之家，参互错综，难以概论。其调查办法宜以多数、少数为衡。其有特别不同或善恶互见之地，尤宜注意。查察谓为良善，必指其良善之事；谓为刁狡，必列其刁狡之条款，分别详记，务得其真，并须查其地居民有无客籍及蒙回等户，是否杂居，及时有迁徙，均分别查注。

风俗类

一、勤劳游惰。此指人民之行为而言,勤劳如男耕女织,各司其事,出作入息,不敢少休之类;游惰者反是。

二、俭朴奢华。此指人民之用度而言,如车马衣服、饮食居室以及酬酢往来、投桃报李之类皆属之,宜分别类记。

三、营业种类。此指风气之偏重而言,如喜耕、喜读、喜工、喜商之类皆属之。

四、祀神赛会。如岁时伏腊与乡傩之类皆属之。会期、会地均须详查。

五、醵资演剧。戏剧种类及是否本地所有,抑系外来,每岁之中以何时为最多。

六、有何迷信。如鬼神阴阳、吉凶祸福及茹素诵经、巫道治病之类。

七、崇拜宗教。如天主、耶稣基督之类。

八、婚嫁丧葬。如聘礼妆奁、仪文礼节、衣衾棺椁、风水地理之类。

一省风俗各处不同,约举数端以为调查之条件。其凡与法律有关系者,详列款项,分别事类,笔之于册,报告本局。至特别之风俗,尤宜注意。如穴居、左衽等事。

绅士办事习惯类

一、绅士之在官者。例如义民局、保甲局、牛痘局等,以及育婴、恤嫠,凡为官所委任者,皆属之。

二、绅士之在乡者。例如学会绅董、水利组合各乡绅士素为乡人所推重,出而担任公益者皆属之,他如乡约、里长、保正等之权力事务,均宜详查类记。

绅士办事各地方习惯不同,其办法应就该地方所办之事分列门类,详细考查,并查是否公举,其宗旨如何,权限如何,效果如何,有无规则及相沿之俗例。

民事习惯类

一、财产。财产之所包甚广,兼动产与不动产而言。所谓财,非徒指金银钱钞;所谓产,亦不徒土地房屋也。例如著作商标、意匠特许等权,凡可以生财而为经济界之所需者皆属之。

二、物权。物权者,谓于法律之范围内得直接于所有之物以施己之行为也。例如有一物焉,或保存、或破坏、或变更、或赠送他人,皆不能干涉,而惟一己自主之是也。

三、债权。何谓债权?谓对于债务者即负债者之义务,有要求偿还及自由处分之权利也。例如乙对甲有履行债务之义务,即甲对乙有受其履行债务之义务,即甲对乙有受其履行债务之权利,而甲如欲以其权利让丙,则竟让之是也。

四、亲族。亲族者,谓由一本之亲以至九族也,凡父子、兄弟、伯叔、甥舅之伦皆属之。调查法应查其有无宗族规制及家法并特别权利。

商事习惯类

一、有无会社、公司,合名、合资株式之类皆属之。

二、商业之规则。例如同行规则及佣工契约之类。

三、商号之信用。盖商人用以表示商业上之人格而使用其名号以为商业之信用。其信用之重要者有二:一对人信用,一对物信用。

四、商情涣聚。人孰无情,特恐涣而不聚耳。如商人能合众商而表同情,则利用商团以谋公共之利益,而商界之幸福在是矣。商情之涣者则反是。

以上二事为修订民法、商法采用习惯法之根据,事类纷繁,权难全举,特举此数端以为调查之条件。至各处商务以何项贸易为大宗,何项货物为土产,以及每一州县有几处商埠,每埠有商店几家,每家资本若干,合邑之商共有资本若干,均宜一一分别详查。

诉讼习惯类

一、民事诉讼。民事诉讼者以保护民人之私事为目的,凡因钱债、房屋、地亩、契约及索取赔偿等事涉讼者皆属之。

二、刑事诉讼。此以适用刑法为目的,凡叛逆、谋杀、故杀、伪造货币印信、强阶盗贼并他项应遵刑律裁判之案皆属之。此类办法宜就各处官衙查其卷宗以何项案件为多,并访问诉讼之法有何积习。关于民事者,或凭中证、乡保调处,或经官断结,有无费用及陋规。关于刑事者,有无贿和及诬告之风,并盗贼之多少以及诉讼所用之状式、白禀、保状等项,均须逐一胪列。

以上各端,均先由地方官实地调查,据实覆答,以极详极明为合格。其他事项有编目所未尽者,尤□一并诊举,统限两个月内分别咨送调查局□核□。

陕西全省宪政调查局法制科第二股应行调查事项子目

第一项　本省巡抚权限内之单行法

谨按:陕省地方兼受陕甘督总管辖,调查之法,自应就本省巡抚主政事件划清权限,分别开载,此外为总督及将军提督兼管者,均拟从略。至开载类目,拟照光绪三十三年五月二十八日王大臣奏定《各省官制通则》内督抚衙门分科治事办法,分交涉科、吏科、民政科、度支科、礼科、学科、军政科、法科、农工商科、邮传科为类凡十,以次序列,用清眉目。又,陕省巡抚衙门亦兼管内蒙古伊克昭盟、鄂尔多斯五旗事务,拟于各类外并附以理藩一门,以资赅括。

外务科　一、奏结事件。例如奏办南北两山各属教案等项。二、照会事件。例如照商各国总领事等办理交涉案件等项。三、督饬事件。例如专札各属保护教堂及游历洋员、教士等项。四、禁约事件。例如禁止外人私行购产、测绘等项。五、核订事件。例如察核外国教员、工师各合同等项。谨按:外交事务甚繁,凡本省所无者,概不开载。

吏科　一、奏保事件。例如道府厅州县各官出缺专折奏请补授试署等项。二、奏补事件。例如荐举官吏,分大计、特别、例保等项。三、奏举事件。例如保举鸿博、经济各特科及考取拔优贡考职各常科等项。四、奏参事件。例如参劾官吏,分大计、特参、例参等项。五、檄饬事件。例如三司各道赴任署缺专札饬行等项。六、咨补事件。例如佐贰以下各官缺出专咨请补授试署等项。七、檄委事件。例如省内外各局所总办提调各差,及白河龙驹寨各边卡均专札派委等项。八、奖励事件。例如文武绅民遇有劳绩,迳行发给功牌奖札等项。九、委聘事件。例如委任本署幕僚,分幕友、委员,附及书吏等项。十、监察事件。例如监临考试、传验职官等项。(谨按:以上十项为各省巡抚权限内普通单行之法,而情事不同,应就近十年内分别调查。其有变通旧例必须备记原委者,临时酌行采辑。)十一、增改事件。例如奏裁陕西督粮道改设巡警道,及请将潼商及凤邠盐法道缺互易繁简,城固县改为外补繁难要缺,秦晋边界蒙地改设厅治等项。谨按:此外尚有关涉职官未及开载者,临时检卷补入。

民政科　一、奏办事件。例如奏明创办省内外巡警局及巡警学堂等项。二、奏拨事件。例如奏明拨支巡警局、巡警学堂经费及饬各属筹拨巡警经费等项。三、奏设事件。例如奏设官民戒烟总局、禁烟调验公所及附设医学研究所,并附奏设立巡警公所等项。四、饬设事件。例如专札饬设调查局及谘议局筹办处并自治研究所等项。

度支科　一、改并事件。例如改设粮务局及改并粮务善后厘税各局,专设财政总局等项。二、奏定事件。例如核减差徭、开源节流等项。三、奏办事件。例如办理百货厘捐及土药税厘等项。四、专拨事件。例如举办新政,饬司局拨款等项。五、筹办事件。例如饬解京协洋债赔偿各款等项。六、开捐事件。例如奏办实官虚衔、各赈捐等项。七、创设事件。例如饬设官钱总分号等项。八、核销事件。例如司局外用款项,专批准销备案等项。谨按:度支一类多与司局牵涉,应俟司局统计报告,再行随时采入。

礼科　一、朝贺事件。例如三大节及巡幸、迎送率属贺拜等项。二、祭祝事件。例如文武庙巡抚亲行拈香仪注等项。三、衙参事件。例如年节及朔望常行仪注等项。四、巡阅事件。例如奉旨阅兵及行部考查河工边防仪注各项。五、接替事件。例如到任、去任及兼署军符仪注各项。(谨按:以上五条为各省巡抚共同之单行法,是否应行查明列入比较,临时酌定。)六、旌奖事件。例如奏请宣付史馆暨旌表节孝及建设循良乡贤各专祠附祀等项。

学科　一、改学事件。例如奏设省城高等、师范、法政、中学各学堂及通饬各属设立中小学堂等项。二、试士事件。例如考试省城各学堂学生及授给毕业文凭等项。三、劝学事件。例如奏奖各学堂毕业学生、各教员管理员等项。四、送学事件。例如咨送入京及出洋留学各科学生等项。五、学费事件。例如奏拨省城各学堂经费等项。六、办学事件。例如奏调京外官绅办理学务等项。七、建设事件。例如奏建设学务公所及各学堂建筑工程各项。八、核课事件。例如核定各种学堂课程办法等项。

军政科　一、编裁事件。例如奏裁绿营练勇、改编常备新军等项。二、改调事件。例如改编巡防队及调遣兵弁分扎防地等项。三、裁设事件。例如奏裁营务处、改设督练公所各项。四、筹备事件。例如奏拟新旧军饷及修建营防、购办军械各项。五、征剿事件。例如督剿盗贼,若平利、白河、土会等匪各项。六、节制事件。例如镇协各官均受管辖调遣等项。七、操试事件。例如检阅兵操、考试武职各项。八、补委事件。例如奏补牌委武职等项。九、兴学事件。例如奏办陆军小学堂及委员拨款等项。

法科　一、正法事件。例如就地照例酌定年限奏办等项。二、放告事件。例如亲收及委员代收上控民词等项。三、专讯事件。例如提审及督司会审人犯等项。四、常例事件。例如奏报寻常各案等项。五、习艺事件。例如奏办罪犯习艺所及委员拨款等项。谨按:以上一、二、三、四各项,拟均以三十三年起作为调查年限。

农工商科　一、修理事件。例如修河渠各工及划定秦晋河滩地界等项。二、劝业事件。例如奏设农工商矿局及工艺厂等项。三、销产事件。例如奏办神木土硵暨设北山垦牧公司等项。四、开矿事件。例如奏办延长石油矿及湢化炭井、汉中金矿、同官甆窑等项。五、考工事件。例如饬设陈列所及派员调查工艺等项。六、劝农事件。例如专札劝属种桑栽树等项。七、经商事件。例如咨请设立商会等项。

邮传科　一、筑路事件。例如奏办西潼铁路始末及请筑西延轻便铁路,并饬修道路等项。二、修线事件。例如上届西路、东路重修杆线等项。三、驿站事件。例如查核章程及奏销等项。四、置邮事件。例如饬属保护邮局等项。

理藩科　一、蒙部事件。例如督饬延榆绥道经理鄂尔多斯旗务垦政、地界讼事等项。二、藏部事件。例如接护达赖喇嘛及寻常饬办青藏土司各差等项。三、廓部事件。例如接护廓尔喀贡使及宴飨仪注等项。四、回部事件。例如专饬调和回汉争竞及饬办新疆回部差务等项。

谨按：右列十一科似皆本省巡抚权限内独有之事件，为他人所不能代而确有案牍可稽者，用特则要开列，惟间有他省通行，并非此省独有者，究否与原章所称单行法相符，未敢臆断，应俟编辑时再行覆核酌办。至此项调查事项，业经详奉抚宪批准，由本局随时派员赴院督同各经办书吏分别调查摘要抄录，以之编辑，其有上所未开事关特别者，并俟临时续加，或另列杂志一门。如事牵外属院署，公牍不全，则由本局酌行委员往查。此外特别命令每人每事随时而易，苟无项目可查者，应请免开。

第二项　本省巡抚权限内之各项行政规章

查巡抚权限内行政事宜，除遵照法律及部定章程通饬各属一律遵行外，凡遇本省一切要务，例得体察情形，以亦已便之意思，发布临时更代法律之命令，如调兵理饷、设局委员，皆可自由行事，并无别项规章。惟省内外各衙署局所所订新旧规章，均未必经本省抚宪核定施行，是为巡抚任内应有之职权。兹谨遵照章程，将应行调查子目，约开如左：

一、巡抚直辖事件。一、督练公所章程，军装机器局附。二、考试武职章程。三、宪政调查局及附设研究所章程。四、禁烟总局及附设医学研究所章程。五、西潼铁路筹办处章程。谨按：此外陆军小学堂尚有章程，缘系部定，不复赘列。

二、司道会办事件。一、财政总局开办章程。凡局内前定粮务、差徭、厘税、善后及附设官银钱总分号各项新旧章程，均附入此项。二、洋务局章程。三、农工商务局及附设矿务调查局、石油厂、工艺厂各章程。四、陈列所章程。现在尚未开办。谨按：此外务总会系属商办，应附入杂记。

三、藩司专辖事件。一、委署正佐各官章程。其叙补各官缺如有变通部章者，亦可附及。二、清厘财政各章程。三、开办谘议局筹办处章程。

四、提学司专辖事件。一、学务公所章程。二、高等学堂章程。三、师范学堂章程。四、法政学堂及附属自治研究所章程。（谨按：此项虽系司道会办，惟向由学司核转，故附于此。）五、教育总会及分会章程。六、八旗中学堂章程。谨按：学务一门，均有部定章程，而时地各殊，不无变通之处，仍应分晰调查。

五、臬司专辖事件。一、清讼章程。二、省垣自新习艺所章程。三、发审局章程。四、驿站章程。

六、巡警兼盐法道专辖事件。一、警务公所章程。二、巡警总署及分署章程。三、巡警学堂章程。四、省垣开设粥厂章程。五、育婴堂章程。六、牛痘局章程。七、恤嫠局章程。八、留养局章程。谨按：右列六项仅就省城各衙署局所各项行政规章为抚宪核定者择要开列，其司道以下及外属道府厅州县一切举办新政及旧设各项规章，端绪浩繁，不遑枚举，似可迳就上项所开各管衙门依类查卷附列，大抵法制一科为编纂法典之根据，即原颁章程有所挂漏，亦必融会贯通，博采约取，俾事以类从，辞不害意，方于编辑体例完全无缺，调查职业庶告成功。

陕西宪政调查局法制科第三股调查各项子目

吏制行政

官制一

缺分裁改，员额增减，驻扎移易，职任兼综。

考察二

大计规制，俸满迁留，课试程式，长属纠察。

升补三

章程轮次，补擢稽核，公费等级，繁简区分。

委署四

佐正分别，教职偏弊，章程变更，期限久暂。

廪禄五

俸廉增减，领解折扣，借支期限，外支款目。

公费六

各项经费，各道府州四季公费，各府厅州县各项摊费及其流年摊法新旧局所支销经费。

交代七

道府厅州县佐杂教职各项款目、限期、交接、处分、房费、俗规。

幕友八

陕省有刑名而无钱谷之原因，公式文牍沿用种数，聘金多寡，年节规费，启席轻重，杂席迁就，清席专重。

书吏九

各地方衙门额数，各局所额数，各名额饭费、津贴、口食充替，各衙署分房分科，各经清职任，各吏攒风尚，各房科利入，各粮书权利。

差役十

额数增减，卯簿混弊，捕役勾联，路役奸蠹，传质需索，办案积习，粮徭包庇，命案蔽患。

门役十一

名目区分，任用偏重，贪黩根源，控诉招致。

按：吏制行政，凡列子目十有一，如官制、如考察、如升补、如委署、如廪禄、如公费，各厅州县档案中上项各门亦俱有事例可稽，果能逐一覆知，未始不足以资考证。至如交代、如幕友、如书吏、如差役、如门隶，则各衙门皆有沿习之处，而府厅州县中以上各项利弊之可言者盖多，似可于具覆时列表声明，切实指陈，庶有合实事求是之意。

户制行政

舆地一

各府厅州县隶属至到之增易,各属河流私渡涨落,各属乡村镇堡名目四至宽狭繁寂,各属乡里牌甲分划制度。

户口二

数目息耗,保甲损益,客主强弱,版籍更易。

田赋三

田额现隐,银额增减,免赋田地成数,丁银原额稽考,收成分数定制,征收期限提展,钱粮考成关系,督垦荒地绩效。

杂赋四

屯更地何属最多、定额轻重,屯更征收难易,各厂地税更改,营田地何属最多、岁收增进,各项杂赋征取蔽害,粮务整顿赢羡。

差徭五

原定章程限制,新案赔款增收,差余备荒成例,岁征岁解实数,兵差流差分别,里局经管利病,供差销案虚浮核减,差徭成案旧章,地方官绅霑益,各差过境需索。

杂税六

当税定额陋规,牙税额收帖费,田房税契何属最多及有无漏匿私印,商畜各税包收挪隐,矿铁碱茶赋额弊饰,厘税各项款目。

钱法七

鼓铸钱文兴替,采办铜铅制造,禁止私钱效验,各属官帖裨益,收买小钱规制,搭放用款成岁,支给工料数额,采运银元缘起,沿用铜元地界,议设银元制厂起止,停改宝陕局原因。

盐法八

各属盐课定额,潞盐督销地界,潞盐加价原始,花盐加价更易,川盐蒙盐行销地界,土盐行销处所,督销潞引流弊,花盐销路界限。

仓库九

道仓粮储成数,各属常平仓粮成额,各属义仓粮石虚实,各属兵粮折放,各属常粮增易,各属麦捐存动,各属仓政耗蠹。

饷需十

新旧赔款定数汇期,旗绿各营饷项定数放期,巡防各营饷项定数抵款,新疆协饷定数汇期,部饭各费的数解限,巡警兵饷定数抵款,陆军新饷定数抵款,各项饷需折扣弊混。

恤政十一

叠次赈案销数成案,各属善举成案经费,每届饭厂支放费用,各属栖流办法成案,各属偏灾调剂办法,留养各省流民廪给截送。

按:户制行政,凡列子目十有一,如舆地、如户口、如田赋、如杂赋、如差徭、如杂税、如钱法、如盐法、如仓库、如饷需、如恤政,皆地方官所有事,惟差徭则东西路南山各厅州县有岁征岁解之款,而北山不与饷需,则府厅州县所察者不过每届监放兵饷一事,似乎此两项宜归有差各邑具覆,然内中质问各节,果有深知本末,及尚多漏略未经指陈者,固无妨表而出之,余目则各府厅州县皆推行已久,胥可举其沿习利弊,一一胪列,以备汇核而资编辑。

礼制行政

典礼一

各属籍田粮数,更换印信成案,刊刻关防程式。

风教二

宣讲圣谕仪注事例,乡饮酒礼举废荐送,旌表事例制度期限,采访节孝人数成案,各属举报农官及在儒学举报歌生讲生等项何处最多。

祀典三

朔望行礼经费,文庙香火例租,武庙崇拜普俗,庙会演剧摊费,各属未列祀典崇尚习俗。

学校四

考贡考职办法,学额廪粮额数,在学诸生崇尚,旧立校舍兴替,义学社学损益,旧设书局惠逮,坊售书籍善劣。

按:礼制行政,凡列子目四,如典礼、如风教、如祀典、如学校,靡不有案据可检,仪则可循,暨因革损益之可举。《日本宪政略论》谓尧舜治法实今日中国施行宪政之原则,遗制所在,奚不可遵。惟典礼中有相沿之俗制,风教中有相沿之俗尚,祀典中有相沿之俗祭,学校中有相沿之俗派,以去积习,夫复何辞。然推行宪政,要未尝不周察舆情,以为根据,则各该地方一切从俗从宜之规制,正须互证参观,藉资裁择。该地方官务就质问各端,扩充陈述,以冀洞知本末,报告周详。

兵制行政

官缺一

驻防官弁额缺成数职任若何?绿营官弁额缺成数职任若何?驻防绿营官弁习尚,绿营防汛弁兵苦累扰害,旗绿各营员额停撤减少。

兵制二

驻防兵额若干,有无裁减整顿?绿营兵额若干,有无裁减整顿?新练陆军兵额若干,有无裁改整顿?驻防兵额改练成案,绿营改练成案,巡防更改成案,屯田水利各军额数及有无更改,历次屯防各军招募成案,马队炮队各营旗原额有无改并增减?

戎政三

各镇每年会哨成案,新军操练章程,防练各军操练成式。

疆理四

边境要隘各有若干处？北山边墙要口共有若干处？南北两山要镇共有若干处？平川繁会镇堡各有若干处？

缉捕五

各属缉捕绩效，常川分驻巡缉成案，帮缉私盐及严缉私硝私磺成案，驻扎哨队利益患害。

俸饷六

转运粮饷盘费脚价车辆马匹细数若干？其中虚估浮支。

邮政七

各属驿额定数，京师外省程限，各驿马匹额数增耗，各属驿站振兴废坏，各属夫工马价侵蚀挪动。

武科八

在乡武举武生习气。

按：兵制行政，凡列子目有八，如官缺、如兵制、如戎政、如俸饷，司局有原案可稽，而各府厅州县则只知城守塘泛兵弁粮草在本境之大概，似属偏而不全，然果能分晰指陈，绿营全规不难备悉。至如巡阅规章，司局具有成案，使节所至，各属亦多故事之可查。又如疆里、如缉捕、如邮政、如武科，则有志乘条例一一详列，尤可藉资搜讨，各地方官推求颠末，固无妨博引旁征也。

刑制行政

审断一

盗案新章更易，民蒙交涉词讼听决办法，发审事宜捷速延缓，自理词讼及批审事件期限，清讼功过章程，幕友委员修金薪费，各属自理词讼堂规呈费，各属词讼习尚，传案延宕积弊。

禁狱二

监狱规制敝陋,囚犯口粮经费,待质公所办法费用,狱囚冰水衣炭药费项,各属班管苦楚困累,各属班管延缓禁革,凶徒土棍必须系押,习艺罪犯不耐工作,监禁人犯开当牟利。

发配三

收管军流地方成例,军流口粮定制,军流人犯小贸营生流弊,遣犯口粮定制,官员遣发委护接解,减军减流盦犯改发更制,军流人犯在配违碍弊蠹。

按:刑制行政,凡列子目有三,如审断、如监狱、如发配,其历来通行章制按察司实为总汇之区,然征诸各府厅州县皆为行政机关,其中沿革利弊他人或知之而不能言,或言之而不能尽,惟老于吏事者则于以上三端无不有体会、有经验、有权衡,故必仍注重质问各地方官,而后开列各端具得体要。

工制行政

修缮一

先师庙廷神位崇改缮制,坛庙营缮,城垣修缮年月案据,北山修路缘起费用,华岳庙留侯祠等庙修缮公款私费,修理新旧政务局所官舍规制经费,修理衙署流摊成案,修理仓厫例支经费,修理军营房屋宏规巨费,修理绿营岁支经费,修葺垣堛足资保障,修葺古昔陵庙祠墓例章经费。

创建二

筹办铁路章程款项,筹办铁路公私议论,西安电线起止地段,西安电线建设年月案据,各属境内电线杆线数目,电局电杆安设事故利害,省垣警灯创设地段数目,各属警灯敷设。

军需三

绿营岁需军装、器械、火药、铅丸各若干?巡防队岁需军械、军装、火药、铅丸等项各若干？练军岁需军械、军装、火药、铅丸等项各若干？机器局、制造局修造费用各若干？军装局存储、支放各若干？火药制造局存储、添造各若干？各项营队领用军装火药有何操演、肄习及消耗弊混？

水利四

通省水利处所名目地址，修理省垣渠工卷案经费，修理各属梁堰成案经费，修理黄河石堰成案经费，修理二华水利成案经费，修理各属桥梁官渡成案经费，各项水利修举堕废，各项水利裨益利赖。

开采五

韩城铁产出数、支费，镇安铜产出数、支费，各属煤产出数、销数，各属铅磺出数、销数，各属铁产出数、销数，各项开采得失损益，各项开采混弊欺饰。

权衡六

各属沿用异同若何？

按：工制行政，凡列子目有六，如修缮一端，非一地一时之事，似当咨司局查覆，然各府州县或亦间有营造，须饬就各有成案者分别开列。至如军需、如水利、如开采、如权衡，则财政农工商矿等局实握上四项全案之大凡，是必向该局详求章制，以揽其全，然若军需之有所领给，水利之有所修浚，开采各矿之有所起讫，权衡之有所信用，各地方官胥有因时制宜之请，则又不得不详稽故事，以审察其利弊之由，是又赖司牧者各举成案，切实敷陈，方征核实而资采取。

以上调查事项条目繁多，文到后即随时列表一一查覆，其该地所无者，即列目不注，总期覆实条举，以备采取。

（《陕西官报》1908年第5期，1909年第1期、第3期。 本篇题目为编者所加，保留原小标题。）

江西调查局公牍暨法制科调查问题总目

江西调查局公牍辑要

序

己酉仲秋,峰青奉祥符中丞檄委综核调查局事。查是局创设于戊申岁二月,其宗旨在调查一切政法,斟酌损益,以助宪政之进行。开办之初,无所依据,各省办法多不能从同。山东、湖北、广西均有公牍辑录咨送来赣,期于彼此互换智识。峰青接事后,即商之各科股员,汇辑开局以来紧要文牍,编订备考,适宪政编查馆所颁民政、财政两表已届限满,而各州县因事属创举,无成法可循,不能如期报告。羽檄督促日数十起,其已申送到局者,与局中同僚商酌编纂,夜以继日,公牍辑要一编,遂无暇订正。今幸民、财政表未误馆限,爰就各股录送各文牍删削诠次,汇为上下两册,以与邻省相考证。第不知闭门造车,果能出门合辙否也。

宣统庚戌三月婺源江峰青湘岚识

凡例

一、本局为宪政权舆,公牍往还,日益繁赜,兹但撮取办事规则,与凡有关政要各文牍汇而存之,其余例行公事,概不撰入,故名曰辑要。

一、各项公牍分类编纂,以清眉目,而资考核。其事关全局,不专属一科者,曰总务;余则法制科,分三股,曰法制一,曰法制二,曰法制三;统计科分三股,曰统计一,曰统计二,曰统计三。

一、法制、统计两科条问及表式均经本局拟就,先后印刷呈移札发有案,兹汇为一编,以便查考。

一、统计各门今已先后奉到馆颁表式,原拟各表均即停办,但存目录,以备参考。

一、是编所录公牍,自本局开办起,至宣统元年冬止,如有续订规则,后当随时汇刊。

护抚院沈委升任巡警道前饶州府知府张总办调查局文

为札委事。光绪三十三年十月十一日,准钦命宪政编查馆王大臣咨开,光绪三十三年九月十六日本馆具奏,拟请饬令各省设立调查局并办事章程折,又附奏请饬各部院衙门均设统计处一片,奉上谕,朕钦奉慈禧端佑康颐昭豫庄诚寿恭钦献崇熙皇太后懿旨,本日宪政编查馆奏请饬各省设立调查局,各部院设立统计处各折片,各省民情风俗及一切沿革习尚参差不齐,现在该馆开办编制、统计二局,非有京外通力合作办法,无以推行尽利。着每省设立调查局一所,由该管督抚遴选妥员,按照此次《奏定章程》切实经理,随时将调查各件咨报该馆。至统计一项,尤宜各部院先总其成,着各部院设立统计处,由该管堂官派定专员,照该馆所定表式详细胪列,按期咨报,以备刊行统计年鉴之用,钦此。相应刷印原奏,咨行贵抚钦遵查照办理可也。等因到院,当经瑞前部院札行司道,会同遴选,酌拟数员,呈候出考,咨明派委在案。调查局之设,所以考求各省法制统计等项,编制统一法规,以助宪政之成立。江省幅陨辽阔,界联数省,一切民情风俗、社会沿习随处不同,现在设局调查,端绪纷繁,关系重大,非有明达之员不足以资综理。该守才长心细,讲求新政,前在饶州府任内办理学堂、巡警、农林、工艺、改良监狱,实行禁烟,靡不体察舆情,次第兴举,政治日有起色,乐平匪案,善后政策又能规及久远,洞悉民情。现据司道公举,暂缓回任,委办调查局总办必能胜任愉快。除分别奏咨并行三司移行遵照外,合行札委,为此,札仰该守立即遵照总办江省调查局事宜,查照《奏定章程》,刻日妥拟办事细则,估计需用经费,开具清折,以凭核定,并将两科六股及庶务处任用人员量事繁简,酌拟名额,慎选合格贤员,开单呈候,考核委用。本护院因念宪政前途关系重要,是以特委该守办理,务须勉为其难,毋负委任,切切。特札。

计发定例一本,办毕仍缴。

酌拟开办一切事项详文(并院批)

为详请核示事。光绪三十四年二月十二日,奉宪台札开,光绪三十三年十月十一日(同前至)切切,特札等因。奉此,窃念卑府以京曹出守繁剧,樗栎庸才,时虞陨越,乃蒙优奖,畀任要政,良深悚愧,惟有竭尽愚忱,以图报效。第查调查局全省政治民情一切庶务均应考核,务求确实详尽,以为编制法规、统计年鉴之张本。科长股员专司其事,必须得人而理任用,人员自应恪遵院札,慎选贤能,开单呈请委用。况卑府综持全局,尤赖左右襄赞,所有局内人员,提由卑府遴选通才,不拘品秩,官绅一体选用。查原章股员或二三人,庶务二人,卑府以开办之初,专司行查,文牍无多,每股及庶务拟派一员,书记五六员协同办理,兼管册档,誊缮文件,并随时委派前往各府县调查,日后视事务之烦简,或以勤能书记递升,或另行遴选,随时详请抚宪札委,力袪浮冗,宁缺无滥。至于科长,照章只管本科各股事宜,但查两科所属之事,彼此率多牵涉,若不互相商酌,必致参差不一,漫无稽考。所有六股公牍,拟令两科科长和衷共济,勿稍歧视。局员薪水,江西原有定章可循,惟调查局条理精密,案牍纷烦,既以明体达用之士分曹治事,必须厚其廪禄以养其廉。卑府拟请于薪水之外优加公费,庶可专心致志,以底于成。抑卑府更有请者,调查局事属创始,办理一切,诚恐未能周备,拟派通晓新旧政治之员,由宪台、抚宪给咨前往江宁、奉、直、湖北等省,及顺道至江苏、安徽、浙江、山东、河南、湖南各处详细调查,随时报告,俾可搜辑精英,互相参考。薪水公费以及川资即由局开支。局内发行公文应刻关防,以昭信守。拟刻木质关防一颗,文曰:"江西调查局之关防。"局所拟暂赁民房先行开办,再请另拨公所,以为长远办公之地。又局内器具需款置备,拟请饬库发银八百两,具领以凭,派委购置，造册开报。所有未尽事宜，容俟开局后随时议详。合将酌拟开办情形详请宪台俯赐核示。再，江西局所此次以卑府承乏，系出逾格恩施，与各衙门行文应照何项体制办理，并乞批示祗遵。护理抚院沈。

批

详悉。查此次设立调查局，系预备宪政编查馆编制法规、刊行统计年鉴之用，于内政外交、风俗习惯无不包括，其中事繁且要，自应遴选通才，专心筹办。所拟薪水优加公费，自应照准。惟江省局员薪水久有定章，若纷纷援引请增，财政支绌，实难遍及，应如何特别规定，以免藉口，仍由该局妥议，另详察夺。至该守以实缺人员调办局务，除支给薪水每月另给公费银贰百两，以资公用。调查局系直隶院署管理主持，该守又本系在任候补道员，所有与各衙门行文，应仿照现任知府委署道员体制办理。拟派科长、股员、考察各员，俟由院分别札委，并行布政司派办政事处移行，遵照派办政事处现拟裁撤，该局将来即可移入派办处房屋。处中旧存器具亦可移交，应用开办经费当可稍有节省，俟用有余剩，即行照数缴还，余悉。此缴。清折存。

请饬各衙门局所设立统计处并定办事细则详文（附办事细则并院批）

为详请示遵事。窃查宪政编查馆《奏定章程》第十二条所有编制事项，应由本省督抚札饬府厅州县就近派员调查其统计事项，并札饬司道及府厅州县各衙门添设统计处，选派专员就该管事项分别列表，统将以上各事汇送调查局，又第十三条调查局办事细则由总办挈同科长详细妥拟，呈报本省督抚核定施行等语。查省会已奉宪台札派卑府设局开办，所有各衙门自应一体添设统计处，与调查局相辅而行。又查省垣局所，如派办政事处则支销局用军需，分司财政军政，督练兵备，营务处则掌军政，洋务局则任外交，统税局则分掌财政，巡警局则分司民政，农工商矿局则任实业，以及各局所均有应行调查之件，应与各衙门一律添设统计处，选派专员，按照所管事项查明汇送。至于各厅州县能办新政者本不多见，此次调查各事条理纷繁，拟请限令各厅州县于奉文十日内赶紧预选明白事理专员经理调查事项,俾免临时贻误,并将筹办情形及衔名先行据实禀覆。倘再有心玩视,许由局随时详请撤参。兹经卑府详细妥拟局内办事细则,开折呈请鉴定。又统计各表式系由宪政编查馆颁发,现既开局,专待表式遵办。拟请咨催,以免旷废时日。是否有当,理合具文,详请宪台俯赐察核批示,分别转饬咨催,实为公便。

计详送办事细则三十条

办事权限

第一条　总办管理全局事宜,科长股员人等以及人役概归统属调度。

第二条　科长专管本科各股事项,兼会同商办两科各股之事,股员、书记员并听指挥,所有通行事件,均归法制科科长办理。

第三条　股员专管本股事项,一等书记员如经总办派管股内事项者,与股员一体受成于科长。

第四条　一、二等书记员会同股员办理本股事项兼清稿,二等书记员并专收管案卷及随时委赴各府厅州县调查事件。

第五条　庶务员管理领款、支付及局内一切杂务,所用人役悉归调度稽查。

第六条　收发委员专司收发公文,设立号簿随时登记。

第七条　校对委员专司校对发行公牍,并誊批填写发行公文日期。

第八条　排印委员督率刻印匠工排印局内文牍。

第九条　监印委员遇有印发公牍,即向总办请领关防,监视盖印,用毕呈缴,并将印发公牍登记号簿,兼管电话。

第十条　三等书记员专司誊正,发行公牍,兼清存查文件。

办事规则

第十一条　各衙门递局公牍由收发委员接收,送总办开拆披阅,逐件登记号簿,每日一点钟送判阅公牍处,由科长会同股员、书记员互相传观阅后,于号簿内加盖各人图章,仍交收发委员,再按事类分送各股办理,不得派人传送各员寓所,以免遗失迟延。

第十二条　各科将应办事件指挥股员、书记员逐件办理,先由股员、书记员起草,送科长核定，每日十二点钟送判阅公牍处，经两科长商酌定妥画押后再送总办审定判行。

第十三条　编辑表册事项繁多，应由各科长股员、书记员陆续详细编填，此外单简事件随到随办，五日内印应发行。

第十四条　紧要事件以及单简公牍由科长分派书记员缮正，随到随写，不准压搁。通行事件即发排印所，随时由科长酌定，所发排印文件，至迟不得过五日。

第十五条　书记员所缮及排印文牍由股员、书记员先行校对，送监印委员盖印，再送校对委员覆对，如无错误，即交收发委员登号发行。

第十六条　局内所办各事事体重大，必须集思广益，互相讨论，以期完全。每遇初二、十二、二十二等日，午前由总办督同科长各员齐集判阅，公牍处将应办事项逐件研究，善善从长，化除成见，由总办执中酌定。

办事时日

第十七条　局内人员每日八点钟到局，四点钟出局，遇有紧要应办公文，仍应办毕，不在此例。

第十八条　每遇初二、十二、二十二等日，午前齐集研究，午后休歇半日。

第十九条　两科自科长起至一等书记员止，又二等书记员起，至三等书记员止，又庶务、收发、校对、排印、监印五员，共分五班轮流值宿。

第二十条　如患病及私己要事准赴总办处请假，应办之事由本员自托局员代管。

各项杂则

第二十一条　局内为办公之地，各员亲友不得无故入局闲谈，耽延时日，设有紧要之事，以五分钟为限。

第二十二条　局内人员办事认真者，由科长随时密请总办存记。倘贻误拖延，轻予罚薪，重即撤差。

第二十三条　局内每日九点钟早餐，十二点午餐，四点钟晚餐，迟到者不候。

第二十四条　局内人员本系同官同事，彼此均应敬让，和衷共济，力除官场轩轾习气。

第二十五条　局内人员应保守名誉,勿得作非礼之事。

第二十六条　局内人役禁止酗酒戏谑,赌博打降,吸食鸦片烟,违即由庶务处提惩斥逐。

第二十七条　局内人役各照所司按日执役,不准沾染衙门陋习,推诿偷安,违即革退。

第二十八条　起居饮食最关卫生,上下人等衣衫必勤于更换,局内房屋器具必得按日打扫抹洗,即下人屋内均应自行整理,厨房开水菜饭,涤洗洁净,新鲜透熟,均由庶务处按日查察,违即开除另换。

第二十九条　局内房屋宽大,人亦繁多,难免混杂,各处路灯均应点至通宵,并派更夫,巡更支守。

第三十条　局门限二更关闭,三更下锁,由值宿员按日查点。如有私自外出,次日立即根究。

以上各条系斟酌定拟,如有未尽事宜,随时改易,合并声明。

护理抚院沈批

详折均悉。所拟调查局办事细则尚属周密,应准照办。惟事属创始,不厌求详,如有未尽事宜及应行变通之处,仍当随时修正,以期悉臻妥协。所有各衙门局所添设统计处,亦应如详办理,仰即分别移行遵照。至各厅州县诚如来详能办新政者,本不多见,除饬遴员专办先行具覆外,仍应由该局将应行调查编纂事项,酌开清单,详明札发,俾有遵循而免歧误遗漏。其统计表式,候于咨报派委总办时附请迅速颁发可也。此缴。折存。

请饬各属遵章设立统计处并呈简明办法详文（附办法十条并院批）

为详请饬遵事。案奉宪台札发宪政编查馆《奏定章程》第十二条内开,各衙门均应设立统计处,遴员专办。业经本局分别移行,依限遵办在案。惟查此次各厅州县所设统计处为本局调查之根据,非有简易通行之章不足以取整齐画一之效。兹经本局酌定简明办法十条,迳发遵办,诚恐各厅州县视为缓图,有误要政,理合刷印简章,具文详请宪台俯赐察核，通饬各属赶紧遴选妥绅，将应设统计处刻期成立，俾免违延。再，司道及各局所各府照章添设统计处，应如何明定办法，并请宪台酌核饬遵。

计详呈各厅州县添设统计处简明办法十条

一、查《奏定章程》内开，所有编制事项，应饬由府厅州县就近派员调查。其统计事项，札饬各衙门添设统计处，选派专员，就该管事项分别列表等语。现在江省调查局业已开办，各衙门亟应照章在本署或公所内设立统计处，以为实地调查之根据，其法制一类事件，亦即责成该处担认调查，以凭汇报。

二、各厅州县统计处应就本城印委中慎选妥员，专领其事，并应于绅士中择其品望公正、识解明通、办事切实者二三人协同办理，以祛上下隔阂之弊，派定后应先将衔名依限报局。所有该处委绅应筹公费，即于地方公款项下视财力赢绌，酌量支拨，以资办公，一面将指定何项，并酌拨数目一并报查。

三、本局所需调查之件，应俟颁发定式随时饬办。凡属于法制者，应照所定纲目按条报告；凡属于统计者，应照所定表格逐类填写。届时发行何件应即先办，何件随办随报，毋庸汇呈，致延时日。

四、本局调查均分两种办法：凡按照定章所开两科六股事件，分别订定表目，颁发照办者，是为通行调查；此外如有特别事件，随时迳饬该管地方查明具覆者，是为专件调查。

五、此次调查事实凡遇一切积弊，尽可和盘托出，并不关碍考成，各厅州县务须事事求其确实，断不可沿袭向来册报具文，参以虚伪之词，敷衍之见，致烦驳诘。

六、各厅州县设有商会、教育会、农会者，如遇关涉该会事项，亦应共负调查之责，由该处委绅随时联合商办。

七、各厅州县统计处应与本局联为一气，一经具报成立，所有委绅均应始终其事，遇有印官交替，不得纷纷更易，致有办事隔手之虞。

八、各厅州县果能调查翔实著有劳勚者，应由本局将承办之地方官及委绅详请给奖；如不合法，亦应随时饬令更换，并一面派员驻查，以期得力。倘印委玩视要政，延搁不办，应即由局详请记过，重则详撤。

九、各厅州县统计处成立后,应按月造送统计处综核表一次,将设立处所开办日期、委绅衔名、公费所出及数目并历经、奉行调查何件、已办何件、未办何件,逐一分条列表,详晰声叙,迳送本局,以便比较而觇勤惰。

十、各厅州县凡送本局紧要文件,应交邮局挂号,或专差投递,不得发交驿站,以免稽延。

护理抚院沈批

据详已悉。察阅所拟各厅州县设立统计处简章,尚属明切,既经迳发,仰候通饬各属赶紧遵照派定员绅,刻日开办具报。至各司道局所应设统计处如何办法及各府应否一并设立,并候札行藩、学、臬三司妥定章程,具详核夺,仍先由局分别移行知照,切切。此缴。简章存候札发。

议覆院批臬司呈请附设统计研究科详文（并院批）

布政使司、调查局为会议详覆事。案奉前护宪沈批臬司折呈,拟于调查局附设统计研究科,请核示由。奉批查阅来折,以统计一事精密繁难,拟于调查局内附设统计研究科,由司道于佐班中择其通晓治体、材堪造就者,各举所知,移送学习,酌给津贴,日授一餐,期以三月派赴各属办理统计事宜,自系为造就人材、核实办理起见。惟调查局各科股员已属不少,有无余间房屋堪以位置此项学员。又各属统计处已据纷纷呈报,派委员绅开办,将来此项学员毕业派往各属,是否应将各属自派之员饬令撤退,如照收发、警察各员另行捐给薪水,未免又增州县繁费,均应筹画及之,仰调查局会同布政司妥议详覆察夺,此复等因。奉此,本司等伏念方今朝廷汲汲求治,锐意图强,远追上古之遗规,近采邻邦之成法,令各省设立调查局以为将来编制法规统计政要之助。本局负兹责任,凡于本省应查之事项,各属应用之人员,均饬详查慎择。兹代臬司折称,统计之学精密繁难,我国前此绝未讲求,今者萌芽方始,其精谙斯学者本不多见,加以赣省僻居内地,尤叹才难。仅此肄业法政学员稍曾讲习,足备斯选,然大都尚未毕业,抑且人数无多,然则各属虽欲为事择人,而苦于人材消乏,势不得不以滥芋〔竽〕充数,敷衍一时,洵为洞见症结之论。所请于调查局内附设统计研究科,由司道择佐班中通晓治体、材堪造就者,各举所知,移送学习,局中按月酌给津贴,每日一餐,期以三月,然后派赴各属办理统计事宜,诚为造就人材,核实办理起见。第本局房屋仅敷各科股人员办公,并无余间。至各府厅州县统计处应派专员,前已分别移饬,预选明白事理之员,专领其事,且勉以果能调查翔实,将来事竣,由局详请给奖,如不合法,随时饬令更换,业由本局详蒙前护宪沈批准饬遵在案。现在各属统计处已据呈报遵设开办,其所选员绅或称留心新政,或称识解明通,所有各项调查表格,正拟颁行,其填报是否合法,尚难预计,是各属原派之员似未便无因议撤,惟将来各属报告之后,尚须派员分往调查,期臻确实。此项人员自非先事讲求熟谙统计,难期得法,本司等悉心酌核,拟请如代枭司所请,于佐杂中择其通晓政体、材堪造就者,令其先事研习,以备将来派往各属调查之用,但佐班一途,人数众多,若由司道各举所知,不免有沧海遗珠之憾,应请宪台传齐考试酌定员数,分别去取,如蒙允准,并请拨给公所以为此项学员肄习之地,俾得延聘曾习法政、精于统计之学者当教员,其授餐及毕业期限悉如原折所议办理,毋庸另给津贴,以节糜费。至将来派往各属调查,其应给薪水则仍由各属于地方公款项下筹送。是否有当,合将遵批会议缘由,具文详请宪台俯赐察核批示祗遵。再,此案系本调查局主稿,合并声明。

抚宪冯批

所议尚属妥协。惟该局既无余间房屋,现在省垣局所学堂林立,旧有公宇占用已尽,实在无可拨给。且另设一处,则开办经费,员司夫役,无一可省,仅造就此三月速成之学员,殊觉无谓。能否于该局中酌腾房屋三间,先行挑取一二十员,即就该局科长、股员、一等书记中拣派数员作为教习,以节糜费,而期简便,仰再妥商,具覆察夺。此缴。

拟定统计表格并严定各属功过详文(并院批)

为详请核示事。窃查宪政编查馆原案令各省分设调查局以为编制法规、统计政要之助,开办之始,必须事事先求简明确实,断不可参以虚饰之词,敷衍之见,乃可望由疏而至密，袪伪以存真，即由各省遴选妥员，实地考察，随时汇交。又各项表式由馆细心核订，一律颁行试办等语。本局伏查法制科第一、第三两股，均关将来编制即准调查之风俗习惯利弊沿习，以为立法之根据，自应遵照原案，以简实为主，不得稍涉粉饰。惟是地方风俗民情不但县与县异，即一县之中已多不同，绅士办事亦贤愚不齐，难以概论。民事、商事则尤棼如乱丝，诉讼事外则刁绅讼棍之教唆欺骗，内则门丁胥吏之朦蔽恐吓，加以差役鱼肉，流弊既甚，考察更难，即行政上之利弊沿习亦非一纸公牍所可清查。本局现在督饬科股书记各员按照事类详加推究，拟为条问，饬令复答，再行派员实地复查，必求真确，容俟拟定条问另行开折，详请鉴定。其二股事项已行文调取各衙门局所案卷，一面派员自往检查，搜罗编辑，以期迅速而免遗漏，业已督饬科股书记各员开办。查统计各表系由馆颁，本局于《详定办事细则》文内曾请宪台咨催在案，但阅各报，各部表格虽已先后颁行，而宪政馆表式迄未核发，本局既已开办，未便久旷时日，虚糜局用，且统计事极繁重，本为专门之学，现当创始，更难措手。查前奉颁发前考察宪政大臣咨送《日本统计释例》，博奥精详，足资借镜。兹督饬科股书记各员参酌江西情形，按照统计科三股事项分为八门，共计一百九十六表，每门冠以例言，各表间附注解，业已饬匠刊刷分发填送，日后馆表颁到，如果名称互异，与事实上无出入者，即由本局更正汇报，倘与现发表格两歧，或有遗漏，本局亦即专案行查。至各厅州县填送表格，札饬分门陆续呈送，统限六个月内完竣，逾限一个月记大过三次，按月递加，积至八大过，由局详请撤任。倘不切实查明填注，一味摭拾旧志官册者，专案详参。如于限内办竣，请记大功三次，以重要政而昭劝惩。是否有当，合将拟定表格及办理缘由，详请宪台俯赐察核批示祗遵。

计详送表格四册

抚宪冯批

据详已悉。统计表式具见精详，已据该局饬匠刊刷分发填送，仰即如详通饬遵照办理，分别勤惰，量记功过，亦称妥洽。一并分别移行遵照，一面赶将法制科拟编条问，悉心体察赣省情形，妥拟开折，详送察核饬遵仍检刊刷分发本数分，补送备查。

申院咨送局拟统计表格文（并院批）

为申请咨送事。窃奉前护宪沈札开，光绪三十三年十月十一日照第一篇委札叙至切切。特札等因。奉此，本局伏查东西洋立宪各国，举凡官吏政令之施行，民人动作之习惯，与夫风俗异同，财政出入，商业盛衰，靡不各有制定法规以相遵守，统计报告以备考查。本局自开办以来，督饬科股书记各员按照事类详加推究，除法制科第一股现经拟就条问，分别五项，每项冠以例言，移行各属详细复查。其第二股事项，拟请派员会同院署科书，详查案卷，择要节录，以期迅速，而免遗漏，业经开折呈请宪核。其三股事项现亦督饬科股书记各员查明行政之利弊沿习，拟定条问，开呈鉴定。至统计各表。系由馆颁，本局于详定办事细则文内曾请宪台咨催在案。查统计事极繁重，本为专门之学，前考察宪政大臣咨送日本统计释例，足资借镜，本局参酌江西情形，按照统计科三股事项分为八门，拟定一百九十六表，暂发各属详查填报，业经饬匠刊刷分行，日后馆表颁到，如有名称互异，与事实上无出入者，即由本局更正汇报。倘与现发表格两歧，或有遗漏，本局亦即专案行查，均经分别详奉批示在案。除俟法制科三股条问及行政规章调查就绪另行详请咨送外，合将刊刷成帙之统计科三股表格，申请宪台先行咨送宪政编查馆存案，实为公便。

计申送统计科三股表格四册

抚宪冯批

据呈表格，仰候咨送宪政编查馆查照。缴。

饬各府厅州县遵照颁发综覈表式按月填送文

为札饬遵办事。案查本局详定章程内开各厅州县应按月造送统计处综覈表一次，将设立处所开办日期、委绅衔名、公费所出及数目并历经奉行调查何件、已办何件、未办何件逐一分别列表送局考核等因，业经通饬在案。现查本局应行调查事件，或拟定条问，或刊刷表格，均已次第行查，而各州县按月应送综覈表多未照章填送，兹经酌定表式一纸，俾资遵办，合行札饬，为此，札仰该即便查照发来表，按月详晰填送，毋违。特札。

计发表格一纸

呈拟变通办法文（附变通办法六条及员数月薪清单并院批）

敬禀者。窃职道奉委调查局，务遵将一切详细考查，分别已办未办、难易缓急情形，拟变通办法六条，谨为宪台缕陈之。原调查之设，为立宪之权舆，调查当以编纂为功，编纂必以采辑为务。本局自光绪三十四年三月开办，迄今宣统元年三月，惟有草定开局办法与办事规则及订定法制第一股条问发出，已四月仅四县报告统计八门表格发出，已七阅月仅一州二十一县填送，均未一律齐全，虽严限半年，分别札催，多置罔应，即请记过撤委。各属近因钱价困苦，有欲求交卸而不得者，即本局前饬设立统计处，动以经费无出为词，似此迟延之咎在各属，不在本局办事各员也。案奉宪台行准宪政编查馆咨开，调查所得事件本兼法制统计两项在内，应即随时按类编订，咨送本馆等因，自应遵照办理，既充斯役，劳怨所不敢辞。兹拟变通办法六条，从简明入手，职道随时督率科股员勤慎经理，俾得早日完竣，以副宪台委任之至意。所有到局查察情形，拟变通办法缘由，是否有当，仍乞宪台批示祗遵。其未尽事宜，随时酌定，再行申请办理。肃禀伏乞垂鉴。职道黄仁济谨禀。

计呈折单共二扣

本局变通办法六条

一、分科股员以专责成。查馆章分法制、统计两科，每科三股，前总办奉文裁减，只留一科长、四股员、一庶务员、一收发、一监印，余则一、二、三等书记分任。总务管卷誊批核对，各股有派书记兼办者，有虽派兼充不能办事者，不无彼此推诿延搁之弊。查馆章书记无一、二、三等之分，若再请添股员，则经费难筹，惟有就一、二等书记中以一等书记二员改充股员，则六股各有一股员专司其事，至二等书记员均改为帮股员，六股各有一帮股员,亦可相助为理,每股各派一写生随同缮写,藉资分劳。其总务即以一等书记专充,仍管通行笔墨事件。庶务一员月薪六十两,似亦过优,现在公务纷繁,原定写生十名,随时派往各署局抄录公文,实属不敷,请将庶务员裁月薪二十两,即以此款添写生三名,除每股各派一名随同缮写外,余则视事缓急,酌量加帮,日后事繁再行添雇。至收发、监印均仍其旧,其誊批、核对、管卷各以二、三等书记改充,俾专其事,均已分别札饬遵照,庶劳逸均而事务举。

一、立循环簿以觇勤惰。各股既分股员又加帮股,并派写生随缮,而各处填报先后详略不一,俟到齐再行汇编,势必忙迫异常,易滋贻误,惟有预先筹备、随到随办之法。今特立循环簿。取各股定章刊录于前,将各署局处所暨各府厅州县报告,分别门类照录,每页上层并注某年某月日某某报,照原行者声明于下,应更改者即由该股员核改,每十日交科长阅妥,送总办核定。是者,仍之;否者,酌之。以原文与改语比较,则某股员勤惰优劣皆可由此觇之,是循环簿,即编纂之张本。某处不齐全者,即由该管股员呈请函札指催,庶人无废事、案无留牍矣。

一、重调查以征事实。查本局办事与各署局不同,全在出自心裁,酌拟办法,尤当博访周谘,与各署局统计处员绅互相商榷,设法搜求,始有实际。目今急务在调查,不在编纂,调查齐全,编纂完备矣。六股既已各派专员,则各股调查即系各员责任,所有法制科第二股督抚权限内之各项单行法及行政规章,已派管该股员至宪署遵照抄选,并分行各处查明有无此项单行法规章,请其录送,以相印证,而免疏漏。法制科第三股本省行政上之沿习利弊现已行知各署局处所及各府厅州县切实查报,至法制科第一股民情风俗并所属地方绅士办事与民事、商事及诉讼事之各习惯,各属报告亦未齐全,现已严催勒限具报。统计科第一股外交、民政、财政之统计,即派管该股员至洋务局、田赋支应局、税务局、官银钱总号、巡警道署调查;第二股教育、军政、司法即派管该股员至学署、兵备处、臬署调查;第三股实业、交通即派管该股员至劝业道、电报、邮政、铁路等局调查,均分别移知札饬办理。至表格前已刊发,仅一州二十一县填送,亦未齐备,仍当催办,以资汇编。

一、慎编纂以资考察。调查之设,原以备刊行统计年鉴之用,诚如馆奏必须事事先求简明确实，断不可参以虚饰之词、敷衍之见，乃可望由疏而至密，祛伪以存真。本局办事各员，必洞悉各项实情实敦，然后何者可仍旧，何者宜改良，各种秕政如何革除，各种新律如何参订，均待调查明晰，始能编纂。拟就省城各署局处所调案查确，遵照馆章先将所得之件，分款编送，故立循环簿以为编纂之资，庶无延岩〔宕〕之虞，而有成功之日。

一、开会研究以拓心智。每月初二、十二、二十二日，前定局章，由科长督同委员互相研究十二句钟后，听其休息。现既分股办事，则此股事彼股不得与闻，嗣后逢二之期，由各股员将所办事互相传观，并听指陈得失，果能切实讨论，不独本股事可资集益，即非本股事亦得与闻。每期以八句钟起，至一句钟为率，研究后由科长复核，呈总办酌定，各散休息。局外有愿来会研究者，亦听其便，但必前一日著人知照，取局回条，方可预备坐位。

一、实行赏罚以示劝惩。各员分股办事，自是各有责成，然统计之法，纲纪庶务，弥纶万有，果能妥速完竣，不无微劳足录，其中或有帮办别股出力者，尤宜特别鼓励。拟俟各股办竣，分别寻常、异常禀请宪台酌给外奖，差缺顶戴并奏奖实职升阶，以示优异，庶几众情踊跃，日起有功。倘有滥竽充数者，亦即申请更换。总期人无旷职，事无丛脞。至各府厅州县如果填报确切，遵限送到毫无漏误者，亦应分别详请酌给奖叙，以为办事勤能者劝。或有因循舛错及全无填报贻误通案者，分别详请记过撤委，以警效尤，而重要政。

本局员数月薪公费清单（此项薪公宣统元年七月以后均支八成）

计开

总　办　　　　一员　月薪公费银二百两

法制兼统计科科长一员　月薪公费银一百两

法制科第一股股员一员　月薪公费银四十两

　　　　帮股员一员　月薪公费银二十四两

法制科第二股股员一员　月薪公费银六十两

　　　　帮股员一员　月薪公费银二十四两

法制科第三股股员一员　　月薪公费银四十两

　　　　　　帮股员一员　　月薪公费银二十四两

统计科第一股股员一员　　月薪公费银六十两

　　　　　　帮股员一员　　月薪公费银二十四两

统计科第二股股员一员　　月薪公费银六十两

　　　　　　帮股员一员　　月薪公费银二十四两

统计科第三股股员一员　　月薪公费银六十两

　　　　　　帮股员一员　　月薪公费银二十四两

总务书记员　　　一员　　月薪公费银四十两

庶务员　　　　　一员　　月薪公费银四十两

管理案卷员　　　一员　　月薪公费银二十四两

收发员　　　　　一员　　月薪公费银二十两

监印兼排印阅报员一员　　月薪公费银二十两

誊批核对员　　　二员　　月薪公费各银壹十六两

以上计共二十一员

抚宪冯批

据禀及清折均悉。法制、统计两科条问表式，据该局前总办张道编订呈送批行在案。诚如来禀，调查当以编纂为功，编纂必以采辑为务。折开六条，第一条已据另详批答，立循环簿以觇勤惰，设研究会以拓心智，均属扼要办法。该局为调查全省各务总汇之区，无一不在应行调查之列，曲引旁证，分类编送，均贵精详，力祛虚饰，明赏罚以策励，戒怠忽以程功，尤治事之要，亦该局责不容贷也。财政统计不难借资于财政局，民政统计亦可就各署局处所得其纲领，头绪虽繁，进行不懈，自收效果。仰即如禀，任劳任怨，夙夜督课，以期早得分类编成，陆续详请咨送，免致延误而干查诘，有厚望焉。此缴。折存。

呈送法制科第一股条问册文

为申送事。窃本局法制科第一股案呈,本股掌调查民情风俗并地方绅士办事及民事、商事、诉讼事各习惯,事类极繁,本非派员实地调查不能详备,但经费支绌,时日又恐稽延,特由本局斟酌本省情形,分别五项,胪列条问,业经缮具草案,呈送宪鉴。现今刊刷成册,除分别咨移札发外,理合具文,申请察核施行。

饬各府厅州县依限查报文

为札发依限查报事。法制科第一股案呈,本股掌调查民情风俗并地方绅士办事及民事、商事、诉讼事各习惯,事类极繁,本非派员实地调查不能详备,诚恐各该县受虚縻之累,特由本局斟酌本省情形,分别五项,胪列条问,现经刊刷成册,札仰该会同统计处员绅,遵即逐一详细查明,按条报告。凡此乡与彼乡各异,今时与昔时悬殊,均须注明何乡、何村、何年、何月,证以事实,加以按语。其有习惯已成,为条目所未备者,并附列各项条目之后。务按本局详定章程,统限六个月内条答完竣,听候宪政编查馆酌核,以为编订法制之资。逾限不报,照章惩罚,倘不切实条答,一味空言敷衍者,本局即派员前往该会同确查。所有委员薪水公费均由该捐廉发给,以为因循虚饰者戒。须知事关宪政,立等汇编,万勿视为寻常文件,任意延搁,自取咎戾,并将奉到条目册日期先行具文申报,以备查考,切切。特札。

计札发法制第一股条目册四本

调查民情风俗略例

太平人信、崆峒人武,此著性情之大别也;百里不同风,千里不同俗,则言风俗之差。史称髡首、文身、驾犬、使鹿,属后一义;孟坚谓北族悍鸷,范生讥东夷柔谨,则属前一事,二者之不可无分如此,故周公亦曰安万民用其本俗,而六乐则以防民情。情俗之区判在昔已昭,而论者恒并为一谈,则以风俗有实迹显象可稽,而于民情苦课虚而无薄健谈,若王济、孙楚各褒其乡,亦第能言贞廉磊落,其词浑而弗画,广漠而无朕。后世志州县者因之,莫复能本隐以之显,灼然示人以群情之端者矣。西哲治政学必先究察社会,而近世籀社会学者,舍生理而取心理,夫情隶于心理者也。虽必缘事著物而后可见,然方其以情为言,固不必有具体之可指,主名之可加也。兹特析民情风俗为两科,分别调查,并粗拟纲目,以备隅反。

第一节 民情之属

甲　嗜好　各地民情不同,嗜好亦因之而异。该处人民所嗜好美术为何种(如雕绘奇巧之类)?美术以外或另有特别嗜好,咸应就其偏至之端,征诸实事,条举以报。

乙　禁忌　民间禁忌随处不同,虽寻常日用之微,足以推见至隐,应历举该处通常禁忌之事(如节令禁忌、婚丧禁忌、疾病禁忌等类)以证明之。

丙　崇尚　人民志趣与地方文野程度具有关系,应就该处习尚所趋(如重富豪或官吏或耆老之类)证以实事,笔诸简端。

丁　迷信　赣省迷信事类綦繁,大致不出治病(如画符、求签、问卦、赎魂、退煞、解太岁、请锣鼓师等类)、弭灾(如迎傩神、降马脚、建火醮、盂兰会等类)、测验(如相地、相宅、诹日、问灵姑、判乩、圆光、过阴等类)三端,应就该处情形纪其甚者。

第二节 风俗之属

戊　宗教

一、派别　如释、道、回回、耶稣、天主等教,该处何教盛行?教徒以何种人为多?

二、规则　入教、出教及在教所应遵守规条,诵持经咒、举行礼式、定期会祭月日,并沿用各种符箓表文法式。

神道附 居民通常奉祀之神,如观音、雷祖、土地、财神、眼光、太阳、九皇等类,工商各业特别供奉之神,如木匠供鲁班,薙发匠供罗祖等类,其沿习如何,宜附详之。

己　名籍 土著、客籍为赣省民俗一大问题。境内土著有无巨族,客籍以何处迁徙者为多,其交通情状有无畛域,通常营业有无区别限制,应就该处情形,体察详报。

庚　嫁娶

一、通行仪式　自问名以至反马(即俗称回门)一切仪文法式,应就该处所通行者,并用费丰俭约数,绘图贴说,详细报告。

二、分别族姓　不娶同姓实合生学精义,顾泰西立法,惟限几等亲以下,不以姓别。吾国亦间有不别同姓者,又有一邑一村间某姓与某姓永不通婚者(其原因不一,或以甥继舅,或以侄继姑,或以异姓子为嗣,并有承用双姓以为识别者),该处习惯如何。

三、成婚年岁　成婚迟早与该处文化及气候有关,系宜分著其男娶女嫁年岁之大较。

四、别式配合　养媳、妾扶正、双祧(亦有未尝继嗣别宗而双娶并匹者)、再醮、更娶(谓放逐前妻而更娶)、寄赘、招夫养子、鬼偶(未嫁夫死,抱其夫木主祭告祖先,守贞不更字)、代行合巹(娶妻者归不如期,以姊妹代行婚礼)、抢亲等事,该处风俗何者盛行,何者罕见,其行之有无特别法式,应悉载明。

辛　丧葬

一、丧仪　自始死以至服阕一切仪文法式,并用费丰俭约数及丧家通常辍业时日,应就该处情形绘具图说,详细报告。

二、葬期　淹葬为赣省敝俗,或停柩于堂,或权厝于野,绵历累岁,习为故常,应举该处情形以闻。

三、冢制　坟墓建筑之制,虽称家有无而形式各从其俗,应就该处习尚分别等差,著之图说。土葬外,如有他种葬法,如火葬、水葬之类,应并纪之(其有从教规为别式之葬仪者,入宗教条内)。

壬　旌异 如忠义、节孝、乡贤、耆寿之类,该处历来以何项为多?其建坊悬匾法式如何？乡约族规有无特别优待之典？

癸　期会

一、当墟　或循朔望或另定时日，城乡是否互相轮值，抑系同时？

二、报赛　岁时伏腊祭祀（如新年供像、清明上冢、中元烧包之类），其一定期日有几？仪式如何？节令赛会游戏（如新年迎灯、端午竞渡之类），其种方类法如何？演剧之事多在何时？通常喜演之剧，其类有几？

三、修谱　大修、小修、合修、分修时期及其办法之区别如何？

子　居处

一、民屋　其建筑法式如何？通用何种材料？光线空气是否合宜？

二、客寓　同上。

三、祠庙　应分宗祠、神庙两类，详著其建筑之规制，如有名胜游观之处，可并纪之。

四、井　掘井之法如何？井上有无障蔽？居民是否悉饮井水？有无沙漉取清之法？

五、厕　城市郊野有无公共厕所？男女若何区别？

以上五事均绘具图说，详细报告。

丑　服饰　男女衣裳冠履之材料、颜色以何种为通行？有无特别限制（如夫为白丁妻不朱履之类）？其缘饰形制如何？宜分别种类等差著之图说。

寅　饮食

一、食品　如五谷蔬畜以何种为常食品？以何种为忌食品？五味最嗜何种？普通每日几餐？

二、饮料　如酒用何种？茶用何种？茶内有无加用糖盐等物？

三、宴期　通常宴会之期，如春酒等类，其时日有几？

四、簋数　如四盘、两碗、五簋、八碟之类。

五、座次　如尚左、尚右及以居中为敬等俗。

六、席规　如猜拳有禁忌语，罢饮有折礼法。

卯　乐舞

一、乐器　不恒见者则图其形。

二、歌曲　如道情、棹歌、秧歌等类,有可采者则录其词,童谣俗谚中之有义解者,应并采及。

三、演技　如拳棒家法及走索、上竿、弄蛇、口技等类,其类有几?

恶俗附

一、械斗　向来有无此等案件,其起衅之初,多因何事?宗祠内有无预立顶偿之约?

二、赌博　如花会、标摊之类,该处通行何种?其赌具名目形式如何?应具图说详报。

三、溺女　弃婴附　境内此种恶俗,以何乡为最?有无设立禁止溺女公会?其办法如何?

四、娼妓　分别流娼、土娼以何类为多?地方有无禁约?

五、鬻婢　应分别货鬻、抵押子女及贩卖为业,详查报告,并将其通行各种约据法式附著于后。

六、缠足　城乡以何区为盛?有无设立天足会社?其办法如何?

七、阿片　分别售卖土膏店户并甲乙两号吸户,按季比较种地、烟馆已否实行禁绝,查报无隐。

调查绅士办事习惯略例

三老五更,非以任事;里正乡士,实有官守,故古代论治,唯问官吏贤否,不察绅士。绅士办事之问题,其发生于南北互选之制施行以后乎?南北互选,则官不谙地方民情风俗,其势不能不有藉于绅士。顾亭林《郡县论》既不为世采国朝任官,亦限以距本籍五百里以外,用是守土者莫不以得贤绅士佐治为要图。自道咸以来,各行省绅权最张者,其效亦著。绅士之有裨于治,盖为朝野所公认,而中国政界之组织,遂以绅士为一要素。今欲立宪法颁地方自治制度,固当考其习惯,以为改良之基本,爰分列条目如左:

第一节　绅士之资格

甲　科第

乙　武阶

丙　捐纳

丁　保举

以上四大类别，各处习惯或就中有所轻重轩轾，或重要事权，恒为某一种类之绅士所袭据不替。又，近日毕业学生亦有侪诸搢绅预闻地方事者，宜并及焉。

第二节　办事之种类

戊　教育　如向日书院、义学、公车、宾兴、采芹各会及近日改设学校、教育会、图书馆、阅报所、宣讲所，其经费办法如何？

己　实业　如工商会所、劝农公所及近日路矿诸局，其经费办法如何？

庚　行政司法　如保甲局缉捕盗贼，乡约所裁断小事，其经费办法如何？

辛　军事　如临事招募团练，每年襄办冬防，其向行章程如何？

壬　慈善事业　如义渡、义园、育婴、养老、济贫、救灾、备荒各种善堂，其经费办法如何？

以上五项及关于地方治安之各种公立禁约章程应并抄送。

第三节　绅士任职之方法

癸　轮充　或以年齿，或以科名，或以家产。

子　公举　或按区分派，或合县公推。

丑　地方官自由辟召　或谕札委充，或照会延聘。

寅　限制任职　如某局所必其人,或其先世曾捐资出力方得任职者。

第四节　绅士办事权限责任任期及其权利

卯　权限

一、共办一事之各绅士相互间划定之权限　如非会计员不得支取存款,其各项章程内有无载明。

二、绅士各就其所办之事对于地方官权限　如保甲局获赃值稍大之盗,当送官处理,乡约局遇情节较重,诉讼不得,剖判向来有无定章。

辰　责任

一、各自对于官府及地方独负之责任　如每年成绩报告、收支报销,其方法如何?倘有不职或侵蚀,地方官如何办法?本地人民有无请求更换之方法?

二、团体共担之责任　如某局所存放钱财被人倒骗,或向人赊欠不能清偿,该绅等应如何办理?向来有无定章?

巳　期限　各局所任用诸绅有无一定期限?应分别纪录。

午　权利

一、薪水夫马数目,各局所应分别查报。

二、给奖请保成案定章,各局所应分别抄送。

调查民事习惯略例

日本法学博士冈松参太郎有言:"支那止有刑法、行政法,民事则一任其习惯,官府不以法相干涉。"此其言殆中于情实者矣。在昔诸流,惟儒最密,而儒家后起周秦诸子,述先王制治,皆用道家旨趣,汉唐之间人主希无为,官吏贵不扰,皆用道家言也。儒术苟用者,《周礼》一书。诚如贾生所谓"治天下之道,至纤至悉",虽近今法治国曷遽过之哉。方今朝廷，方集日本诸法家订民法，顾吾俗恒谓"财债细故，不关重要"，又有"清官难问家事"之谚。日本民法以财产、亲族为两大端，则皆财债细故及家事之类也。日本民法本因事立规，条分弥悉，然就中有为彼间殊俗创制，厥事为诸夏之所无，又术语方言多为吾俗所弗喻，不当尽行引据。兹本冈松氏旧说，用财产、身分分部标举大纲，分列如左：

第一章　民间财产上习惯

第一节　属于物权事

第一条　凡民间田土、屋宇、沟渠、塘堰、果木及一切器物归其所有者，得以任意处置，不容他人损害，谓之所有权。该处民间对于以上各项权限义务，有无通行习惯法，应体察情形，胪举报告。

第二条　凡出资租借土地、屋宇、器物，得于定期内使用，对于出租出借之原主，有应尽义务，谓之租借权。该处人民此项租借物权有何习惯，应详晰报告。

第三条　凡民间开设当押，制定利息期限并限定可以当押之品，谓之当押权。该处此项当押俗例如何，应查明报告（此条应与商事章参考）。

第四条　凡民间收留逃亡之人畜，遗失之器物，原主未赎以前，收留者对于原主有应尽之义务，谓之收留权。该处人民如遇此项事情有何习惯办法，应据实报告。

第五条　凡民间公共之路径、堤渠、井厕及一切器物，其相互间各有权责，谓之共有权。该处通行习惯如何，应访察报告。

第六条　凡民间田土、水堰、住屋、坟墓，相邻各有制限，谓之相邻权。该处此类事情有无相传旧规，应分别报告。

第二节　属于债权事

第七条　凡民间债务性质约分两类，以银钱者谓之金钱债权，其或以物品（例如放谷），或以劳力（例如雇佣），谓之非金钱债权。该处人民对于此项债权向系如何俗例，应分别查报。

第八条　凡民间一己独负之债权，谓之单独债权。倘贷者或贷者有数人，其间如代收、代偿、过账、抵款等类，谓之连带债权。该处人民对于此项债权向来习惯如何，或数人中一人有变故如何办法，应查明详报。

第九条　凡民间用正式借贷，谓之正常债权；如或赌博取赢，其效力视正当债权有差，谓之不正常债权。该处人民对于此项债权向系如何习惯，应详查报告。

第十条　凡民间借贷有临时约定偿期者，有归三节四季或月底偿还者，谓之定期债权；又有并无期限者，谓之不定期债权。该处民间对于此项债权向来俗例如何，应分别详报。

第十一条　凡民间借贷于券据内注明贷者、贷者姓名，谓之认人债权，其或如飞票，凭票不注姓名，人摇会会股得以互相卖让，谓之不认人债权。该处人民对于此项债权向有如何习惯，应详晰查报（此条应与商事章参考）。

第十二条　凡民间为人保证债务，俗传有"保人不偿债"之谚，然亦有应共负责任者，各处情形不同，应就该处习惯查报。

第十三条　凡民间借贷，其利息必与元本为同种类之一物，然亦有不拘者，又有利上加利、利转为本利、不过头等制，各地方不同，应查明该处通行习惯报告。

第三节　物权债权之得丧变更

第十四条　以上两节已详著物权、债权之类别，至其得丧变更之原因最为复杂。其取得或由购买，或由交换，或由遗赠；其丧失或由证据亡失，或由当事者不履行应尽义务（例如租谷不纳，赁金久延，债权即因之丧失）；其变更或属于物权债权之客体（指财产言），或属于物权债权之主体（指主宰财产者言）。应就该处所习见习闻者分别种类，访察详报。

第十五条　凡民间物权债权之得丧变更,其文字之法式,如各种买卖抵押契约、租赁借贷字据、会簿佃约共有及分割约据、雇佣字据,应就该处习惯调查其款式,并其中特别术语。

第十六条　凡民间物权债权之得丧变更,其觅具中保、见证、延集邻右地保、插标画界等事,皆有各地方通行之习惯法,应就该处情形报告。

第四节　物权债权之效力及其效力发生时期

第十七条　凡民间物权、债权之效力,如"租到犹买到""父借子偿"等说;效力发生时期,如"典三卖四""月不过十"等说,皆世俗口耳相传习用之法,应分别物权、债权各种类,就该处情形查报。

第五节　物权债权之消灭停止及损害赔偿

第十八条　凡民间物权、债权之消灭,如租借期尽,当押取赎及债项办偿相抵,或经中和解让免等类,各有习惯,应就该处所通行者分类查报。

第十九条　凡民间物权、债权之停止,如共有井厕当合力或分担修理,其违约逃责者,他共有者得禁止其共同使用。又,凶岁田主不得强制佃户办偿等类,各有习惯,应就该处情形分类查报。

第二十条　凡民间物权、债权之损害赔偿,如收留物、当押物亡失、破坏,或定期债务不履行致失时,亏折俱应赔偿,然其间如何赔偿之处,习惯不同,应就该处情形详细查报。

第六节　财产关系当事者之区别

第二十一条　凡民间财产关系有属诸一己者,有属诸一房一族者,有属诸公共团体者,其权限义务各有分别,各有习惯,应就该处情形分查报告。

第二章　民间身分上习惯

第一节　属于人格事

第一条　民间生命之保险,如子妇或佣人疾病死亡,其家族多所责索之类,该处此种习惯如何,应详查报告。

第二条　民间生命之交换,如械斗后换尸买凶等类,该处此种习惯如何,应详细查报。

第三条　民间生命权之剥夺,如忤逆不法、族议处死等类,该处此种习惯如何,应分别查报(如有从教规用非刑,如僧徒犯规焚死者,入宗教章)。

第四条　民间互相争殴损害身体之赔偿,如杀鸡煮卵、鸣爆披红等类,各处习惯不同,应就该处所通行者查报。

第五条　民间男子身体权如遭妇女手挞或投污,得问罪其翁若夫之类,女子身体权如男不敌女等说,及属于贞操问题之类,各处习惯不同,应就该处情形查报。

第六条　民间关于诬毁名誉等事,俗例得以集众议罚,该处此种习惯如何,应详查报告。

第七条　民间对于改籍归宗等事最为注重,该处习惯如何,应查明详报。

第八条　凡民间谱名,所以叙辈行定世次,世俗最为注重,该处习惯如何,应详晰查报。

第九条　凡民间如充某种职业、犯某种科条,向有挖谱除名,及死后不得附祀之例,该处习惯如何,应查明报告。

第十条　凡民间所立堂号与买卖典质等事,关系极为繁密,该处习惯如何应分类查报(商号归入商事章)。

第二节　属于亲族事（关于相续事未设专门，附著于此）

第十一条　凡民间人子对于本生父母及继父母，其职权责任之不同。有从亲而异者，如继父母必当授产授室，而本生父母则否，又本生父母得货卖子女，而母之后夫对于妻前夫之子，其亲权应有限制之类；有从子而异者，如对于未成年子所为贷借卖买，又已成年子媳之私有资产与负债，其责任权限各地不同之类，应就该处习惯分别查报。

第十二条　凡民间嫡母与庶子、庶母与嫡母相对间权限义务，随地习惯不同，应详查该处情形报告。

第十三条　凡民间以螟蛉子或私生子承祧受产，或由本人认可，或本人死后由其妻认可，其宗族对于上谱等事承认与否，各有习惯不同，应就该处俗例详查报告。

第十四条　凡民间遗腹子未出生以前，有不得争求承继、干涉家产之例，出生后如有疑难，有各种证明法，该处习惯如何，应就地查明报告。

第十五条　凡民间遗嘱、承继、析产、结婚、悔聘、离婚之文字法式，随地不同，应就该处通行者分类抄报。

第十六条　凡民间如遇夫若夫之父母欲离退，其妻若媳或妻若媳之家族欲要请离退归休，各处习惯不同，该处向系如何办法，应查明报告。

第十七条　凡民间夫妻有析产另居者，有完婚后妻死应将嫁资财产归还妻家者，该处此种习惯如何，应详查报告。

第十八条　凡民间长兄长嫂对于诸弟诸弟妇其权限责任，各地习惯不同，应就该处情形查报。

第十九条　凡民间长兄若长兄之子析产时，多有特别权利，该处习惯如何，应详查报告。

第二十条　凡民间女子在室及出嫁后与家产关系各有不同，该处习惯如何，应详细查报。

第二十一条　凡民间兄弟析产后，公养父母、维持祖先祠宇坟墓等事，各地方习惯不同,该处通行俗例如何,应分别查报。

第二十二条　凡民间同宗同族间权利义务之关系,如过继嗣子当取近支,斥卖田屋当尽同姓等类,各有相传习惯法,该处情形如何,应查明详报。

第二十三条　凡民间族长、房长之权责,如平争斗、处治不肖子弟、证明继嗣析产等类,各有习惯法,该处情形如何,应详查报告。

第二十四条　凡民间宗族之出入分合,如入籍、出籍及分修、合修谱牒之类,各地俗例不同,应就该处习惯报告。

第二十五条　凡民间户主有夫死后以幼子为之者,亦有其妻若妾自为之者,随地不同,应就该处习惯报告。

第二十六条　凡民间亲戚之等次,如四门亲、八门亲等说,及与财产权、身分权之关系,如继嗣析产、亲戚得发言作证等类,各地方习惯不同,应就该处情形报告。

调查商事习惯略例

自汉困贾人,隋禁商民入仕,士大夫遂以商为末务,辟而弗处,商事因不为世所称,引积二千年矣,今欲调查其难一。凡商之群恒有同业联约之制,乘时投机之习,不欲人窥其秘奥,今欲调查其难二。日本商法多取决于其商业会议,今吾国商会方始萌芽,赣省各属尤未普及,夫以常人究察专门之业,而无一凭藉之机关,其难三。今就赣省商界所习闻者科分类别,粗拟大纲,俾调查者有所准据。其有为此编所遗者,即可按类补入,总期细大不蠲,物无遗匿,以俟订商法者之裁择焉。

第一章　调查商业之习惯
第一节　营业

第一条　该处商人营业其类有几,以何种营业为最多?

第二条　该处商人如资主不常驻号或资主死亡而子弟尚幼请人代为营业者,有无订立约据之习惯?

第三条　该处商人有无同一牌号而为同一之营业意图映射者?

第四条　该处商人有无凑集资本开设公司,其类别共分几种?有无定章?

第五条　该处所有小买小卖及担荷贩卖者,或设摊于公地并他人门首,或沿街叫卖,有无收取租金税捐之习惯?

第六条　该处商人营业向行各种合同议单、帮规、街规及商业会馆公所章程,应分类钞录报告。

第二节　资本

第七条　该处商人所集资本是否有一人或二人并数人以上者,共分几种?其实数应否布告?月息有无多寡之别?

第八条　该处商人所集资本有无提存护本及公积之向章?

第九条　该处合资贸易者(俗名合伙)除股东照章摊利外,所有经理及办事人等有无给以红股而同一分利之习惯?

第十条　该处合资贸易者是否均属无限,或系有限?

第十一条　该处合资贸易者附资之人有无出名与不出名之别?如营业损失不出名者是否不担任赔偿所失资本之责任?

第十二条　该处合资贸易者如营业损失,是否除去赔偿所失之资本,而还其所余,不足赔偿则责令补缴,向例如何?

第三节　注册

第十三条　该处商人已经注册者若干?未经注册者若干?

第十四条　该处商人对于注册是否注重？有无呈请专利者？其年限如何？

第四节　账簿

第十五条　该处商人所立流水簿及每年总结之册籍有无定式？其规例如何？

第十六条　该处商人凡关于商业之账簿一切紧要函件向例保存几年？

第五节　用人

第十七条　该处商人所用之经理人及司事雇佣人等，其工价之高低如何？若违号规，有无罚例？

第十八条　该处商人所用之经理人是否有代主人一切行为之权限，并选用、解散经理以下人等之责任？

第十九条　该处商人所用之经理人等如无主人之许诺，能否自营商业，并为他人商号之经理者，有无禁约？

第二十条　该处商人对于学徒有无年限，并担保及先交押柜银两之习惯？

第二十一条　该处商人对于学徒有无虐待等事？如期满后其人精明干练，该商不愿遣去，有无优给工资、分给红股以羁縻之之习惯？

第六节　出顶

第二十二条　该处商人以商号出顶者，所存底货其折扣如何？有无订期取赎之习惯？

第二十三条　该处商人如以牌号（例如所顶之人仍用其商号）或地段（例如顶码头者）出顶者，有无于所顶之费外另议价值之习惯？

第七节　钱业（其详载于行情并货币中）

第二十四条　该处钱业如钱庄、票号，以及别项商号而兼汇兑者，共分几种？

第二十五条　该处钱业所有浮存及实存款目，其多少之数能否详查？

第二十六条　该处钱业以多少资本同业始准开设？

第二十七条　该处钱业寻常贷借有无抵押？

第八节　典业

第二十八条　该处典业向例于典质物之损失有无责任？

第二十九条　该处典质物证券之式样如何（如典票等）？其券中是否载明数目及利息并偿还之期限？如有损失有无请保担任之习惯？

第三十条　该处典质物能否将证券转让于人，并有无准典质人随时检查之习惯？

第三十一条　该处典质物是否本息完清随时均可取赎？如期满本息均未付者，是否可由典质者占有此物，得另售以赔偿之？

第九节　运送

第三十二条　凡属运送营业者分运送经理人（如各口岸坐栈人及过傤行等）、物品运送（运送货物者）、旅客运送（代客人运送行李者）三种，该处以何种占最多之数？

第三十三条　该处运送人于运送物或行李等，如本人未曾言明重要，损失后运送人是否不任赔偿之责？

第三十四条　该处运送人如数人，接递运送者是否以后者代前者负其责任（例如由省运至浔，再由浔运至汉，则浔之运送人须代前由省运来之人负其责任）？

第十节 牙行(经纪附)

第三十五条 该处牙行共分几种?(例如鱼牙、木牙)曾否领有部帖?所应缴之规费并税捐若干?

第三十六条 该处牙行代人经理买卖抽取费用,是否有一定之数目?其于物价之涨跌有无责任,并有无以货物到时先后定交易次序(例如甲货先到,乙货后到,即先卖甲者)之习惯?

第三十七条 该处经纪人(如居间人等)代人买卖有无分业(例如钱业、油业、米业等)、分帮(例如建帮、吉帮等)之习惯?

第三十八条 该处经纪人交割货物有无责任?其酬报向例如何?

第二章 调查商情之习惯
第一节 行情

第三十九条 该处货物以及银钱等类,其价值有无早晚涨落之习惯?是否均由同业公会议定?

第四十条 该处各项商店,无论钱典于同业贷借往来并存放官款,其利息有无高低,并按日拆息情形如何?

第四十一条 该处市面向用何种平(如库平九三八平等)色(如八成、九成或九几成)等?是否由同业公估?有无升平升色之习惯?

第四十二条 该处商人有无买空、卖空之习惯?

第四十三条 该处市面同业往来于定期支取汇兑或现交汇兑,其汇费有无异同并厘头之出入如何(如换进换出所盈之厘头)?

第二节 买卖

第四十四条 该处商人所有之买卖,如已议定所买之物或有损失,有无减少货值及赔价之习惯？

第四十五条　该处买卖之物如已议定,过期不交有无废议并退还之习惯？

第三节　清算

第四十六条　该处商人所有银钱往来有无一定比期(例如三节或月底等)相互清算,对于存欠各款彼此照除后所余如何办法？

第四十七条　该处各项商店于年终总结时,如有亏折或收讨不得者,是否归入滚存项下计算？

第四十八条　该处商人每年所入之红利是否于年终总结时分摊？有无酌提犒赏经理人等以及学徒之习惯？其分摊、犒赏之法有无定例？

第四十九条　该处商人于每次计算是否邀集凡有股分者临场核对？

第三章　调查货币之习惯
第一节　市票

第五十条　该处市中所出银洋钱票共分几种？有无非钱业亦出市票(例如九江无论何项商店均出钱票等)之习惯？

第五十一条　该处商人所出银洋钱票是否以所署店号负其责任？有无伪造？

第五十二条　该处商人所出银洋钱票有无一定交付地方？如不知其地方或见票不付,有无请求官府代为追缴之习惯？

第五十三条　该处商人所出银洋钱票是否先行呈明地方官验本立案？有无票根？

第二节　汇票

第五十四条　该处商人所出汇票如转授于人(例如往来过账),有无须将转授之姓氏年月注明票上之习惯？

第五十五条　该处商人所出汇票如本人不能支付,有无请求担保之习惯?保人已署名是否与出票人同负责任?

第五十六条　该处商人所出汇票有无正本、副本之习惯?如正本损失,副本是否作据?

第三节　期票

第五十七条　该处商人所出期票,其期之最久者以几个月为限?有无到期不付之习惯?

第五十八条　该处所行期票以何种商人始能发出?有无非商人亦出期票之习惯?

第五十九条　该处所行期票如未到期,有无补认利息先行取用之习惯?

第四节　支折

第六十条　该处商店所出支折是否均载有姓氏?如本人注明数目自可支付,有无认折不认人之习惯?

第六十一条　该处所行支折是否无论何项商店均可发出?如有损失,有无另立新折,以前折作废之习惯?

第四章　调查倒闭之习惯

第一节　倒闭

第六十二条　该处商人因亏折或意外事自愿倒闭商号者,是否赴地方官及商会或公所呈报?

第六十三条　该处商号呈报倒闭后,除该商必需之衣服家具外,是否所有财产并账簿等均由地方官封禁管理？

第六十四条　该处商号呈报倒闭后，倒闭人有无取保听审之习惯？并有无于同业中选举公正之董事代为清理者？

第六十五条　该处商号呈报倒闭后，是否各债主应将欠款清单并字据呈报听候摊还？有无擅取倒闭人货物财产作抵并串通他人出头追讨之习惯？

第六十六条　该处商号倒闭，如系吞没资财，诡称亏折有心倒骗或席卷巨资潜逃不出者，向系如何办法？

第六十七条　该处商号倒闭，如有先将财产故意赠人或假托抵押及将未到之债提前偿还者，向系如何办法？

第六十八条　该处商号倒闭，如逃避无踪并无财产可偿，有无即归担保人认赔之习惯？

第六十九条　该处商号倒闭者与担保人同时逃避，向系如何办法？

第七十条　该处商号倒闭，如系经理人亏累，如何办理？

第二节　查账

第七十一条　该处债主单开数目或有不符，有无邀集关于此事之经手人当场质对之习惯？

第七十二条　该处凡属未到期之债项以及期票倒闭后，可否准为到期提前办理？

第七十三条　负债倒闭与债主如有互欠之款，是否准其抵销？该处办法如何？

第七十四条　倒闭后所欠债项是否即以倒闭之日起免其算利？该处规例如何？

第七十五条　倒闭之商号放出账目，地方官是否按数限期追缴？如避匿不到或延误不交者，该处办法如何？

第七十六条　该处公司除呈报有限者外，是否无论何项，如倒闭之财产变偿不足，即照股摊还？

第三节　变产

第七十七条　该处商号倒闭,如系情出无奈并无寄顿藏匿者,除将财产变价外,有无折扣赔偿之习惯?

第七十八条　该处商号倒闭,于他人寄存财产如经查明属实,是否准原主取回?

第七十九条　该处商号倒闭,有无牵涉兄弟、伯、叔、侄并妻,以及代人经理之财产之习惯?

第八十条　该处商号倒闭,对于一家财产如已呈报分析者,有无牵入倒闭案内变偿之陋习?

第八十一条　该处商号倒闭,如在他号附有资本,是否归入财产项下摊还?有无各债主得以迳取之习惯?

第八十二条　该处商号倒闭,如将财产偿完实属净绝,有无准于财产项下酌提该商赡家用费之习惯?

第四节　清偿

第八十三条　该处商人因市面紧迫艰于周转,或放出之账难收,所有未清债务有无呈请展限以免倒闭之习惯?

第八十四条　该处商号倒闭如系情实可原,变产之数足敷清偿之半,各债主能否免还余款?

第八十五条　该处商号骗借倒闭被人控告,如果知悔自首,将所欠之债十成缴清,各债主可否许其自新呈请销案?

调查诉讼事习惯略例

吾国言法系者,咸探原于汉京。汉以三约御统一,是务为简质蕲于不扰而已。沿唐迄明,律乃踵重增设,国朝尤加,董治视前代为最密矣。然自古所详,唯在公法,于私法则否,至明定诉讼颛则,尤为吾国法家计虑所不至,而千四百余州县遂不得不各从其相沿之习惯以为理。往者修律大臣曾订诉讼法,其中如定讼费、延律师诸节,实列邦法庭所通用,朝廷采而行之,则向者吾国官民吏役所目为陋规、斥为狗曲之端,皆将有所折衷,范围弗过,毋复有率臆冥行、荡轶于法律之外者,其所系不綦重欤？今以调查诉讼事命各省凡以较风尚之异同,虑法立而有所泰过不及也,自起讼至于销结,综其习惯为若干条,有前经禁革者,有现尚通行者,皆燏然可见,其有属于官吏一方面者,则为行政之沿习,不备举于篇云。

调查诉讼事之习惯

第一章　调查诉讼事总纲

第一节　刑事民事诉讼之别

第一条　凡民间诉讼事类名目繁多,今拟分刑事、民事二项,标以类别,分为章节,各就其习惯上调查之。

第二条　凡叛逆、谋杀、故杀、犯奸、拐带、伪造货币印信、强劫及有关于刑律裁判各类之案,皆为刑事诉讼。

第三条　凡因钱债、房屋、地亩契约及索取赔偿等事涉讼,皆为民事诉讼。

第二节　诉讼之多寡

第四条　一呈词分二种:有诉讼人口说事由,嘱官代书缮写者;有自来呈稿请官代书钞录者。二者孰多孰少,比较近三年内之沿习,详细报告。

第五条　每告期呈禀各有若干张？每月以刑事、民事分计,何者得多数？或两项各存平均之数,务将实数注明报告。

第六条　赣省风俗好讼,往往有图告不图审之弊,该处此种习惯何如？

第七条　该处呈控是否一律领用官纸？较诸未用官纸之先，诉讼有无减少？

第八条　准控后两造能遵期到案者，约居若干数？

第九条　该处所属乡镇以何处为健讼？每告期以何处诉讼为最多？

第十条　该处喊禀及拦舆之习惯何如？

第十一条　该处传呈及提批等之习惯何如？

第十二条　递呈之抱告多有临时雇人冒称讼家，雇工或冒为亲族，乡镇不肖之徒藉此以为生计，该处此等习惯何如？

第十三条　未呈控以前，有无先投地保理处之习惯？其投词格式若何？

第十四条　凡两造争讼遇有各种团体范围内者，如各姓宗祠、各省会馆以及商业各帮公所之类，向来有无立约？如呈控时非经众调处不结，不得迳行诉讼之例？

第二章　调查诉讼事之发端

发端指新案而言，然一官到任其有前任未结之旧案诉讼者，亦必发端续呈，故案虽有新旧之分，而其发端则一，今统以发端二字括之。

第一节　诉讼发端之原因

第十五条　奸徒串结衙门人役，捕风捉影，陷害良善，或诈骗财物，或报复私仇，此种恶习，各处皆有，该处情形如何？

第十六条　无籍棍徒私自串结，将不干己事捏词诉讼，诈索财物，该处有无此种习惯？

第十七条　平民遇有极冤屈之事因之诉讼，反为被告诬栽，且有一种恶棍代人扛帮作证者，该处有无此等习惯？

第十八条　该处代书有无包揽词讼习惯？

第十九条　该处有无喜控官幕及张贴、揭贴之习惯？

第二十条　该处办事绅董及学堂教员学生有无喜涉讼事之习惯？

第二十一条　该处诉讼有无干名犯义之习惯？

第二节　诉讼发端之规费

第二十二条　诉讼发端除遵章领买官纸外，余若承发房挂号之费、代书盖戳之费（此费各属皆有，多寡不一）向系每件若干？临时如何投纳？

第二十三条　凡告状人歇家有饭店为之者，有署中书役为之者，有本地劣绅讼棍为之者（从前未禁烟之先有烟馆为之者），该处以何等人为多？约有若干家？遇有诉讼者索费几何？

第二十四条　诉讼者每于发批时不及等候悬示，先托承发房抄阅，其费用几何？

第二十五条　该处喊禀需费几何？

第二十六条　该处传呈及提批等费用几何？

第二十七条　该处拦舆费用几何？

第三节　诉讼发端之各种文件法则

第二十八条　正状及副状各属已遵用官纸，其他喊禀、拦舆及他种呈禀，该属如有沿用者，式样若何？

第二十九条　现在遵用官纸有无仍用代书戳记？如有应将戳式呈核。

第三章　调查诉讼事之系属

第一节　刑事诉讼之习惯

第三十条　凡有谋杀、故杀之案于呈报时，有无先投讼师预为讹诈地步之习惯？

第三十一条　凡命盗各案，除签差外，有必须加派亲兵始能得力者，该处有无此等习惯？

第三十二条 凡遇命案尸亲报案时,每择凶手亲族戚友家道殷实者任意指为正凶,或称为喝令极力罗织,以为后日索诈之根据,乡愚畏事,时托人贿免,其银数或一二十元、八九十元,且有百数十元不等,谓之除名钱,该处有无此等习惯？

第三十三条 凡关于刑事各案,被告及凶犯有无贿买、顶替之习惯？

第三十四条 凡有关于刑事及他项重大之案,承行书吏必避重就轻,为取巧地步,如被盗者,经诉讼后,承行书办往往有恐吓事主,抑勒讳盗,或改强为窃之类,该处此种习惯何如？

第三十五条 该处有无捉人关禁、牵牛勒赎之习惯？

第三十六条 诉讼事有私发坟冢者,有设方诱取人为奴婢及略卖良人与人为奴婢者,有监夺盗卖仓谷钱粮者,有偷窃牛马及田野谷麦菜果者,有销毁制钱者,有私铸铜钱者,有伪造银洋者,有私造硝矿者,有居丧及僧道犯奸者,有造谶纬妖书妖言及传徒惑众者,该处诉讼以何者为最多？

第三十七条 该处诉讼有无势恶土豪武断乡曲之习惯？

第三十八条 诉讼人有无以财干求,或藉在籍绅士请托,或诈冒内官亲属家人等项名色之习惯？

第三十九条 该处有无纵容妻妾与人通奸因而诉讼之恶习？

第四十条 诉讼事有相隔数月者,有牵及他县人民者,有首列势要者,有波及无辜者,该处习惯以何项为最多？

第四十一条 该处私和人命之习惯何如？

第四十二条 该处有无藉尸图诈抢闹之习惯？

第四十三条 该处有无设局诈骗之习惯？

第二节 刑事诉讼之规费

第四十四条 凡关于刑事各案,地方官诣验诣勘、预备尸场公馆及一切同往书役刑忤人等之火食夫马,是否由地方官捐廉,或于地方公款支销,抑取于原告或被告者?该处此种习惯以何项为最多?

第四十五条　凡验尸验伤各案,原、被告往往有贿通刑忤官媒人等以无为有,或以有为无,甚至伪作伤痕种种舞弊,该处此等习惯何如?

第四十六条　凡关于刑事各案,其原告于诉讼发端时既纳规费外,以后凡出票签差到案各种开销,有无私立一定名目,纳费至多者约居若干数?

第四十七条　凡关于刑事各案,被告到案时如何纳费,是否较原告所纳之费更多,该处此种习惯如何?

第三节　民事诉讼之习惯

第四十八条　凡民事诉讼,如索债、索赔偿、索回房屋或田地等案,该处以何项为最多?

第四十九条　诉讼事有将自己田地应纳钱粮洒派别户者,有将田地诡托他人名下者,有争坟山、田地、森林等而无印契者,有争家财、田产而无亲族写立分书者,该处诉讼以何项习惯为最多?

第五十条　诉讼事有妇人夫亡无子守志者,有夫妻不睦而离婚者,有无子立嗣乞养异姓义子或招婿为子者,有应继不继而擅继不应继者,有男女已订婚姻忽悔盟另许者,有尊卑为婚者,有无故出妻者,有招夫养翁姑及招夫养子者,有幼年立继他姓、长时呈请归宗者,该处诉讼以何项为最多(此条应与民事各条参看)?

第五十一条　该处诉讼有无匿契不税之习惯?

第五十二条　合股贸易关于契约、帐簿、字据等类,经手人隐匿销毁或涂改伪造虚词诉讼者,该处有无此等习惯(此条与下一条应与商事各条参看)?

第五十三条　破产人预将财产寄顿他处,或诡托他人名下,或虚立债主户名,或先向外户打扣收帐,或串通他人出头冒认,或为损害债主起见于呈报破产前一月将货物贱售,或不惜重利图借款项滥出期票使用者,该处诉讼有无此项习惯?

第五十四条　凡田多水少之乡,其有塘之主往往筑坝截流,使高下田亩不能一律灌溉,因之涉讼,甚至连年缠讼不休者,该处有无此等习惯?

第五十五条　有等溪涧通河之处,乡人每于清明节后筑坝截流,以为荫田之用,然有近溪一带竹木每因春雨涨时扎成小簰,由此溪涧直达大河,以筑坝有碍遂致兴讼者,该处通河溪涧有无一定时日作坝之习惯?

第五十六条　田土房屋之诉讼有无侵占邻地邻屋之习惯?

第五十七条　负债之诉讼有无虚捏债款及罗织中人保证之习惯?

第五十八条　婚姻之诉讼有无捏造婚书聘金之习惯?

第五十九条　凡关于民事各案,除签差外有无如刑事之加派亲兵始能得力之习惯?

第四节　民事诉讼之规费

第六十条　凡关于争地争田必须诣勘之案,所有一切用费是否与刑事诉讼规费同,抑另有一种纳费之习惯?

第六十一条　凡关于民事各案,其原告于诉讼发端时既纳规费外,凡出票签差到案各种开销是否与刑事诉讼之规费同,抑另有一种纳费之习惯?

第六十二条　凡关于民事各案,被告之纳费是否与刑事诉讼同一习惯?

第四章　调查诉讼事之裁判
第一节　逮捕

第六十三条　公堂接准控词后,如何应用板签逮捕,如何应用差票逮捕,有无向行之习惯?

第六十四条　凡签票由公堂标定,差役往传被告有时须用原告指传者,其习惯何如?

第六十五条　凡刑事、民事之诉讼,持票差役收受控告人或被告人费用各若干?

第六十六条　凡诉讼,除签差外,有必须加派亲兵始能得力者,其亲兵之索取控告人或被告人费用有无私立一定数目之习惯?

第六十七条　公堂准控后,迄逮捕时,其间自送稿、送签、用印、挂号、签差以至于发票,举凡门稿、签稿、钱漕、书办、差役、亲兵、三使,无一不有应纳之规费,该处此等习惯向系如何?近来禁革门丁,此项规费有无减少,或迳行禁绝,或提充办公,须据实详细报告。

第六十八条　逮捕时被告闻风远飏或隐匿他处,持票之差或因索费不遂,有无指鹿为马之习惯?

第六十九条　凡控告窃案逮捕时,持票差役有无于捉获后先自私刑考问之习惯?

第七十条　凡讼师教唆词讼被人告发后逮捕,差役有无串贿纵放之习惯?

第二节　审讯

第七十一条　审讯之先,书差得贿后有无先自教供之习惯?

第七十二条　审讯时招房录供有无私自增减供词之习惯?

第七十三条　审讯时招房传话有无藉乡语舞弊之习惯?

第七十四条　审讯时两造有无铺堂礼名目?其定数若何?

第三节　监禁

第七十五条　逮捕犯人进监及待质所,一切搜检并进监各费用若干?

第七十六条　监狱内相沿有"牢头"名目,以在监最久之犯充之,凡新收禁人必须纳费于牢头,该处此种习惯如何?

第七十七条　监禁人犯有无私留眷口在监住宿及私开小押之习惯?

第七十八条　有职人经人诉讼审实后,应如何拘留?

第四节 判结

第七十九条 刑事诉讼有应得轻罪刑者,经判结后除照章纳赎外,有无加重罚锾充公之习惯？

第八十条 两造遵结后,其提释之犯有无出监费名目？

第八十一条 两造遵公堂判结后,未裁门丁以前,自门丁以至三使一切费用若干？

第五节 和解

第八十二条 凡两造争讼有可以和平解释者,其习惯若何？

第八十三条 凡两造争讼和解后,呈息之习惯如何？

第八十四条 和解后两造于丁役纳费有无增减之习惯？

第八十五条 讼经和解后,其应行提释之犯有无出监费或另有增减之习惯？

第八十六条 讼经和解后,两造中证有无酬谢之习惯？

第八十七条 讼经和解后,其于争讼时之一切费用,是否两造匀出,抑原告人或被告人独任之？

第六节 诉讼裁判之各种文件法则

第八十八条 逮捕时所用各种签票,审讯时所写各种供词,该处向系如何式样？应一律呈式查核。

第八十九条 判结或和解后,其各种甘结保状及调处和息字据悔呈等,各以其向行式样汇呈查考。

第五章　调查诉讼事之上控

第一节　上控之原因

第九十条　已审讯之上控　两造受公堂裁判后,或因未遂其讹诈因而上控,或被人唆使希图挟制官长,或殷实之户讼负冀上控以保名誉者,该处是否有此习惯?

第九十一条　未审讯之上控　无论刑事、民事之诉讼经准理后,或尚未差传,或已差传而尚未到案,该原告受人唆使,或被告受人牵制未经审讯便上控者,该处是否有此等习惯?

第二节　上控之费用

第九十二条　江省陋习,有一等讼棍住省住府,专以包揽词讼为生理,且遇事代人写呈及经手使用各费,得以从中渔利,上控者果获讼胜,必至多方争索谢礼,其或未经提讯之案,竟有诉讼本人终其事未至省城府城一次者,该处有无此等习惯?

第九十三条　该处词讼如赴两院三司道府上控,其费用若干? 有无差等?

第九十四条　该处有无京控之习惯? 及其费用若干?

第九十五条　该处有无越控习惯? 其费用有无特别加增?

调查行政上之沿习及其利弊例略

官治者,自治之母。方今欲行地方自治之制,不能不先考究官治。顾官治有见于明文者,法律颁行垂为成宪,所谓以明文定行政法规者此也;有见于沿习者,因时制宜,袭为故事,此习惯所以公认为法源也。夫沿习非成文法而亦有成文法之效力,推行既久,则与成文法皆为利弊之所丛,非探其原,莫竟其委矣。史称萧规曹随,又称陶侃用法,恒得法外意。夫既以曹随为美谈,又何取乎侃之法外意! 诚以法积久而弊生,能于率由旧章之际,而求其通变尽利之方,是即本欧美法学家之言,依据不成文法以驯至于成文法而已。大抵行政上不能无沿习,而沿习中不能无利弊,抉其弊而存其利,其道又有相为因者矣。开国二百余年未尝讨论及此,其间习欺隐慝将有不可胜诘者。今立宪之期告矣,牧民之官,各殚其精,以襄厥治,其速采撷地方沿习及其利弊著于篇。

法政第三股调查总纲

一、本省衙署局所甚多,不仅州县任调查之责,而庶政多由州县发端,故应从州县调查入手。

一、政务殷繁,不可枚举,今拟仿十部所司分作十章调查,以为提挈。

一、行政上相沿成习之事应分别款目逐项调查,其非会典及律例所载,已由督抚奏定咨准通行之件,应归入单行法范围内,不在本项调查之中。

一、凡行一政有一政之利弊,此项调查为改良行政准备,不论关系何部事项,凡在地方奉行日久,确有利弊可指者,悉数调查。

法制第三股条问

第一章　外交之属

第一节　传教

第一条　该处建堂传教始于何年?先于何国?以何教为盛、何堂为多?试详举之并陈其行政对待之策。

第二条　建堂传教载在约章,间有民俗强悍之乡,迭因建堂滋事,官长禁令视若弁髦者,该处有无此等,乡镇抑有处置方法否?

第三条　有无遴选在教公正人充当教董,遇有两教讼案先谕教董,调处不服始行裁判,其规则若何?

第四条　词讼案件不分民教,控诉呈词内明注"教民"字样,最易生歧视之见,而能杜平民讼负投教别生枝节之弊,此中利弊互滋,试举所见而条议之。

第五条　教会在中国租赁房屋地基作为教会公产,俟地方官查明地契妥当盖印后,该教士方能起建合宜房屋,约章备载,有无先行建堂,随后印契,并不俟地方官查明妥当者,该处沿习若何?

第六条　教民不摊派迎神赛会钱文,遇有春秋报赛及祠堂祭祀,不准教民入席观剧与分给丁饼胙肉等事,因而动致龃龉,酿成衅端,该处有无此等沿习?

第七条　教堂房屋器具价值多寡不一,如预先估计立案,遇损失时即易定赔价数目,该处能实行估计否?有无相沿之习?

第八条　该处教会中有无创设民教和平会者?所设之会能否于行政上发生效力?

第九条　奉教人子女不愿与教外人结婚,往往有先已结婚,后因奉教悔婚,或迫胁其夫,若母家亦须奉教,或为教外人迫胁其已结婚之奉教人子女令其反教,此等沿习该处如何?

第二节　保护

第十条　保护教堂为地方官专责,间有偏隅僻壤,保护难周,因责成村董族长兼任保护者,该处有无定章?

第十一条　洋教士所携子女仆从及一切什物,是否呈报立案?其未经呈报者,亦担任保护之责否?

第十二条　洋人在中国遇有窃盗案件,地方官不能获盗起赃,应照中国例处分,但不能赔偿赃物,载在约章,间因失物无多,地方官自愿赔偿了结,至此后相沿成习,遇有失物均须赔偿,该处有无此习?

第十三条　洋人游历过境,派人护送,不得供应夫马食物,载有定章,亦间有接待稍优者,该处是否遵约办理?

第十四条　洋人游历他省,地方官是否咨报?有无护送出境后必俟邻省派人接待,始卸保护责任者?该处沿习若何?

第十五条　洋人游历,如查无护照者,将其人解交领事官管束,仍应议罚,约章载有专条。近来地方官通融办理,遇无护照洋人,亦复护送出境,有无由本省补给执照之办法?

第十六条　洋人在内地组织学堂及慈善各会,地方官照约保护外,有无捐给公款为补助机关?

第十七条　外国书籍、地图等件版权利益,不准照样翻印,通商各口迭经严禁有案。有无内地商民照样翻印,地方官宽其查禁者?

第三节　订约

第十八条　外国师船入口停泊有无定地?往来有无定时?水兵上岸有无定数?该处限制若何?

第十九条　华商托名洋人代运违禁货物出口,经地方官查获后除罚办华商外,是否将货物充公,抑将货物变价归还洋人,其处置之策若何?

第二十条　洋人不能在内地开设行栈,载之约章,该处曾否于约章之外另立限制规条?

第二十一条　按约外人不能杂居内地,近来洋商移住内地贸易者多难禁阻,官家有册籍可稽否?试历举之。

第二十二条　洋人在内地沿途兜售货物,向非约章所许,而近日常有其事,有无专立册籍以资稽考?

第二十三条　官家与外人订立合同,有无一定格式?私家所订亦援照官家书式否?

第二十四条　凡官家聘用之洋人,如有遇险,及因病致毙、跌伤致毙等情,有无预定抚恤银两数目?

第二十五条　凡遇本国庆贺时及各国庆贺时，是否先期知照？临时礼节各国有无异同？本国有无相当之礼答报者？试分别言之。

第二章　吏治之属

第一节　州县

第二十六条　该县文武各官衙署兵燹时曾否被毁？何年建复？或现仍借居考棚书院，或赁住民房？就其沿习详举以对。

第二十七条　州县到任先期饬丁赍投红，谕令本署书吏呈送须知，册籍备载，政要每多撮录例文虚应故事者，该处沿习是否相类，抑另有改良规则？

第二十八条　州县莅任，凡赁屋铺陈及供应一切，多由书役备办，有照价发给者，有发给官价者，有各科分摊者，该处沿习如何？有无历任因革之处？

第二十九条　州县莅任，户科请袭总书名目折送银钱，名曰"点规"，有实缺、署事、代理之等差，钱席、账席、家丁之分别，或历来订有一定数目，或视官长之宽严随时增减。近年举办新政，经费支绌，有无以此项款目拨充经费者？试举该处沿习及因革以闻。

第三十条　州县莅任，有阅城、阅堤、阅监诸典礼，且有盘仓、验马等交接，相沿已久，利弊如何？试就其沿习而详举之。

第三十一条　三八放告、四九挂批，各县沿习已久，间有当堂收呈随时签票不拘定期者，或按三、六、九日放告者，其利弊如何？应就该处沿习详言毋隐。

第三十二条　裁判词讼，平民向系跪审，新律有免跪及禁止刑讯之条，该处能否实行？其与跪审刑讯时利弊何若？试比例言之。

第三十三条　州县无论实缺署任，其自行审理各案，已结、未结卷宗，及犯证、呈状、供词，向存何处？归何人经管？有收存内署者，有发房归档者，有无簿籍可稽？年久是否不至遗失？书吏有无抽匿？应就该处沿习历举以对。

第三十四条　讯结讼案后，谳词由官朱书存案，近多有印发堂谕者，试就沿习而详言其利弊。

第三十五条　地方情弊,最易隔阂,有设桶署前任人投诉秘词通达民隐者,然挟仇报复、匿名陷害之事,往往不免,揆厥利弊,详言毋隐。

第三十六条　学堂管理员、教员及善会各首事,向系由县决定,近多投票公举,或投票后仍由县择定,应就其沿习之端,历举其利弊。

<h3 style="text-align:center">第二节　巡典</h3>

第三十七条　典史有管狱责任,例不出城闉,有变通办理代县下乡验勘者,应就该处沿习详举以告。

第三十八条　巡典不准擅受民词,载在条例,间有距城窎远乡镇巡检分驻之处,遇有钱债口角争闹,有无就近先赴该巡司衙门诉讼?其讼费有无一定数目?原被告有无分别?试就该处沿习分别利弊以闻。

第三十九条　缉捕为巡检、吏目、典史专责,往往兵役缺额,遇有失盗失窃一切案件,循例开参,并不与闻缉捕之事,该处有无此等沿习?

第四十条　巡典缺苦,有无由县按月津贴之沿习?

第四十一条　分防巡检有无代收丁漕屯余之沿习?

第四十二条　巡检各有防地,间因衙署无存赁屋县城常年不到防地者,该处有无此习?

<h3 style="text-align:center">第三节　委员</h3>

第四十三条　禁革门丁改用收发,其利弊何若?

第四十四条　自禁革门丁后,其门稿、签稿、钱漕有无改立名目,仍旧派人?如门稿改称外号、签稿改称管卷、钱漕改称催征之类,或分延亲友管理者,试实言之。

第四十五条　警察、收发两员,有无捕厅兼办之习?

第四十六条　查案委员到县是否仅供夫马,抑有折夫折席并致送程敬者?其供应委员有无大班、小班之分,省委府委之别?应各就其沿习历举以闻。

第四十七条　武营员弁到境,是否照文员供应?有无另送行粮及支更油烛等名目,抑由县代备夫马船只,员弁自行给价?应条举沿习详告。

第四节　书役

第四十八条　各署书吏向置六科,各有专责,现今新政日繁,有无另招书手添设专科者,应举该处沿习以对。

第四十九条　科书各有缺底,有由官谕充不拘缺主者,试举其沿习而证以利弊。

第五十条　各署科书多在现充书手内择勤慎办事之人核实取结承充,该处有无悬挂空名并不亲身供役之习?

第五十一条　书吏承充、斥革均有卯册可稽,间有顶替代名、换卯不换人之弊,该处此等沿习如何?

第五十二条　书吏工食额支甚微,曾否仿各国通例明定讼费数目,一清额外需索之弊?

第五十三条　给发衙署役食,以银折钱,有减至千余文及数百文者,该处向来有无一定折扣?宜分别折发名目,详细报告。

第五十四条　衙署役食银两,有全数扣存专备府书饭食纸张者,该处沿习如何?

第五十五条　各项摊款名目不一,有无分派书役在役食项下扣发者?

第五十六条　讼费差费有无由官收取分别发给书役者?

第五十七条　夫役船只应差,官价多不及民价之半,有抽收杂捐为夫头埠头贴备者,试就该处沿习,条举以闻。

第三章　度支之属

第一节　丁漕

第五十八条　地丁漕米,国课攸关,例应于各州县大堂设柜启征,由花户自封投柜完纳,江省各属或因幅员辽阔,或因花户零星,间有派拨粮书携带串册分赴各乡设柜征收,甚有因花户疲玩屡催不完,由粮书图差挨户追完,名曰"游征者",该处沿习如何?

第五十九条　地丁钱粮向分上下两忙,征收定例二月开征,四月完半;七月接征,十月全完。江省各属近来积欠成风,所有应完正供竟有延至次年尚未全纳者,该处沿习如何?

第六十条　本年钱粮迟至次年正月初一日以后完纳者,同治年间原定章程虽有每两加征银一钱之明文,各属多未奉行,然亦间有加征者,该处沿习何如?

第六十一条　征取钱粮例用版串,间有改用活串,而重征复裁,流弊滋多,该处有无此习?

第六十二条　完纳钱粮照例应由花户自封投柜,缴官易银解兑,江省各属多有由粮房经承包征包解,以致侵亏逾延之弊时有所闻,该处沿习何如?

第六十三条　江省钱粮,兵燹以前欠完甚尠,各属均须征至九成以上,同治以后积欠成风,虽均借口疮痍未复,民生凋敝,其实承平日久,户口蕃庶,小民食毛践土,具有天良,何敢将应完正供任意抗欠,自取追呼?访闻多由刁绅劣监恃符包抗,以致丁漕收数年不如年,该处有无此种陋习?

第六十四条　抗欠钱粮即属玩民,无论绅衿齐民均干例究,常有巨姓大族自立规章,欠完钱粮者不准入宗祠,该处有无此风?

第六十五条　钱粮为维正之供,征有定限,岁有常经,江省各属间有民俗刁悍,非地方官亲自莅乡督征不肯完纳者,该处有无此习?

第六十六条　征收钱粮例应遵照定价完缴十足制钱,近因制钱日少,各属或用银元、银毫按照时价折纳,或用铜元官票,该处以何者为多?

第六十七条　加征串票钱文充学堂经费，久经通饬遵办在案，近来各属往往因举办新政，筹款维艰，复于丁漕串票加增钱文，以为别项公用。该处有无此款？

第六十八条　江省地丁漕米自奉文改折以后，均系征收钱文，然如本色兵米、南粮兵米，从前尚有征收米石者，近年无论坐营及南粮等米，概经详奉定章，折征解省换银给领。该处有无仍征米石之习？

第六十九条　各属钱粮漕米均有定额，有征至九成以上者，有征收不及七八成者，其中是否实欠在民，抑有绅衿包庇渔利，或系书差弊混侵吞。该处以何项之弊为甚？

第七十条　额定钱粮本有串册可凭，田亩坐落更有鱼鳞底册可稽，原不难于查察，乃闻各属积欠钱粮竟至漫无稽考，大都由于穿图漏甲，飞洒诡寄，册书图差从中包庇，以致征数年短一年，该处如有此即〔习即〕详查以闻。

第七十一条　历年民欠是否均此若干户（如著名黑户之类），抑系书差征至每年完数，即暗取欠户规费，不再催收？该处如何情形？

第七十二条　征收钱粮应由花户随时完纳掣串给领，该处有无预裁串票，责令书差先行垫完，任听需索，如此卯过堂等名目？

第七十三条　民间照田科粮原分上中下三则，该处业户完粮有无畸轻畸重不按科则之弊？

第七十四条　屯粮余租各属征价不一，有征不敷解须官赔缴者，有征多报少书差侵渔者，有粮多田少、田多粮少业户不得实数者，有户在田无及有田无粮鳞册无从查考者。该处有无此项情弊？

第七十五条　义图章程早经通行，各属有业经兴办者，有尚未举行者，所订章程该处以何者为便？以何者为不宜？去书差之需索能否免图董之浮收？责图董之催征是否较书差为得力？试详举其利弊。

第七十六条　该处征收丁漕按月造报，是否与红簿流水均相符合，并无征多报少之弊？

第七十七条　经收钱粮原系地方官专责，粮书图差不过令其收钱催征，本不容稍假事权。乃闻江省各属新官到任,多有索取点规、图规情事,以致该书差等有恃不恐,盘踞把持,鱼肉乡民,流毒无已。该处有无此等陋习?

第二节 杂税

第七十八条　税契原无定额,尽征尽解,上年又复详定章程,认真稽征。该处近来征数能否畅旺?较之最多之年盈绌何如?

第七十九条　民间置买产业,例应照价书契,随时投税。该处有无减写价值及匿不税契之弊?

第八十条　江省匿契漏税,积成锢习,牢不可破,甚至巨姓大族结合团体,抗不投完,即差谕交催,置若罔闻。该处有无此弊?

第八十一条　匿契不税,一经告发察实,照例应按契价罚半充公,仍治以应得之罪,或因情节较轻,酌量薄罚。该处办法如何?

第八十二条　地方官审理田产争讼案件,如遇白契未税之业,是否责令先行将契投税,然后准理,抑于结案后饬令补税,是否免其科罚?该处向章如何办理?

第八十三条　民间置买田房产业,是否任听业主请人代立契据,抑必须归官牙写契?该处习惯何如?

第八十四条　民间置买产业,各乡册书图差知之最悉,其敢于匿契漏税或丢粮不完,大都贿串书差抽换户册,以致无从查察。该处有无此弊?

第八十五条　凡遇控告漏税案件,有无酌提罚款数成赏给原告?能否不至开挟嫌妄讼之渐?试言其利弊。

第八十六条　各属现因新政繁多,无款开办,往往议加契税以充公用。该县有无似此办法?

第八十七条　开办牙行,例须按则捐领部帖,每年认缴税银,方准承充。近复详奉新章,分别上中下三则,加完帖捐以充经费,如敢无帖私开,或移埠重开,或牌货不符,或旧帖朦充,即应封拘究办。然奸牙刁户往往串通书差,私给规费,故县中并不实行查禁。该处有无此弊?

第八十八条　该处偏僻乡镇有无仅请县示私牙抽用变易名目,如积地费、囤店费之类,试言其弊。

第八十九条　该处有无提取牙用充作学堂或别项经费?试言其略。

第九十条　江省各属向征杂税,如茶课、纸价、城濠、地租、贾税、牛税,南昌、九江等府之渔课、鱼苗税,广信府属之香租,赣州府属之贾谷稞租,从前均有额征定数,其款或报部,或外销,本皆按年清完,迨兵燹以后,或因人亡户绝,或因地亩荒芜,以致征不足额,几同虚设,究竟能否分别清理?试详言之。

第三节　厘饷

第九十一条　境内税卡、盐卡有无由县会办兼任缉私之沿习?

第九十二条　文武衙门盐规,自粤盐开办口捐后,久经禁革,有无假缉私保卫诸名目,仍按包收取盐规者,沿习如何?

第九十三条　厘金积弊甚深,改办统税后能否悉除中饱?试举其利弊。

第九十四条　绕越偷漏,商家长技,凡遇陆路纷歧处,防弊之策若何?

第九十五条　凡本境行销货物未报统税者,有无抽取捐钱充作地方公用之习?

第九十六条　各项大宗货物由商认捐者,有无收多认少之习?

第九十七条　边界强悍地方,虽设旱卡,并不能收肩挑货税。该处有无此等沿习?

第九十八条　统税通行章程有无不宜于该处者?试撮举其利弊。

第九十九条　饷银过境除派兵护送外,有无责成乡董沿途防护之习?

第一百条　绿营护饷之勇有无照领火食并不护送之习?

第一百一条　饷银过境遇有水路便捷处,有无私商委员改由船行之习?

第四节　灾歉

第一百二条　积谷为备荒要政,有无变价存绅并不购谷之弊?

第一百三条　州县清查积谷,有无取具存绅切结、敷衍禀报之弊?

第一百四条　城乡义仓共有几处?曾实行春粜秋藏否?试言其利弊。

第一百五条　每逢冬令有无亲赴各乡查勘蝗蝻之事?

第一百六条　有无捐筹的款按年冬施粥米、夏施医药之事?

第一百七条　粮价昂贵时有无勒令富户粜谷之事?

第一百八条　雨晴愆期有无请龙求水、放炮哄霾之沿习?

第一百九条　有无循例报灾之习?

第四章　学务之属

第一章〔节〕　教育

第一百一十条　各学堂之构造是否就书院、学署、考棚及各项公业改设,抑系创置?其校舍四围之状况、光线若何?空气若何?建筑合式与否?试逐一体察,指陈其利弊。

第一百十一条　各学校每星期功课是否照章分定时间?有无暂缺某科及配置不均之弊?

第一百十二条　学堂所需标本、模型、用器,以及地图、书籍皆为启发知识必不可少之具,有无购置不完之弊?

第一百十三条　半日学堂所以开通,下等社会使之求学、营业两不相妨,闻各处贫民有于晚间就学私塾者,谓之夜学,意与暗合。该处有无迎机利导出示劝谕兴办之事?

第一百十四条　各处之私塾曾否联合设会改良,抑或狃于从前学究之习而课程教授之法仍旧腐败?该处有无考察塾师谕令改革之事?

第一百十五条　幼稚园为教育初基,有无提倡兴办之事?

第一百十六条　中国旧习锢禁妇女,故有"女子无才便是德"之说。近日风气渐开,该处地方官有无劝兴女学、演成白话告示张贴之事?

第一百十七条　医学乃专门之业,非精通其理不可轻出问世。该处悬壶者流是否中外医学毕业领有文凭者?或虽非学堂出身,而技术有经验不致误人生命者?该处有无查验考试给予凭单准其行医之事?

第二节　职任

第一百十八条　各学堂管理员及教员由官委派,与地方投票公举选充,二者利弊若何?

第一百十九条　各学堂职员教员管理教授是否合法?地方官有无实行监督,常自临堂考察随时饬令改良之事?

第一百二十条　刁劣绅衿每有盘踞学堂,对于官派教员及职员到地整顿,往往挟私掣肘,致令不安其位,因而就地自行延聘不谙学务之员滥竽充数,致无进步。该处有无此弊?

第一百二十一条　科举时代,凡书院山长多以本籍举贡进士分年轮当,自改办学堂后,教员职员有无沿用前项人员,或稍变通,定为限地不限人分乡选举之法?其利弊安在?

第一百二十二条　各学堂教员职员有无要求地方官干预词讼之弊?

第一百二十三条　各学堂教员教授科学有无不编讲义之弊?

第一百二十四条　各学堂考试毕业,在堂管理员及教员有无沿用旧日业师廪保需索谢礼之陋习?

第一百二十五条　该处学堂管理及教员考试毕业,有无受贿赂、徇情面、滥填积分之弊?

第一百二十六条　该处学堂考试毕业,是否遵章会同视学员及教育会会长请其检察,该地方官有无放弃责任,并不到堂监试之弊？

第三节　学生

第一百二十七条　各学堂招考学生有无虚报多名,希图录取枪替之弊？

第一百二十八条　各学堂学生如有见异思迁,呈请拨学情事,该县有无批驳谕禁？

第一百二十九条　各学堂学生每遇星期,有无出堂游荡、藉众滋事之弊？

第一百三十条　各学堂学生有无学期未满、程度不合而要求毕业,在堂管理教授各员以违章不许致失感情因起冲突之弊？

第一百三十一条　各学堂学生有无久旷假期、违犯规则以及挟众罢课之弊？

第一百三十二条　部民送长官德政牌伞,例虽不许,而相习成风。该处学界员绅及学生有无沿用旧习为新旧地方官开会欢迎欢送之事？

第一百三十三条　留学外国已毕业、未毕业之学生,及本国已卒业之学生,有无干涉地方行政之弊？

第四节　经费

第一百三十四条　该处绅富有无独立倡捐巨款创办学堂,地方官代为申请奖励之事？

第一百三十五条　各学堂之开办费、寻常费、特别费以及留学生之官费、公费,系由何项指定？有无苛派滋扰之弊？

第一百三十六条　各学堂学生之学费、膳宿费,是否照章征收？有无因学生藉词无力,听其延欠不缴之弊？

第一百三十七条　各处乡村多有购置学田俾本族秀才轮流收租者,原为劝学起见,洵善举也。改章以后只有学生一途,此租遂有议归毕业生收用者,然旧界之生员每据为利薮,以致争讼。该处有无此种沿习？推究利弊,详著于篇。

第一百三十八条　各学堂款目之由宾兴项下指拨者,是否地方绅董主管？有无经手私肥之弊？地方官曾否会同教育会员绅稽核实行预算决算之事？

第五节　会社

第一百三十九条　该处教育会所已否附设研究、讲习等会？地方官有无拨款补助并临期莅会提倡之事？

第一百四十条　劝学所附设宣讲是否遵章实行？该所视学总董劝兴区学有无成绩？试分别言之。

第一百四十一条　藏书楼、阅报社为输入文明、增进知识之要务,是否到所浏览,抑系借阅取回？有无遗失、污染以及匿不交还之弊？

第一百四十二条　报馆与演说会以主持公论、广开民智为纯正之宗旨,然笔舌之士往往肆言无忌,违背法律,经地方官查实禁止封闭。该处有无此事？

第五章　实业之属
第一节　农业

第一百四十三条　本省设立农业总会,并饬各属创设分会,该处已未设立？已设者能否实力讲求？于一切种植培壅诸法有无进步,抑徒有名目,尚无实效？其未设立之处亦须将因何未设之原因,据实叙报。

第一百四十四条　各属旧设农工局官督绅办,已设农会处所曾否裁撤,该局现办何事？注重何项实业？其效果如何？胪举以对。

第一百四十五条　青黄不接之时,每有奸商私将米谷屯积,以致价值暴涨。该处曾否订有公同禁约,抑请地方官查禁？其奸商有无抗违之弊？

第一百四十六条　该处农田灌溉是否专赖陂塘？有无争水械斗、请官弹压之习？

第一百四十七条　境内报垦官荒，照旱地十年升科，未升科以前，例应按亩纳租，每亩三四百文不等。有无因新垦之地恳请免租、减租之习？

第一百四十八条　报垦公荒每有一家认垦，而众人出头阻挠，善良报垦而强暴霸占收获者，该处有无此习，抑如何保护？

第一百四十九条　荒山荒洲有无谕劝民间自行禀请创办林业，准获利后缴纳官税之事？

第一百五十条　业渔各户向来有无界限？有无俗规？每有越界侵渔致涉争讼，该处有无禁约？

第一百五十一条　该处渔户渔船曾否编有号数？遇有商船水面失险，有无抢捞物件之弊？平时有何禁约？倘有上项情事如何严办，以示惩儆？

第一百五十二条　民间用官地开设牧场是否完纳场租？有无私宰耕牛缴纳地方捕汛各署陋规之习？

第二节　工业

第一百五十三条　该处官办工艺是否招募学徒设院肄习，抑系归入习艺所办理，良莠不齐，有无流弊？

第一百五十四条　民间如有特别工艺，该处如何奖励？有无准予专利之事？

第三节　商业

第一百五十五条　照章商会遇商事诉讼可以评判。该处商会遇有不应问之事，有无侵碍官权之弊？

第一百五十六条　该处商人有无倚恃在商会注册欺压平民、玩视官长命令之弊？

第一百五十七条　货价涨跌无定，每有因货缺少，奸商居奇抬价。该处有无由官传集各商规定行价，给谕发贴，俾众咸知之事？

第一百五十八条　各业会董遇有地方公益事件，如筹办警察、劝工兴学之类，是否与地方官直接办理，有无由各业董首先倡捐之事？

第一百五十九条　杂货米谷装运出口入口，有无由该行按担抽收钱文，缴存会董经管，补助地方行政公费之事？

第一百六十条　该处运销官引如何办法？有无奸商奸民私贩攘夺官利之习？

第四节　矿业

第一百六十一条　保护矿产为地方官应尽之职务。该处遇乡民呈报开采矿产，是否由官发给告示、护照等项？有无馈送署中友丁规费之习？

第一百六十二条　各属民智未开，每因开矿酿成讼案。该处对于此项办法，系婉言劝谕，抑严行申禁，能否祛除迷信风水之习？

第一百六十三条　各属订拟矿章多有俟获利后酌提余利补助地方公益之用一条。该处能否实行？

第一百六十四条　矿丁盗卖矿质是否公同订有禁约？如何惩处，抑系送官究办？

第六章　礼制之属
第一节　典礼

第一百六十五条　光绪三十二年奉旨升孔子祀典列八大祀，所有丁祭礼节该处是否遵照大祀举行，抑仍沿用从前礼节？其历举以告。

第一百六十六条　凡遇冬至、元旦、万寿、朝贺诸大典，该处文武各官恭行庆贺礼，有无在籍绅士随班行礼之事？

第一百六十七条 凡祠庙列入祀典,不在本股调查范围内,其有本地土神及民间所崇信各庙宇,地方官或于到任之初先往行香,或于雨旸愆期之时前往祈祷,应就其沿习笔诸简端。

第一百六十八条 每逢春秋丁祭应用乐器该处是否齐全,抑或沿用今乐?试就其沿习而详言之。

第一百六十九条 凡各祀典届期地方官因公出境,弗克临祭,该处有无沿用学官巡典或绅衿代行主祭之习?

第一百七十条 迎春典礼繁简不同,该处沿习若何?

第一百七十一条 地方官祈谷先农,救护日月,各处礼节不同。各就本地所沿习者详举以闻。

第二节 官制

第一百七十二条 上司入城或过境,凡文武属员止许出城三里迎送,如过境者即在境内经过处所迎送。该处有无出境迎送或迎送必至交界者?其各举沿习以对。

第一百七十三条 赞礼生赞拜奠之礼,该处是否以礼科书手充当,抑或另有专职?

第一百七十四条 官与官相接或与绅相接,行宴会庆吊之礼,其下级对于上级有无押席门包及备送丁役皂隶夫马饭食等费?应就其沿习条举以闻。

第一百七十五条 属吏谒长官初见三揖,载在典礼,自屈膝请安之礼行,相沿成习,不以为怪,现经通饬改用三揖一揖之礼,该处能否实行?

第一百七十六条 州县莅任有旗帜锣伞高帽等类,以壮观瞻,间有屏除卤簿,乡民转轻视官长者,试举该处沿习以对。

第一百七十七条 凡本地绅商谒见地方官,往往被执帖或号房人等托故留难阻挡不即引进者,该处有无此等沿习?

第一百七十八条 元夕舞镫、端阳竞渡之类,往往聚众滋事,于行政大有妨碍。该处沿习如何？有无禁令？

第一百七十九条　该处会馆团拜祠堂演戏,有无请地方官宴会听戏之沿习?

第一百八十条　各属在籍绅士遇父母丧事,有柬请地方官题红者,该处沿习如何?

第七章　兵制之属

第一节　绿营

第一百八十一条　各县守城之兵为城守营专责,间有兵不足额雇人看守者,有闭城而不下锁者,有非时擅开闭者,试就该处沿习条举报告。

第一百八十二条　盗劫案例须会营缉捕,间有仅行公牍并不会捕者,该处沿习如何?

第一百八十三条　绿营兵饷日减,常有挂名兵额各就贸易者,试就该处沿习详言之。

第一百八十四条　城守兵额有无截饷数名充作长官津贴之沿习?

第一百八十五条　城守营兵多以老弱充数,其缺额时或随时募捕,抑定期募捕?其操练时或用新式,抑仍旧制?试各就其沿习条举以对。

第二节　防军

第一百八十六条　各县驻扎防营,凡军用采备各项,由本营员弁自备,抑由地方官代备?是否悉照民价,抑发给官价?该处沿习如何?

第一百八十七条　驻防营勇需用民间房屋,是否给与赁金?或限定何种屋宇不给赁金者?其赁金向由员弁自理,抑地方官捐给?该处沿习如何?

第一百八十八条　防勇滋事,地方官有必先知会该营员弁始行惩办者,或有不知会该管员弁径行惩办者,该处沿习如何?并详言其利弊。

第一百八十九条　驻防营勇兼有拿赌之责者,往往敲诈滋事,应就该处沿习析言其利弊。

第一百九十条　地方官下乡有无防勇护卫之习？

第一百九十一条　驻防营勇有无护卫衙署监狱之责任？

第一百九十二条　凡遇年节，地方官有无犒赏营勇之习？其有会营勘验及弹压等事，有无加给饭食并赏给钱文者？试就该处沿习详细报告。

第一百九十三条　营勇久驻防地，瞻徇情面之事所在多有。若迁调频仍，又于地方情形不能熟悉。试就该处沿习而详言其利弊。

第一百九十四条　陆军隶定服色颁有定章，此外防营自统领递及目兵，亦于纬章臂金分别等级。该处绿营有无仿照者？

第一百九十五条　防、绿各营多用锣鼓号筒，目下改习洋乐洋歌及军乐军歌后，有无仍沿旧制乐器者？其详言毋隐。

第一百九十六条　凡平民违犯军令，该处沿习是否受军事裁判，抑受地方官裁判？试言其详。

第三节　乡团

第一百九十七条　该处团练是否由县总办？试言其沿习。

第一百九十八条　该处团练是否冬令举行，抑常年设立？其经费若何？利弊若何？试举其沿习而详言之。

第一百九十九条　各乡团练绅董遇有本族人犯法者，有无自行捆送之习？

第二百条　各乡团练是否按户抽丁？应就该处沿习明白报告。

第二百一条　各乡团练器械有无由县点验数目具结存案之习？

第二百二条　团练所用器械，于撤局后是否一律缴县贮存？该处沿习如何？

第二百三条　县署护勇有无准带军械之习？

第二百四条　有无存驻火药以备地方警报者？

第二百五条　商船出境贸易，有无发给炮照准带军火之习？

第二百六条　商船请领炮照，有无由县收取炮照规费之习？

第八章　刑律之属

第一节　勘验

第二百七条　呈报命案固应准予诣验，然江西风气常有因病死图赖等情，所称假命案是也。有无先派差查之沿习？

第二百八条　邻封相验例系斩绞人犯，此外尚有并非定例载明而事涉嫌疑者，或亦禀请邻封相验事类，共有几项？试举沿习以闻。

第二百九条　争控田山、房屋，如远年契据遗失，又无粮串可凭，有无踏勘后折衷定案补给契据之习？

第二百十条　委员会勘之案，有无不依向章变通办理者？原因若何？方法若何？

第二节　罚锾

第二百十一条　笞杖改为罚金，每因地方强悍仍用刑讯，罚金由地方官捐解者，该处沿习若何？

第二百十二条　应罚锾者，缴纳之限期、抵刑之数目有无一定规则？现在情形曾较定例变通否？

第二百十三条　笞杖罚金除照现定派数外，如有盈余，是否充作地方公用，抑为本署书吏津贴？该处沿习若何？

第二百十四条　罚金多寡须按犯罪轻重，间有为富不仁被人控讯理曲，或干犯赌博情事，因罚缴数百元及千元以上充作地方公用者。该处会有此办法否？

第三节　罪犯

第二百十五条　各属监狱有特建者，有沿用民房者，该处何等式样？曾实行改良办法否？

第二百十六条　改良监狱,凡关乎卫生之举,如洗涤刑具、疏浚沟渠、夏给扇席、冬给棉絮等类,现能一一施行否？试言其习。

第二百十七条　重要罪犯凡未经定案者,有无预行收监之习？

第二百十八条　外结监犯有无收入班管之习？如有逃逸,是否仅由有狱官担负责任？

第二百十九条　逮案人犯凡左证未齐者,有无先行羁押之习？

第二百二十条　已定案之犯,例不禁亲属入视,凡送给饮食、衣服等事如何限制？如何稽察？试详言之。

第二百二十一条　管押人犯有无开列四柱榜示头门者？该处沿习如何？

第二百二十二条　该处有无罪犯习艺所？其劳役工作者限于何种人犯？犯工所得之价曾酌分犯人否？试言其沿习。

第二百二十三条　该处有无死罪女犯所？新奉部章革除官媒,设立女看守所,现曾实行否？试实言之。

第四节　招解

第二百二十四条　押解罪犯差役如何点派？有无长解、短解之分？该处沿习如何？

第二百二十五条　招解各费有由官捐廉者,有由差包用者,有提用罚金者,该处沿习如何？

第二百二十六条　招解罪犯到省,往往各衙门丁役有需索规费之习,现在曾一清此弊否？

第二百二十七条　接递邻境之犯如遇病患,有无暂准保释之习？

第九章　民政之属

第一节　警察

第二百二十八条　各县举办警察委有专员,其行政一切有无沿昔年保甲旧制者？试举今昔办理之情形，以证沿革之利弊。

第二百二十九条　从前办理保甲，所有用人名目（如地保、栅夫之类）自经改办警察后，有无仍旧沿用，抑归巡士管理？或因或革，利弊若何？应举该处沿习以对。

第二百三十条　警察经费是否出于铺捐，抑抽收赌规、妓捐作补助费？该处沿习如何？

第二百三十一条　警察兵额不多，有无冬防增添之举？各乡各防保甲是否归警察委员兼办？应就该处沿习历举以闻。

第二百三十二条　巡兵最重站岗，其额兵不多之处有无改为梭巡者？试举该处沿习以闻。

第二百三十三条　警察为专门学问，且必有严密规则，方为完全。该处所据者何种学说？何项规则？试举其目。

第二节　工程

第二百三十四条　城垣损坏由官自修，抑由绅包修，所需款项是否出之公家，抑向地方捐集？试举沿习以闻。

第二百三十五条　修理文庙经费出之何处？有无由儒学包修之习？

第二百三十六条　乡镇沟渠桥梁，遇有大工，有无按亩派捐之习？

第二百三十七条　河堤为水利攸关，或由官包修，或由绅包修，沿习如何？该处以何者为宜？

第二百三十八条　包修堤工年限未满，遇有意外险工，有无免予赔修之习？

第二百三十九条　堤工岁收款项，如当年无工程，地方官有无融消之习？

第二百四十条　浚河时所需款项是否由官筹集，或捐诸往来船筏，或分派沿岸居民？应就该处沿习详晰以对。

第二百四十一条　修理官路其用费是否由官担负，抑归沿途居民分任其责，平时清理道路，有无派令附近人民之沿习？

第三节　旌劝

第二百四十二条　孝子节妇例应旌表,间有禀请地方官书给匾额者,该处沿习如何?

第二百四十三条　凡遇公益事项(如修桥筑路、捐建学堂、创立慈善各会之类),城乡巨绅或独认经费,或倡捐巨款,有无禀请上宪咨部给奖,或由地方官书给匾额?试举该处沿习以闻。

第二百四十四条　各团完纳丁漕,有于启征之日急公全完者,该处有无赏给银牌花红之沿习?

第二百四十五条　书役奉公有异常劳勋,或缉获要犯,或催征得力,该处有无特别优赏之沿习?

第四节　善会

第二百四十六条　慈善各会,有官办者,有绅办者,有官督绅办者,该处沿习若何?试抉其利弊以闻。

第二百四十七条　慈善各会账目,有无呈送地方官按年核算之沿习?

第二百四十八条　义田、义仓各契据,有无送县存案之沿习?

第二百四十九条　慈善会款项是否由本地绅董经理?其经理人是否由于公举,抑按资格轮管?有无侵蚀私挪之习?试举利弊以对。

第二百五十条　乡镇茶亭桥会有无谕绅轮管之习?

第十章　交通之属

第一节　驿站

第二百五十一条　额设驿马,缺额已属通弊,现实有几匹能否确供驰驿之用?每有羸瘦仅供跟骑,专雇脚夫传递公文者,该处沿习如何?

第二百五十二条　各属管驿家丁向称优差，其出息取于何处？有无扣减工食马料诸弊？

第二百五十三条　该处曾否另设铺夫？俗例本官升堂出门、下乡勘案及委员过境，凡遇夜行，均由铺夫供应薪燎，现在有无此习？铺夫领有文件，往往并不即递，须积有多件数日始递寄一次者，该处铺夫有无此弊？

第二百五十四条　该处遇大差过境，所用夫役车轿等项，系如何召募？向来江省办法约有数种：

一、由把行应差；

一、由地方官发给半价，把行帮贴一半；

一、由地保差役承办，并不给价，遇有民间担夫小车任意讹索，否则勒令当差。该处沿习如何？系用何项办法？有无此三项情弊？

第二百五十五条　各属濒水之区，向有水驿名目，是否派有专役，抑交便船递寄？其本有驿站地方，站丁有无取巧沿用此习之弊？

第二百五十六条　额支经费倘遇差徭过多，入不敷出，有无派令各行户帮差之习？现议裁驿，其经费或赢或绌，能否和盘托出？有无窒碍？试详言其利弊。

第二节　电政

第二百五十七条　该处设立电线杆之处，遇有修造添设，有无因妨碍民居致滋阻挠之习？

第二百五十八条　电线电杆所在，该处向责成何人看管？有无因被盗毁盗折责令看管人赔修之习？

第二百五十九条　电报新章照码八折收费，该处电费有无照旧收取之弊？

第二百六十条　电局不时派人出巡，有无倚恃电政要务，在该处压制平民，诬以折毁杆线，责令赔修之弊？

第三节　邮政

第二百六十一条　前奉通饬设有邮局处所,该处地方官有查察之权,曾发告示晓谕在案。该处邮局办事曾确守定章否？试实言之。

第二百六十二条　内地邮局照章不汇银洋,然每有私收汇费,于包裹内匿寄银洋,封面并不写明,动至遗失涉讼。该处邮政有无此弊？

第二百六十二条　已设邮政地方,民信局仍旧开设,收寄信件总封后,复交邮政递寄,攘夺利权。该处有无由邮局恳请设法限制之习？

第四节　路政

第二百六十四条　工程师勘路插标等事,是否派差协同照料？遇有田舍庐墓,须迁让给价,约照原价几成？该处有无造谣煽惑集众抵抗等弊？

第二百六十五条　劝办路股,绅民是否乐从？是否按户口大小派捐,抑由绅富倡捐劝募？

第五节　航船

第二百六十六条　各属每有地方无赖串同差役朋充船埠头,并无牙帖冒开船行,假借办公名目勒索船户规费。该处有无此习？

第二百六十七条　各属遇因公封船,往往丁役埠头将所领封条按船索费,其不出费者,始封令当差。该处沿习如何？

第二百六十八条　运盐船只往往中途盗卖,诡称遭风倾覆,请官查勘。该处有无呈报此项情弊？

第二百六十九条　该处已否设立商船分会？其设会地方是否因公需用船只悉照民

价写雇,有无格外抬价之弊？遇有船户讼事,会员人等有无干预之习？

第二百七十条　该处船户有无自立公会互相保卫并互相稽察之沿习？

以上十章计共二百七十条。

〔节选自《江西调查局公牍辑要》,江西调查局编,宣统庚戌年（1910年）。日本京都大学人文科学研究所图书馆藏。本篇标题为编者所加。〕